# 創造的進化

アンリ・ベルクソン
合田正人 松井 久 訳

筑摩書房

Henri Bergson
*L'Evolution créatrice, 1907*

創造的進化【目次】

1、本文中に付した（1）（2）……の数字は原註の所在を、本文中に付した〔1〕〔2〕……の数字は訳註の所在を表しており、一括して巻末に収めた。

2、本文ならびに原註で〔　〕で示された部分は訳者が補った部分を表している。

# 創造的進化〔1〕

# 序

生命進化の歴史は、依然として非常に不完全なものではあるが、それでもすでに、一連の脊椎動物たちの系列を介して人間へと昇り着く一本の線に沿って、いかにして知性が構成されてきたかをわれわれに垣間見させてくれる。それは、理解する能力のうちに、行動する能力の一つの付属物をわれわれに示してくれる。数々の生体の意識がそれらのために按配された生存の諸条件へと、次第に精緻に、次第に複雑で柔軟になる仕方で適応するのだ。そこからはきっと次のような帰結が生じるだろう。すなわち、狭い意味でのわれわれの知性は、われわれの身体のその環境への完全な嵌入を確たるものにし、外的諸事物同士の関係をみずからに表象し、最後には物質を思考するべく定められているのである。実はこのようなものが本試論の結論の一つとなるだろう。われわれは次の諸点を後で見ることになるだろう。人間的知性を不活性な諸対象、もっと特化して言うなら諸固体のなかに置くかぎり、人間的知性はわが家にいるように感じるということ。固体のうちに、われわれの行動はその支点を、われわれの器用さはその仕事道具を見出すのだ。また、われわれの論理学は諸固体の論理学であるということ。まさにそれによって、われわれの知性は幾何学において勝利を収めるというこ と。幾何学においては、論理的思考と惰性的物質との親近性があらわになるし、そこでの知性はその自然な動きに従いさえすればよい。経験とのありうべき微かな接触の後、知性は発見につぐ発見をなすことになるのだが、その際、経験が自分に後続し、変わることなく自分の理を認めてくれるだろうとの確信を抱いている。

しかし、そこからまた、単に論理学的な形式のもとでは、われわれの思考は、生の真の本性、進化の運動の深い意味づけを表象できないということも帰結するはずである。われわれの思考はすでに規定された諸事物に働きかけるために、ある一定の状況で、生によって創造されたのだから、生の一つの流出物ないし一つの側面にすぎない。にもかかわらず、どうしてわれわれの思考が生を包摂するというのか。進化の途上で、進化の運動によって置き去りにされたわれわれの思考がいかにして進化の動きそのものに沿って適用されるというのか。これは、部分は全体に等しく、帰結はそのうちに原因を吸収することができ、浜辺に残された小石はそれを運んできた波の形をしていると言い張ることに等しいだろう。多様性、機械的因果性、知性的目的性等々、われわれの思考の諸カテゴリーは生に係る諸事象には正確に適用されないと、われわれは強く感じている。生体が一もしくは複数であるなら、複数の細胞が有機体として連合されているなら、その有機体が諸細胞に分裂するなら、個体性がどこで始まり、どこで終わるかを誰が言えるだろうか。生体を何らかの枠組みに押し入れても無駄である。あらゆる枠組が破裂してしまう。それらは、生体をわれわれがそこへ置こうと欲するにはあまりにも狭く、あまりにも硬直している。それにわれわれの推論は、不活性な諸事物を横切って往来しているときには自己をあれほど確信していたのに、この新しい土地では居心地が悪く感じる。純粋な推論にもとづく生物学的発見を挙げるとなると、非常に困惑するだろう。また、ある結果を獲得するために生命がいかに振舞うかを、経験がわれわれに最後に示したときには大抵、われわれは、生命の働き方はまさしくわれわれがそれまで一度も考えなかったものであるのを見出すのだ。

## 進化

にもかかわらず、進化主義哲学は、原の物質に関して成功した手法を、生命をめぐる諸事象に躊躇もなく拡張してしまう。進化主義哲学はかつて、知性のなかに、進化の局所的効果が存することをわれわれに示すことから始めたのだが、この効果は、おそらく偶然に生じた微光であって、それは、生体たちの行動へと開かれた狭い通路のなかでそれらの生体の往来を照らし出している。そして突然、たった今われわれに話したことを忘れて、進化主義哲学は、地下の奥底で操られるこのカンテラを、世界を照らす一つの〈太陽〉たらしめる。そして大胆にも、概念的思考の力だけで、すべての事象の、生命さえもそこに含まれるのだが、その観念的再構築に取り掛かる。確かに、進化主義哲学は途上でかくも恐るべきいくつもの困難にぶつかり、みずからの論理が非常に奇異ないくつもの矛盾に逢着するのをここで眼にし、たちどころに最初の野心を放棄してしまう。進化主義哲学が言うところでは、それが再構成することになるのはもはや実在性《レアリテ》そのものではなく、実在《レール》の一つの模倣、というよりもむしろ一つの象徴的イメージである。諸事象の本質はわれわれから逃れ、これからもつねに逃れ続けるだろうし、われわれは諸関係の間を動くだけで、絶対的なものはわれわれの管轄ではなく、われわれは〈認識不能なもの〉を前にして立ち止まってしまう。しかし、それはまさしく、人間的知性の多大な傲慢に続く、過度の卑屈である。生体の知性的形態が、いくつかの物体ならびにその物質的周囲との相互的作用と反作用を徐々に象っていったとすれば、いかにしてそれは、諸物体がそれによって成るところの本質について何かをもたらすというのか。行動は非実在のなかで動くことはできない。思弁するために、あるいは夢見るために生まれた精神について、私は、この精神が実在性の外にとどまり、精神が実在性を歪曲し、変形し、それを創造しさえするのを認めうるだろう。通り過ぎる雲のなかにわれわれの想像力が人間たちと動物を創造するのと同様に。けれども、これから成就される行動ならびに、それに続くであろう反作用に向かいつつ、その対象に触れてそこから動く印象を不断に受け取ろうとする知性、それは絶対的なものの何かに触れるところの知性である。われわれの思弁はいかなる矛盾につきあたり、いかなる袋小路に行き着くのか、それを哲学がわれわれに示さなかったとすれば、われわれの認識のこの絶対的価値を疑問視するなどという考えがいつかわれわれに訪れたりするだろうか。ただし、これらの困難、これらの矛盾は、われわれの産業〔術策〕さがそれに対して行使されることがなく、結局はわれわれの枠組みがそのためにできてはいないところの諸対象に、われわれがその思考の習慣的諸形式をあてはめることから生まれたものだ。知性的認識は、それが不活性な物質のある一つの側面と係る限りは逆に、忠実な刻印を提示する。知性的認識はそもそもこの特殊な対象を写し取ったものなのだから。知性的認識が相対的なものとなるのは、それがあるがままのものとして、われわれに生命を、言い換えるなら、刻印を作った整版工を表象すると言い張る限りにおいてのみである。

では生命の本性を深く極めることを諦めねばならないのだろうか。知性が生命についてつねにわれわれに与えるだろう機械主義的表象、必然的に人為的で象徴的な表象で事足れりとしなければならないのだろうか。なぜなら、この表象は生命の全体的活動を人間のある一つの形式に矮小化しているからで、この一つの形式はというと、生命の部分的で局所的な一つの現出、生命的操作の一つの効果ないし残滓にすぎないのだ。生命がそこに含まれた心的潜在性すべてを用いて純粋知性を作る、言い換えるなら幾何学者たちを生む準備をするのであれば、事態は上に述べたとおりでなければならないだろう。分岐していく他の数々の道にあって、意識の他の諸形式が発展した。人間的知性がそうしたように、外的拘束から解放されることも、自存性を取り戻すこともできなかったが、それでも、進化的運動に内在する本質的な何かを表出するところの諸形式が。これらの形式を比較し、続いてそれらを知性と融合させることで、今度は生命と拡がりを同じくする一の意識が獲られるのではないだろうか。この意識がその背後に感じる推力へと突如として振り向くことで、それは生命の総体的ヴィジョン——おそらくそれがすぐさま消え去るものだとしても——を獲得できるのではないだろうか。

そうだとしてもわれわれは自分たちの知性を乗り越えはしない、と反論があるかもしれない。なぜなら、われわれが意識の他の諸形式を見るのは依然としてわれわれの知性を介してであるのだから。われわれが純粋知性であるなら、概念的で論理的なわれわれの思考の知性の周囲に漠たる星雲が残されていないなら、そう言うのはきっと正しいだろう。実質そのものから成り、それを犠牲にして、われわれが知性と呼ぶ輝く核が形成されたところの星雲が。そこ〔この星雲〕にこそ、悟性の若干の補完的力能が宿っているのであって、われわれが自分のなかに閉じ籠ったままでいるときにはそれについてわれわれは混濁した感情しか抱かないが、自然の進化のなかで、いわば自分が作動していることにこれらの力量が気づくときにはそれは解明され、他とは違ったものとなるだろう。これらの力量はかくして、まさに生命の方に向けて自己を強化し、その方向で膨張するためにどのような努力をなすべきかを教えてくれるだろう。

それはつまり、認識の理論と生命の理論はわれわれには不可分なものと映るということだ。認識批判を伴わない生の理論は、悟性が自由に操る諸概念をそのまま受け容れることを強いられる。このような生命の理論は、好んでにせよ強制されてにせよ、それが決定的なものとみなすところの先在的な枠組みのなかに諸事実を閉じ込めることしかできない。この理論はかくして、簡便で、おそらくは実証科学に不可欠でさえある象徴性を獲得するけれども、その対象の直接的ヴィジョンを獲得することはない。他方、生命の一般的進化のなかに知性を位置づけ直すことなき認識の理論はというと、認識の枠組みがいかにして構成されたのかも、いかにしてわれわれはそれらを拡張したり乗り越えたりするのかもわれわれに教えることはないだろう。これら二つの理論、認識の理論と生命の理論は合致し、一つの循環的過程によって、無際限に互いを駆り立てるのである。

　これら二つの理論をもって、より確実で、より経験に近い方法によって、哲学が提起する数々の大問題を解くことができるだろう。なぜなら、もしそれらが共同の企てに成功するなら、これら二つの理論は知性の形成に、ひいては、われわれの知性がその形状を描くところのこの物質の発生に立ち会わせることになるからだ。それらは自然と精神の根そのものにまで掘り進むだろう。スペンサーの似非進化主義——それは、すでに進化を遂げた現勢的現実性を、これまたすでに進化を遂げた小片へと裁断し、しかるのちにこれらの断片によって現実性を再構成し、かくして、説明するべきものすべてを予め自分に与えることに存している——に代えて、これら二つの理論は、現実性がその発生と成長において辿られるであろう真の進化主義を立てるだろう。

しかし、この種の哲学はある日突如として作られるものではない。厳密な意味での体系的学説はその各々がひとりの天才の作品で、取り上げるにせよ打ち捨てるにせよ、一固まりのものとして提示されるのだが、それとは違って、この種の哲学は、数多くの思想家たち、更には数多くの観察者たちが補い合い、匡《ただ》し合い、立て直し合うことでなす集団的で漸進的な努力によってのみ構成されうるだろう。だから、本試論は最も大きな諸問題を一挙に解決することは目指したりはしない。それはただ方法を定め、いくつかの本質的な点では、この方法を適用する可能性を垣間見させたいと思うのみである。

そのプランは主題そのものによって描かれる。第1章では、われわれは進化の過程について、われわれの悟性が自由にする二つの既製服を試着してみる。機械論と目的論である。(1) いずれもうまくいかないけれども、二つのうちの一つは裁ち直され縫い直されると、この新たな形式のもとで、他のものほど悪くはなくなることを、われわれは示すだろう。悟性の視点を乗り越えるために、われわれは本書の第2章で、人間的知性へと導いた進化の大筋とは別に、生命が踏破した進化の数々の大筋を再構成する予定である。知性はかくしてその発生因のなかに置き直されるが、そうなると、知性をそれ自体において把握し、知性の動きを辿ることが課題となるだろう。第3章でわれわれが——何とも不完全な仕方でではあるが——企てるのはこの類の努力である。最後の第4章は、われわれの悟性そのものがいかにして、ある種の規律に服することで、悟性を超える一つの哲学を準備できるのかを示すことを課題としている。そのためには、現実性一般について思弁するや否や、人間的悟性が晒される二つの大いなる錯覚についての分析と同時に、体系的諸学説の歴史を一瞥することが不可欠となるだろう。

# 第1章　生命進化について――機械論と合目的性

## 持続

われわれが最も確信していて最もよく知っている存在は、異論の余地なく自分自身の存在である。なぜなら、他のすべての対象についてわれわれが手にしているのは外的、表面的とも判断されうるような観念であるが、自分自身については内的に深く知覚するからだ。そのとき、われわれは何を確認するのだろうか。この特権的な場合に、「存在する《エクジステ》」という語は正確に何を意味しているのだろうか。ここで少し、以前の仕事の結論をいくつか思い出してみよう。

私はまず、私が状態から状態へ移行していることを確認する。寒かったり暑かったりする。楽しいときがあれば悲しいときもある。働いているときがあれば、何もしていないときもある。周りのものを見ていたり、他のことを考えていたりする。感覚、感情、意志、表象。これらの変容はわれわれの存在を分け持ち、それに交互に彩りを与える。それゆえ私は絶え間なく変化する。しかしこう言ってもまだ充分ではない。この変化は人が最初に思っているよりずっと根本的なものなのである。

私は実際まるで私の状態がそれぞれ一つのまとまりをなしているかのように話している。私は確かに、私は変化すると言うが、変化がある状態から次の状態への移行であるように思っている。つまり、私は、それぞれの状態を個別に取り上げてみれば、それが生み出されている間はずっと同じままだと思い込みたいのである。しかし、ほんの少し注意するべく努めれば、毎瞬間変化しないような情感、表象、意志など存在しないことが明らかになるだろう。もしある心の状態が変化するのをやめたら、その持続は流れるのをやめるだろう。内的状態のなかで最も安定したもの、ある不動な外的対象の視覚的知覚を取り上げてみよう。その対象が同じままであっても、私がそれを同じ側から、同じ角度で、同じ日に見ているとしても、その対象について私が持つ像は、単にそれが一瞬間分年をとったという理由だけで、私がさきほどまで持っていた像とは異なる。私の記憶力がそこで過去の何かを現在に押し込むのである。私の状態は、時間という道を進みながら、それが拾い集める持続の分、連続的に膨らんでいく。私の状態は、いわば、自分自身を使って雪だるまを作っているようなものである。感覚、情感、欲望など、単なる視覚的知覚のようには不変の外的対象に対応していない、より深い内的状態はもちろんそうである。しかしこの不断の変化に注意を払わない方が都合がよい。そして、その変化が身体に新しい態度を、注意に新しい方向を刻み込むくらい大きくなったときにだけ、その変化に気づく方が都合がよい。まさにこのとき人は、状態を変えたと思うのである。しかし実は、人は絶え間なく変化しており、状態そのものがすでに変化なのである。

つまり、ある状態から別の状態へ移行することと、同じ状態にとどまることの間には本質的な差異はないのだ。もし「同じままでいる」状態は人が思うより変化するものであるとすれば、逆にある状態から別の状態への移行も人が想像するより以上に、同じままで続く状態に類似することになる。推移は連続するのである。しかし、まさにわれわれがそれぞれの心理的状態の絶え間ない変化に眼をつぶっているという理由で、変化が注意を惹くほど大きくなったとき、われわれはまるで新しい状態が前の状態に並置されているかのように語らざるをえない。今度は前の状態も変化せずにいると仮定し、同じような操作を無際限に続ける。それゆえ、心理学的生の見かけの不連続は、一連の不連続な行為によってわれわれの注意がそこに固定されることに起因している。なだらかな坂しかないところに、われわれは、注意の行為の破線に従って、階段のステップを見ていると思い込んでいるのである。確かに、われわれの心理学的生は不測の事態に満ちている。以前の出来事とは全く異なり、以後の出来事とも全く係りがないように思える無数の出来事が起こる。しかし、それらの出現の不連続性は、それらが現れるとき背景となっているものの連続性から浮かび上がってくる。また、それらを引き離している間隔はその連続性のおかげで存在する。それらは、交響曲のところどころで鳴り響くティンパニのようなものである。われわれの注意がそれらに固定されるのは、それらが他の出来事よりも注意を惹くからである。しかしそれらの出来事はそれぞれ、われわれの心理学的存在全体の流動的な固まりによって運ばれている。それらは、われわれが感じ、考え、意志しているものを、つまりある一定の瞬間のわれわれのすべてを含む、動く帯の最も明るく照らし出された点でしかない。事実、この帯全体がわれわれの状態を構成するのである。さて、このように定義される状態ははっきり区別される要素ではないと言うことができる。それらは互いに連続し合い、終わりなき流れとなるのだ。

しかし、われわれの注意は人為的にこれらの状態を区別し引き離したのだから、次に人為的な紐でそれらを結び直さざるをえない。このようにしてわれわれの注意は無気力な、無関心な、不動の自我を想像する。そして、この自我に対して、注意が独立したものに仕立て上げた心理状態が次々と現れることになろう。別の言い方をすれば、この自我という紐で、これら心理状態が結び付けられるだろう。互いに入り組みあっていて捉えどころのない流動的なニュアンスがあるところに、われわれの注意ははっきりとした、いわば固まった色を見て取る。これらの色はネックレスの色とりどりな真珠のように並置される。このときわれわれの注意は、真珠をすべて繋ぎ直すような、同じく固まった糸を想定せざるをえない。しかし、もしこの無色の基体がそれを覆うものによって絶えず色づけられているとすれば、その基体は無規定なのであるから、われわれにとって存在しないのも同然である。さて、われわれが知覚するのはまさに色づいたもの、つまり心理状態だけである。実を言えば、この「基体」は実在ではない。われわれの意識にとってその基体は、ある連続性が存在して展開しているというのに、状態と状態を並置してしまう、注意の操作の人為的な特徴を絶えず思い出させるための単なる記号《シーニュ》なのである。もしわれわれの存在が分離した状態によって構成されていて、ある無感動な「自我」がそれらの状態を総合しなければならないとしたら、われわれにとって持続は存在しないだろう。なぜなら、変化しない自我は持続しないし、次の状態に取って代わられない限り自己同一的であるような状態も同じく持続しないからだ。したがって、諸状態を支える「自我」の上にそれらを次々に並べても無駄である。固体に繋がれた固体が、流れる持続を作り出すことは決してないだろう。実は、このようにして内的な生の人為的な模造品を手に入れるのである。この模造品は、まさにそこから実在的な時間を取り除かれているという理由で、論理と言語の要求によりよく応える静的な等価物になるだろう。しかるに、それを覆い隠す象徴《サンボル》の下で展開している心理的生については、時間がその生地そのものであることに人は苦もなく気づく。

もっとも、これ以上抵抗の多い生地も、これ以上実体的な生地も存在しない。なぜならわれわれの持続は、ある瞬間から別の瞬間へ次から次へと交代していくような瞬間ではないからだ。もしそうだとしたら、存在するのは現在だけで、過去の現在への延長も、進化も、具体的な持続も決して存在しないだろう。持続とは、未来を侵食し、前進しながら膨らんでいく過去の連続するところの進展である。過去は絶えず増大するものである以上、無際限にみずからを保存するものでもある。以前証明しようとしたように[2]、記憶は思い出を引き出しで分類する能力でもなければ、それらを帳簿に書き込む能力でもない。引き出しも帳簿もない。本来の意味で言えば、ここには能力さえない。なぜなら、能力は、それが欲するときそれが可能なときに、断続的に行使されるのに対して、過去の過去における蓄積は休みなく続けられるからだ。実際、過去はおのずから自動的にみずからを保存する。おそらく、あらゆる瞬間に過去全体がわれわれにつきまとう。幼い頃からわれわれが感じ、考え、欲していたものがそこにあり、そこに加わろうとしている現在へと向かい、それを外に締め出しておこうとする意識の扉を押す。脳のメカニズムはまさに、過去のほぼ全体を無意識の中に押し返し、現在の状況を照らし出すことができるもの、準備している行動を助けることができるもの、つまり有用な仕事ができるものだけを意識の中に入れるように形成されている。せいぜい余分な記憶が、少し開いた扉から、不法侵入してくることがあるくらいである。それらは無意識の使者で、われわれが知らずに引きずっているものを知らせる。しかし、それについて判明な観念を持っていないときでさえ、われわれは朧げながら、自分の過去がずっと現前していることを感じているだろう。実際、われわれとは何か。われわれの性格とは何か。われわれが生まれてから、いや、われわれは先天的な傾向を携えているのだから、われわれが生まれる前から、われわれが生きてきた歴史が濃縮したものに他ならない。おそらくわれわれは、自分の過去のわずかな部分と共にしか考えていない。しかし、われわれは、生まれつきの心の湾曲を含む過去全体と共に、欲し、意志し、行動している。それゆえ、われわれの過去は、ほんのわずかな部分しか表象にならないが、その圧力によって、傾向の形で、その姿全体をわれわれに現す。

この過去の残存から、意識は同じ状態を二度と横切ることができないことが帰結する。環境が同じであったとしても、それが作用を及ぼす人格は同じではない。環境はその人格をその人の歴史の新しい瞬間に捉えるからである。われわれの人格は、蓄積された経験によって毎瞬間形づくられ、絶えず変化している。人格は変化しながら、たとえある状態が表面で同一であるとしても、その状態が深みで反復されるのを妨げる。だからわれわれの持続は不可逆的なのである。われわれはそのわずかな部分さえ再び生きることはできないだろう。なぜなら、それに続いたもののすべての記憶を消し去ることから始めなければならないだろうからである。われわれの知性の記憶はどうにか消せるかもしれない。しかしわれわれの意志の記憶を消すことは不可能であろう。

このように、われわれの人格はたえず成長、増大、成熟する。その毎瞬間が新しいもので、以前あったものに付け加わる。もっと先に進もう。それは新しいだけではなく予見不可能なものである。おそらく私の現在の状態は、少し前に私のうちにあって、私に作用したものによって説明される。私は現在の状態を分析してもそれ以外の要素を見つけることはないだろう。しかし、知性は、たとえ人間を超えたものであっても、このまったく抽象的な要素を具体的に有機的組織化するところの、単純で不可分な形式を予見できないだろう。なぜなら、予見するとは、過去に知覚したものを未来に投射すること、つまり、すでに知覚したものを別の仕方で新しく組み立てたものを将来のために表象することだからだ。しかしこれまで一度も知覚されておらず、と同時に、単純なものは必然的に予見不可能である。われわれの状態のそれぞれが、展開する歴史の瞬間として考えられる場合がそうである。それは単純で、以前知覚されたことのありえないものだ。なぜなら、それは知覚されたものすべてに加えて、現在がそこに付け加えるものをも、不可分なものとして凝縮させるからだ。それは比類ない歴史の、同じく比類ない瞬間なのである。

完成した肖像画は、モデルの顔立ち、芸術家の本性、パレットの上で溶いた絵の具によって説明される。しかし、それを説明するものを知っているとしても、誰も、たとえ芸術家本人でも、その肖像画がどのようなものになるか正確に予見することはできなかっただろう。なぜなら、それを予見することとは、生み出される前に生み出すことであって、自己破壊的な仮定であるからだ。われわれがその作者である、われわれの生の各瞬間についても同様のことが言える。それらは各々がある種の創造である。画家の才能は、それが形を成すにせよ潰えるにせよ、いずれにしてもまさに彼が生み出す作品の影響の下で変化していく。同様に、われわれの状態はそれぞれ、われわれがみずからにちょうど与えたばかりの新しい形式であって、われわれから生じると同時に、われわれの人格を変える。それゆえ、われわれがすることは、われわれが何であるのかに依存している、と言うのは正しい。しかし、われわれとはある程度われわれが為していることなのであって、われわれは連続的にみずからを創造しているのだ、と付け加えなければならない。しかも、この自己の自己による創造は、自分がしていることを正しく考えれば考えるほど、より完全になる。なぜなら、この理性は、幾何学で進められるようには進まないからだ。幾何学では、非人称的な諸前提が一度にすべて与えられ、非人称的な結論が課せられる。逆にここでは、同じ理性〔根拠〕が、人が異なれば、あるいは同じ人でも違う瞬間であれば、同じく合理的であるとはいえ、根本的に異なる行為を命じるのだ。実を言えば、これらは完全に同じ理性ではない。というのもこれらは同じ人間の理性でもなければ、同じ瞬間の理性でもないからだ。こういうわけで、これらの理性を、幾何学で行われるように、抽象的に、外的に、操作することはできないし、生が他人に対して立てる問題を彼の代わりに解くこともできない。それらの問題はそれぞれが自分自身で内的に解かなければならないのである。しかし、われわれはこの点を深める必要はない。われわれは単に「存在する」という語に意識がいかなる意味を与えるのかを探求して、意識的な存在にとって、存在するとは変化することであり、変化するとは成熟することであり、成熟するとは無際限に自分を創造することであるのが分かっている。存在《エクジスタンス》一般についても同じことが言えるだろうか。

**無機的**

物質的対象を任意に取り上げると、われわれが挙げてきた特徴とは逆の特徴を示す。それは同じままで、外的な力の影響で変化するとしても、われわれはこの変化をそれ自体は変化しない部分の移動として表象する。この部分が変化しようとしても、われわれは今度はこの部分を断片に分けるだろう。われわれはこのようにして、この断片を形づくる分子へ、この分子を構成する原子へ、原子を生み出す粒子へ、粒子がそこで単なる旋回によって形成される「ほとんど存在しないもの」へと降りていく。われわれは結局、必要なだけ分割あるいは分析を進めるだろう。しかし、われわれはつねに不動のものを前にしたときのみ立ち止まるだろう。

今やわれわれは、合成された対象はその部分の移動によって変化すると言う。しかし、ある部分が自分の位置を離れても、この部分がそこに再び戻ることを妨げるものは何もない。それゆえある状態を経た諸要素の集合は、みずからの力ではないとしても、少なくともすべてを元に戻す外的原因の効果によって、その状態に戻ることができる。つまり、この集合の状態は好きなだけ反復されうるだろうし、その結果この集合は年をとることがないのである。その集合は歴史を持たない。

したがって、形相《フォルム》〔形式〕も質料も、そこでは何も創造されない。もし、この集合の現在にそれが関係していると想定される宇宙の点をすべて含めるならば、この集合の未来は現在すでに現前している。人間を超えた知性ならば、システムの空間上のいかなる点についても、任意の時間の瞬間における位置を計算できるだろう。全体の形式に、部分の配置以上のものはないので、理論的にはシステムの未来の形式をその現在の形状の中に見て取ることができる。

実際、諸対象へのわれわれの信憑、科学が孤立させた諸システムへのわれわれの数々の傑作はすべて、時間がそれらに食い込まないという考えに依拠している。われわれは以前の仕事の中でこの問題に一言触れておいた。今の研究の途中でもう一度この問題に立ち返ることになるだろう。さしあたり以下のことを指摘するにとどめよう。物質的対象や孤立させられたシステムに科学が割り当てる抽象的な時間tは、決まった数の同時性、より一般的に言えば対応関係にしかすぎない。それら対応関係同士を引き離す間隔の本性がどのようなものであろうと、その数は変わらない。原物質が話題になるとき、これらの間隔は決して問題にならない。よしんばこれらを考えるとしても、それは、そこに新しい対応関係を数えるためで、これらの新しい対応関係の間でも人が望むことはすべて起こりうるだろう。科学は孤立させられたシステムしか検討しないが、同様に常識がかかずらうのも分離された対象だけである。常識が身をおくのは間隔の両端であって、間隔そのものに沿って身をおくことはない。だからこそ、時間の流れの速さは無限になり、物質的対象、孤立させられた体系の過去、現在、未来の全体は空間で一挙に繰り広げられると想定できるのだろう。その場合、学者の公式や常識の言語を変える必要はまったくないだろう。数 t は常に同じものを意味するだろう。そのとき、すでに引かれた線が「時間の流れ」となるだろうが、この線上の点と、対象あるいは体系の状態との間の対応関係の数は依然として同じだろう。

しかし、継起は物質世界においてさえ反論の余地のない事実である。孤立させられたシステムについてのわれわれの推論が、各システムの過去、現在、未来の歴史は一挙に扇状に展開されうることをいかに含意するとしても、それでもやはりこの歴史は徐々に繰り広げられているのである。あたかもこの歴史がわれわれの持続に類似した持続を占めているかのように。私が一杯の砂糖水を準備する場合、何をしようと、私は砂糖が溶けるのを待たなければならない。この些事はたくさんのことを教えてくれる。なぜなら私が待たなければならない時間はもはや、物質世界の歴史空間で一挙に広がるときでさえ、この歴史全体に沿って同じように適用される数学的時間ではないからだ。この時間は私の待ちきれなさ、つまり、好きに伸ばしたり縮めたりできない私自身の持続のある部分に一致する。この時間はもはや考えられたものではなく、生きられたものである。もはや関係ではなく絶対的なものである。これはどういう意味だろうか。ことは、一杯の水、砂糖、砂糖を水に溶かす過程はおそらく、それらが私の感覚、悟性によって〈全体〉から切り取られた抽象でしかなく、〈全体〉のほうは多分意識のように進展するということを措いて他にないだろう。

確かに科学がシステムを隔絶させて閉ざす操作は、完全には人工的なものではない。もしその操作に客観的根拠がないなら、ある場合にはその操作が全く適切であるのに、別の場合には不可能であることを説明できないだろう。後で、幾何学的に扱える分離可能なシステムを構成する傾向が物質にあることをわれわれは見るだろう。まさにこの傾向によってわれわれは物質を定義するだろう。しかしそれは単なる傾向にすぎない。物質がその傾向を最後まで進むことはなく、孤立は決して完全にならない。科学が最後まで進んで完全に隔絶させるとしても、それは研究の便宜のためなのである。科学は、隔絶させられたと言われるシステムが、なおある外的影響を受け続けることを仄めかしている。それらの影響が無視できるほど弱いのか、科学がそれらをあとで検討することにしているのか、いずれにせよ、科学は単にそれらを脇に置いているのである。それでもやはり、これら外的影響のいずれもがシステムとシステムを結び付ける糸であることに変わりはない。この糸は、あるシステムをより広いシステムに結び付け、今度はこの後者のシステムを、二つのシステムをともに含むような三番目のシステムに結び付ける。このような操作を続けて、最も客観的に隔絶され、他から最も独立したシステム、つまり太陽系全体にまで辿り着く。しかしここでもなお、隔絶は絶対的ではない。われわれの太陽は最も遠く離れた惑星をも越えて熱と光を放つ。他方で、太陽は、惑星とそれらの衛星を引き連れて、ある決まった方向へ動く。この太陽を宇宙の他の部分に結び付ける糸はおそらくごく細いものだろう。しかしこの糸に沿って、われわれが生きる世界の最も小さなかけらに至るまで、宇宙の全体に内在する持続は伝わるのである。

宇宙は持続する。時間の本性を深く掘り下げるにつれて、われわれは、持続が、発明、形式の創造、絶対的に新しいものの連続的練成を意味しているのを理解するようになる。科学によって限定されたシステムが持続するのは、それらが宇宙の残りの部分と分かちがたく結ばれているからに他ならない。確かに、後で述べるように、宇宙そのもののうちに、「下降」、「上昇」という二つの相反する運動を区別しなければならない。前者の運動は、すっかり書き上げられた巻物を広げているだけである。この運動は、ぜんまいが緩むときのように、ほとんど瞬間的に行われうるだろう。しかし後者の上昇という運動は、成熟、創造といった内的な働きに対応していて、本質的に持続し、前者の運動に自分のリズムを押し付ける。こうして下降の運動は上昇の運動と切り離せないものとなる。

それゆえ、科学が隔絶させる様々なシステムを〈全体〉に再統合するなら、それらに一つの、持続を、したがって、われわれと類似した存在形式を割り当てるのを阻むものは何もない。しかし、そのためにはこれらのシステムを全体に再び組み込まなければならないのだ。もちろん、われわれの知覚が限定する対象についても同じことが言えよう。われわれがある対象に割り当てるはっきりとした輪郭は、その対象に個別性を与えているが、それらの輪郭は、われわれが空間のある点で及ぼしうるある種の影響の素描でしかない。つまりそれらは、われわれが起こすことになるかもしれない行動の計画である。われわれが事物の表面やそれら表面が織り成す線を見て取るとき、あたかも鏡によって反射されたかのように、われわれの眼に送り返されているのは、この計画なのである。行動を、したがって、この行動が、錯綜した実在の中で前もって知覚によって切り開く広い道を消してみよう。物体の個別性は普遍的な相互作用に解消される。この相互作用がおそらく実在そのものなのである。

**有機体**

今われわれは物質的対象を適当に取り上げて考察してきた。特別扱いされるような対象はないのだろうか。これまで述べてきたように、原物体は知覚によって自然という生地から切り取られている。いわばこの知覚のハサミは行動が通るであろう点線を辿っているのである。しかし、この行動を惹き起こすことになる物体、この物体は、現実の行動を遂行する前に、物質にその潜在的な行動の素描をすでに映し出している。またそれは、自分の感覚器官を実在の流れに差し向けるだけで、その流れを決まった形に結晶化し、他のすべての物体を創造することができるのだが、この物体、つまり生物は、他のものと同じような物体なのだろうか。

おそらく生物も延長のある部分に存していて、その部分は延長の他の部分と結び付いて全体と連携し、物質のいかなる部分をも支配する同じ物理的化学的法則に従っている。しかし、物質を互いに隔絶された物体に分割するとき、その分割はわれわれの知覚に相対的であり、質点の閉じたシステムを構成するとき、その構成はわれわれの科学に相対的であるのに対して、生物は自然そのものによって隔絶され、閉じたものになったのである。生物は互いに補完し合う異質な部分から構成されている。それは互いに巻き込み合う様々な機能を遂行する。生物とは個体なのである。他のいかなる対象も、たとえ結晶でさえも、生物と同じようには個体であると言われることはないだろう。というのも、結晶は部分同士の異質性も機能の多様性も持たないからである。おそらく、有機的世界の中でさえ、何が個体で何が個体でないかを決定するのは難しいだろう。その困難は、動物界においてすでに大きなものだが、植物が問題になるとき、ほとんど克服できないものとなる。もっともこの困難は、われわれがあとで論じる深い原因に起因する。そのとき見るように、個体性には無限の程度があり、いかなる場所でも、人間においてさえ、個体性は充分に実現されていない。しかしだからといって、個体性に生命の特性を見るのを拒んでいいということにはならない。幾何学者として研究を進める生物学者は、われわれとは違って、個体性について正確で一般的な定義をあまりにも簡単に与えてしまうのである。完全な定義はできあがった実在にしか適用されない。さて、生命の特性は決して完全には実現されず、常に実現の途中にある。それらの特性は状態ではなく傾向なのである。そしてある傾向がその目指すものすべてを獲得するのは、それを阻む傾向が他に一つもない場合だけである。そのようなことがどのようにして生命の領域で起こるというのか。あとで示すように、生命の領域では相反する傾向が互いに絡み合っているのである。とりわけ、個別性の場合、個別化する傾向は有機的世界の至る所に現前しているが、この傾向は至る所で生殖する傾向の抵抗に遭うと言っていいだろう。個体性が完全になるためには、必然的に、いかなる部分も、有機体から切り離されたまま生きていけない、ということになるだろう。しかしそのとき生殖は不可能になるだろう。事実、生殖とは、古い有機体から切り離された断片を使って、新しい有機体を再構成することに他ならないのではないか。したがって、個体性は敵を自分の家に住まわせているのだ。時間において永続したいという個体性が感じる欲求そのもののせいで、個体性が空間において完全になることは決してない。個々の事例で、この二つの傾向を考慮するのが生物学者の仕事だ。したがって、決定的に定式化され自動的に適用されうるような個体性の定義を生物学者に頼んでも無駄なのである。

しかしわれわれは生命に関する事象について推論するとき、あまりにもしばしば原物質の諸様相についてのように推論する。個体性についての議論ほどその混同が明らかになるところはない。人が示すところによれば、オヨギミミズの切れ端はそれぞれ頭を再生し、その後それぞれが独立した個体として生きていく。ヒドラの断片もそれぞれが新しいヒドラになる。ウニの卵を分割してもそれぞれが完全な胚に発達する。では、その卵の、ヒドラの、ミミズの個体性はどこにあったのか、と人は言う。しかし、今いくつもの個体が存在するからといって、少し前の個体が一つではなかったということにはならない。箪笥から引き出しがいくつか落ちるのを見たら、その箪笥全体は一つの部分からなる一固まりのものであったと言う権利をもはや持たないことを私は認める。この箪笥の過去に存在していた以上のものがその現在に存在することなどありえないからだ。もし今その箪笥がいくつかの異質な部分から作られているとしたら、組み立てられたときからそうだったのである。もっと一般的に言うと、無機的な物体はわれわれが行動するためには必要であるし、それにあわせてわれわれは思考方法を形作るのだが、このような物体は次の単純な法則によって支配されている。「現在が過去より多くのものを含むことはない。結果に見つかるものはすでにその原因に存在していた」。しかし、最も表面的な観察でさえ証言することであるが、有機体の特徴は、増大し、絶えずみずからを変えることであると想定してみよう。そうすれば、最初一であった有機体が、あとで多になったとしても全く驚くことはないだろう。単細胞の有機体の生殖はまさにこのことにある。この生物は二つに分かれ、それぞれが完全な個体になるのだ。確かにもっと複雑な動物になれば、自然は、新たに全体を生み出す力を、生殖細胞と呼ばれる、ほとんど独立した細胞にしか配置していない。だが、再生という事実が証明するように、この能力の何かが有機体の他の部分に散らばって残っている、ということはありうる。こうして、ある特別な場合には、その能力が潜在的な状態で完全に残っていて、機会があり次第姿を現すと考えられている。実を言えば、有機体が生育力のある断片に分かれることがあっても、私は個体性について語れるのである。この有機体が断片に分かれる前に、ある種の部分の有機的組織化を示して、いったん切り離された断片にも同じ組織化が再生される傾向があればよい。さて、これはまさにわれわれが有機的世界で観察することである。したがってこう結論づけよう。個体性は決して完全ではない。個体とは何か、そうでないものとは何かを言うのは、たいてい困難で時には不可能である。しかしそれでもなお生命は個体性の追求を示していて、自然に切り離された、自然に閉じたシステムの構築を目指すのだ。

## 老化と個体性

まさにそのことによって、生物は、われわれの知覚や科学が人為的に隔絶させて閉ざすものすべてから区別される。したがって、生物をある対象になぞらえるのは誤りだろう。無機的なものの中でなぞらえるものを探したいというなら、われわれは生物を、ある決まった物質的対象にではなくむしろ物質的宇宙全体に譬えねばならないだろう。確かにこのような比較は大して役に立たないだろう。というのも、生物は観察可能な存在であるが、宇宙全体は思考によって構成あるいは再構成されるものであるからだ。しかし、このようにすれば、少なくともわれわれの注意は有機的組織化の本質的な特徴に向けられるだろう。宇宙全体のように、個別に取り上げられた各々の意識的存在のように、生きている有機体は持続するものである。その過去全体が、現在に引き伸ばされ、そこで現勢的なものとして作用を及ぼし続けている。有機体がきちんと決まった段階を経て年をとること、つまり歴史を持つことをどうやって他の仕方で理解するのだろうか。私は特に自分の身体を考えてみると、自分の意識と同じように、身体も幼年から老年へと少しずつ成熟しているのが分かる。私と同様、私の身体も年をとるのである。それどころか、成熟も老化も厳密に言えば、私の身体の属性でしかない。それに対応する私の意識的人格の変化に同じ名前を与えるのは、比喩に過ぎない。さて、生物の高い段階から低い段階へ移るとき、最も分化したものの一つから最も分化していないものの一つへ、つまり人間という多細胞の有機体から繊毛虫という単細胞の有機体へ移行するとき、私はこの単純な細胞に再び同じ老化の過程を見つける。繊毛虫はある回数分割したあと力尽きてしまう。環境を変えて、(3)接合〔合体〕による若返りが必要となる時期を遅らせることはできるが、無際限に延期させることはできないだろう。確かにこれら二つの極端な例では、有機体が完全に個体化している。しかしこれらの間に、個体性がそこまではっきりと示されておらず、どこかで老化が起こっているとしても、何が老化しているのか正確には言えないような事例が他にたくさん見つかるだろう。もう一度言うが、いかなる生物にもそのまま自動的に適用されるような、生物学上の普遍的な法則など存在しないのである。あるのは、生命が一般的に様々な種を放ついくつかの方向だけである。個別的な種はそれぞれ、それが構成される行為そのものの中で、個体性を示す。気まぐれのまま多少なりとも脱線し、時には、坂を遡って本来の方向に背を向けているように思われることさえある。末端の小枝はいつも同じように若く、挿し木をすればいつも同じように新しい木を生み出せるのだから、木が老化しないことを示すのはそれほど難しくないだろう。しかし、そのような有機体でも、たとえそれが葉や幹の内部でしかないとしても、何かが老化している。もっともそのような有機体は個体というよりむしろ社会であるが。また、それぞれの細胞を個別に考えると、ある決まった仕方で進化している。何かが生きているところには、どこかで時間が記入される帳簿が開かれている。

　それは比喩でしかない、と人は言うだろう。実際、時間に実効的な作用と固有な実在性を与えるあらゆる表現を比喩とみなすのが機械論の本質なのである。直接的観察は、われわれの意識的存在の基底が記憶力であること、言い換えれば過去の現在への延長であること、つまり作用を及ぼし続ける不可逆的な持続であることを示す。推論は、われわれが常識と科学によって切りとられた対象、切り離されたシステムから遠ざかるほど、ある実在に係ること、その実在が、あたかもそこでは過去を蓄積する記憶力が後戻りを不可能にしているかのように、一まとまりになってみずからの内的な傾向を変えることを示す。しかし無駄である。精神の機械論的な本能は、推論より強力で、直接的観察より強力なのである。われわれは無意識のうちに自分の中に形而上学者を宿している。後で見るように、生物全体の中で人間の占める位置そのものが、人間が実際に存在することを説明している。この形而上学者は、決まった要求、出来合いの説明、還元不可能なテーゼを持っていて、これらはすべて具体的な持続を否定することになる。彼によれば、変化は部分の配置や乱れに還元されなければならないし、時間の不可逆性はわれわれの無知に係る単なる見かけでなければならないし、後戻りできないことが意味しているのは、単に人間が物事を元通りにできないことでなければならない。このようにして、老化はもはや、ある物質を次第に獲得することあるいは失うこと、おそらくはその両者でしかなくなる。砂時計は、上の容器が空になれば下の容器はいっぱいになるし、ひっくり返せば物事を元通りにできる。時間は生物にとってこの砂時計と同じだけの実在性しか持たなくなる。

確かに生まれた日から死ぬ日までの間に、何が獲得され、何が失われるかについて意見は一致していない。細胞が生まれてから死ぬまでの間、原形質の量が絶え間なく増加することに注目した人もいる(4)。それよりも以下のような理論の方がもっともらしく、深みがある。その理論によれば、増加するのは、排出されなかった残存物質で、有機体の更新が行われる「内的環境」に閉じ込められた栄養物質は減少する。この残存物質は身体に蓄積されて、最後には身体を「殻で覆って鈍化させる」(5)のだ。それでも、優れた微生物学者と共に、食作用を考慮しないような老化の説明はすべて不十分であると言わなければならないのだろうか(6)。われわれにはこの問題を解決する資格はない。しかし、この二つの理論は、ある種の物質が絶えず増加あるいは減少することを肯定する点では一致し、何が獲得され、何が失われるかの規定については、ほとんど共通するところがない。この事実は、説明の枠組みがアプリオリに与えられていたことを示している。われわれは研究を進めるに従って、そのことがよりはっきり分かるだろう。時間を考えるときに、砂時計のイメージから逃れるのは簡単なことではないのだ。

老化の原因はより深いはずである。胚の進化と完全な有機体の進化の間には不断の連続性があると思う。生物を増大、発達、老化させる推進力が、生物に胚生の諸段階を通過させるのである。胚の発達は絶え間ない形態の変化である。その連続する局面をすべて記そうとすると、連続するものを扱うときと同じように、ある無限に迷い込んでしまうだろう。生命はこの出生前の進化が延長したものである。扱っているのが老化する有機体なのか、進化し続ける胚なのかをしばしば言うことができないのがその証拠である。例えば昆虫類の幼虫や甲殻類の幼生がそれにあたる。他方、われわれのような有機体では、思春期や更年期といった時期の危機的変化は、個体の全面的な変形を惹き起こす。この時期の変化は完全に、幼生や胚生の途中で遂行される変化になぞらえることができる。しかし、この劇的な変化はわれわれの老化の一部を成しているのである。そのような変化はある決まった年代に起こり、しかもきわめて短い期間に起こる。しかし、たとえそうだとしても、徴兵の知らせが満二〇歳の男子に来るように、単にある年代に達したという理由で、その変化がそのとき突然外から現れるのだと主張するような人はいないだろう。明らかに、思春期のような変化は、出生以来、いやすでに生まれる前から、毎瞬間準備されていて、この劇的な変化までの生物の老化は、少なくとも部分的には、この漸進的な準備に存している。老化現象において、本来の意味で生命と係りがあるのは、形態の変化の連続である。人はこの連続を感覚することはできないし、分割しようとすれば無限にその分割を繰り返すことになる。もっとも、有機体の壊廃現象が老化に伴うことに疑いの余地はない。老化の機械的な説明はこの現象に注目しているのである。この説明は、硬化の事実をいくつか挙げ、残存物質が次第に蓄積し、細胞の原形質が次第に肥大することを指摘するだろう。しかし、この眼に見える結果の下に、内的な原因が隠れている。生物の進化は、胚の進化と同様、持続の連続的記憶、過去の現在における残存を含意している。したがって、生物の進化は、少なくとも、いわば有機体的記憶であるように見える。

原物質の現在の状態は直前の瞬間に起こったことにもっぱら依存する。科学によって定義され隔絶されたシステムの質点の位置は、直前の瞬間における同じ点の位置によって規定される。言い換えれば、無機的物質を支配する諸法則は、原則的に、微分方程式によって表すことができる。微分方程式で時間（数学者が解する意味で）は独立変数の役割を演じるだろう。生命についての法則も同じ事情だろうか。ある生物の状態は、直前の状態にその完全な説明を見つけるだろうか。生物を自然の他の物体になぞらえ、自分の都合のいいように、化学者、物理学者、天文学者が操作を行う人為的システムとそれを同一視することに、アプリオリに取り決めるならばそうである。しかし、天文学、物理学、化学のうちではその提案はある明確な意味を有している。それが意味しているのは、科学にとって重要な、現在のある側面は、直接的な過去の関数として計算可能である、ということなのだ。生命の領域では、そのようなことはありそうもない。ここで計算を行えるのは、せいぜいある種の有機体の壊廃現象くらいである。逆に、有機的創造について、文字通り生命を構成する進化の現象については、それらをどのように数学的に処理すればいいのか、見当すらつかない。それができないのはもっぱらわれわれが無知なせいだ、と言うかもしれない。しかしこれが次のようなことを表している可能性もある。生物の現在の瞬間の存在理由は直前の瞬間にはなく、その現在の瞬間に、その有機体の過去全体を、その遺伝を、つまりきわめて長い歴史の全体を結び付けなければならない、ということをである。実際には、二番目の仮説が、生物科学の現在の状態を、そしてその方向さえ示している。ある人間を超えた計算者なら、生物をもわれわれの太陽系と同じように数学的に処理することができる、という考えについて言えば、そのような考えはある形而上学から少しずつ生み出されたのである。この形而上学はガリレイの物理学上の発見以来、より正確な形式をとるようになったが——あとで示すように、つねに人間精神の自然な形而上学であったのである。その見かけの明晰さ、それが真実であると考えようとするわれわれの抑えきれない欲求、多くの卓越した精神が証明なしに進んでそれを受け入れていること、つまりその形而上学がわれわれの思考に対して行うすべての誘惑が、かえってわれわれをその形而上学に対して警戒させることになるはずだろう。われわれにとって魅力的なものであることは、その形而上学がある生得的傾向を満足させることを充分証明している。しかし、後で見るように、知性の傾向は、今では生得的なものになっているが、生命がその進化の途中で創造しなければならなかったものである。これらの傾向は、生命の説明を与えるためではなく、それとはまったく別のことのために生み出されたのだ。

人為的システムと自然的システム、死んでいるものと生きているものを区別しようとするや否や出くわすことになるのが、この知性の傾向の反抗である。この傾向のせいで、有機的なものは持続すると考えることにも、無機的なものは持続しないと考えることにも、同じく困難を覚える。人は次のように言うだろう。「なんですって？　あなたは、ある人為的システムの状態がもっぱらその前の瞬間の状態に依存していることを認めているのだから、時間を介入させているのではないですか？　持続の中にそのシステムを置いているのではないですか？　他方で、あなたによれば、過去は生物の現在の瞬間と一体になっているのですから、有機的な記憶力がこの過去全体を直前の瞬間に収縮するのではないですか？　したがって、その直前の瞬間が現在の状態の唯一の原因になるのではないですか？」このように言うのは、実在的システムがそれに沿って展開する具体的な時間と、われわれが人為的システムについて考えるときに介入してくる抽象的な時間を分ける主な相違を誤解しているのである。ある人為的システムの状態が直前の瞬間の状態に依存するとわれわれが言うとき、どんな意味で言っているのだろうか？　ある数学的な点に隣接するような数学的な点が存在しないのと同様、ある瞬間の直前の瞬間など存在しないし、存在しえないということである。「直前の」瞬間とは、実際、現在の瞬間に、間隔dtを介して結び付けられている瞬間である。それゆえ、系の現在の状態は、$\frac{de}{dt}$、$\frac{dv}{dt}$といった微分係数、つまり実は、現在の速度、現在の加速度が入ってくるような方程式によって定義される、と言いたいだけなのである。したがって結局、現在しか問題になっていないのだ。だから、その傾向とともに取り上げているのは事実であるにせよ、人が取り上げるのは結局現在だけなのである。事実、科学が働きかけるシステムが存在するのは、絶えず更新される瞬間的現在のうちにであって、過去が現在と一体になっているような、実在的で具体的な持続のうちにでは決してない。数学者が、時間tが経過した後のあるシステムの未来の状態を計算するとき、物質的宇宙がその間消滅していて突然また現れる、と想定しても何の不都合もない。重要なのはt番目の瞬間だけである。この瞬間は純粋に瞬時のものとなろう。間に流れることになるもの、つまり実在的な時間はどうでもよくて、この時間が計算に入ることなどありえない。もし数学者がこの間に身を置くと言っても、彼が身を移すのは常にある点、ある瞬間、つまり時間tの末端なのである。そのとき、時点Tまでの間はもはや問題にならない。もし数学者が微分dtを考慮することでこの間を無限小の部分に分割するとしても、それによって彼は、自分は加速度や速度を考えているということ、つまり傾向を記す数、所与の瞬間におけるシステムの状態の計算を可能にする数を考えているということを表しているにすぎない。しかし常に問題となるのは、所与の瞬間、つまり止められた瞬間であって、流れる時間ではない。要するに、数学者が働きかける世界とは、毎瞬間死に再び生まれる世界、まさにデカルトが連続的創造を語るとき彼が考えていた世界なのである。しかし、このように考えられた時間で、進化、つまり生命の特徴をいかにして表象するのだろうか。進化は、過去を現在が実在的に引き継ぐこと、一つの連結符たる持続を含意している。言い換えれば、生物あるいは自然的システムの知識は、持続の間そのものに係る知識である。それに対して、人為的システムあるいは数学的システムの知識はその末端にしか係らないものである。

変化の連続性、過去の現在における保存、真なる持続。したがって生物はこれらの属性を意識と共有しているように見える。更に進んで、生命とは、意識的行動と同じく発明であり、絶えまない創造である、と言えるだろうか。

## 進化論

われわれはここで進化論〔変移説〕の証拠を枚挙するつもりはない。ただ、なぜこの書物で、進化論を既知の諸事実の充分正確で厳密な翻訳として受け容れているか、簡単に説明したいだけである。すでに有機体の自然な分類に、進化論の考え方の萌芽がある。実際博物学者は似通った有機体を互いに近づけ、次にその群を更に多くの類似がある亜群に分ける。このやり方で、博物学者は分類をさらに進める。この操作を通して、群の特徴は、一般的な主題として現れ、それぞれの亜群はこの主題の変奏曲を個別に奏でているかのようである。以上がまさに、動物界と植物界で、生み出すものと生み出されたものの間に見つかる関係である。子孫たちは、祖先から伝わった共通のキャンバス地に、独創的な刺繡をそれぞれが施すのである。確かに祖先と子孫の差異はわずかなもので、同じ生命物質が、魚類、爬虫類、鳥類のように全く異なる形態を次々ととれるほど、可塑性のあるものなのか、疑問を呈することはできる。しかしこの疑問に、観察が反論の余地なく答えを与える。観察が示すところによれば、鳥類の胚は、その発達のある時期まで、爬虫類の胚とほとんど区別できない。また個体は一般に胚生期を通して、一連の形態の変化を展開するが、この変化は、進化論によれば、ある種から別の種へ移行する際の変化に比肩しうる。雄性細胞と雌性細胞の結合によって獲得される単一の細胞が、自己分裂しながらこの仕事を遂行する。毎日、われわれの眼の前で、生命の最も高い形態が、きわめて基礎的な形態から生じている。したがって経験は、最も複雑なものが最も単純なものから進化によって生じたことを証明しているのである。だが、実際に、最も複雑なものは最も単純なものから生じたのだろうか。その資料は不十分であるが、古生物学はそう信じるようわれわれを誘う。なぜなら、古生物学が種の継起する順番をある程度正確に見出すとき、この順番はまさに、胚生学[2]や比較解剖学から引き出される考察が想定させるような順番であり、古生物学上の新しい発見はそれぞれ、進化論に新たな確証をもたらすからである。このように単なる観察から得られる証拠は、常に強化されていくのだが、他方では実験が反論を一つずつ退けてくれる。例えば、H・ド・フリースの興味深い実験は、重要な変異が突然起こり、規則正しく遺伝しうることを示すことで、進化論が惹き起こした最も厄介な困難のいくつかを取り去っている。これらの実験は、生物学が進化するのに必要だと思われた時間を大幅に短縮してくれる。また、古生物学への要求を大いに和らげてくれる。その結果、ひとことで言うと、進化論の仮説は、真理を少なくとも近似的に表現しているように、ますます思えてくる。その仮説は厳密に証明できるものではない。しかし、理論や実験による証明が与える確実性には劣るが、無際限に増大する蓋然性がある。この蓋然性は明証性の代わりとなって、あたかも極限値であるかのように明証性を目指す。このような数の蓋然性を進化論[3]は提示している。

しかし、進化論の誤りが立証されていると考えてみよう。今はどんなものか見当もつかないが、ある不連続な過程から種が生まれることが、推論あるいは経験によって証明されたと仮定してみよう。進化論という学説の最も興味深い部分、われわれにとって最も重要な部分は、そのような仮定によって損なわれるだろうか。分類の大枠はおそらくそのまま残るだろう。胚生学の現在のデータも同じくそのまま残るだろう。比較胚生学と比較解剖学の対応関係もそのままだろう。したがって、生物学は生物の形態の間に、今日進化論が仮定しているのと同じ関係、つまり類縁性を証明し続けうるし、そうにちがいないだろう。確かに問題になるのは、もはや物質的な系譜ではなく、観念的な類縁性だろう。しかし、古生物学の現在のデータもそのまま残るだろうから、その間の観念的な類縁性が明らかにされる形態と形態は、同時に現れるのではなく、継起的に現れることをやはり認めざるをえないだろう。ただ、哲学者から見て重要な点で、進化論が要求するのはこれだけである。進化論とはとりわけ、観念的な系譜を確認することに存している。つまり、形態と形態の間にいわば論理的な系譜がある場合、これらの形態がそこで物質化するところの数々の間には年代的な継起が存在してもいる、と主張するのである。この二重のテーゼはいずれにせよそのまま残るだろう。したがって、再び進化をどこかに想定しなければならないだろう。ある場合には創造的な〈思考〉に想定しなければならず、その思考において、多様な種のイデアが互いを生み出すことになろう。様々な種それ自体が地上で互いを生み出す、と進化論が主張するのと同様に。またある場合には、自然に内在する、生命の有機的組織化の計画の中に想定しなければならないだろう。少しずつ明らかにされるだろうこの計画では、純粋な形態間の論理的、年代的系譜とは、まさしく進化論が生物の個体間にある実在的な系譜として提示する関係のことだろう。——最後に、生命の何か未知の原因に進化を想定しなければならない場合もあろう。その原因が結果を展開するとき、あたかもある結果が別の結果を生み出すかのように展開するのだろう。したがって、単に進化を想定する場を移し替えるだけだろう。進化を見えるものから見えないものへ移行させることになるだろう。進化論が今日われわれに言っていることは、別の仕方で解釈されることになるかもしれないが、ほぼすべて保存されるだろう。したがって、学者たちがほぼ一致して主張するような進化論の言葉で満足する方がいいのではないか。どの程度進化論が事実の記述なのか、事実を象徴化しているのか、そのような問いを控えてみよう。そうすれば、進化論に、それが取って代わると主張していた諸学説と相容れないものは何もない。一般に人が進化論を対立させる、分離的創造説との間にさえ何の齟齬もきたさない。そういうわけで、進化論の独断的な主張が科学に避けようもなく課せられるように、進化論の言語はいまやあらゆる哲学にのしかかっている、とわれわれは考えるのである。

しかしそのとき、もはや生一般を、抽象物のように、つまりその下にすべての生物を書き込む単なる項目のように語ってはならないだろう。ある瞬間、ある空間上の点で、はっきりと眼に見える、ある流れが生まれたのだ。この生命の流れは、次々と物体を有機的組織化してそれらを横切りながら、世代から世代へと移行した。この流れは、種の間で分割され、個体の間に散らばったが、その力を何ら失うことなく、むしろ前進するのに従ってみずからを強めた。周知のように、ヴァイスマンによって唱えられた、「生殖質の連続」説では、生み出す側の有機体の性的要素がその特性を、生み出される有機体の性的要素に直接伝える。この極端な形式では、その説は反論可能に見えた。なぜなら、受精卵の卵割においてすでに生殖腺が形を成し始めるなどということは、例外的な事例でしか見られないからだ。しかし、性的要素を生み出す細胞は一般に、胚生の初期には現れないとしても、それでもなおそのような細胞が常に胚の組織を犠牲にして形成されるのは事実である。そのとき、この組織はまだいかなる特定の機能にも分化していないし、この組織の細胞も変形されざる原形質から構成されている[7]。言い換えれば、受精卵の生殖力は、増大する胚組織の総体に分散するにつれて、弱まっていく。しかし、この力は、このように薄まりながらも、もう一度空間のある特別な点に、つまりその後卵子や精子が生まれる細胞に、みずからの何かを集中させる。したがって、生殖質が連続的なものではないとしても、少なくとも生殖のエネルギーの連続はある、と言えるだろう。このエネルギーが使われるのは、ほんの一瞬、つまり胚生に推進力を与えるときだけで、その後このエネルギーはできるだけ早く、新しい性的要素の中で取り戻され、そこでもう一度機会がくるのを待つことになるのだから。この視点から考えると、生命とは、発達した有機体を媒介しながら胚から胚へと移りゆく、ある流れであるように見える。あたかも有機体それ自身は、新しい胚へみずからを引き継がせようとする古い胚によって突き出される、こぶや芽のようなものでしかないかのように、すべては進行している。本質的なのは、無際限に続く進展の連続であって、可視的有機体は各々、生きるように与えられた短い時間、この不可視の進展にまたがるのである。

## 生物学と物理化学

さて、この生命の連続性に注意を固定すればするほど、有機的な進化が意識の進化に近づくのを見ることになる。意識の進化では、過去が現在に迫り、先立つものと通約不能な、新しい現在の形式を湧き上がらせる。植物や動物の種の出現には正確な原因があることに反対する人はいないだろう。しかしこのことは、事後的にこれら原因の詳細を知れば、生み出された形式はそれらによって説明されるだろう、という意味で理解しなければならない。つまり、この形式を予見することは問題になりえないだろう。もしこの形式が生み出される条件の詳細をすべて知るならば、それを予見できるだろう、などと言えるだろうか。これらの条件は、生命の歴史のなかで生命が生まれる瞬間の特徴であって、この形式と合体し、一つに融合してさえいる。唯一無比の状況、これまでも生み出されたことはなかったし、これからも決して生み出されることのない状況を、前もって知るなどということをいかにして想定するというのか。未来で予見できるのは、過去と似ているもの、つまり、過去のものと似ている要素を使って再構成できるものだけである。天文学、物理学、化学の事実など、不変とみなされている要素が単に並置されているだけのシステムの一部をなしている事実はすべてこれにあたる。このようなシステムでは、位置の変化しか生じず、事物が元どおりになると想像しても、理論上なんの不合理もない。その結果このシステムでは、全体として、あるいは少なくともその要素については、同じ現象が反復されうるのである。しかし、比類ない状況はその比類なさを自分の諸要素、つまり、この状況についての部分的な眺めに伝えるのだが、このような状況が、生み出される前に与えられているなどと、どのようにして思い描くことができるのだろうか。[9] せいぜい言えるのは、そのような状況は、いったん生み出されたあと、分析がそこで発見する要素によって説明される、ということくらいである。しかし新しい種の発生について真であることは、新しい個体の発生についても真である。もっと一般的に言えば、いかなる生物の形態のいかなる瞬間についても真である。なぜなら変異は、新しい種を生み出すためにはある重要性、ある一般性に到達しなければならないとしても、連続的なもので、感覚されないまま、それぞれの生物において、あらゆる瞬間に起こっているからだ。今日語られる突然変異が可能なのは明らかに、孵化の働き、いやむしろ成熟の働きが、変化を起こしていないように見えた一連の世代ですでに遂行されていた場合だけである。この意味で、生命について、意識と同じように、次のようなことが言えるだろう。生命は各々の瞬間に何かを創造しているのである[10]。

しかし、生命の諸形態は絶対的に独創的で予見不可能であるという考えに、われわれの知性全体が歯向かう。生命の進化が形作ってきたわれわれの知性の本質的な機能は、われわれの振る舞いを照らし出すこと、事物に対する行動を準備すること、ある与えられた状況について、好ましいものであれ好ましくないものであれ、後に続きうる出来事を予見することである。それゆえ、知性は本能的に、ある状況の中から、既知のものに似ているものを切り離す。つまり、「同じものが同じものを生み出す」という自分の原理を適用できるようにするため、同じものを捜すのである。常識による未来の予見はこのことに存する。科学はこの操作の正確さと精度を可能な限り高めるが、その本質的な特徴を変えることはない。日常的な知識と同様、科学が事物について保持するのは、反復という側面だけである。全体が比類ない場合も、科学はほぼ過去の再生であるような出来事や側面に分析できるよう手はずを整える。科学が操作を施せるのは、反復されるもの、つまり仮定より持続の作用から逃れているものだけである。歴史の継起する瞬間のうち、還元不可能なもの、不可逆的なものは、科学の手をすり抜ける。これら還元不可能なもの、不可逆なものを表象するためには、思考の根本的な要求に応えている科学の習慣と手を切らなければならない。精神を強いて、知性の自然の坂道を遡らなければならない。しかしまさにそこにこそ、哲学の役割はあるのだ。

こういうわけで、生命が眼の前で、予見不可能な形態の連続的な創造としていかに進化するとしても、形態、予見不可能性、連続性は単なる見かけで、無知を反映したものだという考えがつねに残る。人は言うだろう。「感覚に連続した歴史として現れるものは、継起する諸状態に分解されるだろう。あなたに比類ない状態という印象を与えるものも、分析すれば、それぞれが既知の事実の反復であるような要素的な基礎事実に還元されてしまう。あなたが予見不可能な形態と呼ぶものは、古い要素を新しく並べたものでしかない。要素となる原因の全体が、この並べ方を規定したのだが、この原因もそれ自身、新しい順番を採用しながら繰り返される古い原因なのだ。要素や要素的な原因の知識によって、それらの合計や結果である生物の形態を、われわれは前もって描くことができるだろう。現象の生物学的な側面を物理学的―化学的要素に還元した後、必要とあれば、物理学や化学それら自身を飛び越えることだろう。ものの固まりから分子へ、分子から原子へ、原子から粒子へ進むだろう。最終的に、ある種の太陽系のようなものとして、天文学的に扱えるようなものに到達することがまさに必要となるだろう。それを否定したら、科学的機械論の原理そのものに異議を申し立てることになるし、生命物質は他の物質と違う要素からできているなどと、恣意的に宣言することになってしまう」。われわれとしては、原物質と有機的な物質が根本的に同じであることに反論しているのではない、と答えるだろう。唯一の問題は、われわれが生物と呼ぶ自然なシステムを同一視しなければならないのは、科学が原物質から切り取る人為的なシステムなのか、それよりむしろ、宇宙全体のような自然なシステムと比べなければならないものなのか、ということである。生命がある種のメカニズムであることを、われわれはもちろん認める。しかしこれは、宇宙全体から人為的に切り離されうる部分のメカニズムなのだろうか。それとも実在的な全体のメカニズムなのだろうか。すでに述べたように、実在的な全体は、不可分な連続であるだろう。そうすると、そこで切り取られる数々のシステムは、厳密に言うと、その部分ではなくて、全体についての部分的な眺めであろう。これらの部分的な眺めの端と端をつないでも、全体を再構成するきっかけさえつかめないだろう。ある対象の写真を様々な側面からいくら撮っても、その対象の物質性を再生できないのと同じである。生命と、それが還元されたものと称される物理―化学的現象にも同じことが言える。おそらくその分析は、有機的創造の過程に、ますます多くの物理―化学的現象を発見するだろう。物理学者と化学者がそのような現象に満足するのは確かだ。しかしだからといって、化学と物理学がわれわれに生命の鍵を渡してくれるということにはならない。

ある曲線のきわめて小さい要素は、ほとんど直線である。より小さい要素を取り上げれば取り上げるほど、その要素は直線と類似するだろう。極限では、お望みなら、その要素は直線の部分なのだとも、曲線の部分なのだとも言えるだろう。実際、曲線は、その各々の点で、接線と一致している。同じように、「生命性」は任意の点で物理学的化学的力と接しているのである。しかし、この点は、結局、精神の眺めでしかない。精神は、曲線を生み出す運動がある瞬間に停止するのを想像しているのである。実際、曲線は直線から構成されていないし、生命も物理的化学的要素からなるものではない。

総じて、科学がなしうる最も根本的な進歩は、すでに獲得された結果をある新しい全体に入り込ませることに存している。この全体に比して、既得の結果は、ある運動の連続に対して飛び飛びにとられた瞬間的かつ不動な眺めと化す。例えば、近代人の幾何学の古代人の幾何学に対する関係はそのようなものである。古代人の幾何学は、純粋に静的なもので、すでに描かれた図形に対して操作を施すものだった。近代人の幾何学は、関数の変化、つまり図形を描く運動の連続を研究するものである。おそらく、より厳密性を高めるため、数学の数々の手法から運動についてのあらゆる考察を取り除くことはできるだろう。それでもなお、図形の生成に運動を導入したことが近代科学の起源にあることは確かである。われわれの考えでは、生物学がいつか自分の対象を数学と同じくらい仔細に検討できるなら、生物学と有機体の物理―化学との関係は、近代数学と古代数学との関係と同じになるだろう。物理学や化学は物の固まりや分子の全く表面的な移動を研究しているが、生命の運動は深みで生み出されていて、形態変化であってもはや位置変化ではない。この移動と生命の運動の関係は、ある運動体の停止とその運動体の空間における運動の関係と同じになるだろう。われわれの予感しうる限り、ある生命の活動の定義から、それが含む物理―化学的な諸事実のシステムへと移行する際の手順は、関数から導関数へ、曲線の方程式（つまり曲線を生み出す連続的な運動の法則）からその運動の瞬間的な方向を与える接線の方程式へと移行する操作と、類似がないわけではないだろう。こうした科学は形態変化の力学となり、われわれの位置変化の力学はその力学の個別例、単純化、純粋量の平面への投射となるだろう。同じ導関数を持ち、定数が異なるような関数は無限に存在する。同様に、おそらく、字義通りの意味での生命活動の物理―化学的な要素を積分しても、この活動を部分的にしか規定できないだろう。ある部分は無規定なままにされるだろう。しかし、人ができるのはこのような積分を夢見ることくらいである。われわれは、この夢がいつか現実になるなどと主張していない。ただ、ある比較をできるだけ展開して、われわれのテーゼが純粋な機械論とどこで近づくのか、またどのようにそれと異なるのかを示したかっただけなのだ。

もっとも、無機物による生物の模倣をもっと遠くまで推し進めることもできるだろう。化学は有機体の合成を行っているだけでなく、細胞の有糸分裂や原形質流動のような有機的組織化の事実のいくつかについても、その外的な素描を人為的に再生するに至っている。周知のように、細胞の原形質は細胞膜の内部で様々な運動を行う。他方で、細胞のいわゆる有糸分裂はきわめて複雑な操作によって行われる。その操作には、核に係るものと、細胞質に係るものがある。後者の操作は、核のそばに位置する小さな球体である、中心体が二つに分かれるところから始まる。こうして獲得された二つの中心体は互いに離れて、始原的核を本質的に構成していたが同じように切り離されて二つに分かれた紡錘糸を引き寄せ、二つの新しい核を形成するに至り、この新しい核のまわりに新しい二つの細胞が構成され、最初の細胞を引き継ぐことになる。さて、このような操作の少なくともいくつかについては、その概略と見かけを模倣することにすでに成功している。砂糖か食塩を粉々にして、そこにきわめて古い油を加える。そしてその混合物を顕微鏡で見ると、ハチの巣のような胞状の構造を持ったある泡が認められる。ある理論家たちによれば、この泡の形状は原形質の形状と似ており、いずれにせよ、この泡の中で、原形質流動をすぐに思い起こさせるような運動が起こる。[11] もし同じ種類の泡で、胞の一つから空気を抜き取ると、ある円錐が吸引力によって現れるのが見られる。この円錐は、核の分裂の際、中心体のまわりに形成される円錐に類似している。[12] 単細胞の有機体、少くともアメーバの外的運動までは、力学的に説明ができると信じられている。この種の説明によると、一滴の水の中でアメーバが移動するさまは、ドアと窓が開いて空気が流れている部屋で、ホコリが行ったり来たりするさまに譬えられる。アメーバの固まりは、周囲の水に含まれた溶解可能な物質を絶えず吸収して、水に別のある溶解可能な物質を送り返す。この交換は、多孔質の膜によって隔てられた二つの容器の間で行われる交換に似ていて、その小さな有機体のまわりに、絶えず変化する、ある渦巻きを生み出す。アメーバが自分で動かしているように見える一時的な突起物あるいは仮足について言えば、それらはアメーバによって送り出されているというよりは、周囲の環境がある仕方で引き寄せ、吸引することによって、アメーバの外に引きつけられているそうである。[13] 繊毛虫類の繊毛はおそらく仮足が固まったものでしかないが、アメーバの運動を説明するときに適用された説明方式は、少しずつ、繊毛虫類それ自身が繊毛を使って行う、より複雑な運動に拡張されるだろう。

しかし、この種の説明や図式の価値について、学者たちの意見は一致を見るにはほど遠い。化学者たちの指摘によれば、現実に有機的組織化されたものまで行かずに、有機的要素を持つものだけを考えたとしても、科学がこれまでに再構成したのは生命活動の老廃物だけであるそうである。字義通り活動的で可塑的な物質は依然として合成に抵抗する。われわれの時代の最も傑出した博物学者の一人は、上向発生、下向発生という、生物の組織に見られる二種類の現象の対立を強調した。上向発生のエネルギーの役割は、無機物を同化することによって、低次のエネルギーをそれ固有の水準にまで高めることである。それらのエネルギーは諸々の組織を作り出す。逆に、下向発生はエネルギーの下降であって、もはや上昇ではない。(同化、増大、生殖を除く)生命の働きそのものが、下向発生に属している。物理化学が扱えるのは、このような下向発生に属する事実、つまり死んだものだけであって、生きているものではない[14]。確かに、上向発生に属する事実が、字義通り上向発生ではないとしても、物理―化学の分析に抗うように見える。原形質の外的な様相の人為的模倣について言うと、この物質の物理的な形状についてまだはっきり分かっているわけではないのに、この模倣に何らかの理論的な重要性を実際に与えなければならないのだろうか。ましてや、化学物質を用いてこの様相を再構成することなど、今のところもちろん問題にはなりえない。滴虫類の動きはもちろん、アメーバの運動についても、これらの有機体を仔細に観察した多くの人たちにとって、物理化学的説明は不可能であるように思われている。このような生命の最も取るに足らない現れにさえ、彼らは実効的な心理学的働きの跡を見て取っている。組織学的な現象の研究が深められると、すべてを物理学と化学によって説明しようとする傾向が、強められるどころか、たいていの場合挫かれているのを見るのは、何にもまして示唆に富んでいる[15]。組織学者E・B・ウィルソンが細胞の発達を研究した、実に見事な本の結論はまさにそのようなものである。「無機物の世界と生命の形態の間には、たとえそれが最も低次の形態であったとしても、それらを引き離している巨大な隙間があるが、結局、細胞の研究はこの隙間を縮めるどころか拡げてしまったのだ[16]」。

要するに、生物の機能的行動だけしか研究していない者たちが、物理学と化学は生物学的な過程の鍵を与えてくれると思い込む傾向にあるのである[17]。実際彼らが何よりも係っているのは、レトルトの中でのように、生物において絶えず反復される現象である。それによって生理学の力学的傾向は部分的に説明されるだろう。逆に生物の巧妙な構造、その生成と進化に注意を集中させている者がいる。一方で組織学者と発生学者、他方で自然学者がこれにあたる。彼らはレトルトの中身だけでなく、レトルトそのものを前にしている。彼らは、このレトルトが真の歴史を構成する一連の独特な行為に沿って、自分自身の形態を創造するのを認める。組織学者にせよ、発生学者にせよ、博物学者にせよ、生理学者のように簡単には、生命活動の物理化学的な性格を信じてはいないのである。

実を言えば、この二つのテーゼのどちらも、つまり基礎的な有機体をいつか化学によって生み出す可能性を肯定しようと否定しようと、経験の権威にすがることはできない。それらはどちらも検証不可能なのである。前者については、科学が生命物質の化学的合成へまだ一歩も踏み出していなかったからで、後者については、ある事実が不可能なことを実験によって証明する手段など考えることもできないからである。しかしわれわれは、自然によって閉じられたシステムである生物を、科学が隔絶させた諸システムと同一視することを妨げる理論的な理由を示した。アメーバのようにほとんど進化しない未発達の有機体が問題になるとき、この理由があまり力を持たないことをわれわれは認める。しかし規則的な周期で形態の変化を起こす、より複雑な有機体を考えるとき、この理由は説得力を増す。持続が生物にその痕跡を残すにつれて、より明白に有機体は、単なる機械仕掛けの代物と区別されるようになる。持続は機械仕掛けの上を滑っていくだけで、それに浸透することはない。その証明が最も威力を発揮するのは、最も低次の起源から現在の最も高次の形態に至る、生命全体の進化に係るときだが、それはこの進化が、生命を与えられた物質の統一性と連続性によって唯一の不可分な歴史を構成している限りにおいてである。だからわれわれは、進化論が一般的に、生命の機械論的な考え方と結びついたものとみなされていることが理解できない。このような機械論的な考え方に、数学的なそして決定的な反論をわれわれが加えることはきっとないだろう。われわれは持続の考察から反論を引き出そうと思うが、この反論が機械論に対する唯一の反論であると思う。進化論の仮説により率直に身を置くに従って、この反論は厳密性と説得力を増す。この点を強調しなければならない。しかし最初にもっと明確な言葉で、われわれが辿るところの生命観を示しておこう。

機械論的説明は、すでに述べたように、思考が全体から人為的に切り離すシステムには妥当する。しかし、全体そのもの、この全体の中で、全体に似せて自然に構成されるシステムについては、それらが機械論的に説明可能であるとアプリオリに認めることはできない。なぜなら、そのとき時間は不要なもの、非実在的なものにさえなるからである。機械論的説明の本質は実際、未来と過去を現在の関数として計算可能なものと考え、かくしてすべては与えられていると主張することにある。この仮説に立つとき、そのような計算ができる超人的な知性ならば、過去、現在、そして未来を一望の下に収めることができるだろう。したがって、機械論的説明の普遍性と完全な客観性を信じる学者たちは、意識的にせよ無意識的にせよ、この種の仮説を立てていたのである。すでにラプラスがこの仮説を最も正確に定式化していた。「ある瞬間について、自然に生命を与えるすべての力、そして自然を構成するすべての存在のそれぞれの状況を知っているような知性が、これらの所与を分析にかけることができるほど広大ならば、宇宙の最も大きな物体も、最も小さな原子も同じ公式に収めることができるだろう。そのような知性にとって、不確実なものは何もなく、未来は過去と同じく、その眼に現前しているだろう」[18]。デュ・ボア＝レイモンも言う。「世界の普遍的な過程が、唯一の数学的公式、つまり唯一の巨大な連立微分方程式の系によって表され、そこから各瞬間における、世界の一つ一つの原子の位置、方向、そして速度が導かれる。そのような段階に到達した自然の知識を想像することができる」[19]。ハクスリーも、より具体的な形で同じ考えを表明した。「もし進化の根本的な命題が真であるなら、つまり、世界全体が、生命を持つものもそうでないものも、宇宙の始原にある星雲状態を構成していた分子の持つ力が、決まった法則に従って相互作用した結果であるとしたら、現在の世界がその宇宙の靄の中で潜在的に眠っていたことは確実である。また同じく確実に、充分に力を持つ知性が、この靄の分子の性質を知っていたなら、例えば一八六八年のイギリスの動物相の状態を、寒い冬の日に吐く息の蒸気に何が起こるかを言うときと同じ正確さをもって、予言することができただろう」。このような学説の中でも、人はなお時間について語るし、時間という語を発しているが、時間という事象のことをほとんど考えていないのである。なぜなら時間はそこで効力を持っておらず、何もしていない以上何物でもないからだ。徹底的な機械論はある形而上学を含意している。その形而上学では、実在の全体が、永遠のうちに、一まとまりにして置かれていて、諸事物の見かけの持続は単に、すべてを一度に認識することができない精神の欠陥を表している。しかし、われわれの意識にとって、つまりわれわれの経験の中で最も議論の余地のないものにとって、持続はまったく別のものである。われわれは持続を、遡ることができない流れとして知覚している。持続はわれわれの存在の土台であり、われわれが感じているように、われわれと通じ合う事物の実質そのものなのである。普遍数学の展望をちらつかせても無駄だ。われわれは経験を体系の要求の犠牲にすることはできない。以上が徹底的な機械論を拒絶する理由である。

## 徹底的な目的論

しかし、徹底的な目的論もまた同じ理由で受け入れることができないように見える。例えばライプニッツに見られるような、極端な形の合目的性の学説が含意しているのは、事物も存在もすでに描かれた計画を実現しているだけだ、ということである。しかし、宇宙に予見できないものがなく、発明も創造もないのであれば、時間はまたしても不要なものになる。機械論の仮説においてと同じように、ここでもまた、すべては与えられていると想定されている。このように解された目的論は、逆向きの機械論にすぎない。目的論も同じ公準から着想を得ているのである。唯一の相違はというと、事物の見かけの継起に沿ってわれわれの有限な知性が進むとき、目的論は、明かりをわれわれの後ろではなく前に置いてわれわれを導くと言い張っていることだ。過去の押す力のかわりに未来の引く力を用いているのである。しかし、事物の継起が、知性の歩みと同じく、単なる見かけであることに変わりはない。ライプニッツの学説で、時間は人間の視点に結びついた混乱した知覚に還元される。事物の中心に置かれた知性を前にすると、まるで霧が晴れるように、その知覚は消えてしまうだろう。

しかし、目的論は、機械論と違って、確固たる輪郭を持つ学説ではない。目的論は望まれるだけ、変更を受け入れることができる。機械論的哲学は採るか捨てるかのいずれかだ。もしほんのちっぽけな塵が、力学の予見した軌道から逸れて、ほんの少しでも自発性の跡を見せようものなら、その哲学を捨ててしまわねばならないだろう。逆に目的因の学説は決定的に反駁されることは決してないだろう。もしある形式が退けられても、この学説は別の形式をとるだろう。その原理は、本質が心理学的なものなので、きわめて柔軟である。目的論の原理は大いに拡張可能で、その結果きわめて広いものなので、純粋な機械論を退けるや否や、その原理から何かを受け入れることになる。したがって、われわれがこの本で述べるテーゼは、必然的にある程度、目的論的な性質を帯びるだろう。そういうわけで、目的論から何を採り、何を捨てようとしているのかを、正確に示すことが重要になる。

早速述べておくと、ライプニッツの目的論を無限に分割することでそれを緩和するとき、間違った道を進むことになるように思える。しかしながらこれが合目的性の学説が取った方向である。はっきりと感じられるように、宇宙全体がある計画の実現であるとしても、このことは経験的には示されえないだろう。同じくはっきり感じられるように、有機的組織化された世界に限った場合でさえ、そこではあらゆるものが調和していると証明することはより簡単にはほとんどならない。諸々の事実は、聞かれれば、反対のことも言うだろう。自然は生物を互いに争わせている。自然は至る所で、秩序と並んで無秩序を、進歩と並んで後退を差し出している。しかし、物質の全体について、生命の全体について肯定できないことでも、個別に取り上げられたそれぞれの有機体については真ではないだろうか。そこに見事な分業があることに気づかないだろうか。部分同士がおどろくほど緊密に結びついていることに気づかないだろうか。無限の複雑さの中に完璧な秩序があることに気づかないだろうか。この意味で、生物はそれぞれその実質に内在する計画を実現しているのではないだろうか。このテーゼは実のところ古くからある合目的性の考え方を粉砕しているのだ。生物は、外的目的性のおかげで、互いに連携して秩序を形成しているとの考えは受け容れられないし、笑いものにさえされる。人が言うように、草が牛のために、羊が狼のために作られたと想定するのは馬鹿げている。しかし、内的合目的性がある。存在はそれぞれ自分のために生み出されたのであり、そのすべての部分は全体の最大の利益になるように一つにまとまり、この目的のために巧妙に組織されている、これが長く古典とされてきた合目的性の考え方である。目的論は狭隘化して、もはや一度に一個の生体しか視野に収められなくなる。このようにみずからを縮小することで、おそらく目的論は前より攻撃を避けられると考えていたのだろう。実は逆にもっと多くの攻撃にさらされることになったのである。われわれの主張はあまりにも徹底的に見えるかもしれないが、合目的性とは外的なものであるか、さもなければ何ものでもないのだ。

実際、最も複雑で最も調和のとれている有機体を考えてみよう。人は言う、すべての要素は、全体の利益が最大になるように示し合わせているのだ、と。よろしい。しかし、各要素はおそらく、ある場合には、それ自身有機体であって、われわれはこの小さな有機体の存在を全体の大きな有機体の生に従わせながら、外的合目的性の原理を受け容れている、ということを忘れないでほしい。したがって、つねに内的であるような合目的性の考え方は、自己破壊的なものなのである。有機体は組織によって構成されており、この組織もそれぞれが自分自身のために生きている。組織を構成する細胞もまたある程度独立したものである。もし万が一、個体のすべての要素が完全に個体そのものに従属しているなら、要素に有機体を見るのをやめて、この名前を個体だけに与え、内的合目的性についてのみ語ることも可能かもしれない。しかし、誰もが知っているように、この要素は真の自立性を有することができるのである。食細胞は、自分を維持する有機体に対しても攻撃を加えるくらい独立したものであるが、この食細胞を持ち出す必要はない。また、生殖細胞も、体細胞とは別に、それ固有の生を営んでいるが、この生殖細胞についても話すまい。再生という事実に触れられれば、それで充分である。そのとき、ある要素、もしくは一群の要素は、通常ほんの小さな場所しか占めず、特殊な機能を遂行することに甘んじていたが、もっとたくさんのことができたし、ある場合には、全体の等価物として考えられることもできたということを突如として示す。まさにそこで数々の生気論はつまずく。[20] 通常言われるように、問題そのものによって問題に答えている、と生気論を責めるつもりはない。おそらく「生命原理」は大したことを説明していないだろうが、少なくとも、われわれの無知の上に置かれた一種の立て札になって、ことあるごとに無知であることを思い出させてくれる、という利点がある。それに対して、機械論は無知であることを忘れるよう誘う。本当のことを言うと、生気論の立場をきわめて難しくしているのは、自然には内的合目的性もなければ、他から絶対的に切り離されるような個体性もないという事実なのである。個体の構成に関わる有機的要素はそれら自身個体性を持っていて、もし個体が生命原理を持っているはずだというのなら、それらも各々が自分の生命原理を要求するだろう。しかし、他方で、個体それ自身、固有の「生命原理」を認めることができるほどに独立したものでもなければ、他から切り離されたものでもない。高等脊椎動物のような有機体は、すべての有機体のなかで最も個体化したものである。しかし、それは母親の体の一部であった卵子と、父親の体にあった精子が発達したものでしかない。また卵（つまり受精卵）は両親それぞれの物質に共有されているのだから、彼らをつなぐ真の連結線である。このことに気づけば、あらゆる個体化された有機体は、たとえ人間であっても、両親が結びついてできた物体から生えてきた芽にすぎない、ということが分かるだろう。では、個体の生命原理はどこから始まり、どこで終わるのだろう。少しずつ時代を溯っていき、最古の祖先たちにまで行き着くだろう。そこで、生命原理は、それぞれの祖先たち、つまり、おそらく生命の系図の根元にある、ゼリー状の原形質の小さな固まりに結び付いていることに気づくだろう。生命原理は、ある程度、この始原にある祖先と一体をなしていて、子孫へと分岐しながら進む途中でそこから離れていったものすべてとも、同様に結び付いている。この意味で生命原理は、見えない紐によって生物全体に結び付けられていると言える。それゆえ、生物の個体性にまで、合目的性を狭めたと言い張っても無駄である。生命の世界に合目的性というものがあるなら、合目的性はただ一度の分断不能な抱擁で、生命全体を包み込むのだ。このすべての生物に共通する生命が、多くの不整合と欠落を見せることに疑いの余地はない。他方で、生命は数学的な一ではないので、各々の生物をある程度個体化させることもできる。それでも、さもなければ、生命が唯一の全体をなすことに変わりはない。したがって、合目的性を単に否定するのか、さもなければ、有機体の部分を有機体そのものに連携させるだけでなく各生物を他の生物全体に連携させるような仮説を選ぶのか、二つに一つである。

細かく砕いても、合目的性を認めさせることは、より簡単にはならないだろう。生命に内在する合目的性などという仮定は一まとめにして捨ててしまうか、それとも全く別の方向にその仮定を変えてしまうか、いずれかを選ばなければならない。われわれは後者を選択しなければならないと思う。

## 生物学と哲学

徹底的な目的論の誤りは、徹底的な機械論と同様、知性に生まれつき備わっている、いくつかの概念の適用を推し進めすぎたことにある。本来、われわれが考えるのは行動するためでしかない。行動の鋳型に、われわれの知性は流し込まれたのである。行動は必需品であるが、思弁は贅沢品である。さて、行動するために、われわれはまず目的を定める。次に計画を立て、それを実現する機構の詳細に移る。この最後の操作は、あてにできるものを知っていないと、行うことができない。自然から、未来の先取りを可能にする諸々の類似を抽出しなければならない。したがって、意識的にせよ無意識的にせよ、因果律を適用しなければならないのだ。さて、作用因の観念が精神にはっきりと現れるにつれて、この作用因は機械論的な因果関係の形を取るようになる。また今度はこの機械論的な因果関係、より厳密な必然性を表現するようになるにつれて、数学的なものになる。こういうわけで精神の坂を辿るだけで、数学者になれるのである。しかし、他方で、この自然な数学は、同じ原因を同じ結果に結びつける、われわれの意識的な習慣の無意識的な支えにすぎない。そしてこの習慣の通常の目的は、数々の意図から生まれた行動を導くこと、あるいは同じことになるが、モデルとなっている行動を遂行するために組み合わされた運動を方向づけることである。われわれは生まれながらの幾何学者であるのと同様、生まれながらの職人でもある。というよりむしろ、職人であるからこそ幾何学者なのである。したがって人間の知性は、人間の行動に合わせて作り上げられているものとしては、意図によってと同時に計算によって進む知性である。つまり、諸手段の一つの目的への適合によってと同時に、より幾何学的なものになっていく形式を有した機構の表象によって進む知性なのだ。自然を数学的法則に支配された巨大な機械として思い浮かべようと、自然にある計画の実現を見ようと、いずれの場合も、互いに補い合い、どちらも同じ生命的必要性を起源とした、精神の二つの傾向を最後まで辿っているだけなのである。

こういうわけで、徹底的な目的論はほとんどすべての点で徹底的な機械論ときわめて近いものである。どちらの学説も、物事の経過に、あるいは単に生命の発達にさえ、形式の予見不可能な創造を見るのを嫌がる。機械論は実在の類似する側面、あるいは反復する側面しか検討しない。したがってそれは、自然では同じものは同じものしか生み出さない、という法則に支配されているのである。機械論が含む幾何学がはっきりと現れるにつれて、形式についてさえ、何かが創造されるということを機械論は認められなくなる。したがって幾何学者である限り、われわれは予見不可能なものを拒むのだ。われわれが芸術家である限り、間違いなくそれを受け入れることができるだろう。なぜなら、芸術は創造を糧にしており、自然の自発性を暗黙のうちに信じているからである。しかし、利害を離れた芸術は、純粋な思弁と同じく、贅沢品である。われわれは芸術家である前に、職人なのである。いかに初歩的なものでも、あらゆる製作は、その支点として役立っている幾何学と同様に、類似と反復に基づいて生きている。あらゆる製作は、再現しようとする模範に基づいて仕事をするのである。それが何かを発明するときも、既知の要素を新しい仕方で並べることで進む、あるいはそうしていると思っている。その原理は、「同じものを生み出すためには同じものが必要である」というものだ。つまり、合目的性の原理の厳密な適用は、機械論的な因果性の原理の適用と同じく、「すべては与えられている」という結論に導かれる。この二つの原理は、それぞれの言葉で、同じことを言っているのである。なぜならそれらは同じ必要に答えているからだ。

こういうわけで、この二つの原理は、時間を退けることでも一致する。実在的な持続は、事物に嚙み付き、そこに歯型を残すような持続である。もしすべてが時間の中にあるなら、すべては内的に変化し、同じ具体的な実在が反復されることは決してない。それゆえ反復は抽象的なものにおいてのみ可能なのである。反復されるものは、われわれの感覚、とりわけ知性が、実在から切り離したこれこれの側面なのである。それはまさに、知性の努力全体がそこに向けられるところのわれわれの行動は、反復されるものの中でしか動くことができないからだ。知性は反復されるものに集中し、同じものを同じものに溶接することに専念して、時間から眼をそむけてしまう。知性は流れるものを嫌い、触れるものすべてを固形化する。

われわれは実在的な時間を思考してはいないのだ。しかし、われわれはその時間を生きる。なぜなら生命は知性をはみ出しているからだ。われわれが、純粋持続における自分自身の進化、そしてあらゆる事物の進化について持つ感情がそこにあって、本来の意味での知性的表象のまわりに、夜の中に消えていくぼんやりとした暈を描き出す。機械論と目的論は、中心で光り輝く核の部分しか考慮に入れないことで一致している。それらは、その核が残りのものを犠牲にし、凝縮によって形成されたこと、生命の内的運動を再び把握するためには、全体を使わねばならず、凝縮されたものと同じくらい、またはそれ以上に、流動的なものを使わなければならないということを忘れているのである。

　実を言えば、もし暈が、はっきりせずぼやけているとはいえ存在するならば、哲学者にとって、この暈はそれが取り囲む輝かしい核よりも重要なはずである。なぜなら、その暈が現前することによって、核は核であり、まったく純粋な知性はより広大な力が凝縮によって狭められたものであると肯定できるからだ。この漠たる直観は、事物に対するわれわれの行動、つまり実在の表面に全体が位置づけられる行動を導くのに、何の役にも立たない。まさにこの理由で、この直観はもはや単に表面で働いているのではなく、深いところで働いているのだ、と推測することができる。

　徹底的な機械論と目的論がわれわれの思考を閉じ込める枠組みから抜け出すや否や、実在はわれわれに新しさの絶え間ない湧出として現れる。この新しさはそれぞれ、出現して現在をなすとすぐに過去へと退いてしまった。まさにこの瞬間、新しさは知性の眼に入ってくる。知性の眼はつねに変わらず後ろへ向けられているのだ。われわれの内的な生の場合がすでにそうである。人はわれわれの行為の各々について、その行為がいわばそれらの力学的合成であるような以前の行為を苦もなく見つけるだろう。同じように、それぞれの行動はある意図が達成されたものだ、とはっきり言えるだろう。この意味で、機械論も合目的性も、われわれの振る舞いの進化の至る所にあるのだ。しかし、行動が少しでもわれわれの人格全体に係って、真にわれわれの行動となるとき、その行動は、いったん遂行されれば前の行動によって説明されるとはいえ、予見不可能なものとなるだろう。そして、この行動がある意図を実現していても、その意図と異なるものになるだろう。というのも、この行動は現在の新しい実在であるのに対して、意図は、過去を再びやり直すか、並べ直した計画でしかありえないからだ。それゆえ、機械論と目的論はここでは、われわれの振る舞いを外から見た眺めでしかない。両者はそこから理知性を抽出しているのだ。しかしわれわれの振る舞いはそれらの間をすり抜け、ずっと遠くまで広がっていく。だからといって、もう一度言うが、自由行動は気まぐれで不条理な行動だ、と言いたいわけではない。気まぐれに振舞う、ということは、二つあるいは複数個の出来合いの選択肢の間を機械的に揺れ動くけれども、最終的にどちらか一つに落ち着くということだ。内的な状況を成熟させたわけでも、進化したわけでもない。どれほどこの確言が逆説的に見えようとも、気まぐれに振舞うとは、意志を強いて知性のメカニズムを模倣させたということなのだ。逆に、真にわれわれのものと言える振る舞いは、知性の真似事をしようとはせず、つねに自分自身のままで、つまり進化しながら、漸進的な成熟によって諸行為に行きつくような意識の振る舞いなのである。知性はこれらの行為を知解可能な要素へと無限に分解できるが、これらの行為に完全に行き着くことはないだろう。自由行為は観念とは通約不可能で、その「合理性」はこの通約不可能性そのものによって定義されねばならない。この通約不可能性によって、自由行為のうちに、知解可能なものを好きなだけ見つけることが可能になる。以上は、われわれの内的な生の特徴であるが、おそらく生命の進化の特徴でもある。

われわれの理性は、救いがたいほど思い上がっていて、生まれながらの権利によって、あるいは獲得した権利によって、つまり先天的あるいは後天的に、真理の認識の本質的な要素をすべて手にしていると思い込んでいる。自分に差し出された対象を知らないと打ち明けるときでさえ、理性は、無知が単に、自分の古いカテゴリーの中で、新しい対象にふさわしいものは何かという問題に係っていると思っている。引き出しはいつでも開くようになっているのだが、その対象をどの引き出しに入れればいいのか。洋服はすでに裁断されているのだが、その対象にどの洋服を着せればいいのか。その対象は、これだろうか、あれだろうか、それとも別のものなのだろうか。「これ」「あれ」「別のもの」はつねにわれわれにとって、すでに考えられたもの、知られたものである。新しい対象には、新しい概念を、おそらくは新しい思考方法を一から創造しなければならないなどという考えは、根本的にわれわれの気に入らないものなのだ。しかし、哲学史はそこでわれわれに、諸学説の間で永遠に繰り広げられる争い、実在を既製服、つまり出来合いの概念の中に決定的に押し込めることの不可能性、服をあつらえる必要性を示している。理性は、そこまで突き詰めるよりむしろ、ある傲慢な謙虚さで、認識するのは相対的なものだけで、絶対的なものは管轄外なのだ、と最後通告するほうを好む。この宣言は、何の躊躇もなく、自分の習慣的な思考方法を適用し、絶対的なものに触れることはないと言い訳しながら、すべての事象について絶対的に決断をくだすことを理性に許容する。実在を知るとは、そのイデアを見つけること、つまりすでにわれわれが手にしているであろう先在する枠組みに実在を組み込むことである、ということを初めて理論に仕立てあげたのはプラトンである。あたかもわれわれがすでに暗黙のうちに普遍的な知を所有しているかのように。しかしこの思い込みは、人間の知性に自然なもので、人間の知性は、どんな新しい対象についても、それをどの古い項目に入れようかということだけをつねに考えている。この意味で、われわれはみな生まれながらにしてプラトン主義者なのだ、と言うことができよう。

生命の理論においてほど、この方法の無力がはっきりと現れるところはどこにもない。生命は、脊椎動物一般、人間、そして特に知性の方へ進化するとき、この有機的組織化の特殊な様態と両立しない多くの要素を途中で捨て、後で示すように、発達の別のいくつかの線にそれらの要素を任せなければならなかった。この場合、生命の行動性の真の本性を再び把握するために、われわれが捜し求め、本来の意味での知性と融合させねばならないのは、これらの要素の全体であろう。もっとも、そうするとき、われわれの判明なつまり知性的な表象を取り囲むぼんやりした表象の暈がおそらく助けになってくれるだろう。この不要な暈とは実際何でありうるだろうか。進化しつつある原理のうち、われわれの有機的組織化の特別な形式に狭められずに密かに入り込んだ部分以外ではあるまい。したがって、まさにそこへ、われわれの思考の知性的な形式を膨張させるための指示を探しに行かなければならないだろう。まさにそこで、われわれはみずからを高めて自分自身を超えるために必要な弾みを汲み取るだろう。生命の全体を表象することは、生命が進化の途中でわれわれのうちに預けた単純な観念を組み合わせることではありえない。部分が全体に、含まれているものが含んでいるものに、生命の働きの残りかすがこの働きそのものに、一体どのようにして匹敵するというのだろう。しかし、生命の進化を「等質的なものから異質的なものへの移行」と定義するとき、あるいは、知性の断片を合成して獲得された他の概念によって定義するとき、われわれが陥る錯覚は以上のようなものなのである。われわれは進化の到達点の一つに位置しており、この点はおそらく主要なものであろうが、唯一の到達点ではない。またこの点においてさえ、そこで見つかるものをすべて取り上げていない。なぜならこのとき、われわれは知性から、それが表現されている概念の一つ、二つだけを取り上げているからだ。この部分の部分が、全体を代表しているとわれわれは宣言するのだ。固まった全体からはみ出ている何かを、つまりこの「全体」がその現在の局面でしかない進化の運動を代表していると宣言するのだ! 実は、ここで知性全体を取り上げても、多すぎということはない、いや、充分でさえないだろう。さらに知性に、進化の他の終着点で見つかるものを近づけなければならないだろう。そしてこれら多様な、分岐した要素を、互いに補足し合う抽出物として、あるいは少なくとも最も下等な形態では、互いに補足し合っていた抽出物として考えなければならないだろう。そのとき初めて、進化の運動の実在的な本性を感じ取るだろう——それでも、感じ取るだけであろう。なぜなら、われわれが係ることになるのは、結果たる進化したものだけであって、進化そのもの、つまりそれによってその結果が獲得される行為ではないからである。

以上が、われわれの辿る生命の哲学である。それは機械論と目的論を一度に乗り越えると主張する。しかし、最初に言っておいたように、それは機械論よりも目的論に近づく。この点を強調して、もっと正確な言葉で、この哲学が目的論と似ているのはどこか、違うのはどこかを示すのは無駄ではないだろう。

徹底的な目的論と同様に、この哲学は、よりぼんやりとした形でではあるが、有機的世界を調和的全体として表象するだろう。しかしこの調和は言われていたほど完全なものではない。それは多くの不調和を認めるのである。なぜなら、各々の種、そして各々の個体そのものも、生命の推進力全体のうちで保持しているのはある弾《エラン》みだけで、このエネルギーを自分自身の利益になるように使う傾向があるからだ。この点に適応は存している。このように種と個体は自分のことしか考えない——そしてそこから、他の生命の諸形態とのありうべき争いが生じるのだ。調和は事実上存在するのではなく、むしろ権利上存在する。つまり、原初にある弾みが共通の弾みで、時代を遡るにつれて、様々な傾向は互いに補足し合うものとして現れる。例えば四つ角に吹き込んでくる風は、いろいろな方向に向かう空気の流れに分かれるが、それらの空気の流れはすべて一つの同じ風でしかない。調和、いやむしろ「補足性」はおおまかにしか現れないし、諸状態ではなく諸傾向のうちに現れる。とりわけ、（これが目的論の最大の誤りだが）調和は前にではなく後ろにあるのだ。調和は、共通の吸引力ではなく、同一の推進力に起因するのである。生命に、人間的な意味で目的を割り当てようとしても無駄である。ある目的について語るとき、あらかじめ存在していて、あとは実現しさえすればいいようなモデルを考えているのである。したがって、実は、すべては与えられており、未来を現在の中に読み取ることができると想定している。知性は、生命に対する断片的な不動の眺めでしかなく、つねに時間の外に自然と身をおいているのに、生命の運動、生命全体が、そのようなわれわれの知性と同じ仕方で進むと思い込んでいるのだ。しかし、生命は進展し、持続する。おそらく、一旦通った道に眼をやって方向を示しながら、生命を心理学の用語で書き記すこともできるだろうし、ある目的の追求があったかのように語ることもできるだろう。このようにしてわれわれは自分自身について語るだろう。しかし、これから踏破されるはずの道について、人間の精神は何も言うことができない。なぜならこの道は、そこを通るという行為がなされるにつれて創造されたものであって、この行為そのものの方向でしかないからだ。それゆえ、進化はあらゆる瞬間に心理学的解釈を許容するはずだし、この解釈は、われわれの視点から言えば、進化の最良の説明である。けれども、この解釈は回顧的な意味でしか、価値を持たないし、意味さえも持たない。われわれが後で提示する目的論的な解釈を、決して未来の予想と考えてはならない。それは現在の光によって照らし出された過去のある見方である。要するに、古典的な合目的性の考え方の前提は、あまりにも多すぎると同時に少なすぎるのだ。この考え方はあまりにも広すぎ、あまりにも狭すぎるのである。生命を知性によって説明するとき、この考え方は生命の意義を過剰に狭めている。少なくともわれわれのうちに見出されるような知性は、進化がその道すがら作り出したものである。それは、より広大な何かから切り出されたもの、いやむしろ、起伏と深みを持つ実在が必然的に平面に投射されたものでしかない。真の目的論は、まさにこのより包括的な実在を、再構成、いやむしろ、可能ならば一つの単純な見えとして一望の下に収めねばならないだろう。しかし他方で、同じものを同じものに結びつけ、反復を認知し、反復を産出する能力たる知性にはまさにこの実在を捉え切れないがゆえに、この実在はおそらく創造的であるだろう。言い換えるなら、この実在がそこで膨張して自分自身を乗り越えるような諸帰結を生み出すだろう。知性は同じものを同じものに結び付け、数々の反復を見つけ、また生み出す能力だからである。それゆえ、実在が生み出す結果は、前もってその実在に与えられていなかった。したがって、いったん生み出されれば、その結果は、例えばある手本を実現した製作物というような、合理的な解釈を許すが、この実在がその結果を目的とみなすことはできなかったのだ。要するに、目的因の理論は、知性を自然の中に置くにとどまるときは、充分進んでいないし、未来が観念の形で現在の中に前もって存在すると想定するときは、進みすぎなのである。もっとも、過剰の罪を犯している二番目のテーゼは、欠陥の罪を犯している第一のテーゼの帰結である。本来の意味での知性を、より包括的な実在に取り替えなければならない。知性はこの実在を狭めたものでしかないのである。未来はそのとき、現在を膨張させたものとして現れる。未来はそれゆえ表象された目的の形で、現在に含まれてはいなかったのである。それでも、いったん未来が実現されたなら、現在がその未来を説明するのと同じくらい、いやそれ以上に、未来は現在を説明するだろう。未来は結果として、いやそれ以上に目的として必ずや考えられるだろう。われわれの知性はそれ自身、そこから未来が流出するところの原因に施された抽象物であって、習慣的な視点から未来を抽象的に考える権利を有している。

確かにそのとき、その原因は把握できないものであるように思える。すでに生命を目的論から説明する理論は、決して正確に検証できない。もし、その理論の方向の一つを、その理論より先に進んだとしても、それがいったいどうなるのだ、と人は言うかもしれない。必要であった脱線の後で、われわれは、われわれが本質的とみなす問題、事実によって機械論が不十分であることを示せるのかという問題に実際戻ってきているのである。もしこの証明が可能だとしても、率直に進化論の仮説に身を置くという条件の下で可能である、とわれわれ前もって告知しておいた。もし機械論が進化を充分に説明しないならば、この不十分さを証明する手段は、古典的な合目的性の考え方にとどまることではないし、ましてやそれを狭めることでもそれを緩和するのでもなく、その考え方より先に進むことなのである。今こそこのことを証明しなければならない。

## 基準の探求

早速われわれの証明の原理を示しておこう。すでに述べたように、生命は、その起源から、唯一の同じ弾みが連続しているもので、この弾みは分岐する進化の複数の線に分かたれた。その各々が創造であった一連の累積によって、あるものは成長し、あるものは発達した。この発達そのものが諸々の傾向を分離させたのである。そして、これらの傾向は、ある点を越えて増大すると、互いに両立できなくなった。極端な場合、ただ一つの個体の中で、何千世紀もの間にわたって変形が行われた結果、生命の進化が行われた、と想像しても何の不都合もないだろう。もしくは、ただ一つの個体の代わりに、複数の個体を考え、個体から個体へ引き継がれて単一の系列をなしていると想定してもいいだろう。いずれの場合も、進化は、こう言ってよければ、唯一の次元しか持たなかったことになるだろう。しかし、実際、進化は、数え切れないほどの個体を介して、分岐する線の上で行われた。そしてそれぞれの線自体も、ある分かれ道に辿り着いて、そこからまた新しい道が放射上に飛び出して行く、このようなことが際限なく行われたのだ。もしわれわれの仮説に根拠があるなら、様々な道に沿って働く本質的な原因の本性が心理学的なものなら、これらの原因は、結果がばらばらであるにもかかわらず、共通の何かを保存しているに違いない。ちょうど、長い間離れ離れだった友人同士が、同じ子供時代の思い出を持っているようなものである。分岐が起こっても、横道が開いて、そこで切り離された要素が独立して展開していったとしても、それでもなお、全体の根源的な弾みによって、部分の運動は続けられる。それゆえ、全体の何かが部分の中に残っていなければならない。この共通の要素は、おそらくきわめて異なる有機体に同一の器官が現前することによって、眼に見えるようになるだろう。少しの間、機械論が真理であると想定してみよう。そうすると進化は一連の偶発事が積み重なって生じることになろう。新しい偶然はそれぞれ、もし、以前の有利な偶然の合計、つまり生体の現在の形態にとって有利であれば、選択によって保存される。全く異なる二つの系列の偶然が積み重なることによって、二つの全く異なる進化が類似した結果に到達するとは、なんという幸運だろう。進化の二つの線が分岐して離れれば離れるほど、偶然的で外的な影響もしくは偶然的で内的な変異が、それぞれの進化の線の上で同一の器官の構成を決定した、などということは、ますますありそうにないことのように思えてくる。とりわけ、分岐の際、この器官の痕跡が見当たらない場合には、なおさらありそうには思えない。逆にわれわれが立てるような仮説に立てば、この類似は自然なことだろう。水源で受け取った衝動の何かを、末端の小さな分流の中にも、見つけるはずだろう。したがって、もし、生命が、分岐した進化の諸々の線の上で、異なった手段を使って、ある同一の器官を作り出すことを立証しうるなら、純粋な機械論は反駁可能であろうし、われわれが解する特別な意味での合目的性も、ある面で証明可能だろう。もっとも、選ばれる進化の線が互いに離れていればいるほど、その進化の線の上で見つかる類似した構造が複雑であればあるほど、この証明の威力は増すだろう。

　構造が類似するのは、生命が進化した一般的な諸条件が同一であるからだ、と主張する人もいるだろう。一時的な外的影響や偶然的な内的変異が多様であるにもかかわらず、これら長期的に変わらない外的条件は、しかじかの器官を作り出す諸々の力に同じ方向を刻み込むことになるだろう。われわれは実際、現代科学において、適応の概念が果たす役割を無視するつもりはない。確かに生物学者が皆この概念を同じように使っているわけではない。ある者たちにとって、外的条件は、それらが生命物質において決定する物理―化学的変化によって、有機体の変異を決まった方向に直接的に惹き起こすことができる。例えば、アイマーの仮説はこのように考える。ダーウィン主義の精神により忠実な者たちにとって、それらの条件の影響は、間接的にしか行使されない。その影響は、生存競争の際、生まれつき偶然に、環境によりよく適応した、ある種の代表とも言える者たちに有利に働くのである。言い換えれば、外的条件に、一方は積極的な影響を帰し、他方は消極的な作用を帰するのだ。第一の仮説では、この原因は変異を惹き起こすだろうし、第二の仮説では、変異を除去するだけだろう。しかし、どちらの場合も、この原因は、有機体が自分の生存条件に正確に適合するるのを決定するものとみなされている。おそらくこの共通の適応によって、構造の類似性を説明しようとするのだろう。しかし、われわれは、この構造の類似性から、機械論に対する最も手強い反論を引き出せると思う。だから、詳細に入る前に、さっそく概略的に、「適応」からここで引き出されるだろう説明がなぜ不十分に見えるのかを説明しなければならない。

今、定式化した二つの仮説のうち、二番目の仮説だけが曖昧さを免れていることをまず指摘しておこう。適応していないものが自動的に除去されることによって、適応が行われるというダーウィンの考え方は、単純で明晰な考え方である。逆に、進化を指導する外的な原因に全く消極的な影響しか認めていない、というまさにその理由で、この考え方では、今から検討しようと思うような複雑な器官が、漸進的に直線的に発達していくことを説明するのが、すでに難しくなっている。分岐したいくつかの進化の線の上で、きわめて複雑な器官の構造が同一であることをこの考え方が説明しようとするとき、その説明はいったいどのようなものになるのだろう。ある偶然的な変異は、ごくわずかなものでも、大量の微小な物理的化学的原因の作用を含んでいる。複雑な構造を生み出すためには、この偶然的な変異を蓄積しなければならないのだが、この際いわば無限個の極小の原因が一致協力することが要求される。まったく偶然的なこれらの原因が、どのようにして、同じままで、同じ順番で、異なる空間と時間の点に再び現われるのか。誰もそうは考えないだろうし、ダーウィン主義者自身おそらく、異なる原因から同じ結果が生じるのだ、異なった道を通って同じ場所に到達するのだ、と言うにとどまるだろう。しかし譬えにだまされてはならない。到着した場所はそこに着くために通った道の姿を描いてはいないが、器官の構造は、進化がそこに到達するために通らなければならなかった、数々の小さな相違の蓄積そのものなのである。生存競争と自然選択は、問題のこの部分を解決するのに何かの役に立つことはできない。なぜなら、われわれは消えてしまったものと取り組んでいるのではなく、単に、保存されたものを見ているからだ。さて、われわれが見ているのは、各々独立した進化の線の上で、同一の諸構造が、互いに付加し合う諸帰結の漸次的蓄積によって描かれたということである。原因の数は無限に及ぶし、その結果も無限に複雑なものである。にもかかわらず、偶然的な原因が、偶然的な順番で現れ、何度も同じ結果に至るなどとどのようにして想定すればいいのか。

　機械論の原理は、「同じ原因が同じ結果を生み出す」というものである。実のところ、この原理は、同じ結果が同じ原因を持つということを、つねに含意しているわけではない。しかし、原因が生み出した結果の中に当の原因をまだ眼にすることができる場合、つまり原因が結果の構成要素となっているような特殊な場合、この原理はそのような帰結をともなう。異なった点から散歩に出発した人たちが、田舎を気の向くままに歩いて、最後にばったり出会う、ということはきわめて日常的なことでしかない。けれども、彼らが道すがら同じ曲線を描いて、これらの曲線がぴったり互いに重なりうるなどということは、まったくもってありそうもない。彼らの通った道のりが複雑に曲がりくねったものであればあるほど、なおさらありそうもないと思うだろう。二人の紆余曲折が無限に複雑になれば、そんなことは不可能になるだろう。しかしこの紆余曲折の複雑さなど、ある器官の複雑さに比べれば取るに足らないものである。器官では、何千もの異なった細胞が、ある秩序に従って並んでおり、これらの細胞は各々がある種の有機体なのである。

そこで二番目の仮説に移って、この仮説がどのようにその問題を解くのか見てみよう。適応はもはや、単に適応していないものを除去することではない。外的条件は有機体を自分自身の形態に合わせて形作ることになるから、適応は、外的条件の積極的な影響によって行われるだろう。確かに今度は原因の類似によって、結果の類似は説明されるだろう。われわれは純粋な機械論に立っているように見えるだろう。しかし、もっと詳しく調べてみよう。この説明が単に言葉だけのもので、われわれがこの言葉にだまされていることに気づくだろう。「適応」を同時にまったく異なる二つの意味で解するのが、この解決のやり口なのである。

同じグラスに水とワインを交互に注ぐとき、この二つの液体はそこで同じ形をとるだろう。形が似るのは、中身が入れ物に同じ仕方で適応するからだろう。この場合、適応はまさに機械的な組み込みを意味している。つまり、内容物が適応する形式は、すっかり出来上がって、すでに存在していたのであって、形式は内容物に自分の形状を押し付けたのである。しかし、ある有機物が生存条件に適応する、と言うとき、すでに存在して自分の内容物を待っている形式などどこにあるというのか。これらの生存条件は、生命がそこに組み込まれて、自分の形態を受け取るような型ではない。そのように推論するとき、比喩にだまされているのだ。形態はまだ存在していない。生命こそが、自分に課される諸条件にふさわしい形態を、自分自身に作り出すだろう。生命はこれらの条件のうち、不都合なものを弱めて、都合のよいものを生かして、これらを利用しなければならないだろう。つまり、生命は外的諸作用に対して、それらとは全く似ていない機械を作り出すことで答えなければならないのである。適応することは、もはや反復することではなく、答えることになろう。これは全く別のことである。たとえば、幾何学の問題の解は、問題文の条件に適応していると言うことができるだろうが、適応はこの意味で存在することになろう。このように理解された適応は、異なる進化の過程が類似した形態に辿り着く理由を説明する、ということは私も認める。実際同じ問題は同じ答えを要請するものである。しかし、ある幾何学の問題を解くときと同じように、ある知的な活動を、少なくともそれと同じように振舞うある原因を介入させねばならないだろう。こうしてまた合目的性を導入することになる。しかし、今度は、擬人的な要素が過度に詰め込まれた合目的性である。つまり、人が言うところの適応が受動的なもので、諸条件が凹状で与えるものを凸状に繰り返しているとするなら、適応は人が期待しているものを何も作り出すことはないだろう。一方、適応が能動的なもので、諸条件が立てる問題に対して計算された答を出すことができるというなら、われわれが最初に示した方向にわれわれより先に進むことになる。というより、われわれに言わせれば、進みすぎである。しかし、実は、人は密かにこの二つの一方の意味から他方の意味に移行している。つまり二番目の意味で適応を使って、目的論の現行犯で捕まりそうになるときはいつも、一番目の意味に逃げ込むのである。科学の普通のやり方に本当に役立っているのは二番目の意味であるが、一番目の意味こそ、たいていの場合、科学に哲学を与えているのだ。人は、それぞれの個別的な例では、適応の過程とは、外的条件を可能な限りうまく利用できるような機械を生み出す有機体の努力であるかのように、説明する。その次に、適応一般について語るとき、それがあたかも、無関心な物質が受動的に受け取る、環境の痕跡そのものであるかのように説明するのである。

## ある例についての議論

しかし実例にあたってみよう。最初に、植物と動物の一般的な比較をしてみるのがおもしろいだろう。植物も動物もどちらも有性の方向へ同じように発達したことに驚かないわけにはいかないだろう。受精は高等植物においても動物においても同一のものである。いずれの場合も、受精とは、染色体の半減した細胞核同士の結合のことであるからだ。これらの細胞核は、接近する前は性質も構造も異なっていたが、すぐ後で、互いに等価なものとなる。受精だけではなく、性徴的諸要素の準備も、いずれにおいても似たような条件のもとで進められる。この準備は本質的に、染色体の数を減らすことと、ある数の染色実質を廃棄することにある。(21) しかし、動物と植物は互いに独立した線の上で進化し、それらに有利に働く環境も、またそれらが出会う障害も異なったものだった。このようにして、二つの大きな系列は、分岐しながら進んだのである。各々の系列にそって、数え切れないほどの原因が組み合わさって、形態と機能の進化を決定したのだ。しかし、これら無限に複雑な諸原因が合わさって、どちらの側にも、ある同じ結果を生み出した。もっとも、この結果は、「適応」の現象である、とあえて言う人はいないだろう。どのようにして、適応について語ることができるだろうか。どのようにして、外的環境の圧力に訴えることができるだろうか。有性生殖の効用そのものが明らかではないし、有性生殖はこのうえもなく多様な意味で解釈されてきたし、卓越した人たちは、少なくとも植物が性を持つことに、自然がそれなしで済ますことができたような贅沢品を見ているのだから。(22) しかし、われわれはあれほど論争の的になった事実について長々と述べるつもりはない。「適応」という語が曖昧であることや、機械論的な因果性の視点と、擬人的な合目的性の視点を一度に乗り越える必要があることは、もっと単純な例ではっきりと現れるだろう。いつの時代でも、合目的性の学説は感覚器官の驚くべき構造を利用して、自然の仕事を知性的な職人の仕事と同一視してきた。それに、これらの器官は未発達の状態で、低次の動物にも見られるし、自然は、最も単純な有機体の色素の染みから、脊椎動物の無限に複雑な眼に至る中間状態をすべて提示してくれる。したがって、異なる完全性を決定する、自然選択の全く機械的な働きをここにも介在させることができるだろう。つまり、適応を引き合いに出す権利があるように思える場合があるとすれば、まさにこれこそそうだ。なぜなら、有性生殖の役割と意義について、また有性生殖とそれが遂行される条件を結びつける関係については、議論の余地があるとはいえ、眼と光の関係は明白であって、ここで適応を語るとき、その意味ははっきりとしているはずだからだ。したがって、もし、この特別な場合で、機械論と目的論の双方が引き合いに出す原理の不十分さを示すことができれば、われわれの証明はすぐにきわめて高い一般性に達するだろう。

合目的性の擁護者たちがつねに強調してきた例を考察してみよう。人間の眼のような眼の構造である。彼らは、このきわめて複雑な器官にすべての要素がおどろくほど連携し合っていることを造作もなく示す。『目的因』というよく知られた本の著者は言う。視覚が働くためには、「光が通れるように強膜がその表面のある点で透明にならねばならない。角膜は眼窩の開いた部分に正確に対応していなければならない。この透明な開口部の背後に、光線を収束させる媒質が控えてなければならない。（…）暗室の背後に網膜がなければならない[23]（…）そして網膜に垂直に無数の透明な円錐体が必要である。この円錐体によってその軸の方向に入ってくるだけの視神経に到達するのである、云々」。これに対して、人は目的因の擁護者に進化論の仮説に立つよう促しながら、反論したのである。幾千もの要素が一つの機能を果たすよう連携しているわれわれのような眼を考えるとき、すべてが驚くべきことであるように見える。しかし、その機能を、起源において、つまり繊毛虫類において捉えねばならないだろう。そこでその機能は色素の染みの（ほとんど純粋に化学的な）感光性に還元される。この機能は最初偶然的な事実でしかなかったが、ある場合には未知のメカニズムによって直接的に、ある場合には、この機能によってある生物を優位にし、自然選択に手がかりを与えたという事実によって間接的に、器官の軽微な複雑化をもたらし、この複雑化が機能の改善を惹き起こしたのだろう。このようにして、機能と器官の終わりなく続く作用反作用によって、力学を超えた原因を持ち込むことなしに、われわれ人間の眼と同様に見事に組み立てられた眼の漸進的形成が説明されるだろう。(24)

合目的性の学説がそうしたように、また機械論自身そうしているように、問いをすぐさま機能と器官の間で立てると、この問いは実際、解決困難なものになる。なぜなら器官と機能は二つの異質な項で、互いに条件づけあっており、両者の関係を述べるとき、機械論が主張するように、器官から始めるのがよいのか、合目的性の理論が要求したように、機能から始めるのがよいのか、アプリオリに言うことはできないからである。しかし、われわれは思うのだが、もし人が最初に同じ本性を持つ二つの項、つまり器官をその機能と比べるのではなく、器官を器官と比べるなら、議論はまったく違った展開を見せるだろう。今度は少しずつ、次第に妥当性を増すような解決に向かって進むことができるだろう。また、そのときより断固とした態度で、進化論の仮説に身を置けば、それだけ問題を解決する見込みは高くなるだろう。

## 微小な変更

では、脊椎動物の眼と、ホタテガイのような軟体動物の眼を比べてみよう。どちらの場合も、本質的な部分は同じであり、類似した要素から構成されている。ホタテガイの眼は、われわれの眼と同様、網膜、角膜、細胞構造を持つ水晶体をそなえている。そこでは、一般に無脊椎動物では見られない、網膜要素の特殊な反転まで認められる。さて、おそらく軟体動物の起源については議論がなされるが、どの意見につこうと、ホタテガイのように複雑な眼が現れる前に、軟体動物と脊椎動物は、共通の幹から袂を分かったということでは一致するだろう。では、構造の類似はどのようにして生じるのだろうか。[4]

この点について、進化論的説明の互いに対立する二つの学説、つまり、純粋に偶然的な変異の仮説と、外的諸条件の影響のもと決まった方向に導かれる変異の仮説に順番に問うてみよう。

第一の仮説について、それは現在、二つのかなり異なる形式で提示されていることが知られている。ダーウィンは、自然選択の結果によって累積される軽微な変異について語っていた。彼は突然変異の諸事実を知らなかったわけではない。しかし、ダーウィンが「スポーツ」と呼んだものは、彼によると、永続化できない奇形しか突然変異にもたらさなかった。そこで、ダーウィンは、感知できない変異の蓄積によって、種の生成を説明したのだった。(25)以上はまた現在の多くの博物学者の見解でもある。しかし、この見解は、逆の考え方に場所を譲ろうとしている。つまり、新しい種は、以前とはかなり異なった新しいいくつかの特質が同時に現れることによって、突然構成される、という考え方である。この後の仮説を、様々な著述家、とりわけベイトソンが注目すべき本(26)の中で表明したが、この仮説が深い意味を持ち、きわめて大きな力を獲得するようになったのは、フーゴー・ド・フリースのすばらしい実験以来のことである。この植物学者は、オオマツヨイグサの実験で、何世代か後に、いくつかの新しい種を獲得した。彼が実験から取り出している理論は、きわめて興味深いものである。この理論によれば、種は、安定期と変形期を交互に経過するが、「変異」期が訪れると、予想もしない形態を生み出すのである。(27)われわれはこの仮説と感知できない変異の仮説のどちらかにあえて与するつもりはない。ただ、ここで引き合いに出されている変異が、大きいものであれ小さいものであれ、それらが偶然的なものであるのなら、われわれが示したような構造の類似を説明することはできない、ということを示したいだけなのである。

まず、実際ダーウィンの感知できない変異の説を受け入れてみよう。微小変異が、偶然によって生じ、常に積み重なっていく、と仮定してみよう。ある有機体のすべての部分は必然的に連携し合っているということ、それを忘れてはならない。機能が器官の結果であるか、その原因であるかはどうでもよい。反論できない点が一つある。器官は、機能していない限り、自然選択に役立つこともそれに手がかりを与えることもないということである。もし、視覚中枢、そして視覚器官そのものの様々な部分が同時に発達しないなら、網膜の繊細な構造が発達し、複雑になっても、この進歩は視覚を促進するどころか、おそらく鈍らせることになるだろう。もし変異が偶然的なものなら、ある器官がその機能を果たし続けるよう、変異がその器官のあらゆる部分で同時に生じるよう示し合わせることなどないのはあまりにも明白である。ダーウィンはこのことをよく理解していた。それが理由の一つになって、彼は感知できない変異を想定したのである(28)。視覚器官の一点に偶然現れる変異は、きわめて軽微なものなので、器官の機能を妨げないだろう。したがって、この最初の偶然的な変異は、補足的な変異がそこに付け加わって、視覚をより高次の完全性へと至らせるのを、いわば待つことができる。仮にそうだとしよう。しかし、感知できない変異が眼の機能を妨げないとしても、それを補足する変異が生み出されない限り、眼の機能の役に立つということもまたない。そうすると、その変異はどのようにして自然選択の結果によって保存されるのだろうか。否応なく、人は、微細な変異があたかも、有機体によって置かれ、後の構成のために取っておかれた布石であるかのように考えることになろう。この仮説は、ダーウィンの原則にほとんど一致していないとはいえ、ある一つの大きな進化の線の上で発達してきた器官、例えば脊椎動物の眼を考えるとき、避けることがすでに困難であるように思える。しかし、脊椎動物と軟体動物の眼の構造の類似が指摘されるとき、この仮説は不可避のものとなる。数え切れない数の同じ微細な変異が純粋に偶然的なものだとすると、これらが同じ順序で二つの独立した進化の線の上で生み出されたなどと、どのようにして想定することができようか。また、個々の変異を別々に取り上げてみれば、いかなる有用性も持たないのに、どのようにして、それらが自然選択によって保存され、どちらの側でも同じまま同じ順番で蓄積されたというのか。

## 突然変異

では突然変異の仮説に移って、それがどのように問題を解決するのか見てみよう。おそらくその仮説はある点で困難をやわらげる。逆に別の点では、困難をより大きくする。比較的少数の突然の飛躍によって、軟体動物の眼も、脊椎動物の眼も、現在の形態まで高められたのだとすると、二つの器官の類似が、連続的に獲得された数え切れない数の極小の相似によって構成されている場合よりも容易に、私は二つの器官の類似を理解する。どちらの場合も、偶然が働いているけれども、前者〔突然の飛躍〕では偶然が奇跡を起こさなければならないだろうが、後者では、偶然にそのような要求がなされることはない。前者では、私が付け加えねばならない類似の数が制限されるだけでなく、各々の類似が保存されて他の類似に付け加わったこともよりよく理解できる。なぜならこの場合、基礎的な変異、生体に優位を保証し、かくして自然選択の働きを受け容れさせるほど大きなものだからだ。ただそのとき、別の同じくらい恐るべき問題が立てられる。どのようにして、視覚器官のすべての部分が、突然変化しながらも、眼が引き続き自分の機能を果たせるくらいに、以前と変わらず互いによく連携し合えるのだろうか。なぜなら、変異はもはや極小なものではないので、ある部分だけが変異すると、視覚を不可能にしてしまうことになるからである。今や、すべてが一度に変化して、それぞれの部分は他のすべての部分と相談しなければならないのだ。私はもちろん、互いに連携し合っていない一群の変異が不運な個体に生じて、自然選択がそれらの個体を除去したこと、生存力のある組み合わせ、つまり視覚を保存し改善できる組み合わせだけが、生き残ったことを認める。それでもなおこの組み合わせは生み出されなければならなかったのである。偶然がこのようなはからいを一度行ったと想定しても、どのようにして、偶然がそのはからいを一つの種の歴史の間に繰り返して、毎回突如として新しい複合を惹き起こす、などと認めることができようか。しかもそれぞれの複合は驚くほど互いに調節されており、以前の組み合わせの延長となっているのである。とりわけ、一連の単なる「偶発事」によって、これらの突然変異が、同じままで、同じ順番で、数も複雑さも増す諸要素の完全な一致を毎回伴いながら、二つの独立した進化の線に沿って生み出されたなどとどのように想定すればいいのか。

きっと、ダーウィン自身すでに援用していた相関の法則が引き合いに出されるだろう[29]。そして、ある変化は有機体のただ一つの点に局在するのではなく、他の諸点に必然的に反響するのだ、と主張されるだろう。ダーウィンによって引かれた例は、権威を持ち続けていた。青い眼を持つ白猫は一般的に耳が聞こえない、体毛を持たない犬の歯並びは不完全である、等々。よろしい。しかし、たとえそうだとしても、もうこれからは「相関」(corrélation)という言葉の意味を弄ぶのはやめよう。連帯した変化の全体と、互いに補足し合う変化、つまり、複雑になっていく諸条件のなかで、ある器官の機能を維持し、更には改良するようにと互いに連携し合う変化のシステムとは別のものなのである。毛系の異常が歯並びの異常につねに伴われることに、特別な説明原理を要請する必要はない。体毛と歯の形成は類似していて[30]、体毛の形成を妨げる胚の化学的変質は、おそらく歯の形成をも阻むにちがいない。おそらく青い眼の猫の耳が聞こえないのも、おそらく同じ種類の原因のせいでなければならない。これら様々な例の中で、「相関的な」変化は連帯した変化でしかない(今は考慮しないが、これらは実際、損傷、つまり何かが減少あるいは削除されることであって、付け加わることではない。この差異は大きい)。しかし、眼の様々な部分に突然現れる「相関的な」変化がわれわれに語られるとき、その語は全く新しい意味に解されている。ここで問題になっている変化の全体は、単に同時に生じるもの、共通の起源を持つことによって互いに結び付いたものではない。それだけではなく、その器官が同じ単純な機能を引き続き遂行するように、更にはその機能をもっとうまく遂行できるように、互いに連携している変化の全体が問題になっているのである。網膜の形成に影響を及ぼす胚の変化が、角膜、虹彩、水晶体、視覚中枢等の形成に同時に作用を及ぼすことを、なんなら認めてもよい。もっとも、体毛と歯の形成もおそらく互いに異質的なものだろうが、これら眼の部分の形成は、それとは違う仕方で互いに異質的なのである。しかし、これらすべての同時的な変異が、視覚の改善、少なくとも維持に向けて行われることを、突然変異の仮説にたって認めることができるのは、機能の諸利害を見張るのが役割であるような、ある神秘的な原理を介入させる場合だけである。しかしそれは、「偶然的な」変異という考えを放棄することだろう。実際、「相関」という言葉のこれら二つの意味は、「適応」という語の場合と同じく、生物学者の精神の中で、しばしば競合する。その混同は植物学においてほとんど合法的である。まさにそこでは、突然変異による種の形成の理論が、最も堅固な土台、つまり実験に依拠しているのだ。実際、植物の場合、動物の場合ほど密接に、機能が形態に結び付いてはいない。形態学的には深い諸々の相違、例えば、葉の形態の変化も、機能の行使に対してこれといった影響を与えず、したがって、植物の生存力を維持するために、補足的諸改変の一つのシステム全体を必要とすることはない。しかし、動物の場合、とりわけ、眼のように、きわめて複雑な構造を持つと同時に、きわめて繊細な機能をもつ器官を考察するときは、事情が異なる。ここで、単に連帯した変異と、そのうえさらに互いに補い合う変異を同一視しようとしても無駄であろう。「相関」という言葉の二つの意味は注意深く区別されなければならない。そのうちの一方を推論の前提で、他方を結論で用いると、まぎれもない誤謬推理を犯すことになるだろう。実は、詳細の説明では、相関の原理を引き合いに出して、互いに補い合う変異を説明し、その後で、相関一般については、それがあたかも胚の任意の変異によって惹き起こされる、任意の一まとまりの変異でしかないかのように語るときがそうなのだ。人は、合目的性の擁護者がやりそうな仕方で、相関の観念を現行の科学において使うことから始める。そして自分に言う、「これは単なる便宜的な表現方法だ、これから修正するだろうし、その原理の本性を説明して、科学から哲学へ移行するとき、純粋な機械論にもどるだろう」。そのとき、実際人は機械論に戻ってくる。しかし、「相関」という言葉を新しい意味で、今度は説明の詳細にはふさわしくない意味で解することを条件として、だが。

要するに、進化を規定する偶然的な変異が感知不能なほど微細な変異の場合、これら変異を累積し保存するためには、ある守護霊——未来の種《エスペス》の守護霊——に訴えなければならないだろう。なぜなら、自然選択はその役割を引き受けないからである。他方で、偶然的な変異が突然変異である場合、現れた変化がすべて、同じ行為の遂行へ向けて補い合うのでなければ、以前の機能が引き続き行使されることはないし、新しい機能がそれに取って代わることもないだろう。再び守護霊に訴えなければならないだろう。先ほどは連続して起こる諸変異の方向の連続性を保証するためであったが、同様に今度は同時に起こる変化の収束を獲得するためである。いずれの場合も、互いに独立した進化の複数の線上で、同一の複雑な構造が平行して発達するのは、偶然的な変異が単に累積するためではありえないだろう。そこで、われわれが検討しなければならなかった二つの大きな仮定の二番目に移ろう。変異は、もはや偶然的かつ内的な諸原因にではなく、外的諸条件の直接的な影響に帰せられると想定してみよう。系統学の観点から、互いに独立した系列における眼の構造の類似を説明するために、どのように取り掛かるか見てみよう。

軟体動物と脊椎動物は別々に進化したとしても、両者とも光の影響にさらされてきたことに変わりはない。さて、光は一定の諸結果を生み出す物理的原因である。連続的に働いて、光は一定の方向に連続的な変異を生み出すことができた。おそらく、脊椎動物と軟体動物の眼が、単なる偶然に帰せられる一連の変異によって構成されたなどということはありそうもない。そのとき光が自然選択の道具として介入して、有用な変異だけを存続させることを認めよう。そうすると、偶然の働きは外から監視されることになるが、この働きによって、脊椎動物、軟体動物のどちらの場合にも、同じ仕方で連携した要素が、同じ仕方で配置されるようになることなどありえない。しかし、光が直接的に有機物質に作用し、その構造を変え、いわば自分自身の形態に適応させる、という仮説に立てば、事情はもはや同じではないだろう。二つの結果の類似が、今度は単に原因が同一であることによって説明されるだろう。次第に複雑化していく眼とは、有機的に組織されて、光を受け容れる独特な傾向を得た物質に、光がより深く刻印を押したものとなるだろう。

**定向進化**

しかし、有機体の構造を刻印に譬えることができるだろうか。われわれはすでに「適応」という語の両義性を指摘した。ある形態が外的諸条件の型に組み込まれて徐々に複雑化することと、ある器官がこれらの条件を自分に有利になるように利用するにつれて、その構造が複雑化することとは、別のことである。前者では、物質はある刻印を受け容れるにとどまるが、後者では、物質は能動的に反応し、ある問題を解いているのである。この言葉の二つの意味のうち、眼が光の影響に徐々に適応したと言うとき、人が使っているのは明らかに二番目の意味である。しかし、人は多少なりとも無意識的に二番目の意味から一番目の意味へと移行する。このようにして、純粋に機械論的な生物学は、環境の影響を被る不活性な物質の受動的な適応と、この影響を適切に利用する有機体の能動的な適応とを一致させようと努めるのだろう。もっとも、われわれとしても、自然そのものがわれわれの精神を、二種類の適応を混同するよう誘っているように見えることは認める。なぜなら、能動的に反応するようなメカニズムをあとで作り出さねばならないときも、自然は普通、受動的な適応から始めるからである。こうして、われわれが取り組んでいる事例において、反論の余地なく、眼の最初の基礎は、低次の有機体の色素の染みに見出される。というのも、この染みが光の作用そのものによって、物理的に生み出された可能性はきわめて高いし、この単なる色素の染みと脊椎動物に見られるような複雑な眼の間には、きわめて多くの中間段階が観察されるからである。——しかし、段階的にあるものから別のものへと移ったからといって、それら二つが同じ本性のものであるということにはならない。ある演説者が、最初聴衆の熱情を受け容れたあとでそれらを支配するに至るとしても、そこから、従うと指導するが同じ意味であるとは結論しないだろう。生体〔生きた物質〕は、環境を利用するのに、まずそこに受動的にみずからを適応させること以外、手段がないように思える。つまり生体は、それがある運動を導かなければならない場合、その運動を受け容れることから始める。生命は、うまく入り込むことによって、働くのである。色素の染みと眼の間にある中間段階をすべて示しても無駄だろう。それらの間には、写真と写真機の間にあるのと同じ距離が依然として残るだろう。つまり、写真はおそらく写真機のほうへ徐々に向き直ったのだ。しかし、物理的な力である光だけで、この方向転換を惹き起こし、自分が残した印象を、自分を利用することができる機械に変えることができただろうか。

「有用性についての諸考察を持ち込むのは間違っている。眼は見るために作られたのではなく、眼を持つからわれわれは見るのである。器官はそれがあるところのものであり、『有用性』という語によって、われわれは構造の機能がもたらす諸結果を表しているのである」、と反論されるかもしれない。眼は光を「利用する」という言葉で私が言いたいのは、単に眼には見る能力がある、ということだけではない。この器官と運動器官の間にある、きわめて正確な諸関係も仄めかしているのである。脊椎動物の網膜は、視覚神経に延長され、この神経自身も、運動のメカニズムに結び付いた脳の諸中枢に引き継がれる。眼はわれわれが反応運動によって、有利に見えるものを利用し、有害に見えるものを避けることを可能にするのだが、その意味でわれわれの眼は光を利用している。さて、もし光が物理的に色素の染みを生み出したのなら、光はある種の有機体の運動をも物理的に決定できることを、人は簡単に私に示すだろう。例えば、繊毛虫類は光に反応する。しかし、光の影響が、神経系、筋肉系、骨系、つまり脊椎動物において視覚器官と連続するすべてのものの形成を物理的に惹き起こした、と主張する者はいないだろう。実を言えば、眼の漸進的な形成について語るときすでに、ましてや、眼をそれから切り離せないものに結び付けるときには、人は光の直接的作用以外のものを持ち込んでいる。有機的組織化された物質に、暗黙のうちにある独特な能力を与えているのだが、有機的組織化された物質に影響を与えている単純な刺激を利用するために、この神秘的力能はかなり複雑な機械を組み立てるのである。

しかし、まさにこれこそ不要だと主張されているものなのだ。物理学と化学がわれわれにすべての鍵を与えると強弁される。この点についてアイマーの主著から学ぶべきことは多い。周知のように、この生物学者は鋭い考察を行って、変形は外部から内部への継続的な影響によって、はっきり決まった方向へ起こるのであって、ダーウィンが主張したように、偶然的な諸変異によるものではないことを示した。彼の説はきわめて興味深い諸観察に依拠している。それらの出発点は、あるトカゲの皮膚の色の変異が辿る過程の研究であった。他方で、当時すでに過去のものになっていたドルフマイスターの実験によれば、同じさなぎでも、寒いところに置くか暑いところに置くかによって、きわめて異なった蝶を生み出す。これらの蝶は長い間、ワネサ・レワナとワネサ・プロルサ（タテハチョウの一種）という互いに独立した種であると考えられていた。また、中間の温度では中間の形態が生じる。これらの事実と、アルテミア・サリナという小さな甲殻類に観察される重要な変形を比較できるだろう。それが生息する水の塩分を増減するとき、変形が起こるのである。(31) これら様々な実験で、外的要因はいかにも変形の原因として働くように見えるだろう。しかし、ここで原因という言葉をどのような意味で理解しなければならないのだろうか。因果性という考え方をあますところなく分析するつもりはないが、ただ、通常混同される、この語の全く異なった三つの意味を指摘しようと思う。ある原因は、衝撃、始動、あるいは展開によって作用する。別の玉に向かって放たれたビリヤードの玉は、その玉の運動を衝撃によって決定する。火薬の爆発を惹き起こす火花は始動によって作用している。ぜんまいが次第に弛むことによって、蓄音機が回転し、円筒に刻まれたメロディーを展開する。もし奏でられるメロディーを結果とみなし、ぜんまいの弛みを原因とみなすならば、ここで原因は展開によって働いている、と私は言うだろう。これら三つの場合を区別しているのは、原因と結果の結び付きの強さである。

最初の例では、結果の量と質は、原因の量と質に応じて変化する。第二の例では、結果の量と質の変化は原因の量と質に応じていない。結果は変わらないのである。最後に第三の例では、結果の量は原因の量に依存するが、原因は結果の質に影響を及ぼしていない。ぜんまいの作用によって、円筒が長い間回転すればするほど、私が聞くメロディーの長さも長くなるだろう。しかし聞いているメロディーの本性、つまり私が聞いている部分の本性は、ぜんまいの作用に依存しない。実際、最初の例でのみ、原因は結果を説明するのである。残りの二つの例では、結果は多少なりとも前もって与えられている。結果に先立つものが引き合いに出されているが、それは——確かに程度の差はあるとはいえ——原因というより機会なのである。さて、水中の塩分がアルテミアの変形の原因であると言うとき、気温の変化が、あるさなぎが成虫になりながら持つ羽の色や模様を決定すると言うとき、人は原因という言葉を第一の意味で取っているのだろうか。あきらかに違う。因果性はここで、展開と始動のあいだの中間的な意味を持っている。もっとも、アイマー自身、変異の「万華鏡的」[32]性格について語るとき、また、無機物が決まった方向へ結晶化するのと同様、有機的組織化された物質の変異はある決まった方向へ行われると言うとき、原因という言葉をまさにこの中間的な意味で理解しているのだ[33]。皮膚の変色が問題になっているなら、変異は純粋に物理化学的な過程であるというアイマーの主張に何とか同意できる。しかし、例えば脊椎動物の眼の漸進的形成の場合にまでこの説明方式を拡張するとき、有機体の物理化学とは次のようなものであると想定しなければならないだろう。すなわちそこでは、光の影響が一連の視覚器官、どれもきわめて複雑だけれども見る能力を持ち、しかも、よりよく見るようになっていく、そうした器官を徐々に形成させるのだ、[34]と。最も断固として目的論を信奉する者でも、この全く特別な物理化学を特徴付けるのに、これ以上のことを言うだろうか。軟体動物の卵は脊椎動物のそれとは同じ化学成分を持ちえないこと、軟体動物へと進化した有機物質は脊椎動物の方へ向かった有機物質と化学的に同一ではありえなかったこと、それでもなお、双方に、光の影響で、同じ器官が構成されたことを機械論哲学に指摘してみてほしい。その立場はずっと難しいものになるだろう。

以上のことをよく考えるにつれて、膨大な数の小さな原因が二つの異なった仕方で蓄積されることによって同じ結果を生み出すという考え方が、どれほど機械論的哲学の原理に反するものであるのか、よりよく分かるだろう。われわれは議論のすべての努力を系統発生論から引いたある例に集中させてきた。しかし、個体発生[5]もそれに劣らず確かな証拠となる事実をわれわれに与えてくれるだろう。毎瞬間、われわれの眼の前で、自然は、時には近縁関係にあるいくつかの種においても、全く異なった胚発生の過程を経て、同じ結果に到達する。近年、[35]「異胚発生」(hétéroblastie) の観察例が増加していて、ほとんど古典になっていた胚葉の特種性の理論は放棄しなければならなくなった。脊椎動物と軟体動物の眼の比較にもう一度とどまって指摘しようと思うのは、脊椎動物の網膜は、幼胚に現れる初期形態の脳がその外に発達することによって生み出されることである。それはまさしく神経中枢が周辺部に向かったものであろう。逆に軟体動物で、網膜は、胚生期の脳を介して間接的に生じるのではなく、外胚葉から直接生じる。したがって人間とホタテガイでは、異なった進化の過程を経て、同じ網膜の発達へ辿り着くのである。だが、そこまで離れた二つの有機体を比べるまでもなく、ある一つの同じ有機体に見られる興味深い事実、つまり再生を研究すれば、同じ結論に至るだろう。イモリの水晶体を取り除くと、虹彩から水晶体が再生するところが目撃される。(36) さて、もとの水晶体は外胚葉から形成されたものだが、虹彩は中胚葉から生じたものである。更に、サラマンドラ・マクラタ（サンショウウオの一種）から虹彩を傷つけないように水晶体を取り去ると、虹彩の上部から水晶体の再生がまた行われる。しかし、この虹彩の上部そのものを取り除いても、残された部分の内側の層や網膜の層で再生の兆しが現れる。(37) このように、異なる場所に位置し、構成も違い、通常は違う機能を果たしている様々な部分が、同じ補填作業を行い、必要なときには、器官の同じ部品を組み立てることができるのだ。ここでは、原因の組み合わせを変えても、同じ結果が得られる。

このように結果を一致させるためには、否応なしに、方位を定める内的原理に訴えなければならないだろう。そのような一致の可能性を、ダーウィン主義者、とりわけネオ・ダーウィン主義者の感知できない偶然的な変異の説にも、偶然的な突然変異の仮説にも、外的な力と内的な力の力学的合成によって、様々な器官の進化に決まった方向を与える理論にさえも見て取ることができない。そこで、現在の進化論の形態のなかでわれわれが語るべき最後の一つ、つまりネオ・ラマルク主義を検討しよう。

## 獲得形質の遺伝

周知のように、ラマルクは、生体には、自分の器官を使用した結果、あるいは使用しなかった結果変異し、しかもこのように獲得された変異を子孫に伝える能力がある、と考えた。今日、この種の学説に同意するいくたりかの生物学者たちがいる。このような学説によれば、新しい種を生み出すに至る変異は、胚そのものに内在する偶然的な変異ではないだろう。この変異は、決まった形質を、決まった方向に、有用性を気にかけることなく発達させるような、ある独特な決定論に従うこともないだろう。それは、強いられた生存条件に適応する生体の努力そのものから生まれる。ただしこの努力は、外的環境の圧力によって力学的に惹き起こされる、ある器官の機械的な実行でしかない場合もあるだろう。しかし、同じくそれが、意識と意志を含んでいる場合もあるだろう。この学説の最も優れた代表者の一人である、アメリカの博物学者コープ(38)は、この努力を後者の意味で理解しているように思われる。したがって、ネオ・ラマルク主義は、進化論の現在の形態の中で唯一、発達の内的かつ心理学的な原理を容認できるものなのである。もっともネオ・ラマルク主義がこの原理に訴える必然性はないのだが。またこの学説は、互いに独立した複数の発達の線の上で、同一の複雑な器官が形成されることを説明しているように見える唯一のものでもある。実際、この学説によれば、外的諸環境によって立てられる問題が、一つしか答えを認めない場合にはとりわけ、同じ環境を利用しようとする同じ努力が同じ結果に達することになる。しかし、「努力」という語を、どのネオ・ラマルク主義者が想定するよりも、深い意味で、心理学的な意味で理解しなければならないのではないか。この問題を検討する課題が残されている。

実際、単なる大きさの変異と形態の変化は別物である。ある器官は使用されることによって強化され、増大しうるということに反対する者は誰もいないだろう。しかし、そのことと、例えば軟体動物や脊椎動物の眼が漸進的に発達することとの間には千里の径庭がある。もしこの結果の原因を、受動的に受け取られた光の影響が延長したものであると考えると、先ほどわれわれが批判した説にまた陥ってしまう。もし、逆に、内的な行動性に訴えると、われわれが通常努力と呼ぶものとは全く違ったものが問題になる。なぜなら、努力によって、ある器官がほんのわずかでも複雑になったところをわれわれは眼にしたことがないとはいえ、それでもなお、繊毛虫類の色素の染みから、脊椎動物の眼に移行するためには、膨大な数のこうした複雑化が驚くほど見事に整序され存在するのでなければならなかったからだ。しかし、進化過程についてのこの考え方を動物には認めてみよう。それでも、どのようにしてこの考え方を植物の世界に拡張するのだろうか。ここでは、形態の変異は、つねに機能の変化を含んでいるようには見えないし、それを惹き起こしているようにも見えない。また変異の原因が心理学的なものであったとしたら、奇妙なくらい言葉の意味を拡張しない限り、その原因をなお努力と呼ぶのは難しい。実のところ、努力そのものを掘り下げて、より深い原因を捜し求めなければならないのである。

とりわけ規則的に遺伝する変異の原因に到達したいなら、そうしなければならないとわれわれは思う。ここで、獲得形質の遺伝の可能性に関する諸々の論争の詳細に立ち入るつもりはない。また、われわれの手に余る問題について、あまりにも明確に態度を表明しようとも思わない。しかし、その問題に完全に無関心なままでいるわけにはいかない。哲学者は、今日曖昧な一般性に甘んじることはできないし、学者が行う実験の詳細を辿って、彼らとその結果について議論する義務がある。この問題ほどそのことを痛感させてくれるところはないのである。もしスペンサーが獲得形質の遺伝について問題を立てることから始めていたら、彼の進化論はまったく違った形態を帯びていただろう。個体が身につけた諸習慣が子孫に伝達するのはきわめて例外的な場合でしかないなら（われわれにはそうであるように思える）、スペンサーの心理学は全部やり直さなければならないし、彼の哲学の大部分が崩れ落ちてしまうだろう。だから、この問題がどのように立てられているのか、どの方向で問題の解決が探られていると言えるのかを述べておこう。

獲得形質の遺伝の可能性は独断的に肯定されていたが、その後、生殖細胞の本性と想定されたものからアプリオリに引き出された諸々の理由で、同じく独断的に否定された。周知のように、ヴァイスマンは、彼の生殖質の連続性の仮説によって、生殖細胞、つまり卵子と精子が、体細胞からほとんど独立していると考えるに至った。そこから出発して、獲得形質の遺伝による伝達は考えられない、と主張されたのである。現在でも多くの人がそのように主張している。しかし、経験が、獲得形質は伝達可能であることを偶々示したとする。経験は、それによって、生殖細胞が言われるほどまわりの体細胞から独立したものではないことを証明することになるだろうし、獲得形質の伝達可能性は、事実からして考えられうるものとなるだろう。つまり、考えられうるか、そうでないか、といったことはこのような場合どうでもよいことであり、問題の解決はもっぱら経験に依存するのである。しかし、まさにここで困難が始まる。語られている獲得形質とは、たいてい習慣か習慣の結果である。そして、獲得された習慣の土台に自然な傾向がないことはまれである。その結果、伝達されたのが、個体の体細胞によって獲得された習慣なのか、それともむしろ、身につけた習慣に先立つ自然な傾向であるのかをつねに問うことができる。この傾向はすでに個体に内属していて、その結果、胚に内属していたのだから、個体がもつ胚細胞にも内属していたことになるだろう。したがって、モグラの眼が見えなくなったのは地下で生活する習慣をつけたからだ、ということを証明するものはないことになる。おそらく眼が衰弱しつつあったから、モグラは地下での生活を余儀なくされたのだろう[39]。この場合、視力を失う傾向は胚細胞から胚細胞へと遺伝し、モグラ自身の体細胞は何も獲得しなかったし何も失いもしなかったことになるだろう。フェンシングの師範の息子が、父よりもずっと早く、優れた剣士になったからといって、そこから、親の習慣が子供に遺伝したのだと結論することはできない。なぜなら、増大途中のある自然な傾向が、父を生み出した胚細胞から息子を生み出した胚細胞へと移行し、起源にある弾みの結果として、道すがら成長し、いわば父がしたことなど気もかけずに、息子に父以上のしなやかさを保証したということも可能だったのだから。動物の漸次的飼育から取られた多くの例についても同じことが言える。ある特定の種あるいはその種の成員の一部を飼いならすことに決めるとき、基準となるのはある自然な傾向ではあるが、遺伝するのが、身につけられた習慣なのか、むしろこの自然な傾向なのかを知るのは難しい。実を言えば、疑わしい事例や、複数の解釈をゆるす事実をすべて取り除くとき、獲得され、遺伝する特性の絶対に反論しえない例として残るのは、ブラウン＝セカールの有名な実験だけである。この実験は、何人もの生理学者によって、繰り返され確認されている[40]。ブラウン＝セカールは、モルモットの脊髄もしくは坐骨神経を切断して、てんかん状態を惹き起こした。するとモルモットはこのてんかん状態を子孫に遺伝したのである。この同じ坐骨神経や索状体などの損傷が、モルモットに様々な障害を惹き起こしたが、子孫は、それらの障害を、時には異なった形、たとえば、眼球突出や足指喪失といった形で引き継ぐこともあった。しかし、これら遺伝の様々な事例で、動物の体細胞がその胚細胞に実際影響を及ぼしていることは証明されていない。すでにヴァイスマンが反論していた。「ブラウン＝セカールの手術の際、モルモットの体に、ある微生物が紛れ込んだのかもしれない。この微生物が栄養摂取の場を神経組織に見つけ、生殖要素に浸透しながら病気をうつしたのだろう」。この反論はブラウン゠セカール自身によって退けられた。しかし、別のもっと確かな反論を行うことができるだろう。実際、ヴォワザンとペロンの実験が明らかにしたように、てんかんの発作の後、動物に注入すると痙攣症状を生み出すことができる、ある有毒物質が除去される。おそらく、ブラウン゠セカールが惹き起こした神経の損傷の結果生じる栄養障害はまさに、痙攣を生み出す毒物が形成されたことの現れだろう。この場合、毒素はモルモットから、その精子か卵子に移り、胚の発達の際、全体に及ぶ障害を惹き起こすだろう。しかし、いったん有機体に成長したあとは、その障害の影響がその有機体の特定の点にしか現れないこともあるだろう。ここでものごとはシャラン、ドラマール、ムーシュの実験の特定の経過を辿るだろう。妊娠中のモルモットの肝臓、腎臓を傷つけると、この損傷は子供に遺伝した。これは単に母親の器官の損傷が、特定の「細胞毒素」を生み出して、この毒素が胎児の対応する器官に作用したからだ。[44]確かに、これらの実験においても、同じ生理学者たちが行った以前の観察においても、[45]毒素が影響を及ぼすのは、すでに形成された胎児である。しかし、シャランの別の研究が示すに至った所によると、同じ結果が、同じ仕方で、精子や卵子にも生じうる。[46]つまり、獲得された特性の遺伝は、ブラウン゠セカールの実験では、胚の中毒によって説明されうるだろう。その損傷は、位置を正確に特定できるように見えるが、たとえば、アルコールによる欠陥と同じ過程で遺伝するだろう。しかし、獲得された特性が遺伝する時はつねに、これと同じ仕方で遺伝するのではないだろうか。

実際、獲得形質の遺伝の可能性を肯定する者も否定する者も、一致している点がある。たとえばアルコールに見られるようなある種の影響は、一度に生体とそれが保持する生殖質に及ぼされうる。そのような場合、欠陥は遺伝するが、実際は胚細胞と体細胞がどちらも同じ原因の作用を単に受けただけなのに、あたかも、親の体細胞がその胚細胞に作用を及ぼしたかのようにすべては起こる。それはそうとして、人が獲得形質を遺伝するものとみなす時そう信じるように、体細胞が胚細胞に影響を及ぼしうることを認めてみよう。この場合も先の場合と同じように物事が起こる、つまり、この体細胞の影響の直接的な結果は生殖質全体に及ぶ変質であると想定するのが、最も自然な仮説ではないだろうか。そうだとすると、子に親と同じ変様が起こるのは、例外的なこと、いわば偶然的なことになるだろう。アルコールによって惹き起こされる欠陥の遺伝も同じことだろう。この欠陥はおそらく父から子へ伝えられるが、それぞれの子において違った形をとり、どの子の欠陥も親の欠陥と似ていないことはありうる。生殖質に現れる変化をCと呼ぼう。しかもCは積極的でも消極的でもありうる。つまりある物質の獲得も喪失も表しうる。結果はその原因を正確には再生しないだろう。体細胞のある部分の変様によって惹き起こされた胚細胞の変様が、形成中の新しい有機体の同じ部分に同じ変様を惹き起こすのは、その有機体の他のすべての部分がCに対して免疫がある場合だけだろう。つまりそのとき新しい有機体で同じ部分が変様するのは、その部分の形成だけが、新しい影響を受け取ることができるからだろう。それでもなお、その部分は、それに対応する親の有機体の部分とは全く違った方向に変化することもありうるだろう。

それゆえ、われわれとしては、偏差の遺伝と形質の遺伝の区別を導入するよう提案することにしたい。新しい形質を獲得する個体は、まさにそのことによって、以前の形態からも、その個体が保持する胚細胞——たいていは、減数分裂した胚細胞——が、発達しながら再生産するはずだった形態からもずれることになる。この変様が、胚細胞を変様させる物質を生み出したり、胚細胞からその要素のいくつかを奪い取るような、その細胞全体に及ぶ栄養障害を惹き起こしたりしない場合、個体の子孫に対してこの変様は何の効果も及ぼさない。おそらくたいていの場合そうだろう。逆にこの変様が何らかの効果を及ぼすとき、おそらくそれが生殖質で惹き起こす、ある化学的変化を媒介しているのだろう。この化学的変化のせいで、元の変様が、胚細胞が発達させる有機体に、再び生じることもあるだろうが、それは例外的なことである。それ以上に、この化学的変化が別の変様を惹き起こす可能性の方が大きい。このとき、子供の有機体は、親の有機体と同じくらい、正常なタイプからは離れるだろうが、違った仕方で離れるだろう。遺伝するのは偏差であって、形質〔性質〕ではないだろう。したがって、一般的に言うと、ある個体によって身につけられた諸習慣は、おそらくその子孫になんの反響も及ぼさない。もし反響を及ぼすときも、子孫に現れる変様が、元々の親の変様との間に、見て取れるような類似を何も持たないこともある。少なくとも以上が最も真実であるように思われる仮説である。いずれにせよ、反証が提示されるまで、ある著名な生物学者(47)が要求しているような決定的な実験が行われない限り、現在の観察結果で我慢しなければならない。さてここで、獲得形質の遺伝の説に最大限有利になるように取り計らってみよう。つまり、獲得されたと称される形質は、たいていの場合、生得的な形質が多少なりとも遅れて発達したものだ、などと考えないようにするのである。それでも、諸事実はわれわれに、その獲得形質の遺伝は例外的なものであって、規則的なものではないことを示す。いったいどうやって、獲得形質の遺伝に、眼のような器官を発達させることを期待できよう。繊毛虫類の色素の染みから軟体動物の眼へ、脊椎動物の眼へ移行するためには、莫大な数の変異が同じ方向へ導かれ、蓄積されると想定しなければならない。このことを考えれば、個体の努力がそれぞれの変異を生み出せた、と想定しても、われわれが観察するような遺伝が、いったいどのようにしてそれら変異が累積していくのを決定できるのかは疑わしい。つまりネオ・ラマルク主義も、他の進化論の学説と同様、その問題を解決できるようには見えないのである。

**議論の結果**

こうして現代の様々な形式の進化論に同じテストにかけて、そのどれもが、乗り越えることのできない同じ困難に突き当たるのを示してきたが、われわれは、それらを見放すつもりは全くない。それらはそれぞれ、多くの事実に基づいていて、それなりの仕方で真実であるにちがいない。進化の過程に対するある視点に対応しているに違いない。もっとも、ある理論が科学的であり続けるためには、つまり詳細の研究に正確な方向を与えるためには、おそらく特定の視点から決して離れてはならないだろう。しかし、それぞれの理論が手にしているのは実在の部分的な眺めであって、実在はこれらの理論すべてを越えているに違いない。この実在こそ、哲学に固有の対象なのである。哲学は適用されることなどまったく頭にないので、科学の正確さに縛られることはない。だから、進化論の現在の三つの主要な形態のそれぞれが問題の解決にもたらしているように思える肯定的なもの、それらのどれもが脇に置いてしまったものを手短に示そうと思う。また、進化の過程のより包括的な観念――確かにより包括的であるがためにいささか漠然なものになるのだが――を獲得するためには、これら三つの努力をどの点に収束させなければならないと考えているかも示そうと思う。

ネオ・ダーウィン主義者は、変異の本質的な諸原因は、個体が保持する胚に内在している諸々の差異であって、それらの個体がそれぞれの道で辿った歩みではないと教える。そのとき彼らはおそらく正しいだろう。この生物学者についていくのが困難になるのは、彼らが胚に内在する差異を純粋に偶然的なもの、個体に係るものとみなすときである。われわれとしては、それらの差異は、胚から胚へ個体を通って伝わるある推進力が発達したもの、と考えざるを得ない。したがってそれらは単なる偶発事ではない。それらが同時に、同じ形態で、同じ一つの種の代表たちすべてに、すくなくとも、それらのいくつかに、はっきりと現れることもあるだろう。もっともすでに、突然変異の理論がこの点で深くダーウィン主義を変えている。この理論によれば、長い時間が過ぎ去ったあと、あるときに、種全体が、変化の傾向の虜になってしまうのである。したがってその変化の傾向は偶然的なものではない。確かに、もし、ド・フリースの言うように、突然変異が、種の異なる成員において、異なった方向に行われるとしたら、変異そのものは偶然的なものだろう。しかし、まず、その理論が他の多くの植物種について、確証されるかどうか調べなければならないだろう（ド・フリースはオオマツヨイグサについてしか理論を検証しなかった）[48]。次に、後で説明するように、動物に比べて植物の変異の方が、偶然の占める割合が大きいこともありうる。なぜなら、植物界では、機能がそれほど緊密には形態に依存していないからだ。いずれにせよ、ネオ・ダーウィン主義者たちの中には、突然変異の周期を決定することができる、と認めるものが増えてきている。ということは、突然変異の方向も、少なくとも動物については、決定しうることになろう。どの程度決定できるのかを、われわれはいずれ示さなければならない。

こうして、アイマーが立てたような仮説に辿り着くことになるだろう。それによれば、様々な形質の変異は、世代から世代へ、決まった方向に続けられることになろう。この仮説は、アイマー自身がそれに与えた範囲の中でなら、もっともであるように思える。確かに、有機世界の進化全体が前もって決められているはずがない。われわれの主張は逆である。次から次へと引き継がれていく形態は連続的に創造されるが、この創造こそ、生命の自発性の有機世界における現れなのだ、というのがわれわれの主張である。しかし、この非決定性は完全ではありえない。どこかに、決定を受け容れる余地があるはずだ。たとえば眼のような器官は、まさに決まった方向への連続的な変異によって、構成されたのだろう。またそうでなければ、歴史をまったく共有していないいくつかの種に現れる眼の構造が類似していることを、どのようにして説明すればいいのか分からない。しかし、この結果が、物理化学的な諸原因の組み合わせによって充分保証されると主張されるとき、われわれはアイマーと袂を分かつ。逆に、われわれが、眼という特定の例に基づいて証明しようとしたのは、「定向進化」(orthogenèse)〔生物には一定方向に進化し続ける内的能力があるとする説〕があるとき、心理学的な原因が介入してくる、ということである。

ネオ・ラマルク主義者の幾人かが訴えたのは、まさに心理学的な種類の原因である。この点こそ、ネオ・ラマルク主義の中で、最も信用に値するところであるように思う。しかし、この原因が個体の意識的な努力でしかないなら、かなり限られた場合にしか、この原因が働くことはないだろう。つまり、この原因が介入するのは、せいぜい動物界であって、植物界でこの原因が働くことはないだろう。さらに、動物においても、この原因が作用を及ぼすのは、直接的にせよ間接的にせよ、意志の影響下にあるいくつかの点に対してだけだろう。また、その原因が働くときでさえ、どのようにしてそれが、複雑さの増大という深い変化を惹き起こすのか、理解できない。もし、獲得形質が規則的に遺伝して累積されるならば、そのようなことは考えられないでもない。しかしこの遺伝は、規則的なものではなく、例外的なものであるように思われる。決まった方向へ行われる、遺伝的な変化が、自己累積、自己合成しながら、複雑さを増す器官を構成するのである。おそらくこのような変化は、ある種の努力に結びついているはずである。ただし、この努力は、個体の努力とは別の仕方で深いものので、諸環境から独立しており、同じ種の大部分の成員に共通している。また、この努力は、それら成員の体細胞だけではなく、むしろそれらが保持する胚細胞に内属する。それによって、この努力は子孫への遺伝が保証されるのである。

## 生の弾み《エラン・ヴィタル》

こうして、長い回り道を経て、われわれは出発点となった、生命の本源的な弾み、という考え方に戻ってくる。ある本源的な弾みが、成長した有機体を媒介にして、ある世代の胚から次世代の胚へと移行し、有機体は、胚同士の連結線になる、とわれわれは考えている。この弾みは、進化の諸線に分かれながらもそこで保存され、諸々の変異の、とは言わないまでも、少なくとも、規則的に遺伝し、累積され、新しい種を創造するような変異の深い原因となる。一般的に言うと、種が共通の根元を出発して分岐し始めたとき、進化が進むにつれて、それらの種はよりいっそう分岐を際立たせる。しかし、もし、ある共通の弾みという仮説を受け容れるならば、それらは、いくつかの決まった点で、同じ仕方で進化しうるだろうし、またそうしなければならないだろう。このことを、われわれが選んだ例、つまり軟体動物と脊椎動物における眼の形成に基づいて、より正確に示す仕事が残されている。もっともそのようにして、「本源的な弾み」という考えはより明晰になりうるだろう。

眼のような器官で、次の二つの点には同じくらい驚かされる。構造の複雑さと、機能の単純さである。眼は強膜、角膜、網膜、水晶体といった、それぞれ異なる部分から構成されている。各々の部分も、細部を挙げれば切りがない。網膜だけを取り上げることにしても、周知のように、それは、多極細胞、双曲細胞、視細胞という神経要素の三つの層が積み重なったもので、それぞれの層もまたそれぞれ個体性を持ち、きわめて複雑な有機体を構成している。しかし、このように言っても、この膜の繊細な構造の単純化された図式を示したにすぎない。眼という器械は、それゆえ、それぞれがきわめて複雑な、無限個の器械から構成されている。しかし、見るという行為は、単純な事実である。眼が開くとすぐに、視覚が作動する。まさにその機能が単純である、という理由で、この無限に複雑な器械を組み立てるとき、自然がほんの少しでも気をそらすと、視覚は不可能になってしまうだろう。器官の複雑さと機能の一体性があまりに対照的なので、精神は戸惑ってしまう。

機械論的理論によって、われわれは、その器械が、外的環境の影響の下、次第に構成される様を目撃することになろう。外的環境は、諸組織への作用によって直接的に、あるいは最も適応しているものを選択することによって間接的に、その構成に介入する。しかしこの説は、どのような形式をとろうと、よしんば諸部分の詳細の説明としてはいくらか有効であると想定できたとして、部分同士の相関関係については何も明らかにはしない。

そのとき目的論が現れる。この説は、諸部分は、あらかじめ立てられた計画に基づいて、ある目的を目指して、寄せ集められたのだと言う。目的論はこの点で自然の仕事と職人の仕事を同一視する。職人もまた、ある観念の実現、あるいはあるモデルの模倣を目指して、部分を集めて仕事を進めるのである。それゆえ、機械論が目的論の擬人論的な性格を非難するのは正しい。しかし、機械論は、自分自身が、単にその一部分を取り除いて、この方法に従っていることに気づかない。おそらく機械論は、追求されている目的、もしくは理想となっているモデルを取り除いたのだろう。しかし、機械論もまた、自然は、職人のように、部分を寄せ集めながら、仕事を進めた、と主張する。けれども、機械論が、胚の発達に少しでも眼をやれば、生命がまったく別の仕方をしていることに気づいただろう。生命は、要素の結合や累積ではなく、分離や分裂によって、仕事を進めるのである。

したがって、機械論、目的論という二つの視点を乗り越えなければならない。それらは、実を言えば、人間の仕事を見て人間の精神がそこへと導かれた視点でしかない。しかしどの方向にそれらを乗り越えるのか。われわれがすでに述べたように、ある器官の構造を分析しても、分解に分解が重ねられ、分析は無限に続き、終わることがない。それに対して、全体の機能は単純なものである。器官が無限に複雑なこと、機能がきわめて単純なこと、この対照こそがわれわれの眼を開かせるにちがいない。

一般的に言って、ある同じ対象が、一方では単純に見え、他方では無際限に多くの要素から構成されているように見えるとき、これら二つの見かけの重要性、いやむしろ実在性の程度は同じではない。このとき、対象そのものに属しているのは、単純さの方で、無限の複雑さは、われわれがこの対象を周りから場所を代えながら眺めるときの見え方に属している。感覚や知性が対象をわれわれに表象するときに使う、並列された記号が複雑なのである。より一般的に言うと、われわれは対象を人為的に模倣しようとするとき、それとは異なった秩序の諸要素を用いるが、これらの要素が複雑なのである。対象はそれらとは本性が異なるので、両者の間に共通の尺度は存在しえない。天才的な芸術家がキャンバスにある像を描いたとする。われわれは色とりどりのモザイクの小片でその絵をまねることができるだろう。この小片が小さければ小さいほど、その数が多ければ多いほど、色調が多彩であればあるほど、手本にしている絵の曲線やニュアンスをより正しく再現することになるだろう。しかし、その芸術家が単純なものとして考えていた像の正確な等価物を獲得するためには、無限なニュアンスを提示する無限に小さな要素が、無限個必要となるだろう。芸術家はこの像を、一まとまりのまま、キャンバスに移そうとしたのであって、この像がある不可分な直観の投影として現れれば現れるほど、その完成度は高まる。さて、その巨匠の作品にどうしてもモザイクの効果を見てしまうように、われわれの眼が形成されていると想定してみよう。あるいは、その像がキャンバスに現れることを、モザイクの仕事として以外の仕方では説明できないように、われわれの知性が形成されていると想定してみよう。そうすると、単にモザイクの小片の寄せ集めについて語ることもできるだろう。そのとき、われわれは機械論的な仮定に立っていることになる。また、その寄せ集めの物質的な材料の他に、モザイク職人の仕事の計画が必要だった、と付け加えることもできるだろう。今度は、目的論者として自分の考えを述べることになる。しかしどちらの場合も、実際の過程に到達することはないだろう。なぜなら寄せ集められる小片など存在しなかったからである。絵──私にとってそれはキャンバスに投影された単純な行為のことだが──は、われわれの知覚に入るだけで、われわれの眼に対して、みずからを幾千ものの小片に分解したのだ。これら小片は、再構成されたものとして、驚くべき配列を見せる。こうして、驚くほど複雑な構造を持つ眼も、それがわれわれに対して諸々の細胞のモザイクにみずからを分割する限り、見るという単純な行為でしかありえないだろう。全体をある寄せ集めと表象した後初めて、このモザイクの秩序が驚くべきものに思えるのである。

私が点Aから手を上げて点Bへと動かす場合、この運動は私に対して同時に二つの様相を呈する。内側から感じられるものとして、それは単純で、不可分な行為である。外側から見られるものとして、それはある曲線ABの経路である。この線に、私は好きなだけ多くの位置を見分けることができるだろうし、この線自体を位置同士が連携したものとして定義することもできるだろう。しかし、無限個の位置も、点同士を結びつける秩序も、私の手がAからBへと向かった不可分な行為から自動的に生じたものである。この場合、機械論は諸々の位置しか見ないし、目的論はそれらの秩序しか考慮しないだろう。しかしそのため、機械論も目的論も、実在そのものである運動の方をやりすごすだろう。ある意味で、運動は、諸々の位置やそれらの秩序よりも、多いものである。なぜなら、運動をその不可分な単純さにおいて与えるだけで、継起する無限個の位置とそれらの秩序が同時に与えられ、その上、位置でも秩序でもない本質的な何か、つまり動性が与えられるからだ。しかし、別の意味で、運動は、一連の位置とそれらを結びつける秩序よりも、少ないものである。なぜなら、諸々の点をある秩序で配置するためには、まず秩序を表象し、次にその秩序を点によって実現しなければならず、また、寄せ集めの仕事と知性が必要だからだ。それに対して手の単純な運動はこのようなものを何も含んでいない。その運動は、人間的な意味では知性的なものではないし、要素からなるものではないのだから、寄せ集めではない。眼の、視覚に対する関係についても同じことが言える。視覚には、眼を構成する諸細胞とそれらの相互の連携よりも、多くのものがある。この意味で、機械論も目的論も、充分に前に進んでいない。しかし、別の意味で、機械論と目的論は前に進みすぎている。なぜなら、それらが、自然は、無限に複雑な無限個の要素を、視覚の単純な行為にまで高めた、と主張するとき、ヘラクレスの偉業のなかでも最も恐るべき仕事を自然に帰しているからである。しかし、自然にとって、眼を作ることは、私が手をあげることと同じくらい簡単なことである。眼の単純な行為が自動的にみずからを分割して無限な要素になった後で、人はそれらの要素がある同じ観念に基づいて連携し合っていることに気づくだろう。ちょうどそれは、私の手の運動が無限の点を落としていった後で、それらの点が同じ方程式を満たしていることに気づくのと同じである。

しかし、以上のことを理解するのは難しい。なぜなら、われわれはどうしても有機的組織化を製作であるかのように表象してしまうからだ。しかし、製作と有機的組織化は別物である。前者は人間に固有の操作である。それは材料となる部分を寄せ集めることだ。後でそれらを組み合わせれば一つの共同作用を行うことができるように、前もって諸部分を切り分けておく。そしてそれらの部分を、いわばその理念的中心である作用のまわりに並べる。それゆえ製作は周辺から中心へ、もしくは哲学者たちが言うように、多から一へと進む。逆に有機的組織化という働きは中心から周辺へと進む。その働きは、ほとんど数学的な点であるような、ある点から始まるが、常に広がっていく同心円の波によって、この点のまわりへと伝播する。製作の働きは、材料を多く手にすればするほど、より効果的になる。それは集中と圧縮によって進められる。逆に、有機的組織化の行為には、何か爆発的なところがある。最初は、可能な限り最も小さな場所、最小限の材料しか必要としない。あたかも、有機的組織化する力は、空間に足を入れるのが遺憾であるかのようである。精子は、胚生の進化的過程を作動させるが、有機体の細胞の中で最も小さいものの一つであるし、しかも、実際の操作に係るのは、精子のほんのわずかな部分でしかないのである。

しかし、これらは表面的な差異でしかない。思うに、それらを掘り下げると、もっと深い差異が見出されるだろう。

製作された作品は、製作の働きの形式を描いている。つまり、製作者は、まさに生産物の中に、彼がそこに置いたものを再び見つける。彼がある機械を作ろうとする場合、その部分を一つずつ切り分けていって、つぎにそれらを寄せ集めて組み立てるだろう。出来上がった機械に、その部分とそれらの寄せ集めを見て取れるだろう。ここでは結果の全体が仕事の全体を表していて、仕事の各部分に、結果の部分が対応している。

さて、実証科学は、有機的組織化があたかも同種の仕事であるかのように、研究を進めることができるし、またそうしなければならないことを私は認める。この条件でのみ、それは有機物に作用を及ぼすことができるだろう。実際、実証科学の目的は、諸事物の奥底を明らかにすることではなく、それらに働きかける最良の手段を与えることである。物理学と化学はすでに進んだ科学であって、有機的物体はわれわれの物理学や化学のやり方でそれを扱える限りでしか、われわれの作用に委ねられはしない。したがって、有機的組織化が科学的に研究可能なのは、有機物が最初に機械と同一視されたときだけである。諸細胞は機械の部品になり、有機体はその寄せ集めになるだろう。部分を有機的組織化した諸々の要素的な仕事は、全体を有機的組織化した仕事の現実の要素とみなされるだろう。以上が科学の視点である。われわれの考えでは哲学の視点はまったく別である。

どうしてもと言うなら、有機的組織化されたある機械の全体が、有機的組織化の仕事の全体を表していることを認めてもよい（それでも近似的にしか真ではないが）。しかし、機械の部分は仕事の部分に対応していない。なぜならこの機械の物質性が表しているのは、もはや用いられた手段の全体ではなく、回避された障害の全体であるからだ。それは、肯定的実在というより、ある否定である。したがって、以前の仕事で示したように、視覚は、権利上、われわれの視界には入りえない無限の事物に到達するような、ある力なのである。しかし、そのような視覚は行動に延長されることはないだろう。したがってそれは、生体ではなく、亡霊にふさわしいような働きである。生体の視覚は、有効な視覚であり、その生体が作用を及ぼしうる対象に限定された視覚である。それは運河のように方向を定められた視覚で、視覚器官が象徴しているのは、単に運河による方向付けの仕事なのである。したがって、視覚器官の創造は、解剖学的な要素の寄せ集めによっては説明されない。これは運河を切り開く作業が、その岸となる掘り起こされた土によっては説明されないのと同様である。機械論は、土は荷車で一台分ずつ運ばれたのだ、と言うだろうし、目的論は、土は行き当たりばったりに配置されたのではなく、荷車を運ぶ人が、ある計画に従っていたのだ、と付け加えるだろう。しかし、機械論も目的論も勘違いしているのだろう。運河は別の仕方で作られたからだ。

この比喩より正確に、われわれは、自然が眼を構成する手順を、手を上げる単純な行為になぞらえた。しかし、われわれは手がどんな抵抗にも出会わないと想定していた。私の手が、空気中を動くのではなく、圧縮されていて、私が手を前に進めるに従って抵抗するような鉄くずを横切らねばならないと想像してみよう。ある瞬間に、私の手は、その努力を続けられなくなるだろう。まさにこの瞬間、鉄くずは、並置され、たがいに連携し合って、ある決まった形態、つまり止まった手と腕の一部の形態を帯びるだろう。さて、手と腕がずっと眼には見えなかったと仮定しよう。見ている人たちは、鉄くずそのものの中に、そして鉄くずの集まりの内的な力に、その配置の理由を求めるだろう。ある者たちは、鉄くず一つ一つの位置を、隣接する鉄くずがそれに対して行使する作用に結びつけるだろう。この者たちは機械論者である。全体の計画が、要素的な諸作用の詳細を司っていると主張する者たちもいるだろう。この者たちは目的論者である。しかし、真実は、単に、ある不可分な行為、鉄くずを横切る手の行為があっただけなのである。鉄くずの運動の汲みつくすことのできない詳細や、それらの最終的な配置の秩序は、抵抗の全体の形であって、要素となっている積極的作用の総合ではない。いわば否定的にこの不可分な運動を表現しているのである。こういうわけで、鉄くずの配置に「結果」という名前を与え、手の運動に「原因」という名前を与えるとき、せいぜい言えるのは、結果の全体が原因の全体によって説明されるということだけで、原因の部分に結果の部分が対応することは決してないだろう。別の言い方をすれば、機械論も目的論もここでは場違いであって、独特な説明方式に訴えねばならないだろう。さて、われわれが提案する仮説では、視覚と視覚器官との関係は、手と、その運動を描き、運河のようにそれを方向づけ、限定する鉄くずとの関係とほとんど同じものになるだろう。

手の努力が大きいほど、手は鉄くずのより深いところまで進むことになる。しかし、手がどこで止まろうと、瞬間的、自動的に、それぞれの鉄くずは互いに均衡をとり、連携し合う。視覚とその器官についても同じことが言える。視覚を構成する不可分な行為がどこまで進むかによって、器官の物質性をなす、互いに連携し合う要素の数は増減する。しかし、秩序は必然的に完全無欠である。それは不完全ではありえないだろう。なぜなら、もう一度言うと、秩序を生み出す実在的な過程は部分を持たないからだ。このことこそ、機械論と目的論が共に考慮していないもので、われわれも、眼のような器官の見事な構造に驚くとき、気づいていないものなのである。われわれの驚きの底にはつねに、この秩序の一部分だけが実現されることもありえただろう、完全な実現は一種の恩寵である、という考えがある。目的論者によれば、目的因が一度にこの恩寵を施していることになる。機械論者の主張では、自然選択の結果によって、少しずつこの恩恵を被ることになる。しかし、両者ともこの秩序のうちに何か積極的なものを見て取り、その原因のうちには、したがって、あらゆる完成度の可能性を含む何か分割可能なものを見て取る。現実には、原因の強さに程度はあるものの、この原因は結果を、一まとまりのものとしてしか、完全な仕方でしか、生み出すことができない。この原因が視覚の方向へどれだけ進むかによって、ある場合には、低次の有機体の単なる色素の寄せ集めを、ある場合には、セルプラ（環形動物の一種）の原基的な眼を、ある場合には、アルキオパ（環形動物の一種）に見られるすでに分化した眼を、またある場合には鳥の驚くほど完成された眼を生み出すだろう。とはいえ、これらの器官はすべて、複雑さの度合いは違うが、必然的に同じ連携を示している。こういうわけで、二つの動物種がいくら離れていても、双方で視覚への歩みが同じだけ進んでいるならば、どちらの種にも同じ視覚器官が現れるだろう。なぜなら、器官の形態はどれだけ機能が働くようになったかを示す尺度を表しているだけだからだ。

しかし、視覚への歩みを語るとき、われわれは目的性という古い考え方に舞い戻っているのではないか。もしこの歩みが到達すべき目標の、意識的あるいは無意識的な表象を要求するなら、疑いの余地なくそうだろう。しかるに、この歩みが生命の根源的な弾みによって行われ、この運動そのものの中に含まれているからこそ、この歩みはそれぞれ独立した進化の線に見出される、というのが真実である。さて、この歩みはなぜ、どのようにして件の運動の中に含まれているのか、と聞かれたら、生命とは、何よりも先に、原物質へ作用する傾向である、と答えるだろう。この作用の方向はおそらく前もって決められてはいない。そこから、生命が進化の途上で散種した諸形態の予見不可能な多様性が生じる。しかし、この作用は、程度の違いこそあれ、つねに偶然性を帯びている。少なくとも、選択のきざしを含んでいる。しかるに、選択は、可能な複数の行動を前もって表象することを前提する。視覚的知覚はそれ以外のものではない[49]。諸物体の眼に見える輪郭とは、それらに対するわれわれの可能的な行動の素描なのである。したがって、視覚は、様々な程度で、きわめて多様な動物において見出される。また、それは、同じ強度に到達するところでは、同じ複雑さをもつ構造を通して、姿を現すだろう。

われわれは、一般的に言えば、構造の類似を、個別的には、眼の例を強調した。なぜなら、一方で機械論、他方で目的論に対する態度を定義しなければならなかったからだ。われわれには、みずからの態度それ自身を、より正確に記述する仕事が残されている。進化の多岐に及ぶ結果の、類似しているところではなく、互いに補足し合っているところを検討しながら、その記述を行おうと思う。

# 第2章　生命進化の分岐する諸方向　麻痺、知性、本能

## 分岐しつつ補完し合う諸傾向

もし生命が、大砲から放たれた、火薬の込められていない砲弾の軌道に譬えられるような、ただ一つの軌道を描くのであれば、進化の運動は単純なものだろうし、われわれはその方向をすぐに規定するだろう。しかし、ここで問題になっているのはある砲弾である。つまり、すぐに飛び散って破片になり、その破片自身もある種の砲弾で、今度はその破片が飛び散って、また飛び散る運命にある破片になる、ということをきわめて長い間続けてきたような砲弾なのである。われわれが知覚するのは、われわれの最も近くにあるもの、つまりばらばらになった破片の散り散りになった運動だけだ。それらから出発して、われわれは徐々に、本源的な運動にまでさかのぼらなければならない。

砲弾が飛び散るとき、それが砕け散って破片になる個別的な過程は、その砲弾が含んでいる火薬の爆発力と、その力に対する金属の抵抗によって、同時に説明される。生命が個体と

種に分かれる過程も同様に説明される。それには思うに二つの系列の原因がある。生命が原物質から受ける抵抗と、生命みずからが携える爆発力——諸傾向の不安定な均衡関係から生じる——である。

原物質の抵抗は、最初に避けなければならない障害である。生命は下手に出ることで、それに成功したように思える。つまり、生命は目立たぬようにうまく入り込んで、物理化学的な力をうまく避け、それらと道を同じくすることにも合意したのである。線路の転轍部が、離れようとしている線路と少しの間同じ方向を採るのと同様である。生命の最も基本的な諸形態に観察される現象について、それらがまだ物理化学的なものであるか、すでに生命を持つものであるかを言うことはできない。この魅了された物質（matière magnétisée）を他の道に少しずつ引き連れ込むためには、生命はこのように原物質の諸習慣に入っていかなければならなかったのである。それゆえ、生気を与えられた諸形態が最初に出現したとき、それらはきわめて単純なものであった。おそらくそれらはほとんど分化していない、原形質の小さな固まりで、外から見れば、今日われわれが観察するアメーバに比せられたであろう。しかし、それらを生命の高次の形態まで高めたはずの恐るべき内的な推進力をも持ち合わせていた。おそらくこの推進力によって、最初の有機体はできる限り大きくなろうとしたのだと思われる。しかし、有機的組織化された物質は、拡張してもあっという間に限界に達してしまう。それはある点を越えて増大するよりも、二つに分裂する。生命がこの新しい障害を避けるためには、おそらく、何世紀にもわたる努力とおどろくべき繊細さを必要としただろう。生命は、数を増しながら、分裂しようとしている要素同士が、互いに結びついた状態を保つようにした。仕事を分割することによって、生命はそれらの間を、断ち切ることのできない絆で結んだのである。このようにして、有機体は複雑でほとんど不連続であるにもかかわらず、単に増大しただけであるような連続的な生命の固まりのごとく機能する。

しかし、分割の、真の、そして深い原因は、生命自身がその内容に携えていた原因である。なぜなら生命は傾向であり、傾向の本質は、ただ増大するだけで、分岐する諸方向を創造しながら、束状に自身を展開することだからだ。創造された諸方向は、生命の弾みを分有している。われわれが性格と呼ぶ特別な傾向が進化するとき、われわれは自分自身に以上のようなことが起こっているのを観察する。われわれは誰しも、自分の身の上を少しでも振り返ってみれば、子供の頃の人格が、不可分であるとはいえ、様々な人格を併せ持っていたことを認めるだろう。それらは生まれつつある状態であったので、互いに溶け合ったままでいられたのである。この期待に満ちた定まらなさは、幼少時代の最も大きな魅力の一つでさえある。しかし相互に浸透し合っている人格は増大するにつれて両立不可能になる。われわれは誰しも一つの人生しか生きることができないから、選択せざるをえないのである。われわれは実際たえず選び、そして同じく絶えず多くのものを捨てているのだ。われわれが時間において通る道には、われわれがなり始めていたもの、なりえたもののすべての残骸が撒き散らされている。しかし自然は、数え切れないくらいの生命を手にしていて、そのような犠牲を強いられることはない。それは増大しながら分岐していった様々な傾向を保存している。自然はそれらの傾向を使って、分岐していく種の系列を創造し、それら種の系列は別々に進化していく。

もっとも、これらの系列の重要性は同じではない。小説を書き始める作者は、書き進めるに従って捨ててしまわざるをえない多くのものを、主人公に詰め込む。おそらく彼は後に他の本の中でそれらを取り上げて、新しい登場人物を構成するだろう。新しい登場人物は、最初の主人公の抜粋、いやむしろそれを補完するものとして現れるだろう。しかし、ほとんどつねに、新しい登場人物は、元々の主人公に比べて、窮屈なところがある。生命の進化についても同じことが言える。途中、多くの分岐が起こったが、二、三の大きな道のほかに、多くの行き止まりがあった。これら大きな道の中でも、生命の大いなる息吹を自由に通せるくらい充分に広かったのは、脊椎動物を通って人間へと達する道だけだ。例えば、ミツバチやアリの社会と人間の社会を比べるとき、この印象を持つ。前者は驚くほど規律に従っており、統合されているが、凝固している。それに対して、後者はすべての進歩に開かれているが、分断され、内部での争いが絶えない。理想は、常に前進し、均衡が取れているような社会だろう。しかし、この理想はおそらく実現可能ではない。その二つの性格は互いに補い合おうとしているだろうし、萌芽状態では実際補い合っているのだが、強調されるにつれて両立不可能になる。社会的生への衝動を比喩としてではなく語ることができるならば、その衝動の主要部分は、人間に到達する進化の線に沿って運ばれ、残りは膜翅類へと至る道に集められた、と言わねばならないだろう。したがってアリとミツバチの社会は、われわれの社会を補う一面を示しているだろう。しかし、これは単なるものの言い方にすぎない。社会的生への個別的な衝動など存在しなかった。単に、生命の一般的な運動があって、それが分岐する進化の線の上で、つねに新しい形態を創造するのである。社会がこれらの線のうち二つの線に現れなければならないとすれば、それらは、道が分岐していることと同時に、弾みが共有されていることもあらわにしているはずであろう。したがって社会は、二つの系列の性格を展開しているのだろうし、われわれは朧ろげながら、これらの性格が互いに補い合っていることに気づくだろう。

**適応と進展**

それゆえ、進化の運動の研究とは、いくつかの分岐する方向を見抜くこと、それぞれの方向で起こったことの重要性を評価すること、ひとことで言えば、分離している諸傾向の本性を規定し、それらを配合することになろう。そして、傾向同士を結合すれば、それらの弾みが生じた不可分な起動原理の近似物、あるいはむしろその模造物を獲得するだろう。つまり、進化のうちに見ることになるのは、機械論が主張するような、環境への一連の適応でもなければ、目的論が言うような、全体の計画の実現でもないだろう。

環境への適応が進化の必要条件であることに、反論するつもりは全くない。ある種がみずからに課されている生存条件に従わなければ、姿を消すことになるのは、あまりにも明白なことである。しかし、外的諸環境は、進化が考慮しなければならない力であると認めることと、それらが進化の指導原因であると主張することは別のことである。後者の主張は機械論の主張である。その主張は、起源にある弾みという仮説、つまり、徐々に複雑になっていく形態を経て、生命をより高い使命へと至らせるような内的な推進力の仮説を完全に排除する。しかしこの弾みは眼に見えるものなのだ。化石種に少しでも眼をやれば明らかなように、生命が原始的な形態で硬直する決心をしていたなら――このほうが生命にとってずっと都合がいい――、生命は進化せずに済んだかもしれないし、進化するとしてもほんの限られた範囲でよかっただろう。ある有孔虫類はシルル紀から変異していない。われわれの惑星を一変させた変動を数知れず平然と見てきたシャミセン貝は、古生代最初期の姿のまま現在に至っている。

本当は、適応が説明するのは進化の運動の紆余曲折であって、その運動の一般的な諸方向を、ましてや運動そのものを適応が説明することはない(50)。町に至る道は丘を上り坂を下らざるをえない。土地の起伏に適応しているのである。しかし、土地の起伏は、道の原因ではないし、その方向を道に刻み込んだわけでもない。それら起伏が毎瞬間道に与えているのは、不可欠なもの、つまり道が置かれる地面そのものである。しかし、道の部分の一つ一つではなく、道全体を考えるならば、土地の起伏はもはや、妨げあるいは遅れの原因としか思えない。なぜなら、道は単純に町を目指していたのであり、おそらく直線になりたかったからである。生命の進化とそれが横切る諸々の環境についても同じことが言える。ただし、進化が描く道は一つではないし、ある方向に進むと言っても何らかの目的を目指しているのでもない。つまり進化は適応のときでさえ変わらず発明を行うのである。

生命の進化が偶然的な環境への一連の適応とは別物であるとしても、それはある計画の実現でもない。計画は前もって与えられている。計画はその実現の詳細に先立って表象されているか、少なくとも表象可能である。その完全な実行を、遠い未来に押しやることもできるし、無限に延期することさえできる。それでもその観念は現在与えられている辞項によって今すぐ定式化できる。逆に進化が絶えず更新される創造であるなら、それは徐々に、生命の形態だけでなく、知性に進化を理解することを許す諸観念も、それを表現するのに役立つような辞項をも創造する。つまりその未来は現在からはみ出していて、観念の形で現在に描かれることはありえないだろう。

以上が目的論の第一の誤りである。しかしそれは、もう一つのより重大な誤りを惹き起こす。

もし生命がある計画を実現するなら、生命は前に進むにつれて、より高い調和を示すにちがいないだろう。例えば、石が積み重ねられると共に、家は建築家の観念をよりはっきりと描くようになる。逆に、生命の統一がすべて、生命を時間の流れに沿って押し進める弾みにあるとすると、調和は前にではなく後ろにあることになる。統一は背後からの力に起因するのである。それは始まりに推力として与えられているのであって、終わりに引力として置かれているのではない。弾みはみずからを伝達しながら分岐を次第に増やしていく。生命は、進展するにつれて、様々な現れとして散らばるが、これらの生命の現れは、同じ起源を持つおかげで、ある側面ではおそらく互いに補い合うだろうが、それでもそれらは互いに対立しあい、両立不可能でもあるだろう。こうして、種同士の不調和が際立っていく。ただ、われわれがここまでで指摘したのは、ある本質的な原因だけである。われわれは簡略化のため、種はそれぞれ、授けられた推力を受け容れて別の種に伝えた、そして伝播は、生命が進化するすべての方向に向けて直線的に行われた、と想定した。実際は、停止する種もあれば、後戻りする種もある。進化は単なる前進運動ではない。足踏みが観察される例は多いし、さらに多く観察されるのは逸脱や後退である。後で示すように、それは必然的なことなのである。進化の運動を分割するのと同じ原因のせいで、生命は進化しながら、自分が生み出したばかりの形態に心を奪われ、しばしば自分自身から気を逸らしてしまう。しかし、その結果、無秩序（désordre）が生まれてそれが増大していくことになる。進展というものを、最初の推力が規定する一般的な方向へと連続的に前進することと解するならば、おそらく進展は存在する。しかし、この進展は、進化の二つか三つの線上で行われるにすぎない。たしかにそこに現れる形態は、より複雑になり、より高次になる。しかし、これらの線の間には、二次的な線が数多く走っていて、そこで増加するのは、逆に逸脱や停止、後退である。詳細は原理的にそれぞれある全体的な計画に結びついている、と措定することから始めた哲学者は、事実の検討に取りかかったとき、失望に失望を重ねる。彼はすべてを同列に置いて、偶然に取り分を認めることを望まなかったので、今やすべては偶然的であると信じるようになる。逆に、偶然に取り分を、しかもきわめて大きな取り分を認めることから始めなければならない。自然ではすべてが整合的ではないことを認めなければならない。そうするなら、不整合が結晶化する際の複数の核を決定するよう導かれるだろう。この結晶化そのものが残余のすべてを明らかにするだろう。生命が原初の推力を展開しながら進む、その大きな方向がいくつも現れるだろう。確かに、ある計画が細部まで遂行されるのを目撃することにはならないだろう。が、ここには、実現される計画よりも多くのものが、そしてよりよいものがあるのだ。計画とは、ある仕事に割り当てられる終着点である。計画は未来の形式を描くが、それによって未来を閉じ込めることになる。逆に、生命の進化の前には、未来の扉が大きく開かれたままになっている。創造が、最初の運動によって、目的なく続けられるのだ。この運動が有機世界の統一をなす。この統一は、無限な豊かさにあふれた肥沃なもので、どんな知性が夢見るよりも高次なものである。なぜなら、知性はこの運動の側面の一つ、あるいはこの運動が生み出したものの一つでしかないからだ。

しかし方法を適用するよりもそれを定義する方が簡単である。われわれが考えているような過去の進化運動を完全に解釈できるのは、有機世界の歴史がすでにできあがっている場合だけだろう。われわれはそうした結果には程遠いところにいる。様々な種について提案される系譜は、たいてい問題をはらんでいる。系譜は、作成者によって、背景となる理論的視点によって変わり、科学の現在の状況では解決できない論争を惹き起こす。ただし、様々な解決を互いに比べてみれば、この論争の争点が概略〔主要な線〕ではなく細部にあることが分かるだろう。できるかぎり離れないようにして主要な線を辿っていけば、間違った方向に進む心配はないだろう。もっともわれわれにとって重要なのはこれらの線だけである。なぜならわれわれの狙いは、博物学者たちのように、様々な種の継起の順番を見出すことではなく、単にそれらの進化の主要な方向を定義することだからである。もっとも、われわれはこれらの方向すべてに同じ興味を持っているわけではない。われわれがとりわけ取り組まなければならないのは、人間に至る道である。それゆえ、進化の主要な方向をそれぞれ辿るとき、われわれの問題が、特に動物界全体に対する人間の関係と、有機世界全体の中の動物界それ自身の場所を規定することであるのを見失わないようにしようと思う。

## 植物と動物

第二の点から始めるとして、植物を動物から区別する正確な特徴などない、と言っておこう。二つの界を厳密に定義しようとする試みはつねに失敗した。植物の生のどんな特性も、ある程度何らかの動物において見られる。動物のどんな特性も植物界に属するある種において、もしくは植物界のある時期に観察することができる。だから、厳密さに取り憑かれた生物学者が、二つの界の区別を人為的なものとみなしたのも分かる。もし、ここでも、数学や物理学で行われているように、定義は、定義される対象が持ち、他の対象は持っていないような静的な諸属性によってなされねばならないとすれば、彼らのような生物学者は正しいだろう。思うに、生命科学にふさわしい種類の定義は全く違ったものである。どんな生命現象も、他の大部分の生命現象にとって本質的な特徴を、原初状態、潜伏状態あるいは潜在的状態で含んでいる。違うのは割合である。この割合の相違が偶然ではないこと、他とは割合の違う集団が、進化するにつれ、その集団固有の特徴を強調する傾向があったことを証明できれば、この割合の相違で充分集団を定義できるだろう。つまり、集団は、いくつかの特徴を持つことではもはや定義されず、それらを強調する傾向によって定義されるだろう。この観点に立つなら、つまり諸状態ではなく諸傾向を考慮するなら、植物と動物を正確に定義し区別するのが可能であること、それらが生命の二つの分岐する発達にまさしく対応していることが分かる。

この分岐はまず栄養の取り方において際立つ。周知のように、植物は直接、空気、水、土から生命の維持に必要な諸要素、とりわけ炭素と窒素を借りてくる。植物は無機物の形でそれらを摂取する。逆に、動物が同じ要素を自分のものにできるのは、それらがその動物のためにすでに有機物質に固定されている場合だけである。この固定は、植物によって、もしくは、直接的にせよ間接的にせよ、植物のおかげでそれらの要素を手にしている動物によって行われる。したがって、最終的に植物が動物に栄養を与えていることになる。確かに、植物にはこの法則の例外が多く認められる。人は躊躇なく、植物にモウセンゴケやハエトリグサ、ムシトリスミレといった食虫植物を植物に分類する。他方、植物界でかなりの場所を占める菌類は、動物と同様の栄養摂取をする。酵母であれ腐生植物であれ寄生植物であれ、菌類はすでに形成された有機物質から栄養物を借りてくる。したがって、係っているのが動物か植物かという問題を、いかなる場合でも自動的に解決してくれるような静的な定義、それをこの相違から引き出すことはできないだろう。しかし、この相違は、動物と植物が躍進してきた二つの分岐する方向を示していて、この意味で、二つの界の動的な定義の端緒を与えることができる。菌類はきわめて広い範囲で自然に分布しているが、この菌類が進化できなかったというのは興味深い事実である。高等な植物において、新しい個体の胚の発達に先立って、胚珠の胚嚢の中で、ある組織が形成されるが、菌類がこの組織以上に有機体として進化することはなかった。[51] それは植物界の未熟児なのだ、と人は言うかもしれない。菌類の様々な種はそのどれもが行き止まりになっている。あたかもそれらは、植物の通常の栄養摂取方法を放棄して、植物の進化の大通りで立ち止まっているかのようである。モウセンゴケやハエトリグサ、食虫植物一般について言えば、それらは他の植物と同じく根から栄養を摂り、緑色の部分で大気中に含まれる二酸化炭素から炭素を固定する。昆虫を捕獲、吸収し、消化する能力は、後になってそれらに現れたに違いない。その能力が現れたのは、土地があまりにもやせていて、充分な栄養をそれらに与えられなかった場合のような、まったくもって例外的な場合であるはずだ。一般的に言うと、実際にある諸々の性質ではなく、それらが発達する傾向に注意を向ければ、そして、進化を無際限に続けることができた傾向を本質的とみなせば、植物を動物から区別するのは、空気、土、水から直接獲得する無機物を使って有機物を創造する能力である。しかしこの差異に、もう一つのよりいっそう深い差異が結び付く。

動物は遍在する炭素と窒素を直接固定することができないので、それらを摂取するために、それらの元素をすでに固定した植物か、それらを植物界から受け取った動物を探さざるをえない。それゆえ動物は必然的に移動する能力を持つ。仮足を行き当たりばったりに伸ばして一滴の水の中に散らばっている有機物質を捉えるアメーバから、獲物を見分けるための感覚器官、それを捕獲しに行くための運動器官、運動を感覚に連携させるための神経系を持つ高次の動物に至るまで、動物の生の一般的な方向は空間における可動性によって特徴付けられる。最も未発達な形態では、動物は原形質の小さな固まりとして現れるが、せいぜい薄いタンパク質の膜に覆われているだけなので、自由に変形し移動する余地が充分残されている。

逆に植物の細胞はセルロースの膜に覆われているので、不動状態に追い込まれる。低次のものから高次のものまで植物界では同じ場所から離れない習慣があり、高次の植物になるほど、この習慣が強まる。植物はその場から動く必要がない。まわりに、つまり大気、水、あるいは自分が位置する土の中に、鉱物の元素を見つけて直接自分のものにするのである。確かに運動の現象は植物でも観察される。ダーウィンはツル植物の運動についてすばらしい本を書いた。彼はモウセンゴケやハエトリグサのような食虫植物が、獲物を捕らえるやり口を研究した。アカシアやオジギソウなどの葉っぱの運動は人が知るところである。また植物の原形質は膜内部で行ったり来たりしているが、このことが動物の原形質との近縁性を証言している。逆に多くの動物種で（一般的に寄生動物）植物のそれに似た固着の現象が指摘されるだろう。[52] 固定性と運動性を、前にいるのが動物か植物かを単純な調査によって決めることを可能にする二つの特徴にしてしまうと、今度もまた間違いを犯すことになろう。しかし固定性は、動物においてはたいていない、種が陥ってしまったかもしれない麻痺状態として、ある方向にそれ以上進化することへの拒否として現れる。それは寄生と近親関係にあり、植物の生の諸特徴を思い出させるような特徴を伴う。他方で、植物の諸運動は、動物の運動のように頻繁に起こるわけでも多様なわけでもない。それらが係るのは有機体の一部だけであり、有機体全体にそれらが広がることはほとんどない。漠たる自発性が植物の運動に現れるような例外的事例においても、通常眠っている行動性が偶然目覚めたところに居合わせただけのように思われる。つまり運動性と固定性は、植物界においても動物界においても共存しているが、その釣り合いは明らかに崩れていて、一方では固定性のほうへ傾いて、他方では運動性に傾いているのだ。この二つの対立する傾向が二つの進化を導いているのがあまりにも明らかなので、これらによってすでにそれら二つの界を定義することができるだろう。しかし、固定性と運動性もまた、さらに深い傾向の表面的な兆しにしかすぎない。

運動性と意識の間には明白な関係がある。確かに、高等な有機体の意識はある脳の装置と密接に結びついているように見える。神経系が発達するにつれて、それが選択する運動は正確になり数も増える。また運動に伴う意識もはっきりする。しかし、神経系の存在は、かかる運動性や選択、ひいては意識の必要条件ではない。神経系は、有機的組織化された物質の固まりに散らばった、未発達の漠たる活動性を、運河のように決まった方向に差し向け、強めているだけである。動物の系列を下がっていくと、神経の諸中枢が単純になり、互いに離れる。最終的に、神経の諸要素は、分化の進んでいない有機体の全体の中に沈んで、消えてしまう。しかし他のすべての器官、他のすべての解剖学的な要素についても同じことが言える。ある動物が脳を持たないからといって意識を認めないのは、胃を持たないので栄養摂取ができないというくらい、ばかげたことだろう。本当のところは、神経系は他の系と同じく、分業から生まれるのである。それが機能を創造することはない。その機能に反射的な活動と意志的な活動という二つの形式を与えて、強さと正確さを高めているだけである。真の反射運動を行うためには、延髄か脊髄に組み立てられたメカニズムがまるごと必要である。いくつかの決まったやり方の中から意志的に選択するためには、脳の中枢が必要である。つまり脳の中枢はある四つ角で、そこから道が伸びて、形は違うが同じ正確さをもつ運動のメカニズムに通じているのである。神経要素における方向付けがまだ行われておらず、ましてやそれらの要素が一つに集まって系になっていないようなときでも、反射的なものと意志的なものが二重化によってそこから生じるような何かがある。この何かは、前者の機械的な正確さも後者の知的な躊躇もないが、わずかではあるが両者の性質を帯びていて、ただはっきりしない、したがって漠然とではあるがすでに意識的な反応である。つまり、最も低次の生物でも、それが自由に動く限り、意識的である。さてここで意識は運動に対して結果であろうか原因であろうか。ある意味で、それは原因である。なぜなら、その役割は運動を導くことだからだ。しかし、別の意味で、それは結果である。それを維持するのは運動の働きで、この働きが消えるとすぐに、意識は弱まる、あるいはむしろ眠りに落ちてしまうからだ。根頭類のような甲殻類は、より分化した構造を以前は見せていたに違いないが、神経系が退化してほとんど消失するのに伴って、固着化し寄生化した。この場合、有機的組織化の発展によって、意識的な活動全体が神経中枢に局限されていたので、この種の動物の意識の方が、これよりずっと分化が遅れていて、神経中枢などを備えていないが、まだ動くことができた有機体の意識よりも、弱まっていると推測することができる。

植物は地面に固定されていたが、その場で自分の栄養を見つける。このような植物がいったいどのようにして意識的な活動性の方向に発達できただろうか。原形質を包み込むセルロースの膜は、最も単純な植物の有機体を動けなくすると同時に、植物の有機体はこの膜のおかげで大部分の外的刺激から免れる。[53] この刺激は感覚性をかき立てるものとして動物に働きかけ、動物が眠りに落ちるのを妨げる。それゆえ植物は一般に無意識的なものである。それでもこれによって根本的に二つを区別しないように気をつけなければならない。無意識と意識は、一方をあらゆる植物の細胞に、他方をすべての動物に、機械的に貼ることのできる二つの名札ではない。退化して不動の寄生物と化した動物において意識は眠り込んでしまうが、逆に運動の自由を取り戻した植物において意識はおそらく眼を覚ます。植物がこの自由を取り戻した範囲に正確に応じて、意識は眼を覚ますのである。それでも意識と無意識は、この二つの界が発達した方向を示している。動物のうちで意識の最もよい見本を見つけるためには、その系列を代表する最も高められたものまで、上っていかなければならない。植物の意識が見つかりそうな事例を発見するために、植物の階梯を可能な限り下りていって、たとえば藻類の遊走子に、もっと一般的に言えば、植物の形態と動物性の間で戸惑っていると言えるような単一細胞の有機体まで行かなければならない。この観点から見て、またこの範囲で、動物を感覚性と目覚めている意識によって、植物を眠り込んでいる意識と無感覚によって定義しようと思う。

要するに、植物は鉱物を使って有機物質を直接作り出す。この傾向によって、植物は総じて、運動することを、ひいては、感覚することを免れる。動物は自分の栄養を探しに行かざるをえないので、移動の行動性の方向へと、その結果徐々に豊かにそして判明になる意識の方向へと進化したのである。

さて、動物と植物の細胞が共通の根から派生すること、最初に生命を持った有機体が動物と植物の形態の間で揺れ、そのどちらをも帯びていたこと、これらに疑いの余地はないように思われる。実際今見てきたように、二つの界の進化に特徴的な諸傾向は、分岐しているとはいえ、今日なお植物においても動物においても共在している。ただ割合が違うだけである。通常は、一方の傾向が他方を覆ってしまうか、圧倒してしまうのだが、例外的な環境では、後者が解放されて失地を取り戻す。植物の細胞の運動性と意識は、諸環境が許すときあるいは要求するときでさえ眼を覚ませないほど深く、眠り込んでいるわけではないのだ。他方で、動物界の進化は、保存していた植物の生への傾向によって、絶えず遅らされ、停止させられ、後退させられる。実際、ある動物種の活動性がいくら充満し満ち溢れているように見えても、麻痺と無意識が常にその様子を伺っている。その活動性は、疲れもいとわず努力することによってのみ、自分の役割を果たせるのである。動物が進化した道に沿って、数え切れないほどの機能の低下が起こったが、そのような堕落の大多数は寄生習慣に結び付いている。それらは植物的生へ方向転換しているのだ。このようにして、あらゆることが、植物と動物を遡れば共通の祖先に辿り着き、この祖先は生まれつつある状態で両方の傾向を結びつけていた、と想定させる。

二つの傾向はこの未発達的な形式では互いに含み合っていたが、増大するにつれて互いに分離してしまった。そこから固定性ならびに無感覚を伴った植物の世界と、運動性ならびに意識を伴った動物とが生じた。もっとも、この二分化を説明するのに、神秘的な力を介在させる必要は全くない。生体は自分にとって最も好都合なものに自然と向かうこと、植物と動物はそれぞれ、自分が必要としていた炭素と窒素を獲得できるように、二つの異なる種類の便利なやり方を選んだこと、これを指摘しさえすればよい。これらの要素を植物に不断に供給するのは環境であって、植物はこの環境からこれらの要素を連続的かつ機械的に引き出す。動物は、不連続的で、わずかな瞬間に集中された意識的な行動によって有機体に向かい、そこにすでに固定されたこれらの物体を探し求める。これが、仕事を、あるいはこちらのほうがお好みとあらば怠惰を理解する二つの異なるやり方である。したがって、いくら未発達なものを想定しようと、神経要素をいつの日か植物に発見することがあるとは思えない。植物は、炭酸ガス中の炭素と酸素の結び付きを断ち切るために太陽の放射エネルギーを使うとき、そのエネルギーの方向を曲げる。思うに、植物において動物の指導意志に対応するのは、この方向の変更である。植物において動物の感覚能力に対応するのは、そのクロロフィルの全く特殊な感光性である。さて、神経系は何よりもまず先に感覚と意志の媒介物として役立つメカニズムであるので、植物の真の「神経系」は、クロロフィルの感光性とでんぷんの産出の媒介物として役立つメカニズム、あるいは独特な化学的過程であるようにわれわれには思える。つまり、植物が神経要素を持つはずがない。また、動物に神経と神経中枢を持たせたのと同じ弾みが、植物において、クロロフィルの機能に至ったに違いない。[54]

ここまで、有機世界を一瞥したが、それによってより正確な言葉で、二つの界を結ぶもの、そしてまた切り離すものを規定できるだろう。

前の章で仄めかしたように、生命の奥底には、物理的な力の必然性に、できる限り多くの非決定性を接合する努力があると想定してみよう。この努力がエネルギーを創造するに至ることはありえない。もし創造するとしても、創造される量は、われわれの諸感覚や測量器具、実験や科学が扱えるような種類の大きさではない。それゆえ、努力が目指しているのはあたかも、単に、元から存在していて好きに使えるエネルギーを、できる限り利用することであるかのように、あらゆることが起こるだろう。それに成功する手段は一つしかない。蓄積された潜在エネルギーを物質から手に入れておいて、努力が、ある瞬間に始動装置を作動させて、行動に必要な仕事を獲得できるようにすることである。努力それ自身は、この起動の能力しか持たない。起動の仕事は、いつも同じで、いかなる所与の量よりも小さい。しかし、より高い所からより重い錘りを落とすほど、別の言い方をすれば、より多くの潜在的エネルギーが蓄積され、自由に使えるようになればなるほど、この仕事は効果的になるだろう。実際、われわれの惑星で利用できるエネルギーの主要な源は太陽である。したがって問題は以下のようになった。太陽に、地球の表面のあちこちで、利用可能なエネルギーを絶えず消費するのを、部分的、暫定的に見合わせてもらうこと、そして太陽に、ある量のエネルギーを、まだ利用されていないエネルギーの形で、適切な貯蔵所に蓄えてもらって、好きなときに、好きな場所で、好きな方向に、そのエネルギーを注げるようにしてもらうことである。動物が摂取する物質は、まさにこの種の貯蔵所である。これらの物質は、潜在的な状態で、かなりの量の化学エネルギーを内に持つきわめて複雑な分子によって形成されており、蓄積された力を解き放つ火花を待つだけになっている、ある種の爆発物を構成する。さて、おそらく最初生命は、爆発物の製造と、それを利用する爆発を一度に行おうとしていたのだろう。この場合、太陽の放射エネルギーを蓄積したのと同じ有機体が、そのエネルギーを空間での自由な運動に消費しただろう。だからわれわれは、最初の生体は、一方で太陽から受け取ったエネルギーを絶え間なく貯え、他方でそのエネルギーを移動運動によって不連続で爆発的な仕方で消費しようとしていた、と推測しなければならない。ミドリムシのようにクロロフィルを持つ繊毛虫類は、生命のこの原初的な傾向を充分には展開できなかったしもう進化させることもできないが、それでもおそらく今日でもなおこの傾向を象徴しているだろう。二つの界は分岐しながら発達するのだが、この発達は、それぞれの界が計画の半分を、比喩的に言うなら忘却したことに対応しているのだろうか。それとも、こちらの方がありそうだが、われわれの惑星で生命に現前する物質の本性が、それら二つの傾向の同じ一つの有機体の中での充全な進化を妨げたのだろうか。確かなのは、植物がとりわけ第一の方向へ、動物は第二の方向へ向かったということである。しかし、最初から、爆発物の製造の目的が爆発であったのなら、生命の根本的な方向を指し示しているのは結局、植物の進化より動物の進化の方である。

それゆえ結局、二つの界の「調和」、それらが示す互いを補足し合う特徴は、それら二つの界が、最初は一つに溶け合っていた二つの傾向を展開させることから生じる。根源にある唯一の傾向は、それが増大するにつれて、原基状態では互いに含み合っていた二つの要素を、同じ生体の中で一つに結び付けておくことにより大きな困難を覚える。そこから分裂が、二つの分岐する進化が生じる。またそこから二つの系列の特徴が生じる。これらの特徴は、ある点では対立し合い、別の点では補い合う。しかしそれらは、対立し合おうと補い合おうと、常に類縁関係の感じを維持している。動物が、途中で偶発事がなかったわけではないとはいえ、エネルギーを非連続的に、より自由に消費する方向へ進化したのに対して、植物はむしろその場でエネルギーを蓄積するシステムを完成させる方向へ進化した。われわれは第二の点を強調するつもりはない。今度は植物が、植物と動物の間に生じたものに似た分裂に、大いに助けられたに違いないと言えば充分だろう。原始的な植物細胞は独力で炭素と窒素を両方とも固定しなければならなかったが、植物細胞は、微小植物がもっぱら窒素を固定する方向に向かったとき——もっとも、このさらに複雑な仕事への特化は様々な仕方で行われたが——この機能をほとんど放棄することができた。大気中の窒素を固定する微生物と、アンモニア化合物を亜硝酸化合物に、亜硝酸化合物を硝酸塩に順次変換する微生物は、元々は一つであった傾向の同じ分裂によって、植物一般が動物に対してなすのと同じ貢献を、植物界全体に対してなす。もしこれら微小植物に特別な界を創設するならば、地中の微生物、植物、動物がわれわれに示しているのは、生命が最初は互いに含み合った状態で内に持っていたもののすべての分析で、この分析は生命がわれわれの惑星で操っている物質によって行われる、と言えるだろう。これは本来の意味で、「分業」なのだろうか。この語は、われわれが表象しているような進化の正確な観念を与えないだろう。分業があるところには、協同があり、努力の収斂もある。逆に、われわれが語る進化は、決して協同ではなく分離へと、努力の収斂ではなく分岐へと向かう。われわれの考えでは、いくつかの点で補い合っている項の調和は、進化の途上で相互の適応によって生じるものではない。逆に、調和が完全であるのは最初だけである。それが根源の同一性から生じるのだ。進化の過程は、束状に展開するけれども、最初は補完し合って一つに溶け合っていた諸傾向を、それらが同時に増大するにつれて、引き離すのであって、調和はここから生じる。

もっとも、ある傾向が分離してできる諸要素の重要性は同じではないし、とりわけそれらの進化する力は同じではない。われわれは今、有機世界に、こう言ってよいなら、三つの異なる界を区別した。第一の界に含まれているもとどまっている微小な有機体だけだったのに対して、動物と植物は高みへと飛び立った。しかるに、ある一つの傾向が分析されるとき、これは普通に起こる事実である。その傾向が生み出す分岐する発達の中には、無際限に発達し続けるものもあれば、遅かれ早かれ限界に辿り着いてしまうものもある。後者は原初の傾向から直接生じるのではなく、その傾向が分割されてできた要素の一つから生じるのである。これらは、それ自身は進化し続ける真に要素的なある傾向が、進化の途中まで行ったがそのまま置きっぱなしにしておいた、残り物の発達である。思うに、真に要素的な諸傾向は、それと分かる徴しを携えている。

この徴しは、根源的傾向が内に秘めていたものの痕跡のごときものである。要素的な諸傾向は根源的傾向の基本方向を示していて、この痕跡は要素的な傾向の各々においてなおも可視的なものであり続けている。実際、ある傾向の諸要素に比較しうるのは、空間に並置され互いに排除し合う諸対象ではなく、むしろ心理的諸状態である。心理的状態はそれぞれ、最初はそれ自身であるが、他の傾向の性質も帯びており、したがって、それが属している人格全体を潜在的に内に秘めている。前に述べたように、生命の本質的な現れで、原基状態あるいは潜在的な状態で、他の現れの特徴を示していないものなど存在しない。また逆に、ある進化の線上で、いわば、別の線に沿って発達しているものの記憶に出会うとき、われわれは、同じ根源的傾向の分離した要素に係っているのだ、と結論しなければならない。この意味で、植物と動物は生命の分岐した二つの大きな発達をはっきり表している。もし植物が固定性と無感覚によって動物と区別されるとしても、運動と意識は、覚醒することのできる記憶のように、植物において眠りについている。もっとも、普通は眠っているこのような記憶とは別に、眼を覚まし活動している記憶もある。それらの活動が要素的な傾向そのものの発達を妨げてはいないのである。次のような法則を述べることができるだろう。「ある傾向が発達しながら分析されるとき、その結果生まれる個別的な傾向はそれぞれ、原初の傾向のなかで、自分がもっぱら行う仕事と両立不可能ではないもののすべてを保存し発達させようとするだろう」。こうして、われわれが前の章で細かく述べてきた事実、つまり互いに独立した進化の線上で同じ複雑なメカニズムが形成されることが正確に説明されるだろう。植物と動物との間の若干の深い類似も、多分これ以外の原因を有してはいない。有性生殖はおそらく植物にとって贅沢でしかない。しかし、動物はそこに到達しなければならなかったし、植物もまた、動物をそこまで押し進めたのと同じ弾みによって、二つの界に分裂する前の、原初的な、元々の弾みによって、有性生殖に至るはずだったのである。植物が複雑さを増す傾向にあることについても同じことが言えるだろう。この傾向は動物界にとって本質的である。より広がりを持ち、より効果的な行動が必要とされていることが、動物界を駆り立てているのだ。

しかし、植物は無感覚と不動性を余儀なくされていたので、植物が同じ傾向を示すのは、最初に同じ衝動を受け取ったからに他ならない。最近の実験が、植物は「変異」の時期が来るとどんな方向にも変化することを示している。それに対して動物は、思うに、それよりずっと決まった方向に進化しなければならなかった。しかし、われわれは生命の根源的な分裂についてこれ以上強調しようとは思わない。それよりもわれわれの興味を引く動物の進化へと進もう。

## 動物的生の図式

前に述べたように、動物性を構成するのは、起動装置を使って、できる限り多くの蓄積された潜在エネルギーを「爆発的な」行動に変換する能力である。最初、爆発は、方向を選べず、行き当たりばったりに行われる。こうしてアメーバは仮足を一度にあらゆる方向に突き出す。しかし動物の系統を上っていくにつれて、身体の形態そのものが、それに即して進むことになる、いくつかのはっきりと決まった方向を、エネルギーが描いていることに気づく。これらの方向は、端と端がつながれた神経要素の鎖によって示されている。さて、神経要素は、ほとんど分化していない有機組織の固まりから少しずつ現れたものである。したがって、神経要素が現れるや否や、それとその付属器官に、蓄積されたエネルギーを突然解放する能力が集中すると推測できる。実を言うと、生命を持つあらゆる細胞は、平衡状態を保つために絶えずエネルギーを消費している。植物細胞は、最初から眠り込んでいて、この自己保存の働きに没頭している。まるでこの細胞が、最初は手段でしかなかったに違いないものを目的とみなしてしまっているかのようである。しかし、動物において、すべては行動に収斂している。つまり移動運動のためにエネルギーを利用することにすべては収斂しているのだ。おそらくそれぞれの動物の細胞は、利用できるエネルギーの大半を、たいていはそのすべてを生きることに費やしている。しかし、有機体全体は、できる限り多くのエネルギーを、移動運動が行われる点に引き寄せようとするだろう。したがって、神経系が、付属器官として役立つ感覚器官と運動器官をそなえて存在するとき、身体の残りの部分は、それらがある種の爆発によって解放することになる力を準備して、それを望む時にみずからに供給できるようにしておくことを本質的機能としていた。あたかもそのように、すべては起こるにちがいない。

高等動物における栄養の役割は実際きわめて複雑である。まず組織を修繕することに役立つ。次に、動物が外的な気温の変化からできる限り独立するのに必要な熱を与える。それによって、栄養は、神経系が組み込まれ、神経要素がそこで生き延びねばならない有機体を保存し、維持し、支えるのである。しかし、もし有機体が、神経要素と、特にそれが作動させる筋肉とに、消費に当てられるエネルギーをいくらか送らなかったら、神経要素はいかなる存在理由も持たないだろう。結局のところ、それこそ、栄養の本質的な究極の使命なのだ、と推測できるだろう。栄養のほとんどがこの仕事に使われると言っているのではない。国家は税収入を確保するために莫大な出費を強いられる。徴税の経費を差し引くと、国家が使える額はおそらく微々たるものになるだろう。それでもそのわずかな額が、税金と税収入を得るために費やされたすべての額の存在理由なのである。動物が栄養物質に要求するエネルギーについても同じことが言える。

神経要素と筋肉要素は有機体の他の部位に対してこのような立場にある、と多くの事実がわれわれに示しているように思われる。まず、栄養物質がどのように生物の身体の様々な要素に分配されているか見てみよう。これら栄養物質は二つのカテゴリーに分けられる。一つは四元素からなるタンパク質で、もう一つは三元素からなり炭水化物と脂肪を含む。前者は本来形成に係るもので、その役目は諸々の組織を修繕することなのだが、ただ、炭素を含んでいるので、場合によってエネルギーにもなりうる。しかし、エネルギーとなる機能はもっぱら後者の栄養物質に割り当てられている。それらは細胞物質に組み込まれるのではなく、細胞に預けられていて、後で運動もしくは熱に直接変換される潜在エネルギーを、化学ポテンシャルの形で細胞にもたらす。つまり、前者の主な役割は器官を修繕することで、後者は器官にエネルギーを与える。器官のすべての部位は維持される必要があるので、ある部分で特権的に前者の栄養物質が使われることはない。しかし後者の栄養物質については事情が異なる。炭水化物はきわめて不均等に分配される。この分配の不均等さはきわめて多くのことをわれわれに教えてくれるように思う。

これらの物質は、動脈血によってブドウ糖（グルコース）の形で運ばれ、組織を形成する様々な細胞にグリコーゲンの形で実際貯蔵されている。周知のように、肝臓の主要な機能の一つは、肝臓細胞が合成し貯蔵しておいたグリコーゲンによって、血糖値を一定に保つことである。このようなブドウ糖の循環とグリコーゲンの貯蔵から簡単に見て取れるように、まるで、有機体の努力はすべて、筋肉組織と神経組織の諸要素に潜在エネルギーを供給することに費やされているかのように、すべては生じる。筋肉組織の要素と神経組織の要素では、努力は違った仕方で働くが、同じ結果に到達する。前者の場合、努力は、細胞に、前もってそこに預けられたかなりの量の貯蔵物を保証する。筋肉は実際、他の組織に比べて、莫大な量のグリコーゲンを内に秘める。逆に、神経組織における貯蔵量は微々たるものである（もっとも、神経組織の役割は単に、筋肉に貯蔵された潜在エネルギーを解放することであって、神経組織は一度に多くの仕事を行う必要がまったくない）。しかし、注目すべきこととして、この貯蔵物は、まさにそれが消費される瞬間に血液の補給によって回復され、その結果、神経に潜在エネルギーが瞬間的に充塡される。したがって、筋肉組織は、そこにかなりの量のエネルギーが貯蔵されるという点で、神経組織は、それが必要とする瞬間、必要に正確に応じて、エネルギーが常に与えられるという点で、きわめて特権的な位置を占める。

もっと細かく言うと、ここでグリコーゲンつまり潜在エネルギーを要求するのは、感覚—

運動系である。まるで有機体の残りの部分は神経系と神経が動かす筋肉系に力を渡すために存在しているかのようである。たしかに、神経系の役割（感覚―運動系の役割でさえ）は有機的生を調整することであると考えると、神経系と身体の残りの部分はよい協力関係にあるが、実は神経系は身体が仕える主人なのではないかと問うことができる。しかし、いわば静的な状態で、潜在エネルギーが組織の間にどのように分配されているかを考えれば、すでにこの仮説に傾くことになろう。思うに、エネルギーが消費され回復される条件を反省すれば、完全にこの仮説に賛成することになるだろう。実際、感覚―運動系は他の系と同じような系である、つまり他の系と同列に置かれるような系であると想定してみよう。有機体全体によって支えられているので、感覚―運動系は化学ポテンシャルの超過分が与えられるのを待って仕事を行うだろう。言い換えれば、神経と筋肉によるグリコーゲンの消費を調節するのは、その産出であることになるだろう。逆に、感覚―運動系が身体全体をまさしく支配していると想定してみよう。その作用の持続と広がりは、それが内に持つグリコーゲンの貯蔵量から、また有機体全体が含む貯蔵量からさえも、少なくともある程度独立しているだろう。感覚―神経系が仕事を行うと、他の組織はそれに潜在エネルギーを送れるように手はずを整えねばならないだろう。さて、とりわけモラとデュフール(55)の諸実験が示しているとおり、事態はまさしくこのように進んでいく。肝臓のグリコーゲン合成機能がそれを刺激し支配する神経の作用に依存するとしても、この神経の作用は運動筋肉を揺り動かす神経の作用に従属している。後者の神経はまず惜しみなく消費する。つまり、この神経はグリコーゲンをそのように気前よく使い、血液中のブドウ糖を減少させ、その結果、肝臓にもう一度グリコーゲンを作り出させる。肝臓は、自分が貯蔵しているグリコーゲンの一部をブドウ糖が減少した血液に注ぎ込まなければならない。それゆえ要するに、すべては感覚—運動系から出発し、そこに収斂するのである。譬えとしてではなく、有機体の他の部分は感覚—運動系に仕えている、ということができる。

さらに長期間絶食すると何が起こるかよく考えてほしい。餓死した動物の脳がほとんど無傷であるのに、他の諸器官はそれぞれ差こそあれかなりの重量が減少し、それらの細胞が深刻な変質を被っているのは注目すべき事実である(56)。体の残りの部分は、神経系という目的のための単なる手段であるかのように自分を扱って、神経系を最後の最後まで支えたように思える。

要約しよう。脳脊髄の神経系に加えて、それが延長される感覚器官、それが支配する運動筋肉を、簡略化のために、「感覚—運動系」と呼ぶことにする。このとき、高等な有機体は本質的に感覚—神経系によって構成されていると言うことができるだろう。感覚—神経系は、消化器官、呼吸器官、循環器官、分泌器官などの上に据えられる。これらの器官の役割は感覚—運動系を修復し、清掃し、守り、この系に恒常的な内部環境を作ることであり、最後にとりわけ潜在エネルギーを送って移動運動に変換してもらうことである(57)。確かに、神経の機能が完成されるに従って、それを支えるための諸機能も発達しなければならないし、これらの機能はみずからにより多くの要求をつきつけるようになる。神経の働きはもともと原形質の塊の中に沈んでいて、そこから浮かび上がってくるに従って、自分を支えるあらゆる種類の働きを自分の周りに呼び寄せなければならなかった。呼び寄せられた働きもまた別の働きの上でしか発達することができなかったし、この働きもまた別の働きを含んでいて、という具合に無際限に続いた。このようにして高等な有機体の機能は無限に複雑になるのである。それゆえわれわれはこのような有機体の一つを研究するとき、ある循環に陥ってしまう。そこではすべてがすべてに仕えているかのようなのだ。それでもなおこの循環には中心がある。感覚器官と運動器官の間に張り巡らされた神経要素の系である。

われわれは前の著作で詳しく扱った点を、ここでくどくど述べるつもりはない。神経系の発達は、運動をより正確に適応させる方向と、運動を選択する際、生体に与えられる余地を広げる方向とへ、同時に行われたことを想起するにとどめよう。これら二つの傾向は対立し合っているように見えるかもしれないし、実際対立し合っている。しかし、神経の連なりは、もっとも未発達な形態においても、結局これら二つの傾向を調和させる。一方で、それは、周縁部分の感覚に係るある点から運動に係る別の点の間に、明確に規定された線を描いている。それゆえ、神経の連なりは、原形質の固まりに最初は散らばっていた働きを運河のように方向付けたのである。しかし、他方でその連なりを構成する諸要素は、おそらく不連続である。いずれにせよ、それら要素は、互いに吻合されていると想定しても、機能的には不連続性を示す。なぜならそれらの要素は各々、端がある種の四つ角になっていて、そこでおそらく神経インパルスは進む道を選べるからだ。最も低次のモネラから、最も恵まれた昆虫、最も知的な脊椎動物に至るまで、実現された発達はとりわけ神経系の発達であって、その発達の要求に応じて、各段階で部品が創造され複雑になっていった。この本の最初から仄めかしておいたように、生命の役割は、物質に非決定性を挿入することである。生命がその進化に応じて創造する形態は、決定されていない。私が言いたいのは、それらが予見不可能であるということだ。この形態がその乗り物として役立っているに違いない行動性も、次第に決定されざるものになる。いや、それは次第に自由になるのだと私は言いたい。ニューロンはそれぞれ繋ぎ合わされていて、その結果それぞれの末端では多くの道が開かれており、その道の数だけ問題が立てられる。このニューロンと神経系は、まさしく非決定性の貯蔵庫である。有機世界全体に眼をやるだけで、生命の推進力の本質的な部分は、この種の器官の創造に伝えられていたことが分かるように思われる。しかし、この生命の推進力そのものについては、いくらかの説明が不可欠である。

### 動物性の発達

有機世界を横切って進化する力が限られた力であることを忘れてはならない。この力はつねに自分自身を乗り越えようとするが、生み出そうとする成果にとってつねに不十全なものにとどまる。この点を理解しなかったために、徹底的な目的論の誤りと幼稚さが生じたのである。この目的論は生物界全体を、ある構築物、われわれの構築物と類似した構築物として表象した。そのすべての部品は、機械が可能な限りうまく機能するように、配置されていることになるだろう。それぞれの種は存在理由、機能、使命を持つことになるだろう。それらは一緒になって、大掛かりなコンサートを開くことになるだろう。そこで、耳障りに聞こえる音は、根本的なハーモニーを際立たせることだけに役立っているだろう。要するに、自然のなかではすべては、あたかも人間の天才の作品のなかでのように進んでいるのだ。つまり、最小限度の結果しか得られないこともあろうが、少なくとも製作されたものと製作の仕事との完璧な一致は存在しているのである。

生命の進化でこのようなことは何も起こらない。そこでは仕事と結果が驚くほど釣り合っていない。有機世界の下から上に至るまで、つねに唯一つの大いなる努力がある。しかし、この努力はたいていの場合中断される。あるときは対抗する力によって麻痺させられ、またあるときは、実際なしていることによって、なさねばならないことから気を逸らされてしまう。ある形態をまとうことに専念しているうちに、その形態自体に心を奪われ、魅了されてしまうのである。まるで鏡に映る自分に見とれているかのように。その最も完全な作品においてさえ、努力は、外的な抵抗に、そして自分自身の抵抗にも打ち勝ったように見えても、自身に与えざるをえなかった物質性の言いなりになる。以上のことを、われわれは各人が自分自身において体験しうる。われわれの自由は、それが現れる運動そのものにおいて、生まれつつある習慣を創造するけれども、恒常的な努力によってみずからを更新しなければ、自分が作り出した習慣に首を絞められることになるだろう。機械の自動性が自由の様子を窺っているのである。最も生き生きした思想も、それを表現する定式において、凍りついてしまうだろう。言葉が観念を裏切る。文字が精神を殺す。われわれの最も熱烈な情熱も、行動に外化されるとき、時折あまりにも自然に、利害関係や虚栄心の冷たい計算に凝固し、あまりにも簡単にそのような計算の形をとり、計算もまた情熱の形式をとる。その結果、われわれは、もし死者がしばらくの間は生者の特徴をとどめることを知らなかったら、情熱と計算を混同し、自分自身の誠実さを疑い、善意と愛を否定してしまうことにもなっただろう。

このような不調和の深い原因は、手の施しようのないリズムの相違にある。生命一般は運動性そのものである。しかるに、生命の個々の現れは、渋々この運動性を受け容れるだけで、つねにこの運動性から遅れている。生命一般は常に前進するが、生命の個々の現れはその場で足踏みしようとするだろう。進化一般はできる限り直線的に進もうとするだろうが、それぞれの特殊な進化は円を描く過程である。通りすがりの風によって巻き上がった塵の渦のように、生物は、生命の大いなる息吹にぶら下がりながら、その場でくるくる回っているのである。したがって生物は比較的安定したもので、きわめて上手に不動なものの真似までするので、われわれはそれらを進展としてではなく事物として扱う。われわれは生物の形態の恒常性そのものがある運動の素描でしかないことを忘れているのだ。しかし時折、それら生物を運ぶ眼に見えない息吹が物質化して、われわれの前に束の間ではあるが姿を見せることがある。母性愛の若干の形を前にしたとき、生命の息吹が突然照らし出されているのを眼にしているのである。大部分の動物に見られるこの母性愛には、とても強い印象を受けるし、心を動かされもするが、それは、植物の種子に対する配慮にまで観察できるものだ。そこに生命の大いなる神秘を見た者たちもいるが、この愛はおそらくわれわれに生命の秘密をそっと打ち明けてくれているのだろう。その愛は、各世代がそれに続く世代を気遣っていることを示している。その愛がわれわれに垣間見せてくれているのは、生物とは何よりまず通り道(passage)であり、生命の本質はそれを伝える運動にあるということである。

生命一般とそれが現れる諸形態の間の対照は、至る所で同じ特徴を示す。生命はできる限り行動を目指すが、それぞれの種はできるだけ努力せずに済ませようとする。本質そのものにおいて、つまり種から種への移行として思い描かれるなら、生命とは常に増大する行動である。しかし生命がそこを横切っていくところの各々の種は、自分にとって都合のよいものしか目指していない。最も苦労の少ないものへ向かうのである。種は、これからの自分の形態に心を奪われ、半ば眠りかけていて、他の生命についてほとんど何も知らずにいる。ごく手近にあるものをできる限り簡単に利用できるように、それは自分自身を形成する。こうして、生命が新しい形態の創造へ進む行為と、この形態が姿を現す行為は、二つの相異なった、そしてしばしば対立し合った運動である。前者の行為は後者の行為へと延長されるが、そのとき必ず自分の方向から気を逸らせる。ある人が障害を飛び越えようとするとき、その障害から眼を逸らして自分自身を見つめざるをえないのと同様に。

　生命を持つ形態は、定義そのものからして、生存力のある形態である。有機体の生存条件への適応をどのように説明しようと、種が存続している以上、この適応は必然的に十分行われている。この意味で、古生物学や動物学が記述するところの、継起する種の各々は、生命が勝ち取った成功である。しかし、それぞれの種を、それが組み込まれる諸条件とではなく、それを道すがら置きざりにした運動と付き合わせるなら、事態はまったく異なる様相を見せる。この運動はしばしば逸脱したし、突然止められてしまうこともきわめてしばしばあった。通り道でしかないはずのものが、終着点になったのである。この新しい観点に立つと、不成功に終わるほうが普通で、成功は例外的なことで、常に不完全であるように思われる。これから見ていくが、動物の生が進んだ四つの主な方向のうち、二つが辿り着いたのは行き止まりで、残り二つの方向では、概して努力は結果に釣り合っていなかった。

　この歴史の詳細を再構成するには資料が足りない。しかし、それらの主要な線を見抜くことはできる。すでに述べたように、動物と植物は共通の根元から早々と離れなければならなかった。植物が不動性のうちで眠り込んだのに対して、動物は徐々に眼を覚まし、神経系の獲得へと進んだ。おそらく、動物界の努力は、まだ単純ではあるがある種の運動性を備え、そしてとりわけ未来のすべての規定に対応できるくらい不確定な形態を持つ有機体を創造するに至ったのだろう。これらの動物は、今われわれが眼にしているある種のミミズに似ていたかもしれない。ただし差異がないわけではない。つまり、それらの形態が、無限に可塑的で、無際限な未来に満ちており、棘皮動物、軟体動物、節足動物、脊椎動物に共通の根であったのに対して、それらと比較されている現在生息するミミズは、それらの形態の空虚で凝固した標本なのである。

ある危険がそれらの動物の様子を窺っていた。それはある障害で、おそらくもう少しで動物的生の飛躍を阻むところだった。古生代の動物相に眼をやるとき、驚かずにはいられないある特殊性がある。動物が多少なりとも硬い外皮の中に閉じ込められていたことである。その外皮は動物の運動を妨げ、しばしば麻痺させていたにちがいない。まず、軟体動物は、現在より殻を持つものが多かった。節足動物は一般に甲殻を備えていて、甲殻類であった。最も古い魚類は、きわめて硬い骨質の外皮を持っていた(58)。思うに、この一般的な事実の説明は、体の柔らかい有機体が、できるだけ自分を食べにくいものにすることで、他から身を守ろうとする傾向があることに求めなければならない。それぞれの種は、みずからを構成する行為において、最も自分に都合のいいものへ向かう。原始的な有機体のあるものは、無機物を使って有機物を作るのをやめ、できあがった有機物質を植物的生へとすでに方向転換した有機物から受け取って、動物的生へと向かった。これと同様に、動物種の多くは、他の動物を犠牲にして生きるように手はずを整えた。ある有機体が動物であるなら、つまり動くことができるなら、実際その可動性を使って、無防備な動物を探しに行って、植物と全く同様にそれらも自分の餌にすることができるだろう。このようにして、種は動的になればなるほど、おそらく貪欲になって、互いにとって危険なものになっただろう。それによって、動物界全体は、みずからをより高い可動性へと至らせた進歩を突然やめてしまったにちがいない。なぜなら、棘皮動物の硬い石灰質の皮膚、軟体動物の殻、甲殻動物の甲殻、古代の魚類の硬鱗の共通の起源は、おそらく敵となる種から身を守る動物種の努力であるからだ。しかし、動物が避難していたこの鎧は、動物の運動を妨げ、時には動物を動けなくした。もし、植物がセルロースの膜でみずからを覆うことによって、意識を放棄したとすると、ある要塞もしくは甲冑に閉じ籠もった動物も半ば睡眠状態に陥らざるをえない。今日でも、棘皮動物、そして軟体動物もこの麻痺状態で生きている。節足動物と脊椎動物もおそらく同様にそうなる危険にさらされていただろう。それらはこの危険を免れた。この幸運な事情のおかげで、生命の最も高次の形態が現在花開いているのである。

　実際二つの方向で、運動へ押し進める生命の力が回復するのが見られる。魚類は硬鱗の鎧を鱗に取り替える。ずっと以前に、昆虫も、その祖先を守っていた鎧を脱ぎ捨てて、姿を現した。それらはどちらも、身を守る外皮の不十分さを、敏捷性によって補っていた。敏捷性によって、敵を避けるだけでなく、攻撃し、敵と出くわす場所と時期を選ぶことも可能になった。人間の武装の進化にも同じ種類の進歩が観察される。第一の運動は避難場所を探すことである。第二の運動は――こちらの方が優れているが――、逃げるため、そしてとりわけ攻撃するために、できる限り柔軟に動けるようにすることである――攻撃はなお最も効果的な防御手段なのである。こうして、古代ギリシャの装甲兵士は古代ローマの兵士に取って代わられたし、甲冑を身にまとった騎士は自由に動ける歩兵にその場を譲らなければならなかった。一般的に言うと、生命全体の進化においても、人間社会の進化においても、個人の運命の変遷においても、最もリスクを犯したものこそ最も大きな成功を収めたのである。

それゆえ、動きやすくすることは、動物の真っ当な利益になる。適応一般について述べたように、種の変化をそれぞれの個別的な利益によって説明することは常に可能だろう。このようにして人は変異の直接的な原因を与えることだろう。しかし、このようにして与えることになるのは、たいてい変異の最も表面的な原因だけだろう。深い原因は生命が世界に放った推進力である。この推進力によって、生命は植物と動物に分裂し、動物性は柔軟な形態へと向かった。そして、まどろんでしまう危険にあった動物界で、ある時期に、すくなくともいくつかの点で、眼覚めさせ、前に進ませたのはこの推進力である。

脊椎動物と節足動物は二つの道で別々に進化したが、そこでの発達は（寄生状態や他の全く別の原因と結びついている後退を除くと）、何よりもまず先に運動―感覚神経系の進歩に存していた。運動性を求め、柔軟性を求め、そして——多くの試行錯誤をしながら、最初のうちは量と粗野な力を過度に増大させることにならなかったわけではないが——、様々な運動を求める。しかし、この探求それ自身は様々な方向で行われた。節足動物と脊椎動物の神経系に眼をやれば相違に気づく。節足動物の体は、並列された輪が多少なりとも長く繋がれたものから形成されている。運動機能は、付属肢に分散している。この付属肢の数はばらばらで、時折かなりの数にのぼることもあるが、それぞれが自分の専門を持つ。脊椎動物においては、行動性は手足だけに集中している。これらの器官が遂行する機能は、節足動物に比べると、器官の形態への依存度がかなり低い[59]。人間においてこの独立は完全になる。人間の手は、どんな仕事でも行うことができるのである。

以上のことが少なくとも看取される。しかるに、看取されるものの背後に、あるものを見抜くことができる。最初は混ざり合っていたが、増大するにつれて互いに分かれていかなければならなかった、生命に内在する二つの力である。

これらの力を定義するためには、節足動物、脊椎動物のそれぞれの進化の頂点を示している種を検討しなければならない。どうやってこの頂点を規定すればいいのだろう。ここでもまた、幾何学的な正確さを目指すと間違った道を進むことになろう。同じ進化の線で、ある種が他の種より進んでいることがそれだけで分かるような単純な徴しなど存在しない。多くの特徴があるので、どこまでそれらが本質的か、あるいは偶然的か、どの程度それらを考慮に入れればよいかを知るためには、それらを比べ、個別例についてそれらを検討しなければならない。

例えば、成功が優れていることの最も一般的な基準であることに反論はない。この二つの言葉は、ある点までは同じ意味なのである。生物が問題になっているとき、成功は、最も多様な環境で、可能な限り様々な障害を通して、可能な限り広大な地表を覆うような仕方で、発達する傾向であると理解しなければならない。地表全体が自分の領域であると主張する種は、真に支配的な種であり、その結果優れた種である。例えば人間種がそうで、脊椎動物の進化の頂点を表している。しかし、体節動物の系列では、昆虫、とりわけある種の膜翅類もそうである。人間が地上の主人なら、アリは地下の主人だ、と言われたこともあった。

他方で、後で現れた一群の種が退化したものであることもありうるが、このためには後退の特殊な原因が介入してこなければならない。権利上、後に現れた集団はそれが派生した集団より優れているだろう。というのも、おそらくそれは進化のより進んだ段階に対応しているからだ。さて、人間はおそらく最後に現れた脊椎動物だろう(60)。昆虫の系列で、膜翅類より後に現れたのは、鱗翅類だけだが、これは、花をつける植物に寄生する本物の寄生虫で、間違いなく退化した種である。

このように、様々な道を通って、われわれは同じ結論に辿り着いた。節足動物の進化は、昆虫、特に膜翅類とともに、頂点に達し、同じように脊椎動物の進化は人間と共に頂点に達する。もし、昆虫の世界と同じくらい本能が発達している所はないこと、膜翅類と同じくらい本能が優れている昆虫の集団はないことに気づくなら、動物界の進化は、植物的生への後退を除けば、二つの分岐する道で行われ、一方の道は本能に向かい、もう一方は知性へと向かった、と言えるだろう。

植物の麻痺状態、本能そして知性――以上が、それゆえ結局、植物と動物に共通な生命の推進力において一致していた諸要素である。それらは、発達しながら、最も予見不可能な形態の中に姿を見せていたが、その発達の途中で、ただ増大するだけで分離せざるをえなかった。自然哲学の大部分を駄目にしてしまった、アリストテレス以来伝わる重大な誤りがある。それは、植物的生、本能の生、理性的生に、ある発達する同じ傾向の三つの連続した程度を見ることである。実際これらは、成長しながら分裂していったある行動性の、三つの分岐した傾向なのである。これらの相違は強度の、もっと一般的に言えば程度の差異ではない。本性の差異なのである。

## 知性と本能

この点を深めることが重要である。植物的生と動物的生について、それらがどのように、補い合うのか、対立し合うのかを見てきた。今問題になるのは、知性と本能も、対立し合い補い合うことを示すことである。しかし、それに先立って、実際知性と本能は同じ秩序のものではないし、一方が他方に続いて現れるのでなければ、優劣をつけられるようなものでもないのに、知性が本能より優れた行動性で、本能にあとから積み重なるものであると考えたくなるのはなぜなのかをまず、述べておこう。

それは、知性と本能が、最初は相互に浸透し合っていたので、両者の共通の起源の何かを保存しているからである。どちらにも純粋な状態で出会うことは決してない。前に述べたように、植物において、眠っていた動物の意識と運動性が眼覚めることもありえるし、動物は植物的生に方向転換してしまう脅威に絶えずさらされて生きている。植物と動物という二つの傾向は最初きわめて浸透し合っていたので、それらの間に完全な断裂が生じたことは決してなかった。一方が他方にずっとつきまとっており、至る所で、それらが混じり合っているのが見られる。違うのは割合なのだ。知性と本能についても事情は同じである。本能の痕跡を発見できないような知性は存在しないし、とりわけ本能で知性の暈に取り囲まれていないものなど存在しない。この知性の暈こそ、多くの誤解の原因になったものである。本能が常に多少なりとも知性的なことから、知性と本能は同じ秩序のもので、両者には複雑さや完全性の違いしかない、そして何よりも、一方は他方によって表現することができる、と結論づけられたのである。実際それらが他方を伴うのは、互いに補い合っているからでしかないし、互いに補い合っているのは、それらが異なるからでしかない。本能に存在する本能的なものと知性に存在する知性的なものは、方向が逆なのである。

この点を強調しても驚かないでほしい。われわれはこの点が最も重要だと考えているのである。

われわれがこれから行う区別は明確すぎるものになるだろう、ということを最初に言っておこう。なぜそうなるかと言うと、他でもない。現実の知性にはどれも本能が染み込んでいるように、あらゆる具体的な本能には知性が混じっているというのに、われわれとしては、本能の本能的なもの、知性の知性的なものを定義したいと欲しているからだ。更に、本能も知性も厳密な定義には向いていない。これらは傾向であって、できあがった事物ではないのだ。最後に、生命はその行程に沿って知性と本能を荷下ろししていくのだが、この章では、知性と本能をそれらが生命から生じたところで考察しようと思っていること、この点は忘れてはならないだろう。さて、有機体を通して姿を現す生命は、原物質から何かを獲得しようとする、ある努力であるようにわれわれには見える。だから、本能と知性のうちでわれわれに感銘を与えるのがこの努力の多様性だとしても、また、われわれがこの心的行動性の二つの形式に、何よりも先に、不活性な物質に対する行動の二つの方法を見たとしても、驚くことはないだろう。このような検討方法はいささか狭いものだが、それらを区別する客観的な手段を与えてくれるという利点があるだろう。逆に、この検討方法が、知性一般ならびに本能一般について与えてくれるのは、それらがその上下を揺れ動く中間的な位置だけだろう。こういうわけで、これからの議論に、図式的な素描以外のものを見てはならないだろう。この素描では、知性、本能のそれぞれの輪郭が必要以上に強調されるだろうし、それらがいずれも明瞭でなく、互いに侵食し合っていることから同時に生じる暈しの部分をわれわれは考慮しないだろう。このように曖昧な問題を扱うとき、明確にしようとする努力が過剰になることはないだろう。後で、形をぼかして、その素描のあまりにも幾何学的なところを直して、最後に図式の強張りを生命の柔軟さに替えることは、いつでもたやすいことだろう。

人間が地球上に現れたのは、どの時代だろうか。最初の武器、最初の道具が作られた時代まで溯ってみる。ムーラン゠キニョンの石切り場でのブーシェ・ド・ペルトの発見をめぐって起こった論争は人々の記憶に残っている。それが本物の斧なのか、それとも火打石の破片が偶然その形になったのかが争点になっていた。しかし、それがもし小さな斧であったなら、ある知性、とりわけ人間の知性を前にしていることを一瞬たりとも疑った者はいなかった。他方で、動物の知性の逸話を集めた本を開いてみよう。模倣によって、あるいはイメージの自動的な連合によって説明がつく行為はたくさんあるが、それ以外に、迷わず知性的と言えるような行為もあることが分かるだろう。動物が自分自身で原始的な道具を製作することになる場合であれ、自分のために人間が製作したものを使う場合であれ、第一に現れるのは、製作の思考を証しするところの諸行為である。知性の観点からすれば、人間のすぐ後に分類される動物、つまりサルやゾウは、機会があれば人工的な道具を使うことができる。それらの下位に、といってもそれらからそれほど離れていないところに置かれることになるのが、製作されたものを識別する動物である。例えば、キツネは、罠が罠であることをはっきり知っている。おそらく、推論があるところなら、どこにでも知性は存在するだろう。しかし、推論は、過去の経験を現在の経験の方にたわめることに存しており、すでに発明の端緒である。発明が完全になるのは、それが製作された道具へと物質化するときである。動物の知性は、それが理想であるかのように、そこを目指す。そして、普通、動物の知性は、まだ人工的なものを作り出し、利用するには至らないとしても、自然に与えられた本能に変化をもたらすことによって、その準備をしているのである。人間の知性について言えば、機械の発明がまず何よりもその本質的な歩みであったこと、今日でもなおわれわれの社会的生は、人工的な道具の製作と使用を中心にして営まれていること、進歩の目印となっている発明は進歩の方向をも描いていること、これらは十分に指摘されてこなかった。それらに気づくのに苦労するのは、人類の変化が生じるのがたいてい道具の変化の後だからである。個人的な習慣、そして社会的な習慣さえ、それらが形成された環境が変わったあともかなり長く残存する。その結果、ある発明の深い効果が顕著になるころには、その新しさはすでに見失われている。蒸気機関の発明から一世紀が過ぎたが、われわれはそれが与えた深い衝撃をようやく感じ始めたところである。それでも、その発明が産業において行った革命は、人間関係を一変させた。新しい考え方が現れた。新しい感情が開花しようとしている。何千年か経って、遠い過去になってしまったため、その概略しか認められなくなったら、戦争や革命は、たとえ人々がそれらを覚えていると想定しても、些細な出来事とみなされるだろう。しかし、おそらく蒸気機関とそれに付随するあらゆる種類の発明は、青銅器や打製石器についてわれわれが語るような仕方で語られるだろう。蒸気機関は、ある時代を定義するのに役立つだろう。[61] もし、われわれがあらゆる傲慢さを捨てることができるなら、そして、われわれの種を定義するのに、人間と知性の変わらぬ特徴として有史時代と先史時代が提示するものだけで我慢して、それ以外のものには決して頼らないならば、われわれはおそらく、ホモ・サピエンス(知恵のある人)とは言わず、ホモ・ファベル(工作する人)と言うだろう。つまるところ、知性本来の歩みであるように思われるものを検討すると、知性は、人工物、とりわけ道具を作るための道具を製作し、そしてその製作を無際限に変化させる能力である。

さて、知性的ならざる動物も、道具や機械を所有しているだろうか。たしかに所有している。しかし、ここで道具はそれを使用する身体の一部になっている。そして、この道具に対応して本能が存在し、本能はそれを使う術を知っている。おそらく、本能とはそのすべてが生得的なメカニズムを利用する自然な能力に存しているわけでは決してないのだろう。そのような定義は、ロマネスが「二次的」と呼んだ本能には当てはまらないだろうし、この定義に収まらない「一次的」本能も一つならずあるだろう。しかし、この本能の定義は、われわれが知性について暫定的に与えている定義と同様、定義される対象の非常に多数の形態がそこへ向かって進むところの理念的限界を少なくとも規定する。本能の多くが有機的組織化の働きそのものの延長、さらに進んでその完成であるとしばしば指摘された。本能の働きはどこから始まるのか？　自然の働きはどこで終わるのか。それを言うことはできない。幼虫からさなぎへ、そして成虫へと変態する際、変態はたいてい幼虫に適切な過程とある種の自発性を要求するが、動物の本能と、生命を持つ物質の有機的組織化の働きとの間に明確な境界線はない。お望みに応じて、本能が、自分の使うことになる諸々の道具を有機的組織化するのだと言っても、有機的組織化が、器官を使わなければならない本能に延長されているのだと言ってもいいだろう。昆虫の最も驚くべき本能は、昆虫の特別な構造を数々の運動へとひたすら展開するのだが、それが昂じた結果、社会的生が仕事を分割して個体に振り分け、かくして個体にそれぞれ異なった本能を課するところでも、それに対応した構造の差異が観察されるほどなのだ。アリ、ミツバチ、スズメバチやある旧翅類の多形性はよく知られている。したがって、知性と本能の完全な勝利が見られる限界例だけを考察するとすれば、それらに本質的な差異が見つかる。完成された本能は、有機的な道具を使用し、その構築まで行う能力である。完成された知性は無機的な道具を製作し用いる能力である。

　本能と知性というこれら二つの行動性の様態の強みと弱みは一目瞭然である。本能は手の届くところに適切な道具を見つける。この道具は、ひとりでに製作され、修繕され、自然のすべての作品と同じく、細部の無限な複雑さと機能の驚くべき単純さを示すが、求められた時に、何の困難もなく、たいてい感嘆すべき完璧さで、要請されていることを即座に行う。その代わり、この道具はほとんど不変の構造を保存する。というのも、その変化は種の変化を惹き起こすからだ。それゆえ、本能は必然的に専門化されている。それは決まった対象に決まった道具を使うことでしかないのだから。逆に知性によって製作された道具は不完全である。それは努力なしには獲得されない。またほとんど常に使い勝手が悪い。しかし、無機物から作られているので、この道具はどんな形をとることもできるし、どんな用途にも役立ち、新たに生じるどんな困難からも生物を助け出し、無制限の力を与える。緊急の欲求を満足させることについては、自然の道具に劣っているが、欲求が急を要さないものになるにつれて、それに優る点が増えてくる。とりわけ、この道具はこれを製作した存在の本性に逆に作用を及ぼすのである。なぜなら、この道具は自然の有機物を延長した人工的な器官で、その存在に新しい機能を行使するよう促しながら、いわば、より豊かな有機的組織化を与えるからだ。この道具は欲求を満たすたびに、新たな欲求を作り出す。こうして、本能が行動の円環を閉ざして、動物はその中で自動的に動き回ることになるのに対して、知性が製作する道具はこの行動性に無際限な場を開き、そこで、この道具は行動性を徐々に先に押し進め、徐々にそれを自由にするのである。しかし、知性が本能より優れているこの点は後になって初めて現れる。つまり、知性が製作をより高度なものにして、製作のための機械をすでに製作する時になって初めて。最初は、製作された道具と自然の道具との強みと弱みは釣り合っていて、どちらが生物に自然の中でより広い帝国を築くことを保証するのかを言うのは困難である。

こうして次のように推測できる。知性と本能は最初含み合っており、原初状態の心的行動性は一度に両方の性質を帯びていただろう。そして、十分過去を遡れば、現在の昆虫の本能よりも知性に近い本能が、現在の脊椎動物の知性よりも本能に類似した知性が見つかるだろう。もっともこれら基礎となる本能と知性は、物質の虜になっているが、それを支配するには至っていないだろう。もし、生命に内在する力が無制限な力なら、おそらく同じ有機体の中で本能と知性を無際限に発達させただろう。しかし、すべてが、この力は有限で、姿を見せながらすぐに汲み尽くされてしまうことを示しているように思われる。この力が一度に複数の方向に進むのは困難なのである。この力は選択しなければならないのだ。ところで、原物質に対して働きかける方法として、二つの選択肢がある。この力は、仕事の際に使うことになる有機的組織化された道具を作り出して、この作用を直接的に行うことができる。あるいは、要求される道具を自然に所有するのではなく、無機的な物質を加工して、自分自身でそれを製作する有機物を通して、間接的にその作用を行うこともできる。こうして知性と本能は生じる。それらは、発達しながら徐々に分岐していくが、完全に分離してしまうことは決してない。一方で実際、昆虫の最も完全な本能でさえ、巣を作る場所や時期、その材料を選択する場合に限られるとはいえ、知性の仄かな現れを伴っている。何かの拍子に、ミツバチが外に巣を作ることになったとき、この新しい条件に適応するために、ミツバチは新しい、真に知性的と言える装置を発明する。(62) しかし他方で、知性は、本能が知性を必要とする以上に、本能を必要としている。なぜなら、原物質を加工することはすでに、動物の有機的組織化が高度な段階に達していることを想定しているのだが、その動物は本能の翼にのって初めてその段階まで上がることができたからである。したがって、自然は節足動物において本能へ迷いなく進化したのに対して、ほとんどすべての脊椎動物において、われわれが目撃するのは、知性の開花ではなく、知性の探求である。脊椎動物においても、本能がその心的行動性の基体を成しているのだ。しかし、そこには知性がいて、本能に取って代わろうとしている。知性は道具を発明するには至っていないが、少なくとも、本能なしですまそうとして、本能を主題にできる限り多くの変奏曲を奏でながら、道具の発明を試みている。人間において初めて知性は自分自身を把握するが、この勝利は、敵、そして寒さと飢えから身を守る自然の手段が人間には不足していることによって明らかになる。この不足は、人がその意味を明らかにしようとするとき、先史以前の資料としての価値をもつようになる。本能は知性から最終的な解雇通達を受けるのである。それでも確かに自然はこれら二つの行動性の様態のうち、どちらを取るか迷っていたにちがいない。一方は、直接的な成功が保証されているが、その結果は限定されている。もう一方の様態をとった場合、成功するかどうかはわからないが、その様態が独立したあかつきには、獲得できるものの範囲を無際限に拡張することができる。もっとも、ここでもまた、より大きな成功は、よりリスクがある方にもたらされた。本能と知性は、それゆえ唯一つの同じ問題に対する、分岐しているとはいえ同じくらい洗練された解答を表している。

確かにここから、知性と本能の間の内的な構造の深い相違が生じる。現在の研究に関係のある相違だけを今から強調しようと思う。だから、知性と本能は根本的に異なる二種類の知識を含んでいる、と言おう。しかし、まずは意識一般についていくらか明らかにする必要がある。

どこまで本能は意識的なのか、ということがこれまで問われてきた。ここには様々な差異と程度があって、多少なりとも意識的な場合もあれば、無意識である場合もあると答えよう。これから見るように、植物は本能を持つ。これらの本能が植物において感情を伴うことには疑いが残る。動物の複雑な本能でさえ、少なくともその働きの過程の一部で無意識と化さないようなものはほとんどない。しかし、ここで、これまでほとんど指摘されてこなかった、二種類の無意識の相違を指摘しなければならない。もともと意識が無いことに存する無意識と、意識が消えて無くなったことから生じる無意識である。もともと意識が無い場合も、意識が消えて無くなった場合も、どちらの意識もゼロであることに変わりはない。しかし、最初のゼロが何もないことを表現しているのに対して、二番目の方のゼロは、問題になっているのが、方向が逆で相殺し中和し合っている二つの等しい量であることを表現している。落下する石が無意識であるのは、石にもともと意識がないからである。石は落下することに何の感情も持たない。本能が無意識であるような極端な場合、そのような本能の無意識についても事情は同じだろうか。われわれが習慣的な行動を機械的に行うとき、夢遊病者が夢を自動的に演じるとき、無意識は絶対的になりうる。しかし、この場合無意識が生じるのは、行為の表象が、その行為そのものの遂行によって妨げられるからである。行為と表象の類似が完全で、行為が表象にぴったり嵌まり込んでいるので、いかなる意識ももはや溢れ出ることがない。表象は行動という栓によって塞がれているのだ。その証拠に、行為の遂行がある障害によって止められたり邪魔されたりした場合、意識が出来することもありうる。したがって、意識はそこにあるのだが、表象を満たした行動によって中和されている。障害は肯定的なものを何一つ生み出さなかった。それは単にある空虚を作り出して、栓を抜いただけなのである。行為が表象に釣り合っていないことを、まさにわれわれはここで意識と呼んでいるのである。

この点を掘り下げると、意識とは、生物によって実際遂行される行動を取り囲む、可能的行動性あるいは潜在的行動性の地帯に内在する光であることが分かるだろう。意識が意味しているのは、躊躇あるいは選択である。同じくらい可能な行動が多く描かれ、実際の運動に至っていない場合（例えば熟考しつつも行動に至っていない場合）、意識は強くなる。実際の行動が唯一の可能な行動である場合（例えば夢遊病者が行う種類の行動、もっと一般的に言えば自動的な行動の場合）、意識はゼロになる。しかし、後者の場合にあって、最後の運動がすでに最初の運動のうちで前もって形成されているような、組織化された運動の全体が見られ、さらに、ある障害にぶつかったとき意識がそこから湧出しうるということが確実なら、その場合にもなお、表象と認識は実在する。この観点に立つと、生物の意識は潜在的な行動性と実在的行動性の算術的な差によって定義される。意識は、表象と行動の隔たりの尺度となる。

したがって、知性はむしろ意識の方向へ向かい、本能は無意識の方向へ向かうことになる、と推測することができる。なぜなら、取り扱う道具は自然によって有機的組織化され、適用点は自然によって与えられ、獲得すべき結果も自然によって求められているので、選択の余地がほとんど残されていないからだ。それゆえ、表象に内在する意識は、姿を見せようとするのに応じて、表象と同一でそれと釣り合いの取れた行為の遂行によって相殺されるだろう。意識が現れるとしても、それが明らかにするのは本能そのものではなく、本能が被っているところの反対である。つまり、やがて意識になるのは、本能の欠陥、行為から観念までの距離なのである。そのとき、意識は偶発的な出来事でしかないだろう。意識が本質的に強調するのは、本能の始めの一歩、つまり自動的な運動の系列全体を始動させる過程だけである。逆に、この欠陥は、知性にとって通常の状態である。反対を被ることは知性の本質そのものである。知性の元々の機能は無機的な道具を製作することで、この仕事の場所と時期、形と素材を、無数の困難の中で選択しなければならない。そして、知性は完全に満足することもできない。というのも、あらゆる新しい満足が新しい欲求を作り出すからだ。つまり、本能と知性は両方とも知識を包み持っているが、本能の場合、知識はむしろ演じられ無意識的であるのに対して、知性の場合はむしろ考えられ意識的なものとなる。しかし、これは程度の差異であって本性の差異ではない。意識ばかりに気をとられていると、心理学的観点からすると、知性と本能の主要な差異となるものを見逃すことになる。

本質的な差異に至るためには、内的な行動性の二つの形式を照らす多少なりとも生き生きとした光に立ち止まることなく、それらの適用点である二つの根本的に異なる対象にまっすぐ向かわなければならない。

ウマバエは馬の足や肩に卵を産み落とすが、あたかも幼虫が馬の胃の中で必ず成長し、馬が自分の体をなめて、幼虫を消化管に運ぶことになるのを知っているかのように行動する。麻痺させる能力を持つある膜翅類の昆虫は、生贄のまさに神経中枢がある点を刺そうとするとき、腕のいい外科医でもある博識の昆虫学者のように作業を進める。しかし、しばしば話題にのぼる小さなフンコロガシ、シタリスほどの物知りもいないだろう。この甲虫は、ミツバチの一種、アントフォラが作る地下道の入り口に卵を産み落とす。シタリスの幼虫は、長い間待って、地下道に現れた雄のアントフォラの様子を伺い、それにしがみつく。ずっとそのまま離れずにいるが、「婚姻飛行」のとき、チャンスを逃さず雄から雌へと移り、静かに雌が卵を産むのを待つ。産卵が行われると、卵に飛び移る。卵は蜜の中で体を支えるのに役立つが、シタリスの幼虫は、何日間かその卵を貪り食い、その殻に身を落ち着けて、最初の変態を迎える。今やシタリスの幼虫は有機的組織化されて、蜜の上を漂えるようになり、この食料の蓄えを消費して、蛹にそして成虫になる。あたかも、シタリスの幼虫は、孵化したときからすでに、まず、アントフォラの雄が地下道から出てくること、婚姻旅行が雌に移る手段を与えてくれること、雌は蜜の貯蔵庫に連れて行ってくれ、変態してからの食料には困らないこと、変態までの間、アントフォラの卵を少しずつ食べ、その結果、栄養を摂取し、蜜の表面で体を支えると共に、卵から生まれるはずだったライバルをやがて抹殺する、これらすべてをあたかもシタリスの幼虫が知っているかのようにあらゆることが起こる。また、シタリス自身も自分の幼虫がこれらを知っていることを知っているかのようである。もし存在するとしても、知識は暗黙のものでしかない。それは意識に内面化する代わりに、正確な動作に外面化する。それでも確かに、昆虫の振舞いは、すでに決まった諸事象の表象を描いている。昆虫は学習したことがないのに、時空間の正確な点でそれらが存在すること、あるいは起こることを知っているのである。

次に、同じ観点から知性を検討すると、知性も学習したことがないのに、若干の事象を知っていることに気づく。しかしこれらは全く異なる種類の知識である。ここで生得性についての哲学者たちの古い論争を蒸し返そうとは思わない。そこで、誰もが一致していることを書き留めておくだけにしよう。つまり、幼児は動物が決して理解することのないことを即座に理解する。この意味で、知性は本能と同じく遺伝する機能、したがって生得的な機能なのである。しかし、この生得的な知性は、認識機能であるにもかかわらず、個々の対象については何も知らない。新生児が授乳者の乳房を初めて探すとき、彼は決して見たことのないものの知識（おそらく無意識的なものであろうが）を持っていることを証言していることになるが、まさにここでの生得的な知識はある決まった対象についての知識であるから、これは知性ではなく本能に属している、と言えるだろう。したがって、知性はいかなる対象についてもその生得的な知識をもたらさない。しかし、知性が生まれつき何も知らないのであれば、生得的なものを何も持たないことになるだろう。では、あらゆる事物について無知であるような知性、それがどんな知識を持ちうるのだろうか。――事物のほかに、関係がある。生まれたばかりの子供は、特定の対象について、対象のある特定の性質について、何の知識も持たない。しかし、人が彼の前で、ある性質をある対象に、ある形容詞をある名詞に適用してみせたら、すぐさま彼はそれが何を意味しているのか理解するだろう。したがって属詞の主語への関係は生まれつき把握されていることになる。動詞が表現している一般的な関係についても同じことが言えるだろう。精神はこの関係を直接的に理解するので、動詞を持たない原始的な言語にしばしば起こるように、言語はこの関係をわざわざ口にしなくても仄めかすことができる。したがって知性は等価なものと等価なものの関係、含まれるものと含むものの関係、原因と結果の関係などを自然に使うのだが、これらの関係は、主語、属詞、動詞——はっきりと示されているにせよ仄めかされているにせよ——を備えたどんな文もが内包しているものである。知性はこれら関係のそれぞれについて、個別的に生得的な知識を持っていると言えるだろうか。これらは還元不可能な関係であるのか、それともこれらをさらに一般的な関係に帰することができないかを探求するのは、論理学者の仕事である。しかし、どのような方法で思考の分析を行っても、常に到達することになるのは、一つか複数個の一般的な枠組みであって、精神はそれについて生得的な知識を持っている。というのも、精神はそれを自然に使っているからである。それゆえ次のように言っておこう。もし本能と知性が内に持つ生得的な知識を検討するならば、生得的な知識は、前者では事物に係り、後者では関係に係る。

哲学者たちはわれわれの認識の質料と形式を区別する。質料は、手が加えられていない状態の認識能力によって与えられたものである。形式は、体系的な知識を構築するためにこれらの素材の間に立てられる関係の全体である。形式は、質料がなくてもすでに認識の対象となりうるだろうか。この認識が、所持している事物よりも身についている習慣に、状態よりも傾向に似ているなら、おそらくそうなりうるだろう。お望みとあれば、この知識は、注意するときのある自然な癖のようなものだ、と言ってもよい。小学生は、分数の書き取りをさせられることが分かっているとき、分子と分母がどんなものになるのかを知る前から、線を引いておく。それゆえ彼は、その二つの項のどちらについても知識がなくても、それらの間の一般的な関係を思い浮かべていることになる。彼は質料なしに形式を知っているのである。そのようなものがあらゆる経験に先立つ枠組みであって、そこにわれわれの経験が差し込まれることになる。そこで、ここでは慣用によって定着している言葉を採用して、知性と本能の間の区別について、次のようなより正確な定式を与えようと思う。知性は、その生得的な部分では、形相〔形式〕についての知識であり、本能は質料の知識を含んでいる。

この第二の視点、つまりもはや行動ではなく認識の視点からしても、生命一般に内在する力はやはりある限定された原理として現れる。二つの認識方法は、今では異なり、分岐してさえいるが、最初はこの原理において共在し相互に浸透し合っている。第一の認識方法は、決まった対象の質料そのものに直接到達する。それは「どうぞ、これが存在しているものですよ」と言う。第二のものは、いかなる特定の対象にも到達しない。それは、ある対象をある対象に、ある部分をある部分に、もしくはある観点をある観点に結びつける自然な力、つまり前提を手にしているときに結論を引き出し、すでに学んだものから、知らないものへと移行する自然な力でしかない。それはもう、「これが存在しています」とは言わない。それが言うのは単に、もし条件がこれこれなら、条件付けられているものはこれこれになる、ということだけである。つまり、本能的な性質を持つ第一の認識は、哲学者たちが定言的な命題というものによって定式化されるのに対して、知性的な性質をもつ第二の認識は常に仮言的に表されるのだ。これら二つの能力のうち、最初は第一の認識の方が第二のものに比べてずっと好ましいように思える。もしその認識の対象を無際限に拡張できるなら実際そうだろう。しかし、事実上、この認識が、ある特別な対象、しかもその対象の限定された部分以外に適用されることは決してない。少なくとも、この認識はそれらについて内的で十全な知識を持つ。この知識ははっきりと考えられたものではなく、遂行される行動に含まれている。これに対して、第二の認識が自然に持っている知識は外的で空虚なものでしかない。しかし、まさにそのことによって、無限の対象が順番にそこで場所を見つけられるような枠組みを提供できるという強みを持つ。あたかも、生命の諸形態を横切って進化する力は、制限された力なので、自然なつまり生得的な知識の領域にあって、一方は外延、他方は内包に係る二種類の制限の一つを選んでいるかのようにすべては起こっている。第一の場合、認識は内容のある十全としたものになりうるが、それでもある決まった対象に制限されるだろう。第二の場合、認識は対象をもはや制限しないが、それはその認識が、内容を持たない形式でしかなく、何も含んでいないからである。二つの傾向は、最初は互いに含み合っていたが、成長するために分かれなければならなかった。それらは各々、世界に運を試しに行って、本能と知性に到達したのである。

　したがって、もはや行動ではなく認識の視点に身を置くならば、以上のような二つの分岐した認識様態によって、知性と本能を定義しなければならないだろう。しかし、ここで、認識と行動は、一つの同じ能力の二つの側面でしかない。実際、第二の定義が第一の定義の新しい形式でしかないことを見るのは簡単なことである。

本能が何よりも、有機的組織化された自然の道具を使う能力であるとすると、それは、この道具とそれが適用される対象の生得的な知識（確かに潜在的、あるいは無意識的なものであるが）を秘めているにちがいない。それゆえ本能はある事物についての生得的な知識である。しかし、知性は無機的な、つまり人工的な道具を製作する能力である。もし、自然が、知性のせいで、役に立つ道具を生物に与えるのをやめているのだとしたら、それは生物が環境に応じて製作を変えることを可能にするためである。知性の本質的な機能はそれゆえ、任意の環境の中で、困難を切り抜ける手段を見分けることになるだろう。知性は最も役に立つものを、つまり提示された枠組みに最もうまく嵌まるものを探すだろう。知性の機能は本質的に、所与の環境とそれを利用する手段の関係に係ることになるだろう。したがってこの機能が生得的に持っているのは、諸々の関係を立てようとする傾向であって、この傾向は、あるきわめて一般的な関係の自然な知識を含んでいる。この知識は本物の生地となって、そこから各々の知性に固有の行動性はより個別的な関係を切り分けることになろう。この行動性が製作に向かうとき、知識はそれゆえ必然的に諸関係と係る。しかし、この知性の全く形相的〔形式的〕知識は本能の質料的知識に比べて、計り知れない利点を持つ。一つの形式は、まさに空虚であるという理由で、代わる代わる、好きなように、それを無際限な無数の事物で――何の役に立たないものでも――満たすことができる。その結果、形式的な知識は実践的な有用性を目指して世界に現れたが、それが実践的に有用なものに限定されることはない。知性的存在は自分自身を乗り越えるものを内に携えているのである。

しかしこの存在は望むほど、また思っているほど自分を乗り越えることはないだろう。知性の純粋に形式的な性格が、思弁にとって最も興味深い対象に身を置くのに必要な錘りを知性から奪ってしまうのである。逆に本能は、お望みの質料を手にするだろうが、対象をそこまで遠くへ探しに行くことができない。本能は思索しないのである。われわれは現在の探求にとって最も興味深い点に触れている。これから指摘することになる本能と知性の間の差異は、われわれの分析全体が取り出そうとしていたものである。それは次のように定式化されるだろう。知性だけが捜し求めることができるものがあるが、知性は自分の力だけではそれを決して見つけることはない。これを見つけることになるのは、本能だけだろう。しかし、本能がそれを捜し求めることは決してないだろう。

### 知性本来の機能

ここで、さしあたり知性のメカニズムの細部のいくつかに立ち入る必要がある。すでに述べたように、知性の機能は諸関係を立てることである。知性が立てる諸関係の本性をより正確に規定しよう。知性に純粋な思索のための能力を見る限り、この点についての規定は曖昧なもの、あるいは恣意的なものにとどまる。このとき、悟性の一般的な枠組みを、よく分からない絶対的なもの、還元不可能なもの、説明不可能なものとみなさざるをえない。われわれはそれぞれの顔を携えて生まれてくるが、これと同じように悟性も自分の形相〔形式〕を携えて天から降りてくることになるだろう。この形相〔形式〕はおそらく定義されるだろうが、できるのはそこまでである。なぜその形相〔形式〕が今ある形相〔形式〕なのか、別のものにならなかったのか、という問いを探求する必要はないのである。かくして、知性とは本質的に統一化であって、知性のすべての働きに共通の目的とは、多様な現象にある統一性を導入することである、などと教えられることになる。しかし、第一、「統一化」という語は曖昧で、「関係」という語はもちろん「思考」という語と比べても明晰ではないし、それらより多くのことを言っているわけでもない。さらに、知性の機能は、統一することよりもむしろ分割することなのではないかと問うことができるだろう。最後に、知性が今のような働き方をするのは、知性が統一することを欲しているからだとすると、また、統一を求めているのは単にそれが必要だからだとすると、われわれの認識は、今とは全く違うものでもありえたかもしれない精神の要求と相対的なものになる。もし知性が別の形態をとるなら、認識も今とは別のものになるだろう。知性はもはや何物にも凭れ掛ってはいないが、そうするとすべてが知性に凭れ掛ることになる。こうして、悟性をあまりにも高いところに置いたため、悟性がわれわれに与える認識をあまりにも低いところに置くことになってしまったのである。知性はある種の絶対的なものである以上、この認識は相対的なものになる。逆にわれわれ

われわれは、人間の知性を行動の必然性と相関的なものとみなしている。行動を措定してみよう。そうすれば知性の形式そのものがそこから導出される。したがって、この形式は還元不可能なものでもないし説明不可能なものでもない。まさにこの形式が独立したものではないがゆえに、認識はこの形式に依存しているとはもはや言えないのである。認識は知性の産物であることをやめて、ある意味で実在を構成する部分と化す。

　これに対して哲学者たちはこう言うだろう。「行動は秩序ある世界で遂行されている。この秩序はすでに思考のものである。知性を行動によって説明するとき、論点先取を犯している。行動は知性を前提しているのだから」。もしこの章で身を置いている視点がわれわれの決定的な視点でなければならないのなら、彼らの言い分は正しいだろう。そのとき、われわれはスペンサーと同じ錯覚に欺れることになろう。物質の一般的諸特徴によってわれわれのうちに残された刻印へと知性を還元するとき、知性は十分説明される、とスペンサーは信じた。あたかも物質に内在する秩序が知性そのものではないかのようだ！　しかし、どの点まで、どんな方法を使って、哲学が物質と同時に知性の真の生成を試みることができるのかという問題は、次章のために取って置く。さしあたり、われわれが取り組んでいる問題は、心理学的な種類の問題である。すなわち、物質的世界で、われわれの知性がとりわけ適応している部分はどのようなものだろうか。しかるに、この問いに答えるためには、何らかの哲学体系を選ぶ必要はない。常識（sens commun）の視点に立てばよいのだ。

そこで、行動から出発し、知性は第一に製作を目指していることを原理として認めよう。製作は原物質に対してのみ働く。これは、製作が有機的な素材を用いるときでさえ、それらを不活性な対象として扱い、それらを形成した生命に気を止めない、という意味である。原物質そのもののうち製作が取り上げるのは、ほとんど固体だけである。残りのものは、その流動性のせいで、逃れ去ってしまう。したがってもし知性が製作を目指すのであれば、知性は、実在における流動的なものを部分的に取り逃がし、生物におけるまさしく生命的なものを完全に取り逃がすことになる、と予想することができる。自然の手から生まれたわれわれの知性の主要な対象は、無機的な固体である。

知性の諸機能を検討すれば、知性がくつろげるのは、本当に自分の家にいると言えるのは、原物質、とりわけ固体に対して働くときだけだ、ということが分かるだろう。原物質の最も一般的な特性は何だろうか。それは拡がり〔延長〕である。原物質が提示する諸対象は互いに外的で、これらの対象の諸部分も互いに外的である。後の操作のためには、それぞれの対象は恣意的に切り取られる部分に分割可能で、またこの部分もわれわれの好きなように分割可能で、こうして無限に分割を進めることができると考えるのが、後の操作のことを考えると、われわれにはおそらく有用だろう。しかし、目前の操作のために何よりも必要なのは、われわれが係っている現実の対象、もしくはそれを分解して得た現実の要素を、暫定的に決定的なものとみなし、それらをそれぞれ単一のものとして扱うことである。物質の拡がりの連続性について語るとき、われわれは、物質を好きなだけ、好きなように分解する可能性を仄めかしているのである。しかし、この連続性は、見ての通り、われわれが物質に見出すことになる不連続性の様態を選ぶ能力――それは物質がわれわれに残した能力である――に還元される。要するに、不連続性の様態が一度選ばれると、その様態はつねに真に実在的なものとして現れ、われわれの注意を釘付けにするのだ。なぜなら、その様態にあわせてわれわれの現在の行動は調整されているからである。こうして、不連続性はそれ自体として考えられ、それ自体において考えられうるものと化す。われわれはそれを精神の肯定的な働きによって表象するのである。それに対して、連続性の知性的な表象はむしろ否定的である。その表象は実は、いかなる分解の体系が現実に与えられても、それを唯一可能なものとみなすことを拒む、精神の拒否以外のものではない。知性が明晰に表象できるのは、不連続なものだけなのである。

他方で、われわれの行動が働きかける対象は、疑いの余地なく、動く対象である。けれども、われわれにとって重要なのは、その動くものがどこへ行くのか、その軌道の任意の瞬間にそれがどこにいるのかを知ることである。別の言い方をすれば、われわれが何よりも注意を向けるのは、その動くものの現在あるいは未来の位置であって、それがある点から別の点へと移行する進展、運動そのものであるような進展ではない。われわれが遂行する行動は諸々の運動が有機的組織化されたものであるが、行動の際、われわれは、運動の目的や意味、その全体的な素描に、ひとことで言うと不動な実行計画に、精神を固定させる。行動における動的なものがわれわれの関心を惹くのは単に、途中で突然起こる様々な出来事が、行動の全体を速められたり、遅らせたり、妨げたりすることもありうるからでしかない。動性そのものからは、知性は顔を背ける。それにかかずらっても何の得にもならないからである。もし知性が純粋な理論のためのものなら、運動の中に身を置くだろう。なぜなら、運動はおそらく実在そのものであり、不動性は見かけあるいは相対的なもの以外のものでは決してないからだ。しかし、知性は全く別のもののためにある。無理をしない限り、知性は逆の進み方をする。知性は、不動なものがあたかも究極の実在か元素であるかのように、そこから出発する。運動を表象しようとするときも、不動なものを並べて、運動を再構成する。この操作が思考の領域では非合法的で危険であることを後で示そうと思うが（それは袋小路に陥って、解決不可能な哲学的問題を人為的に生み出してしまう）、その本来の用途に立ち返れば、この操作は苦もなく正当化される。自然な状態で知性が目指すのは、実践的に有用なものである。知性は不動なものを並べて運動の代わりにするが、このとき運動をあるがままに再構成しているのだとあくまで言い張るわけではない。実践的等価物によって単に運動を置き換えているだけなのである。思考の領域に、行動のために生み出されている思考方法を持ち込むとき、哲学者たちは間違いを犯している。しかし、この点には後で戻ることにしよう。安定したもの、不動なものこそ、われわれの知性がその自然な傾向によって注意を向けるものである、とだけ言っておこう。われわれの知性が明晰に表象するのは、不動なものだけなのである。

さて、製作することは、ある素材から対象の形を裁断することに存している。何より重要なのは、獲得されるべき形である。素材に関しては、最も適切なものが選ばれる。しかし、それを選ぶためには、つまり多くの他の素材からそれを探しに行くためには、その前に、少なくとも想像で、あらゆる種類の素材に考えた対象の形を与えてみなければならない。言い換えれば、製作を目指す知性とは、事物の現在の形に決してとどまることなく、それを決定的なものと考えることなく、逆にあらゆる素材を、好きなように切り刻めるものとみなすような知性である。プラトンは優れた弁証家を、骨を砕くことなしに、自然の描いた分節に従って動物を切り分ける腕のいい料理人に譬えている[63]。いつもこのように物事を進める知性は、実際、思弁の方に顔を向けた知性であろう。しかし、行動は、とりわけ製作は、精神の逆の傾向を要求する。行動はわれわれに、事物の現在のあらゆる形を、自然の事物についてさえ、人為的で暫定的なものと考えるよう求め、また、認知された対象について、たとえそれが有機的組織化された生ける対象であっても、その内的構造を外に向けて示す諸々の線を消してしまうよう求める。つまり、われわれが対象の素材〔質料〕をその形式〔形相〕に無関心とみなすよう求めるのである。それゆえ素材〔質料〕の全体は、われわれの思考に対して、そこから好きなものを裁断し、あとでそれを好きなように縫い直すことができる、巨大な生地として現れる。ついでに触れておこう。われわれが、空間があると言うとき、つまり、等質的で空虚、無限かつ無限に分割可能で、いかなる分解様式にも一様に応じる、ある媒質が存在すると言うとき、われわれはかかる能力〔裁断と裁縫〕があると言っているのである。この種の媒質は決して知覚されることはない。考えられるだけである。知覚されるのは、彩色された抵抗力ある拡がりであって、この拡がりは、現実の諸物体もしくはそれらの現実的で基礎的な諸部分の輪郭が描く様々な線に従って分割される。しかし、この素材に対する力、つまり好きなようにこれを分割し再構成する能力を表象するとき、われわれは、可能な分割と再構成すべてを一まとめにし、実在的な拡がりの背後に向けて、これを支える等質的で空虚で無関心な空間の形式で投影する。それゆえ、この空間は何よりも先に、諸事物に対するわれわれの可能的な行動の図式なのである。一方、諸事物も、後で説明するように、この種の図式に収まる自然な傾向を持つ。空間は精神の眺めなのである。動物はわれわれのように、拡がりを持つ事物を知覚するときでさえ、おそらくこの空間についていかなる観念も持っていないだろう。空間は人間知性の製作へと向かう傾向を象徴する表象である。しかし、さしあたりこの点に立ち止まるのはやめよう。その代わり、知性は、いかなる法則に従っても分割でき、いかなるシステムとしても再構成できる無際限な能力によって特徴付けられる、と言えばわれわれには充分である。

われわれは、人間の知性の本質的な特徴をいくつか挙げてきた。しかし、われわれは個人を孤立した状態で取り上げ、社会的生活を考慮しなかった。現実には、人間は社会において生きる存在である。本当に人間の知性が製作をめざしているとしても、製作のためにも、また他の目的のためにも、知性は他の人間たちの知性と連合していることを付言しなければならない。さて、成員同士が記号《シーニュ》によって伝達を行っていないような社会を想像するのは難しい。おそらく昆虫の社会も言語を持っているだろうし、この言語は、人間の言語と同じく、共同生活の必要に応じたものに違いない。言語が、共同行動を可能にするのである。しかし、これらの共同行動の必要は、アリの巣と人間社会では、決して同じものではない。昆虫の社会には一般に多形性（polymorphisme）があり、分業は自然に行われ、個体はそれぞれ、その構造によって自分が遂行する機能に固定されている。いずれにせよ、昆虫の社会は本能を土台にしており、その結果、多少なりとも器官の形態に結び付いた、ある行動あるいは製作を土台にしている。それゆえ、たとえばアリが言語を持っているとしても、この言語を構成する記号の数ははっきり決まっているに違いない。そして一度種が形成されると、各々の記号は変わることなくある対象もしくはある操作に結び付けられている。記号はそれによって示される事物に密着しているのだ。逆に人間の社会では、製作と行動の形式は可変的である。さらに、各個人は、構造によって役割を前もって割り当てられていないので、その役割を学ばなければならない。それゆえ、知っているものから知らないものへ移行することを、あらゆる瞬間に可能にするような言語が必要になる。その記号——その数は無限ではありえない

——が、無限に多くの事物に拡張可能であるような言語が必要になるのである。ある対象から別の対象へ移動するという、記号のこの傾向は、人間の言語の特徴である。この傾向は、幼児がしゃべり始める日から観察される。すぐに、自然な仕方で、幼児は覚えた言葉の意味を拡張する。きわめて偶然な結び付きやきわめて遠い類似によって、眼前である対象に結び付けられた記号を、そこから引き離し、別のものに移動させるのである。「あらゆるものがあらゆるものを示しうる」——これが幼児の言語の隠れた原理である。この傾向と一般化する能力を混同したのは間違いであった。動物自身、一般化を行うし、更に記号は、たとえ本能的なものでも、つねに、多少なりともある類《ジャンル》を表わしているのである。人間的言語の記号を特徴付けているのは、その一般性ではなく、その動性である。本能の記号は密着した記号で、知性の記号は動的な記号である。

語の動性は、語をある事物から別の事物へと移動させるために生み出されたが、この動性によって、語は事物から観念へと拡張することが可能になった。完全に外面化された知性、つまり内へと向かうことができない知性に対してであれば、確かに言語は反省する能力を与えることはないだろう。反省する知性は、実践的に有用な努力以外に、消費可能な余力を持っていた知性である。それは、すでに潜在的には自分自身を取り戻した意識である。それでもなお潜在性から現働性へと移行しなければならない。言語がなければ、知性はおそらく、そのことを考えれば得になるような物質的対象に釘付けにされていただろう。自分自身の外で、自分の仕事に魅了されながら、催眠状態で生きることになっていただろう。言語は知性を解放するのに大いに貢献した。ある事物から別の事物へと移行するために生み出された語は、実際、本質的に移動性を持ち自由である。したがって、語は知覚された事物から別の知覚された事物へ拡張されるだけでなく、知覚された事物からその事物の記憶へ、その正確な記憶からより薄れゆくイメージへ、薄れゆくとはいえ、なお表象されているイメージから、そのイメージを表象する行為の表象、つまり観念へと拡張可能であろう。このようにして、外を見ていた知性の眼に、内的世界の全体が、彼自身の操作の光景が入ってくることになる。もっとも、知性はこの機会だけを心待ちにしていた。知性は、言葉それ自体が事物であることに乗じて、言葉によって運ばれ、自分自身の仕事の内部へと浸透するのである。彼の元々の仕事は道具を製作することであったとしても、この製作は、ある手段を用いることで初めて可能になるのだ。この手段は、対象の寸法にきっちり合わせて切り取られたのではなく、対象からはみ出している。こうしてこの手段によって、知性は、本来とは別の仕事、つまり利害に係らない仕事を行えるようになる。知性は、自分の歩みを反省して、自分が観念を生み出せること、自分が表象一般の能力であることに気づく。そのときから、たとえ実践的な行動と直接関係がなくても、知性が、それについて観念を持つことを望まないような対象は存在しなくなった。こういうわけで、われわれは、知性だけが探すことのできるものがある、と言ったのである。実際知性だけが理論を気にかけることができる。そして、知性の理論はすべてを包括しようとするだろう。つまり、知性が自然に扱うことができる原物質だけでなく、生と思考をも包括しようとするだろう。

知性がこれらの問題に、どんな手段で、どんな道具で、つまりどんな方法で取り組むことになるのかは察しがつく。元々、知性は原物質の形式に適応している。言語によって、知性は作動領域を拡張することができたのだが、言語そのものが生み出されたのは、事物を指示するためであり、それ以外のものを指示するためではない。ただ、語が動的なもので、ある事物から別の事物に進むので、知性は、事物ではない対象に語を適用するために、遅かれ早かれ、語が何もまだ対象としていないのに、途中で取り上げなければならなかった。この対象は、それまでは隠れていて、陰から光へと移行するために語の助けを待っていた。しかし、語はこの対象を覆うとき、それを事物に変えもする。こうして知性は、もはや原物質に対して働いていないときでも、この働きのなかで身につけた習慣に従う。無機物の形式そのものであるような形式を適用するのである。知性はこの種の仕事のために生み出されていて、この種の仕事だけが十分に知性を満足させる。こうして初めて自分は明晰判明なものに到達すると言うときに、知性が表現しているのはこのことである。

それゆえ知性は、自分自身を明晰判明に考えるためには、みずからを不連続的な形のもとに見なければならないだろう。概念は実際、空間における対象のように、互いに外的なものである。概念はそれらの対象をモデルにして生み出されていて、それらと同じ安定性を持っている。概念は、一つに集められて、「知性界」を構成する。この世界は本質的な特徴で固体の世界に似ているが、その諸要素は、具体的な事物の単なるイメージよりも、軽く、透明で、知性にとって扱うのが容易である。実際それらは、諸事物の知覚そのものではなく、知性がそれによって諸事物に注意を固定するところの行為の表象である。したがって、それらはもはやイメージではなく象徴である。われわれの論理は、象徴を操作する際従わなければならない規則の全体である。これらの象徴は固体の考察から導かれていて、象徴同士の合成の規則はほぼ、個体間の最も一般的な諸関係を翻訳したものでしかないので、物体の安定性を対象とみなすような科学、つまり幾何学において、われわれの論理学は成功を収める。少し後で見るように、論理学と幾何学は互いに生み出し合う。直接的に認知される固体の一般的な性質によって示唆される、ある自然な幾何学から、自然な論理学が生じた。この自然な論理学から、今度は科学的な幾何学が生じた。この科学的な幾何学は、固体の外的な諸性質の知識を無際限に拡張する。(64) 幾何学と論理学は厳密に物質に適用することができる。幾何学と論理学は、そこでは寛ぐことができ、独力で進むことができる。しかし、この領域の外では、純粋な推論は、全く別のものである良識によって監視される必要がある。

したがって、知性の要素となるすべての力は、物質を行動の道具に、つまり語源的な意味で、器官(organe)に変えることを目指す。生は、有機体を生み出すことに満足せず、付録として無機物そのものを有機体に与えることを望んだのだろう。生物の狡知によって無機物は巨大な器官に変えられる。これが、生が最初に知性に割り当てる仕事である。知性が、まるで不活性な物質に見惚れているかのように、変わることのない仕方で振舞うのは、このためである。知性とは、外を見つめ、自分を外化し、無機的な自然の歩みを原理として採用して、実際にこれを導こうとする生である。その結果、生物に眼を向け、有機的組織化を前にしたときの知性の驚きが生じる。そのとき知性は何をしようと、有機的なものを無機的なものに分解することになる。なぜなら、おそらく、自分の自然な方向をひっくり返すことなしには、身をねじ曲げて自分に向き直ることなしには、真の連続性を、実在的な動性を、相互浸透性を、つまりまさに生命そのものである創造的進化を考えることはできないからである。

それは連続性なのだろうか。知性に加えて、知性によって延長される諸感覚もが接近できる生命の側面は、われわれの行動が及ぶ側面である。ある対象を変化させるためには、われわれはそれを分割可能で不連続的なものと認知しなければならない。実証科学の観点からすると、比類なき進歩が実現したのは、有機組織を細胞に分解した日である。今度は、細胞の研究が、細胞もまた有機体であること、しかも研究を深めるにつれて複雑さを増すように見える有機体であることを明らかにした。科学が進むに応じて、互いに外的なまま並列して生物を形成している異質な要素の増加が、科学によって見て取られる。このようにすることで、科学による生命の検討はより仔細なものになっているのだろうか。それとも逆に、生物におけるまさしく生命的なものは、並立した部分の詳細な研究を進めるに応じて、遠ざかってしまっているようには見えないだろうか。すでに学者たちの間で、有機体の実質を連続したもの、細胞を人工的なものと考えようとする傾向が姿を見せている[65]。しかし、この見方が最終的に優勢になると想定しても、この見方を掘り下げて到達することができるのは、生物のまた別の分析方法、結局、新しい非連続性——生命の実在的な連続性からの距離はおそらく縮まるだろうが——でしかない。実のところ、その自然な運動に身を任せている知性には、この連続性を考えることができないだろう。この連続性は、一度に、諸要素の多様性と、すべての要素による相互浸透を含んでいる。これら二つの特性が、われわれの産業〔狡知〕、したがってわれわれの知性が行使される領域で、和解することはほとんどありえないだろう。

われわれは空間において分離するが、同様に時間において固定する。知性は、本来の意味での進化を、つまり純粋な動性であるような変化の連続性を考えるようには作られてはいない。この点は後で特別に章を設けて掘り下げることにして、ここでこの点を強調するのはやめておこう。ここではただ、知性は生成を、それぞれが自分自身と等質で、したがって変化することのない諸状態の系列として表象する、とだけ言っておこう。われわれの注意は、これらの状態の一つの内的な変化に向けられているのだろうか。すぐにわれわれはこの変化を、別の諸状態の系列に分解し、これらの状態は、再び結び付いて元の状態の内的な変化を構成することになると考える。これらの新しい状態はというと、その各々が不変なものになるだろう。あるいはその際、それらの状態の内的変化を無視できない場合には、内的変化はすぐさまこの状態を新しい不変な状態の系列に分解することになり、かくしてこの操作を無際限に繰り返すだろう。ここでもまた、考えることは再構成することであって、当然のごとく、われわれは所与の要素ひいては、安定した要素を使って再構成する。その結果、何をしても、われわれにできるのは、無際限に追加を進めて、生成の動性を模倣することくらいである。しかし、生成それ自体は、われわれがそれを捕まえたと思ったときに、手からすり抜けるだろう。

知性はつねに再構成しようとする、しかも所与のものを使って再構成しようとする。まさにこの理由で、知性は歴史の各瞬間における新しいものを取り逃がす。知性は予見不可能なものを認めない。あらゆる創造を拒否する。決まった前件が、決まった後件を惹き起こす、つまりその関数として計算可能な後件を惹き起こすことが、知性を満足させる。決まった目的がそれを達成するための諸々の決まった手段を生み出すことも、われわれは理解できる。どちらの場合も、われわれが係っているのは、既知のものによって構成される既知のもの、つまり、繰り返される古いものである。このような場合、知性は寛いでいる。どんな対象でも、知性は抽象し、分離し、除去するだろう。その結果、知性は、必要な場合に、対象そのものの代わりに、そのような仕方で物事が進められることになる近似的な等価物を用いる。

しかし、各瞬間がある寄与であること、新しいものが絶えず湧き出ていること、ある形式が生まれていること――その形式はいったん生み出されれば、諸原因によって決定されている結果だとおそらく言われるだろう。しかし、これらの原因はその種のものとしては唯一無二で、結果と一体になっていて、結果と同時に実在のものと化した。そして、それらは結果を決定するがそれと同じくらい結果によって決定されている。これらのことを考えれば、その形式がどのようなものになるかは予見されていると想定するのは不可能である――これらは、われわれが自分自身のうちに感じることができ、自分の外で共感によって見抜くことができる何かである。しかし、純粋な悟性の言葉によって表現することはできない何か、狭い意味で考えることができない何かでもある。われわれの悟性の用途を思い浮かべれば、このことに驚くことはないだろう。悟性が至る所で捜し求め、見つける因果性は、われわれの産業〔狡知〕のメカニズムそのものを表している。そこでは、同じ全体が同じ要素によって無際限に再構成され、同じ運動を反復して同じ結果を獲得する。とりわけ、悟性にとっての合目的性は、われわれの産業〔術策〕の合目的性である。産業〔術策〕においては、前もって与えられたモデル、つまり、古いモデルもしくは既知の諸要素によって合成されたモデルに従って仕事は進められる。本来の意味での発明は、産業そのものの出発点であるとはいえ、知性は発明を、その湧出において、つまりそれが持つ不可分なものにおいて捉えることができないし、その天才性において、つまりそれが持つ創造的なものにおいて捉えることもできない。発明を説明することとは常に、予見不可能で新しい発明を、異なる秩序で並べられた既知の要素、古い要素に分解することである。知性は、完全な新しさも徹底的な生成も認めない。つまり、ここでもまた知性は生命の本質的な側面を取り逃がす。あたかも、知性はそのような対象を考えるようには決して作られていないかのように。

すべての分析がこの結論へとわれわれを連れ戻す。しかし、知性の働きのメカニズムについて、これほど細々と論じる必要は少しもなかった。この働きの結果を考察するだけで十分だろう。後で分かるように、知性は、不活性なものの扱いにかけては抜群の巧妙さを見せるが、生命的なものに触れるや否や、手際の悪さを露呈する。身体の生を扱うにせよ、精神の生を扱うにせよ、知性はそのような用途のための道具ではないかのように、あまりにも厳格な仕方で、融通の利かない強張った仕方で、乱暴な仕方で仕事を進める。このことについては、衛生学と教育学の歴史が長々と語ってくれるだろう。身体を健康に保ち、魂を高めることが、われわれの主要な、差し迫った、そして変わることのない関心であるのを思い浮かべるとき、これについて、誰もがきわめて容易に自分自身を、あるいは他人を絶えず実験台にできるのを思い浮かべるとき、医学もしくは教育学が実践される際の欠陥が、明白な弊害によってあらわになり、この弊害によってその附けを払わされているのを思い浮かべるとき、知性の犯す数々の過ちの粗雑さ、とりわけその根強さにしばし茫然としてしまう。そうした過去の起源は、生命的なものを不活性なものとして扱い、あらゆる実在を、それがいくら流動的なものであっても、停止して二度と動くことのない固体の形式のもとで考えようとするわれわれの執拗さのうちに簡単に発見されるだろう。われわれが気楽にしていられるのは、非連続的なもの、不動のもの、つまり死んだものの中にいるときだけなのである。知性は、生命を生まれつき理解できないことによって特徴付けられる。

## 本能の本性

逆に本能は生命の形式そのものに合わせて象られている。知性はすべての事物を機械的に扱うが、本能はいわば、有機的に物事を進める。もし本能のうちに眠る意識が眼を覚ましたなら、もし本能が、行動に外面化するのではなく、知識に内面化するなら、もしわれわれが本能に質問することができて本能もそれに答えることができるなら、本能はわれわれに生命の最も奥にある秘密を手渡すだろう。なぜなら、本能は、生命が物質を有機的組織化する仕事を続けているだけであり、しばしば示されたように、われわれはどこで有機的組織化が終わり、本能がどこから始まるのかさえ言うことができないからだ。ひなが卵の殻をくちばしでつついて破るとき、それは本能で行動している。しかし、ひなは、自分に胚生を経過させていた運動に従っているだけである。逆に、胚生そのものの途中で（とりわけ胚が幼生の形態で自由に生を営むとき）、本能に結び付けなければならないような歩みが多く遂行される。それゆえ、一次的な本能の中で最も本質的なものは、実際は生命の過程である。それらに伴う潜在的な意識は、たいてい行為の初めの段階にしか現働化せず、残りの過程は放っておいてもひとりでに遂行される。その意識は、より大きく花開いて、より完全にみずからを掘り下げていきさえすれば、生命の産出力と一致できるだろう。

ある生体においては、幾千もの細胞が共通の目的に向けて共に働き、分業し、それぞれが他のもののために生きると同時に自分のために生きている。またそれらの細胞は、みずからを正常な状態に保ち、みずからを養い、再生し、危険の脅威に適切な防御の反応をすることで答えている。これらを見るとき、この働きのいずれもが本能である、と考えないわけにはいかないだろう。しかし、これらは細胞の自然な機能で、その生命力を構成する要素なのである。また逆に、ある巣のミツバチはきわめて緊密に組織化されている体制を形成していて、もし住む所と食料をあてがったとしても、その成員で、ある期間を越えて巣から引き離されたまま生きていけるものはいない。これを見るとき、ミツバチの巣は譬えとしてではなく、現実にある一つの有機体であり、それぞれのミツバチは、見えない絆で互いに結ばれた細胞であると認めないわけにはいかない。それゆえ、ミツバチを生かしている本能は、細胞を生かしている力と混じり合っている。もしくはその力を延長しているにすぎないのである。このように極端な場合には、本能は有機的組織化の仕事と一致している。

確かに、同じ本能でも、完成度は様々である。たとえば、マルハナバチとミツバチの間の隔たりは大きい。一方から他方に移るとき、社会的生の複雑さの段階に対応している多くの中間段階を通ることになるだろう。しかし、同じ多様性が、異なってはいるけれども多少なりとも類縁性のある複数の組織学的要素の機能にも見られるだろう。どちらの場合にも、同じ主題にもとづいて幾多の変奏曲が演奏されている。それでも主題が変わらないことは明白で、それらの変奏曲はその主題を多様な環境に適応させているだけなのである。

さて、これら二つの場合いずれにおいても、そこで動物の本能が問題になっているにせよ細胞の生命としての特徴が問題になっているにせよ、同じ知と同じ無知が姿を見せている。細胞は他の細胞について自分に係ることを、動物は他の動物について自分が利用できるようになるもののことを知ってはいるが、あたかも他のことはすべて闇の中から出ることがないかのように、事態は進行する。生命は、ある決まった種に収縮したときすぐに、その生まれたばかりの種に係る一つか二つの点を除けば、自分自身の残りの部分との接触を失ってしまうように思われる。ここで生命が、意識一般や、記憶と同じように物事を進めるのを見ないことがどうしてできようか。われわれは、気づくことなく、自分の過去の全体を背後に引きずっている。しかし、われわれの記憶が現在に注ぎ込むのは、われわれの現在の状況をある側面で補足することになる二、三の思い出だけである。それゆえ、ある種が他の種のある特定の点について有する本能的な知識の根は、生命の統一性そのものにある。この統一性とは、ある古代の哲学者の表現を用いるなら、自分自身に共感するある全体〔プロティノス『エンネアデス』第四章に記された言葉〕である。動物と植物の本能の中には、明らかに異常な環境で生まれたような、ある特殊な本能がある。この本能を、忘れられていたように見えながら、緊急の要請に迫られて突然現れる思い出と結びつけずに考えることは不可能である。

おそらく、二次的本能の多く、そして一次的本能の様態の多くも、科学的説明を許容することだろう。しかし、科学が現在の説明方式で、本能を完全に分析し終わる日が来るとは思えない。なぜなら、知性と本能はある同じ原理が分岐しながら発達したものだからである。この原理は、一方の場合では、自分自身に内的なままでいて、他方では、外化して、原物質の利用に没頭する。この連続的な分岐は、根本的に両立するのが不可能であること、知性が本能を吸収するのが不可能であることを証言している。本能の本質的なものは、知性の言葉によって表現されえないし、したがって分析されえないだろう。

生来の盲人が、生来の盲人たちの中で生活していたら、離れたところにある対象を、そこまでの間に介在するすべての対象の知覚を経ずに知覚することができるとは思わないだろう。しかし、知覚はこの奇跡を行う。確かに、人は盲人の言い分を認め、視覚の起源は光の波動が網膜を振動させることにあり、視覚とは結局、網膜の触覚以外の何ものでもない、と言うことができるだろう。これこそ科学的説明であることを私は認める。なぜなら、科学の役割はまさに、あらゆる知覚を触覚の言葉に翻訳することだからだ。しかし、われわれが他で示したように、哲学的説明を説明と呼んでもいいと想定しても、知覚の哲学的説明は科学の説明とは異なる本性のものであるはずだ(66)。さて、本能もまた、離れたところにあるものの知識である。本能と知性の関係は、知覚と触覚の関係と同じである。科学にできるのは、本能を知性の言葉で翻訳することだけだろう。しかし、こうして科学は本能の類似物を構築しているのであって、本能そのものに深く入り込むことはないだろう。

ここで進化論に立つ生物学の巧妙な諸理論を研究すれば、そのことに納得がいくだろう。それらの諸理論は、二つのタイプに帰着する。もっともこの二つのタイプも、たいていの場合互いに干渉し合っている。ある場合には、人は、ネオ・ダーウィン主義の諸原理に従って、本能に、自然選択によって保存される偶然的な相違の合計を見る。この説によれば、胚の偶然的な性向のおかげで個体によって自然に遂行される、有益な振舞いが胚から胚へと伝えられる。そしてこの振舞いは、同じ過程を経て、偶然が新しい改良を自分に付加するのを待つ。またある場合には、本能を程度の低い知性と考える人がいる。この説によれば、種、あるいはその成員のいくたりかによって、有益と判断された行動は、習慣を生み出し、この習慣が遺伝して、本能と化す。この二つの学説のうち、前者の強みは、重大な反論を惹き起こすことなく、遺伝について語れることである。なぜなら、この体系が本能の起源に置く偶然的な変化は、個体によって獲得されるものではなく、胚に内在しているからだ。逆にこの学説は、大部分の昆虫の本能のように博識な本能を説明することが全くできない。おそらくこれらの本能は、今日見られる複雑さに一挙に到達したのではないだろう。つまり、おそらくそれらの本能は進化したのだろう。けれども、ネオ・ダーウィン主義のような仮説では、本能の進化は、いわば、幸運な偶然によって古い部品に組み込まれる新しい部品が徐々に付け加わることによってのみなされうる。しかるに、ほとんどの場合、単なる増加によって、本能の改良が可能になったのではないことは明白である。実際、新しい部品はそれぞれ、全体の完全な修正を要求する。そうしなければ、全体が台無しになるおそれがあるのだ。偶然にそのような修正をどうして期待できよう。胚の偶然的な変化が遺伝すること、そしてまた、その変化は、新しい偶然的な変化が自分を複雑にするのをいわば待てることを認めよう。より複雑になった形態のうち、生育力のないものを自然選択が削除することも認めよう。それでもなお、本能の生が進化するためには、生育力のある複雑さが生み出されねばならないだろう。それらが生み出されるのは、ある場合に、新しい要素が付け加わることで、それと相関的に古い要素がすべて変化するときだけである。偶然がそのような奇跡を行えるなどと主張する者はいないだろう。何らかの形で、人は知性に訴えることになろう。多少なりとも意識的な努力によって、生物は自分のうちに高次の本能を発達させると想定するだろう。しかしそのとき、身についた習慣が遺伝的になりうること、進化を保証できるくらいその習慣が規則的に遺伝するようになることを認めねばならないだろう。これ以上言うのはやめるとしても、このことは疑わしい。遺伝され知性的に獲得される習慣に、動物の諸本能を結び付けることができるとしても、この説明方式をどうすれば植物界に拡張できるのかよく分からない。植物界では、努力が意識的になることはあるとしても、知性的になることは決してない。しかし、ツル植物が、どれほどの確かさで、どれほどの正確さで、自分の巻きひげを使うのか、ランが、どれほど見事に組み合わされた操作によって、昆虫に受精を手伝わせるのかを見れば[67]、そのいずれもが本能であると考えないわけにはいくまい。

といっても、ネオ・ダーウィン主義の理論もネオ・ラマルク主義の理論も、完全に捨てなければならない、と言いたいわけではない。ネオ・ダーウィン主義者たちが、進化は、個体から個体へと行われるのではなく、胚から胚へと行われる、と主張するとき、ネオ・ラマルク主義者たちが、本能の起源には努力がある（知性的な努力とはまったく別の努力だと思うが）と主張するに至るとき、おそらく彼らの主張は正しいだろう。しかし、前者が本能の進化を偶然的な進化たらしめるとき、また後者が、本能を生み出す努力のうちに個体の努力を見るとき、おそらく彼らはまちがっているだろう。ある種が自分の本能を変化させ、そしてみずからをも変化させる努力は、環境や個体だけに依存しているのではない。それはもっと深い何かでなければならない。諸個体はこの努力に協力するが、その努力は個体の自主性だけに依存しているのではない。また偶然がその努力において大きな場所を占めているとはいえ、その努力は全く偶然的なわけではない。

実際、様々な種の膜翅類において、同じ本能がとる様々な形態を比較してみよう。われわれが抱く印象は、諸要素が次々と付加されることで複雑さが増しているというものでは必ずしもないし、いわば装置が階段の下から上に順々に並べられているというものでも必ずしもない。少なくとも多くの場合にわれわれが考えるのは、むしろある円周である。この円周上の様々な点から多様なものが生じる。それらはすべて同じ中心を見ながら、この中心へ向けて努力を行う。しかし、それらはそれぞれ自分のやり方でしか、この中心に近づくことができないし、どれだけ近づけるかは、中心の点が円周上の点それぞれにとってどれだけ照らし出されているかによる。別の言い方をすれば、どこでも本能は完全だが、多少なりとも単純化されている。とりわけ、様々な仕方で単純化されているのである。他方、本能が、あたかも階段を一段一段上っているかのように、同じ一つの方向へ複雑になっていくとき、人は規則的な段階の変化を観察する。この場合、その本能に従って同じ系列に分類される種同士が、つねに近縁関係にあるわけではない。こうして、近年行われた、様々なミツバチ科の昆虫における社会的本能の比較研究は、メリポナの本能が、複雑さに関して、マルハナバチの未発達の傾向と、われわれのミツバチの完成された知との中間段階にあることを示している。しかし、メリポナとミツバチの間に、血縁関係など存在しえない[68]。様々な社会に複雑さの程度があるのは、付け加えられた要素の数に差異があるためではないように思われる。われわれはむしろ、ある音楽の主題を前にしているのである。最初に、この主題全体がそのままいくつかの調に移され、次に、やはりその主題全体にもとづいて、様々な変奏曲が演奏されたのだろう。この変奏曲は、ある場合にはきわめて単純なものであり、別の場合には無限に巧妙なものであっただろう。元の主題はどうかというと、それはどこにでもあり、どこにもない。

それを表象の言葉で記そうとしても無駄である。おそらくそれは、源において、考えられるものというより感じられるものであったのだろう。幾種類かのスズメバチに備わった、麻痺を生じさせる本能を前にして、われわれは同じ印象を持つ。周知のように、麻痺を生じさせる様々な種の膜翅類は、卵を、クモ、フンコロガシ、アオムシに産み落とす。それらの虫は、最初にスズメバチの巧妙な外科手術を受けた後、動けないまま何日か生き続け、その幼虫に新鮮な食料として仕えることになるだろう。これら様々な種の膜翅類は、自分のいけにえの神経中枢を針で刺して、殺さずに動けなくさせるとき、それぞれが関わる多様な種類の獲物に合わせて、そのやり方を調整する。ツチバチはハナムグリの幼虫に襲いかかるが、針を刺すのはただ一点だけである。しかし、この一点には、運動神経節が、しかもこの運動神経節だけが集中している。それ以外の神経節を刺すと、避けなければならない死や腐敗を惹き起こすことがある。(69) 黄色い翅を持つアナバチは、いけにえにコオロギを選んだが、コオロギが三組の足を動かす三つの神経中枢を持っていることを知っている。少なくとも、それを知っているかのように振舞う。(70) まずその虫の首の付け根を刺し、次に前胸の後ろを、そして最後に腹部が始まるあたりを刺す。ケナガジガバチはアオムシの九つの神経中枢を、続けて九回針で刺す。最後に、ちょうどアオムシが死なずに麻痺する程度に、その頭をくわえ、かじる。(71) 一般的な主題は「殺さずに麻痺させる必要」である。変奏曲は、手術を受ける相手の構造によって変わる。おそらく手術がいつも完全に行われるとは限らないだろう。最近示されたところによれば、ジガバチがアオムシを麻痺させずに殺してしまうこともあるし、体の半分しか麻痺させないこともある。[72] しかし、本能が知性と同じく間違うことがあるからといって、また、本能も個体差を示すことがあるからといって、以前主張されたように、ジガバチの本能は知性的な試行錯誤によって獲得された、ということには決してならない。仮に、ジガバチが、いけにえを動けなくするためにどの点を刺さなければならないか、そして死を招くことなく麻痺させるために、どんな特殊な処置を脳に施さなければならないか、時間をかけて、一つずつ、手探りで覚えていったとしてみよう。それでも、あるきわめて正確な知識のきわめて特殊な諸要素が、規則的に、一つずつ、遺伝していったなどと、どうすれば考えられるのだろうか。もしも、われわれの現在の経験全体の中にたった一つでも、この種の伝達の異論の余地のない例があるなら、獲得形質の遺伝に異議を唱える者などいないだろう。身につけられた習慣の遺伝が、本当に行われているとしても、不正確な仕方で不規則に起こっているのが現実である。

しかし、困難はすべて、膜翅類の知を知性の言葉で翻訳しようとすることから生じる。そのとき、われわれはジガバチを昆虫学者と同一視せざるをえない。昆虫学者は、他のすべてのことがらを知る仕方で、つまり、外側からアオムシの知識を得るが、このことに生死に関わる特殊な利害が伴うわけではない。それゆえ、ジガバチは、昆虫学者と同じ方法で、アオムシの神経中枢の位置を一つずつ学習しなければならないだろう。少なくとも、針の効き目を試して、これらの位置について実践的な知識を獲得しなければならないだろう。しかし、ジガバチとそのいけにえの間にある共感（共に苦しむという語源的な意味での sympathie）[6]を、アオムシの傷つきやすさについて、いわば内側から教えてくれるような共感を想定すれば、事情はもはや同じではないだろう。この傷つきやすさについての感情は、外的な知覚に何一つ負うところなく、ただジガバチとアオムシが向かい合っただけで生まれるだろう。このときそれらは、二つの有機体ではなく、二つの行動性とみなされる。この感情は、両者の関係を具体的な形で表しているだろう。たしかに、科学の理論はこの種の考察に訴えることはできない。科学の理論は、有機的組織化の前に行動を置いてはならないし、知覚と知識の前に共感を置いてはならないのだ。もう一度言うと、こうしたことと哲学は無関係であるか、あるいは、哲学の役割は科学の役割が終わったところから始まるのである。

本能を「合成された反射」と考えるにせよ、知性的に身につけられた習慣が自動的に行われるようになったものと考えるにせよ、偶然に生じた微細な利点が自然選択によって蓄積され固定されたものの合計と考えるにせよ、いずれの場合でも、科学は本能を完全に、知性的な歩みか、あるいは、われわれの知性がするように部品を一つずつ組み合わせて作った機械装置に分解すると主張する。このとき科学が自分の役割を果たしていることは認める。科学は、対象を実際に分析したものの代わりに、この対象を知性の言葉で翻訳したものをわれわれに与えてくれるだろう。しかし、科学自身が哲学を、物事を別の角度から考えるように誘っていることを指摘しないでいられようか。もし生物学がまだアリストテレスで止まっているなら、生物の系列を一直線のものとみなすなら、生命全体は知性を目指して進化していて、このために感覚と本能を通過することを示すなら、われわれ知性的存在は、以前の生命の現れ、したがって、低次の現れを振り返って、それらを歪めることなく知性の枠組みに組み入れる権利をもつだろう。けれども、生物学の最も明白な成果の一つは、分岐する複数の線に沿って進化が行われたのを示したことであった。これらの線のうち、二つ――二つの主要な線――の末端に、われわれは知性と本能をほとんど純粋な形態で見つける。なぜ本能が知性的な要素に解消されるのだろうか。なぜ、全面的に知解可能な項にさえ解消されるのだろうか。知性的なもの、知性によって絶対的に理解可能なものをここで考えることが、自然についてのアリストテレス的な理論に逆戻りすることになるのが分からないのだろうか。本能を前にして、まるで計り知れない神秘を前にしてしまったかのように、突然立ち止まるよりは、そこに逆戻りする方がおそらくましだろう。しかし、知性の領域に属していないからといって、本能が精神の限界の外に位置していることにはならない。感情的な諸現象において、反省されざる共感や嫌悪において、われわれは自分自身のうちで、本能によって行動する昆虫の意識に起こっているにちがいないものの何かを、より漠然としていて、知性があまりにも染み込んだ形態のもとにであるとはいえ体験している。進化は、起源において補い合っていた諸要素を、最後まで発達させるために引き離しただけである。もっと正確に言えば、知性とは何よりも、ある空間上の点を別の点に結び付け、ある物質的な対象をある物質的な対象に結び付ける能力なのである。知性はあらゆる事物に適用されるが、それらの外にとどまったままである。知性が、ある深い原因について、並列された諸帰結へのその拡散以外に気づくことは決してない。アオムシの神経系の発生となって現れている力がどのようなものであれ、自分の眼と知性をもってする場合、われわれは、神経と神経中枢の並列としてしかその力に達することができない。たしかに、われわれはそのようにして、その力の外的帰結の全体に達する。ジガバチもそれについて、ほんのわずかなこと、まさに自分と利害関係のあるものしか、おそらく把握していないだろう。けれども、少なくとも、ジガバチは、それを内側から、認識過程とは全く違った仕方で、ある直観(表象されるというよりはむしろ生きられる直観)によって把握する。この直観は、われわれにおいて予知的な共感とよばれるものにおそらく似ているだろう。

本能についての科学的諸理論が、知性的なものと単に知性によって理解可能なものの間を――私としては、本能を「堕落した」知性に同一視する考え方と、本能を単なる機械的装置に還元する考え方との間、と言いたいが――、往来しているのは、注目すべき事実である。(73) これら二つの説明体系はいずれも、他方に対する批判には成功している。前者が本能は単なる反射ではありえないことを示すとき、後者が本能は、それが無意識に落ちた知性であっても、知性とは全くの別物であると言うとき、それらは成功を収めているのである。それらは、ある面ではいずれも同様に同意できるが、別の面では、いずれも同様にその対象にふさわしくない二つの記号体系である、ということではないのか。具体的な説明、もはや科学的ではなく、形而上学的な説明を、全く別の仕方で探さなければならない。今度は、もはや知性の方向ではなく、「共感」の方向に探さなければならない。

## 生命と意識

本能とは共感である。もしこの共感が対象を拡張し、自分自身についても反省できるなら、生命の諸々の働きについての鍵をわれわれに渡してくれるだろう——知性が発達し矯正されたなら、われわれを物質のうちへと招き入れるのと同様に。なぜなら、何度言っても繰り返し過ぎにはならないと思うが、知性と本能は相反する二つの方向に向けられているからだ。知性は不活性な物質へと、本能は生命へと向けられている。知性が、自分の作品である科学を介して、徐々に完全な形でわれわれに引き渡すことになるのは、物理的な働きの秘密である。生命について知性がわれわれにもたらすのは、不活性なものの言葉で翻訳したものだけだ。もっともそれしか与えるつもりはないのだが。知性は周りをくるくる回って、この対象について、外からの視点をできる限り増やし、この対象を自分のうちに引き込むが、この対象のうちへ入ることはない。それに対して、直観はわれわれを生命の内部そのものに導くだろう。直観、すなわち、利害を離れ、自分自身についての意識を持ち、対象について反省しそれを無際限に拡げることができるようになった本能は。

この種の努力が不可能ではないことは、人間のうちに通常の知覚の他に美的能力が存在することですでに証明されている。われわれの眼は、生物を特徴付ける諸々の線が並んでいることには気づくが、それらが互いに有機的組織化していることには気づかない。生命の意図、つまり諸々の線を横切って走り、それらを結び付けそれらに意味を与える単純な運動は、われわれの眼から逃れ去るのである。芸術家が、ある種の共感によって、対象の内部に身を置き直し、直観の努力によって、空間が彼とモデルの間に置いた障害を下げながら、再び把握しようとしているのはこの意図なのである。確かに、この美的直観は、外的知覚と同様、個別的なものにしか辿り着かない。しかし、物理的科学が外的知覚によって記された方向を最後まで辿って、個別的な諸事実を一般的な諸法則に延長するのと同様に、芸術と同じ方向に向けられ、生一般を対象にするような探求を考えることができる。おそらくこの哲学は自分の対象について、科学が自分の対象について持つ知識に匹敵するような知識を獲得することは決してないだろう。知性は光り輝く核であり続け、本能は、拡張され精錬されて直観になったとしても、この核の周りに漠たる霧を形成するにとどまる。しかし、純粋な知性に割り当てられる、文字通りの意味での知識の代わりに、直観はわれわれに、知性の所与がこの領域でどのように不十分であるかを把握させ、その所与を補う手段を垣間見させうるだろう。実際、直観は一方で、知性のメカニズムそのものを使って、知性の枠組みがここではもはや正確に適用されないことを示すだろう。他方で直観は、それ固有の働きによって、知性の枠組みの代わりに置かねばならないものについての漠たる感情をわれわれに示唆するだろう。このようにして直観は知性に、生命が完全には「多」のカテゴリーにも「一」のカテゴリーにも入りはしないこと、機械論的因果性も合目的性も生命の過程について十分な翻訳を与えないことを認めさせうるだろう。次に直観は、それがわれわれと他の生物の間に立てることになる共感的伝達によって、また、われわれの意識を膨張させることによって、われわれを、相互浸透、無際限に続けられる創造という生命固有の領域に導き入れるだろう。しかし、かくして直観が知性を乗り越えるとしても、直観を今の位置まで押し上げた衝撃は知性から発せられることになるだろう。知性がなければ、直観は、本能という形で、実践的に利害関係のある特定の対象に釘付けになり、その対象によって移動運動として外面化されたままになっていただろう。

認識論がこれら二つの能力、知性と直観をいかにして考慮しなければならないか、また、知性と直観を十分明確に区別しないと、いかにして認識論が観念の幻影を生み出し、そこに更に諸問題の幻影が絡み付いていて、解決不可能な困難に巻き込まれてしまうかを、これらの点をわれわれは少し後で示すべく努めたい。この角度から捉えると、認識の問題は形而上学的な問題と一体化しており、そのときどちらの問題も経験の管轄に属するものであることがやがて分かるだろう。一方で、実際に知性が物質に適合させられ、直観が生命に適合させられているなら、これらの対象の精髄を抽出するためには、それらを圧縮しなければならないだろう。したがって形而上学は認識論に依存していることになろう。しかし他方で、意識がそのように直観と知性へと分裂したのであれば、それは、生命の流れを辿ると同時に、物質に自分を適用する必要があってそうしたのである。こうして、意識の二重化は実在の二重の形式に起因することになるだろう。そして認識論は形而上学に依存しなければならないだろう。実を言えば、これらの探求の一方は他方へと導かれるのである。これらは円環をなし、この円環の中心は進化の経験的な研究以外にありえない。意識が物質を横切って突き進み、そこで自分を見失い、そして再び自分を見出すのを見て初めて、われわれはそれらの対立について、そしておそらく同様にそれらの共通の起源について観念を形成することになるだろう。しかし他方で、それら二つの要素が対立すること、そして起源が共通であることに依拠して、われわれはおそらく、より明確に進化そのものの意味＝方向を抽き出すことになるだろう。

以上が次章でのわれわれの目的になるだろう。とはいえ、われわれが検討してきた事実がすでに、生命を意識に、あるいはそれに似た何かに結びつける考えを示唆しているだろう。

すでに述べたように、動物界の全領域で、意識は生物が持つ選択能力に釣り合ったものとして見える。意識は行為〔現働的なもの〕を取り巻く潜在的なものの地帯を照らし出す。意識は、実際に行われるものと行われうるものとの間の隔たりの尺度になっている。それゆえ意識は、外から検討されると、行動の単なる付属物、行動がともす光、つまり実際の行動が諸々の可能的行動との間に起こす摩擦から生じる束の間の火花とみなされることもあるだろう。しかし、たとえ意識が帰結ではなく原因であるとしても、ものごとは全く同じように起こるだろう、ということを指摘しなければならない。最も未発達な動物においてさえ、意識は権利的には広大な領域を覆っているが、事実的には一種の万力のようなもので締め付けられている、と仮定できるだろう。神経中枢の発達はそれぞれ、有機体により多くの行動を選択肢として与え、現実的なものを取り巻くことのできる潜在的なものへ呼びかけを発し、それによってその万力を緩めて、より自由に意識を通過させるだろう。この第二の仮説の中でも、第一の仮説と同様に、意識は確かに行動の道具だろう。いや、行動が意識の道具であると言った方がより真実に近いだろう。なぜなら行動同士を組み合わせて複雑化させ、それらを争わせることが、囚われの身の意識にとってはおそらく、みずからを解放する唯一の可能な手段だからである。どのようにして、これら二つの仮説のうちどちらかを選べばよいだろうか。もし第一の仮説が真であるなら、意識は毎瞬間正確に脳の状態を描くだろう。心理的状態と脳の状態の並行関係《パラレリスム》は（それが知性によって理解可能な範囲で）厳密なものとなろう。逆に第二の仮説では、脳と意識の間に、強い結び付きが、相互依存が存在することになるだろうが、それは並行関係ではない。脳が複雑になればなるほど、したがって、有機体が選択する可能的な行動の数が増えれば増えるほど、意識は物理的付随物からより大きくはみ出すはずだろう。したがって、ある同じ光景を犬と人間が目撃することになったら、以前の知覚が同じであった場合、その記憶はおそらく同じ仕方で彼らの脳を変化させるだろう。けれども、その記憶は人間の意識において、犬の意識におけるその記憶とは全く別物であるはずだろう。犬において、記憶は知覚に捕らわれたままだろう。記憶が目覚めるのは、同じような知覚が同じ光景を再現しながらその記憶を想起するときだけだろう。そしてそのとき記憶は、記憶そのものの真の再生ではなく、現在の知覚の再認、考えられているというよりはむしろ演じられている再認を通して現出するだろう。逆に、人間は記憶を、好きなように、好きなときに、現在の知覚から独立して思い出すことができる。人間は過去の生を演じるにとどまらず、その生を表象し、夢見る。思い出が結び付いている脳の局在的な変化はどちらでも同じであるが、二つの思い出の心理的な相違の理由は、脳のメカニズムの細部に係るこれこれの相違のうちにはありえず、二つの脳を全体として捉えたときの差異のうちにある。二つの脳のうち複雑な方は、より多くのメカニズムを互いに争わせて、意識がメカニズムのいずれの束縛からもみずからを解放し、独立を獲得するに至るのを可能ならしめる。ものごとがこのように起こっていること、二つの仮説のうち、二番目のものこそ選ばなければならない仮説であること、これらを、われわれは前の仕事で、意識の状態の脳の状態に対する関係を最も浮き彫りにする事実、つまり通常の再認と異常な再認の事実、とりわけ失語症を研究することによって証明しようとした(74)。しかし、推論によってもまた同じくこのことを予見できただろう。脳の状態と心理的な状態が等価であるという仮説は、どのような自己矛盾した公準に、どのような両立不可能な二つの象徴性に依拠しているのかを、われわれは示したのである。(75)

この観点から検討すると、生命の進化は、真の観念の一つに数え入れることはできないとはいえ、より明確な意味を持ってくる。ある大きな意識の流れが、あらゆる意識と同様に、相互浸透した莫大な数の潜在性を帯びて、物質に浸透したかのように、すべては進行する。その流れが物質を有機的組織化に導いたのだが、その運動は物質によって、無限に遅らされると同時に、無限に分割された。一方では実際、意識は、繭の中で翅を準備する蛹のように、まどろまなければならなかったし、他方では、意識が内に秘めた多数の傾向は、分岐する有機体の系列に分配された。もっとも有機体は、これらの傾向を表象に内面化するのではなく、運動へと外面化した。この進化の途中で、徐々に深く眠りに落ちるものがいる一方で、徐々に完全に覚醒するものがいた。一方の麻痺状態は他方の活動に役立った。しかし、目覚めは二つの異なった仕方で行われえた。生命、つまり物質を横切って放たれた意識は、一方では自分自身の運動に、他方では自分が横切る物質に注意を固定した。このようにして、生命は一方で直観の方へ、他方で知性の方へ向かったのだ。直観は最初には知性よりずっと好ましいもののように思える。というのも、そこでは、生命と意識はそれら自身にとって内面的なままにとどまるのだから。しかし、生物たちの進化の光景が示してくれるように、直観はそれほど遠くまで行けなかった。直観の側では、意識は自分の殻によって締めつけられていたので、直観を本能へと狭めなければならなかった。つまり、自分と関係がある生命のきわめてわずかな部分しか把握することができなかった——しかも、ほとんど見ることなくその部分に触れながら、暗がりの中で把握するのである。こちらの側では、地平は直ちに閉じられてしまった。逆に、自分を知性として規定する意識、つまり、まず物質に集中する意識は、そうすることでみずからを外面化しているように見える。しかし、自分の外にある対象にみずからを適応させるという理由で、この意識は、それらの対象の中を徘徊し、それらが突きつける諸々の障害を避けて、自分の領域を無際限に拡張するに至る。さらに、その意識は、いったん解放されると、再び内部へと向かい、自分のうちでまだ眠っている直観の潜在性を目覚めさせることができる。

この観点に立つと、意識は進化の動的な原理として現れるが、それだけではなく、意識的存在そのものの中で、人間はある特権的な場所を占めることになる。動物と人間の間には、もはや程度の差異ではなく、質の差異が存在することになる。次章でこの結論を引き出す前に、どのようにここまでの分析がこの結論を示唆しているのかを示そう。

発明の諸々の結果と発明そのものとの並外れた不釣合いは、注目に値する事実である。前に述べたように、知性は物質に合わせて型どられており、何よりも先に製作を目指す。しかし、知性は製作のために製作しているのだろうか。そうではなく、意図せず、あるいは無意識的に、全く別のものを追求しているのではないだろうか。製作とは、物質に形を与え、物質を解《ほぐ》し、撓《たわ》めること、物質を道具に変えてその主人たらんとする。この支配こそ、発明そのものの物質的な結果よりもずっと、人間の利益となるものなのだ。たとえわれわれが、知性的な動物なら可能なように、製作したものから直接的な利得を引き出すとしても、たとえこの強みこそ発明者が探して求めていたもののすべてだとしても、発明が至る所から生じさせることができる新しい観念、新しい感情に比べれば、この利得は取るに足らないものであって、それはあたかも、発明の本質的な結果がわれわれを高めて自分自身を超えさせ、それによって、われわれの地平を拡張することであるかのようだ。結果と原因との不釣合いが、ここではあまりにも大きく、原因を、結果を生み出すものとみなすのが難しいくらいである。そうではなく原因は、それが結果にその方向を割り当てるのは確かだが、そうすることで結果を始動させているのである。要するに、あたかも知性による物質の掌握の主要な目的が、物質が停止させられた何かを通過させることであるかのように、すべては進行しているのだ。

人間の脳と動物の脳を比較しても同じ印象が得られる。差異は最初、容量と複雑さの違いでしかないように見える。しかし、機能から判断すると、更に別の何かが存在していなければならない。動物において、脳が設置するに至る運動のメカニズムは、言い換えれば、動物の意志が身に付ける習慣は、これらの習慣に描かれ、これらのメカニズムに蓄積されている運動を遂行すること以外に、何の目的も結果も持たない。けれども、人間において、運動習慣は、第一の結果といかなる共通の尺度も持たない第二の結果を持ちうる。ある運動習慣は他の運動習慣を失敗に終わらせ、それによって自動機械を手なずけながら、意識を解放するのである。言語が人間の脳でどれだけ広大な領域を占めているかは、周知の通りである。言葉に対応している脳のメカニズムには、例えば事物そのものに対応している他のメカニズムと争ったり、自分たち同士で争いあったりするという特殊な点がある。意識は、行為の遂行に引きずり込まれ、そこで溺れていたかもしれないのだが、この争いの間にみずからを取り戻し、解放するのである。(76)

したがって件の差異は、表面的な検討が信じ込ませるよりも根本的なものであるはずだ。それは、注意を捉えて離さないメカニズムと、そこから注意を逸らすことのできるメカニズムとの間に見出されるだろう差異である。ニューコメンが考えていたような原始的な蒸気機関では、蒸気をシリンダーに送ったり、蒸気を凝縮させる冷たい水を注いだりするため、栓の操作専門の人間が装置の前にいなければならなかった。聞くところでは、この仕事に雇われていたある子供が、それにほとほと飽きて、栓のハンドルを紐で機械の棹の部分に結びつけることを思いついた。それ以来、その機械は、栓を自分で開いたり閉じたりするようになった。それは一人で働くようになったのである。さて、ある観察者が、見張り役の二人の子供を考慮に入れることなく、最初の機械の構造と二番目の機械の構造を比較するとしよう。そのとき彼が二つの構造の間に見つけるのは、わずかな複雑さの差異だけだろう。機械しか見ていないとき、実際気づくことができるのはそれだけである。しかし、もし子供たちに眼を向けるなら、一方の子供は見張りに注意を奪われていて、もう一人は自由に気の向くまま遊んでいること、二つの機械の相違はこの点からすると根底的なものであることが分かる。最初の機械は注意を引き留めて、それにかかりきりにさせ、後の機械は注意に暇を出す。同じ種類の差異が、動物の脳と人間の脳の間に見つかるとわれわれは思う。

要するに、合目的性の言葉で言い表そうとすると、次のように言わなければならないだろう。「意識は、自分自身を解放するために、有機的組織化を二つの補完し合う部分、つまり一方で植物、他方で動物に分けざるをえなかった。その後、意識は出口を、本能と知性の二重の方向に探した。意識は本能の方に出口を見つけることはなかったが、知性の側でも、動物から人間への突然の跳躍によって初めて出口に辿り着くことができた」。その結果、つまるところ、人間は、われわれの惑星における生命の有機的組織化全体の存在理由であることになろう。しかし、これは単なる一つの言い方にすぎないだろう。現実には、ある存在の流れとそれに対立する流れがあるのみである。そこから生命の進化全体が生じる。今や、われわれは、これら二つの流れの対立を詳細に検討しなければならない。おそらくそれらに、共通の源泉を発見することになるだろう。それによって、われわれはおそらく形而上学の最も不分明な領域に入り込むことにもなろう。しかし、われわれが辿らねばならない二つの方向は、一方で知性に、他方で本能と直観に徴されているのだから、道に迷う心配はない。生命の進化の光景は、ある認識についての考え方とある形而上学を示唆しており、この二つは互いに含み合っている。この形而上学と批判がいったん引き出されれば、今度はそれらが、進化の全体に光を投げかけうるだろう。

# 第3章　生命の意義について　自然の秩序と知性の形式

## 従うべき方法

第1章の途中で、われわれは無機的なものと有機的なものの間に境界線を引いたけれども、われわれが示したのは、物質の無機物への分割はわれわれの諸感覚と知性に相対的であること、物質は、不可分な全体として検討されると、事物というよりはある流れでなければならないことだった。それによって、われわれは、不活性なものと生きているものを接近させる道をいくつか準備した。

他方、第2章で示したのは、知性と本能の間にも同じ対立が見いだされること、つまり本能は生命のある規定に適合させられているのに対して、知性は原物質の形状に象られていることであった。しかし、われわれが付け加えたように、本能と知性はどちらも、ただ一つの基底から浮かび上がってくるもので、この基底は、他によい言葉がないので、〈意識一般〉と呼んでよいだろうが、それは普遍的な生命と外延を同じくするに違いない。このことによってわれわれは、知性を包む意識から出発して、知性を生み出す可能性を垣間見させた。

したがって、物体の発生と同時に知性の発生を試みる時が来たことになるだろう。われわれの知性の主要な線が、物質に対する行動の一般的な形式を描いていて、物質の詳細は行動の要求に従っているというのが真実なら、これら二つの発生の試みは明白に相関的なものである。知性性と物質性の詳細は、互いに適応することで構成されたのだろう。どちらも、より広くより高い一つの存在形式から派生するだろう。まさにそこに知性性と物質性を置き直して、両者がそこから出てくるのを見なければならないだろう。

そのような試みは、一見したところ、大胆さという点では、形而上学者たちの最も大胆な思弁を凌駕するかに見えるだろう。この試みは、心理学より、宇宙発生論より、伝統的な形而上学より先に進むと主張するだろう。なぜなら、心理学、宇宙論、形而上学は、知性をその形式と質料において生み出すことが問題であるのに、この試みは知性の本質的なものを措定することから始めるからだ。実際この試みは、これから示していくように、ずっと穏当なものである。しかし、まずは、それが他のものとどこが違うか述べることにしよう。

心理学から始めるとして、心理学が、知性の漸進的な発達を動物の系列を通して辿るとき、それは知性を生み出していると思ってはいけない。比較心理学が教えてくれるように、動物は、知性的になるにつれて、事物を用いる際の諸行動を反省する傾向を強め、かくして人間に近づいていく。しかし、動物の行動は、それ自体ですでに、人間の行動の主要な線を採用していた。動物の行動は、われわれ人間が見分けるのと同じ一般的な方向を、物質的世界のうちで見分けていたのだし、われわれ人間の場合と同じ関係によって結び付けられた同じ対象に依拠していた。したがって、動物の知性は、真の意味での概念は形成しないにせよ、すでにしてある概念的な雰囲気の中で動いている。動物の知性は、自分から生じる行為や姿勢にあらゆる瞬間没頭していて、それらを介して外に心惹かれ、かくしてみずからを外化しているのだが、そうした知性はおそらく表象を思考するのではなく、演じているのだ。少なくともこの演技は、すでにおおまかに人間の知性の図式を描いている。それゆえ、人間の知性を動物の知性によって説明することは、単に人間の萌芽を発達させて人間にすることにすぎない(77)。ある一つの方向が、より知性的になっていく存在によって、いかにしてより遠くまで辿られたかが示されているのである。しかし、この方向が措定されている以上、知性は与えられているのだ。

スペンサーが展開するような宇宙発生論においても、知性は与えられている。それと同時に物質が与えられているように。物質は諸法則に従い、対象同士、事実同士は一定の関係によって結ばれていて、意識がこれらの関係と法則の刻印を受け取っていることが示されるのだが、かくして意識は自然の一般的な形状を採用して、みずからを知性として規定する。しかし、対象と事実を措定するや否や、知性を想定することになるのが、どうして分からないのだろうか。ある物体の物質性は、われわれがそれに触れる点で終止しないことは、物質の本性についてのどんな仮説とも無関係に、アプリオリに明白である。物体は、その影響が感じられるところならどこにでも現前している。さて、物体の引力は、引力についてしか述べないとしても、太陽に対して、諸々の惑星に対して、そしておそらく宇宙全体に対して働いている。他方で物理学は、進歩するに従って、物体の個体性を消去し、さらには、科学的な想像力による物体の最初の分解の所産たる粒子の個体性さえも消去する。物体と微粒子は、徐々に普遍的な相互作用の中に溶け込んでいく。われわれの知覚は、事物そのものの素描よりも、その事物に対するわれわれの可能的な行動の素描を与える。われわれが対象に見つける輪郭が示しているのは単に、その対象のうちで到達できるもの、変化させることができるものでしかない。われわれは、物質を横切って諸々の線が引かれているのを見るが、これらの線上をわれわれは移動するよう促されている。意識の物質に対する行動が準備されるに従って、つまり、知性が構成されるに従って、これらの輪郭や通路は強調されていった。例えば、軟体動物や昆虫のように、われわれとは別の構想に従って構築された動物たちが、われわれと同じ分節に従って物質を切り分けているかどうかは疑わしい。それらの動物には、物質を物体に分断する必要さえない。本能の指示に従うためには、対象を知覚する必要はなく、性質を見分ければいいのである。逆に知性は、最も低次の形態においても、すでに物質を物質に作用させようとする。物質が何らかの側面で、作用を及ぼすものと及ぼされるものへと、もっと単純には、相異なるものとして共存する断片へと分割されることに適しているなら、知性はこの側面から物体を眺めるだろう。そして知性は、分割に専念すればするほど、ある物質――おそらく空間性をめざしてはいるが、依然としてその諸部分は相互内含、相互浸透の状態にある――を、空間内で、ある延長と他の延長との併置という形式で展開することだろう。精神をしてみずからを知性として、つまり判明な概念として規定させるに至る運動によって、物質は互いに外的な対象へと分割される。意識が知性化するに応じて、物質は空間化する。つまり、進化論哲学が空間内で、われわれの行動がやがて辿ることになる線に従って切り分けられた物質を表象するとき、この哲学は、知性を生み出すと言っていたのに、前もって、できあがった知性を措定しているのである。

形而上学が、思考のカテゴリーをアプリオリに演繹するときに没頭している仕事は同じ種類のものであるが、より精緻で、より意識的である。人は知性を圧縮し、精髄に連れ戻し、空虚とも思えるほど単純な原理に知性を押し込める。次にこの原理から、かつて潜在的に置いておいたものを引き出す。これによって、人はおそらく、知性に自己矛盾はないことを示し、知性を定義し、その定式を与えるだろうが、知性の発生を辿り直すことは決してない。フィヒテが行ったような試みは、事物の真の秩序をよりいっそう尊重している点で、スペンサーの試みよりも哲学的であるけれども、スペンサーの試みより遠くまでわれわれを導くことはほとんどない。フィヒテは凝縮した状態で思考を取り上げ、それを膨張させて実在にする。スペンサーは外的な実在から出発して、それを知性へと再び濃縮する。とはいえ、いずれの場合にも知性をたてることから始めねばならない。ただ、知性は一方では凝縮されていて、他方では開花しており、また一方では、知性は直接的な像《ヴイジヨン》によって、それ自身において把握されているのに対して、他方では、鏡の中に自分の姿を見るのと同じような仕方で、反射させることによって自然の中で捉えられる。

この点について大多数の哲学者たちの見解が一致しているのは、彼らが、自然の統一を肯定すること、この統一を抽象的、幾何学的な形式で表象することで一致しているからである。彼らは、有機物と無機物の間に断絶を見ないし、見ようともしない。ある者は、無機物から出発して、それらを組み合わせて複雑にすることで、生命的なものを再構成すると主張する。また別の者は、まず生命をおき、巧妙に整えられたデクレッシェンド〔漸減〕によって、原物質へと進む。しかし、どちらにとっても、自然の中にあるのは、程度の差異——最初の仮説では、複雑さの程度、後の仮説では、強さの程度——だけである。いったんこの原理が認められると、知性は現実的なものと同じ広さを持つことになる。なぜなら、諸事物に含まれた幾何学的なものが人間知性にとって完全に接近可能であるのは、反論の余地がないからだ。そして、幾何学と残りのものの連続性が完全である場合、残りのものもすべて、同じく知性によって理解可能なものとなり、同じく知性的なものとなる。以上が大部分の体系的学説の公準である。たとえば、スペンサーとフィヒテの教説のように——この二人の名前を先ほど挙げたのは偶々であるが——、接触する点も共通の尺度もないように見える学説同士を比べれば、苦もなく以上のことに納得がいくだろう。

それゆえ、これらの思弁の底には二つの（相関的、補完的な）確信がある。自然は一つである、知性の機能はそれ全体を把握することである、との確信が。認識能力は、経験全体と外延が同じであるとすでに想定されているので、それを生み出すことはもはや問題にはなりえない。人は、認識能力を自分に与え、地平線を見渡すために視覚を使うのと同じ仕方で、認識能力を使う。確かに、結果の価値については意見が分かれるだろう。ある者たちにとっては、知性が理解するのは実在そのものであるし、別の者たちにとっては、その幻影にすぎない。しかし、幻影であれ実在であれ、知性が把握するものは、把握可能なものの全体であるとみなされている。

それによって、個人的精神の力への、哲学の行き過ぎた信頼が説明される。独断的なものであれ批判的なものであれ、われわれの認識の相対性に同意するにせよ、絶対的なものの中に身を置くと主張するにせよ、哲学は一般的に、一人の哲学者の作品であり、全体についての唯一で包括的な像《ヴィジョン》である。哲学は取るか捨てるかのいずれかなのである。

われわれが要求する哲学は、もっと控え目なもので、かつ、補完、改良が可能な唯一のものでもある。われわれが表象するような知性は、決して、プラトンが洞窟の寓話の中で示したような知性ではない。知性の機能は、空しい影が通り過ぎるのを見つめることでも、振り返ってまばゆい太陽を眺めることでもない。知性には他に為すべきことがあるのだ。われわれは、作業用の牛のように、つらい仕事に繋がれ、筋肉や関節の働きを感じ、鋤の重さや地面の抵抗を感じている。行動し自分が行動しているのを知ること、実在と触れ、そして実在を生きること——ただし、果たされた仕事ならびに掘り起こされた畝が実在にとって重要なものである限りで——これこそ人間知性の機能である。しかし、ある恵み多き流れがわれわれを潤しており、そこでわれわれは働く力、生きる力そのものを汲み上げる。われわれが浸っている、この生命の大洋から、われわれは絶えず何かを吸い上げている。われわれは、自分の存在が、少なくともそれを導く知性が、そこで、ある種の局所的な固形化によって形成されたのを感じる。哲学とは、全体へともう一度みずからを溶かし込む努力以外のものではありえない。知性は、自分の原理に吸収されながら、自分自身の発生をもう一度逆の方向から生き直すことになるだろう。しかしこの試みを一気に仕上げることはもはやできないだろう。それは、必然的に、共同で漸進的に行われる試みとなるだろう。それは印象の相互交換に存することになるだろう。互いに矯正し合い、重なり合いながら、これらの印象は最後にはわれわれのうちにある人間性を膨張させ、この人間性に自分を超えさせるに至るだろう。

しかし、この方法に精神の最も根深い習慣が歯向かう。この方法はすぐに悪循環の観念を思い起こさせる。人はわれわれに言うだろう。「知性より先に進むと主張されていますが、それは無駄です。そのためには、知性そのものを使うしかないではありませんか。あなたの意識の中ではっきり照らされているのは、知性だけです。あなたは思考の内部にいて、そこから出ることはないでしょう。お望みとあれば、知性は進歩可能だとか、知性はより多くの数の事物をより明晰に見ることになるとか、言ってもらって構いません。しかし、知性を生み出すなどと言わないでいただきたい。なぜなら、あなたは、ご自分の知性を使って、知性を生み出すことになるからです」。

この反論は自ずと精神に浮かぶものである。とはいえ、そのような理屈を使えば、いかなる新しい習慣も獲得できないことが証明されるだろう。所与の循環にわれわれを閉じ込めるのが、理屈〔推論〕の本質である。しかし、行動はこの循環を打ち破る。もしあなたが、人が泳ぐところを一度も見たことがなかったなら、私にこう言うだろう。「泳ぐなんて不可能なことです。泳ぎ方を覚えるためには、まず、水の上に浮かんでいなければならないでしょう。ということは、すでに泳ぎ方を知っていなければならないからです」。理屈は、実際、いつまでもわれわれを硬い大地の上に釘付けにするだろう。しかし、もし私が怖がらずにただ水の中に飛び込んだら、最初は水と格闘しながらどうにか水の上に浮かんでいられるようになり、少しずつこの新しい環境に適応して、泳ぐことを覚えるだろう。こうして、理論上は、知性以外の仕方で知ろうとすることにはある種の不合理があるのだが、率直に危険を受け容れるなら、おそらく行動は、理屈が自分で結んでおきながら解くことのない結び目を断ち切るだろう。

それに、われわれが身を置く視点を取り入れるに従って、その危険は小さくなっていくように思えるだろう。われわれが示したように、知性はより広い実在から浮かび上がり離れていったが、それらの間にはっきりとした断絶が存在したことは一度もなかった。概念的思考の周りに、その起源を思い起こさせる漠たる暈がまだ残っている。さらに、われわれは知性を、濃縮によって形成されたであろう硬い核に譬えた。この核はそれを取り囲む流体と根本的に異なっているわけではない。この核がそこに再び吸収されるとしても、それは両者同じ実質からできているからでしかない。硬い大地の抵抗しか知らずに、水に飛び込む者が、もし、新しい環境の流動性と格闘しなかったら、すぐに溺れてしまうだろう。いわば、水が再び彼に差し出す硬いものに、しがみ付かざるをえないのである。この条件でのみ、最後には、流体の捉えどころのなさに順応できるようになる。跳躍することに決めた思考についても同じことが言える。

しかし、われわれの思考は跳躍しなければならない。つまり、自分の環境から抜け出さなければならない。理性は、自分の能力について考えても、それらを拡張するに至ることは決してないだろう。とはいってもこの拡張がいったんなされれば、非合理なものには全く見えない。歩く、という主題の変奏曲を何千回演奏したところで、そこから泳ぐための規則を引き出すことはないだろう。水の中に入ってもらいたい。あなたが泳げるようになったとき、泳ぐことのメカニズムが歩くことのメカニズムに結びついていることを理解するだろう。泳ぐことのメカニズムは歩くことのメカニズムを延長したものであるが、後者があなたを前者に導いてくれることはないだろう。これと同じように、あなたは望むだけ知性的に知性のメカニズムについて思弁をめぐらすことはできるが、この方法によって、このメカニズムを乗り越えることは決してないだろう。あなたはより複雑なものを手にすることになるだろうが、優れたものや、単に異なるものさえ、手にすることはないだろう。ことは急がなければならない、ある意志の行為によって、家でくつろいでいる知性を外へ押し出さなければならないのだ。

したがって、悪循環は見かけのものでしかないことになる。これとは全く異なる哲学の方法に従うと、逆に悪循環は現実のものになるとわれわれは思う。以上のことをわれわれはごく簡単に示したい。だが、それは結局、純粋な知性主義によって確立される、認識についての理論と認識されるものについての理論の関係、形而上学と科学の関係を哲学は受け容れることができないし、受け容れてはならないということを証明することにしかならないだろう。

## 科学と哲学

一見すると、事実の考察は実証科学に委ねる方が賢明であるように思えるかもしれない。

物理学と化学は原物質に専念するだろうし、生物学的で心理学的な諸科学は生命の様々な現出を研究するだろう。そのとき、哲学者の仕事ははっきりと限定される。哲学者は学者の手から、諸々の事実と法則を受け取る。そして、ある場合には、それらを乗り越えて、その深い原因に到達しようとする。あるいは、それ以上進むのは不可能だと思い込んで、そのことを科学的知識の分析によって証明する。しかしどちらの場合も、哲学者は、科学が渡してくれた諸々の事実や関係に対して敬意を示す。すでに判決が下された物事に対して払うべき敬意を。この知識に、彼は、認識能力の批判を重ねるだろうし、もしもの場合には形而上学をも重ねるだろう。認識そのもの、それもその物質性については、哲学者はそれを科学の仕事とみなし、哲学の仕事ではないと考える。

しかし、ここで主張されている分業が、すべてをかき乱し、混同することになるのがどうして分からないのか。哲学者が自分の仕事として取り置いた形而上学や批判を、彼はすっかりできあがった形で、実証科学から受け取ることになる。この形而上学や批判は、哲学者がその配慮を全面的に学者に委ねた記述や分析にすでに含まれていたのだ。最初から事実の問題に口出ししようとしなかったので、哲学者は、原理の問題に取り組むとき、科学の実在に対する姿勢そのものが描く、無意識的な、したがって一貫性に欠ける形而上学を、単により正確な言葉で定式化する羽目になる。自然の事実と人間の事実の見かけの類似にだまされないようにしよう。われわれはここで司法の領域にいるのではない。司法の領域では、事実の記述と事実の判断は二つの異なる事象である。その理由は単に、事実の上に、事実から独立して、立法者によって作成された法が存在するからだ。しかし、ここでは、諸法則は事実の内部にあり、実在を相異なる諸事実に切り分けるために辿った諸線と相対的である。対象の外観を記述するときには、必ずその奥底にある本性ならびにその有機的組織化について予断を下すことになる。形式はもはや完全に質料から切り離すことができない。まずは哲学のために原理的諸問題を取り置き、そうすることで、破棄院を控訴院や重罪院の上に置くように、哲学を科学の上に置こうと欲した人は、徐々に、哲学をもはや単なる書記局でしかないものにしてしまうだろう。書記局の役割はせいぜい、送られてきた最終判決を、より正確な言葉で文書に起こすことでしかない。

実際、実証科学は純粋な知性の作品である。ところで、われわれの知性についての考え方を受け容れるにせよ、拒絶するにせよ、誰もがわれわれに同意するであろう点が一つある。それは、知性が無機的な物質を前にしたとき、とりわけくつろいでいられるということである。知性は機械的発明によってますますうまくこの物質を利用するし、物質を機械的に考えれば考えるほど、ますます知性にとってこの機械的発明は容易になる。知性はみずからのうちに、自然な論理学の形で、幾何学的に考える潜在的な傾向を携えていて、この傾向は、知性が不活性な物質の内奥に入り込むに従って明らかになっていく。知性はこの物質に合わせて調律されていて、だからこそ、物理学と原物質の形而上学はきわめて近しいのだ。さて、知性が生命の研究に手をつけるとき、必然的に知性は、生体を不活性なものとして取り扱う。この新しい対象に同じ形式を適用し、この新しい領域に前の領域でよい結果をもたらした習慣を持ち込むのである。知性がそうするのももっともである。なぜなら、この条件でのみ、生体は、われわれの行動に不活性な物質と同じ手がかりを与えることになるからだ。しかし、このようにしてわれわれがそこに達する真理は、われわれの行動能力に全面的に依存したものとなる。それはもはや象徴的な真理でしかない。この真理は、われわれがその外的側面しか検討しないことにアプリオリに取り決めているある対象へと物理学を拡張したものにすぎないから、物理学的な真理と同じ価値を持ちえない。したがって、哲学の務めは、真に知性的な形式と習慣から抜け出して、この領域に積極的に介入し、実践において利用しようなどという下心を持つことなく、生体を吟味することであろう。哲学の目的は、観想すること、つまり見ることである。生体に向き合う哲学の態度は科学の態度と同じものではありえないだろう。科学は行動だけを目指しており、不活性な物質を介してのみ行動が可能になるので、残りの実在をもこの唯一の側面から検討する。哲学が実証科学に物理的事実を任せたのは正当なことであるが、これと同じように、哲学が実証科学だけに生物学的事実と心理学的事実を委ねたら、一体どんなことが起こるだろう。自然全体についての機械的な考え方、物質的欲求から生じた、無反省な、無意識的でさえある考え方を、アプリオリに哲学は受け容れることになろう。知識の単なる統一と自然の抽象的な統一の学説を、アプリオリに哲学は受け容れることになろう。

したがって、哲学はすでにできあがったものとなる。哲学者は独断論か懐疑論のどちらかを選ぶしかない。これらは、実は同じ公準に立脚していて、実証科学に何も付け加えることなき形而上学である。哲学者は自然の統一を、あるいは同じことになるが、知識の統一を、ある場合には、何も為さないがゆえに何でもないような存在へと、あるいは、単純に所与の全体を自身のうちに要約しているだけの実効力なき神へと、あるいは、諸事物の諸々の性質と自然法則がそこから流れ出るような永遠なる質料へと、あるいはさらに、把握不可能な多様性を把握せんとし、望むがままに自然の形式にも思考の形式にもなるような純粋形式へと実体化できるだろう。これらの哲学はすべて、言葉こそ様々に異なるとはいえこう言うだろう。「科学が生きているものを不活性なものとして扱うのはもっともだ。知性が不活性な物質においてくつろいでいようが、生命にぶつかっていこうが、知性が自分のカテゴリーを適用して到達する諸々の結果の間には、いかなる価値の相違もなければ、行われるべき区別もない」。

しかし、多くの場合、人はこの枠組みが軋むのを感じている。それだけではない。不活性なものは、組み込まれる枠組みに前もって適応しているのに対して、生体は、その本質を除去するような規約によって初めてこの枠組みに収まることが可能になるにもかかわらず、不活性なものと生体を区別することから始めなかったがために、この枠組みが含んでいるものすべてに対しても同じ疑惑がかけられることになる。科学のまがいものの統一を絶対的なものに仕立て上げた独断論は、今や懐疑論もしくは相対主義によって引き継がれ、それらは、科学の結果のいくつかが持つ人為的な性格を、科学の結果すべてに普遍化し拡張するだろう。このようにして、哲学は今や、絶対的な実在を不可知なものとみなす学説と、この実在について観念を与えはするものの、科学が述べたより以上のことは言わない学説との間を揺れ動くことになるだろう。哲学と科学の間のあらゆる争いを未然に防ごうとしたため、人は哲学を犠牲にするだろうが、それによって科学がたいしたものを得たわけではない。知性を乗り越えるために知性を用いることに存する、見かけの悪循環を避けようとしたため、人はまさに本物の循環に陥ることになるのだが、この本物の循環は、まずアプリオリにある統一を措定しながらも、その統一を形而上学のうちに苦労して再び見出すことであって、この統一はというと、経験全体を科学に、実在的なもの全体を純粋悟性に委ねたというただそのことによって、盲目的に、無意識的に認められたものなのだ。

これとは逆に、不活性なものと生体との間に境界線を引くことから始めよう。そうすれば、不活性なものは自然に悟性の枠組みに収まるが、生体は人為的にしかこの枠組みに合わないこと、したがって、生体に対して特別な態度をとり、実証科学とは違う眼でそれを検討しなければならないことが分かるだろう。このようにして、哲学は経験の領域に侵入する。それまでは係りがなかった多くのものに、哲学は介入する。科学、認識論、形而上学は同じ領域に導かれることになる。それによって、初めは三者の間に混乱が生じるだろう。初めは、この領域ではいずれもが何かを失ってしまったように思うだろう。しかし最後には、それらはどれも、この出会いから利益を得ることになるだろう。

実際、科学的認識は、経験の領域全体で自分の主張に一様な価値が付与されることを、鼻にかけてもおかしくなかった。しかし、まさに、そのすべての主張が同列に置かれたという理由で、それらの主張は同じ相対性によって汚される結果になった。われわれがぜひ必要と考えた件の区別から始めれば、事情はもはや同じではないだろう。不活性な物質の領域では、悟性はくつろいでいられる。この物質に対して人間の行動は本質的に行使されるが、前に述べたように、行動は非現実的なものの中では動くことができない。したがって、物理学についてその一般的な形式だけを考えてその実現の細部を考えないならば、物理学は絶対的なものに触れている、と言うことができる。逆に科学が、原物質に対して持っている手がかりに類似した手がかりを、生体に対して獲得するとしても、それは偶然によって――お好みに応じて、幸運によってと言ってもいいし、規約によってと言ってもいい――獲得するのである。ここでは、悟性の枠組みの適用はもはや自然なものではない。科学的な意味で、適用が合法的ではないと言いたいわけではない。もし、科学が、諸事物に対するわれわれの行動を拡張しなければならないとすれば、もし、われわれが、不活性な物質を道具として使わないと行動できないとすれば、科学は不活性なものを扱った仕方で、生体を扱い続けることができるし、またそうしなければならない。しかし、科学が生命の深みを進むにつれて、科学が与える知識は象徴的なものになり、行動の偶然性に依存したものとなることが分かるだろう。それゆえ、この新しい領域で、哲学は科学のあとを辿って、科学的真理に、形而上学的と呼べるような別の種類の知識を重ね合わせねばならないだろう。その結果、科学的認識にせよ、形而上学的認識にせよ、われわれのあらゆる認識が立ち直る。絶対的なものの中で、われわれは存在し、動き回り、そして生きている。絶対的なものについてのわれわれの知識はおそらく不完全なものであるが、しかし外的なものでも相対的なものでもない。科学と哲学が結び付いて漸進的に発達することによって、われわれが到達するのは、存在そのものの深みである。

悟性が外から自然に押し付けるまがい物の統一をこのように捨ててしまえば、われわれは、自然の内的で生き生きとした真の統一を再び見出すだろう。なぜなら、純粋な悟性を乗り越えるために行う努力によって、われわれはより広い何かに導かれるからだ。われわれの悟性はこのより広い何かにおいて切り取られるもので、そこから切り離されなければならなかった。物質は知性に合わせられており、また、物質と知性の間には明白な一致が存在する以上、一方を生み出すときには、必ず他方をも発生させることになる。同一の過程が、知性と物質を同時に、それら両方を含んでいたある生地から切り取らねばならなかったのである。われわれは、純粋な知性を超越する努力を行うのに応じて、この実在の中により完全に再び身を置くことになるだろう。

## 知性と物質性

そこで、われわれが有する、最も外部から切り離されると同時に最も知性性が浸透していないものに集中してみよう。われわれ自身の最も深い所で、われわれが最も自分自身の生の内側にいると感じる点を探してみよう。そのとき、われわれは、純粋持続に再び身を浸す。その持続では、常に前進する過去が、絶対的に新しい現在によって絶えず増大していく。しかし、同時に、われわれの意志のばねが極限まで緊張するのをわれわれは感じる。われわれの人格をそれ自身へと暴力的に収縮することによって、逃げ出る過去をかき集めて、凝縮した不可分な状態のまま、現在に押し込まなければならないのだが、この現在はというと、過去がそこにみずからを差し込むことで創造することになるものなのだ。われわれがここまで自分自身を取り戻す瞬間は非常にまれである。このような瞬間は、真に自由なわれわれの行動と一体化している。しかし、そのときでさえ、決してわれわれは自分自身全体を手にしてはいない。持続についてのわれわれの感情——われわれの自己の自分自身との一致と言いたいところだが——には、様々な度合いがあるのだ。ただし、この感情がより深いものになり、この一致がより完全になるにつれて、両者がそこに再びわれわれを置くところの生は、知性を乗り越えながら、よりいっそう知性性を吸収する。なぜなら、知性の本質的な機能は、同じものを同じものに結び付けることであり、反復される事実以外には、知性の枠組みに完全に合わせることができるものはないからだ。しかるに知性は、実在的な持続の実在的な諸瞬間に、おそらく事後的にしか手がかりを見つけない。そのとき知性は、新しい状態を外から眺め、その眺めの中でも既知のものと可能な限り似ているものの連なりによって、この新しい状態を再構成する。この意味で、新しい状態は、いわば「潜在的に」理知性を含んでいる。しかしこの状態は、不可分で新しい状態であって、理知性をはみ出しており、いつまでも理知性との間に共通の尺度を持ちえない。

今度は、みずからを弛緩させ、過去を可能な限り現在に押し込む努力を中断してみよう。もしこの弛緩が完全になったら、記憶も意志ももはや存在しないだろう。つまり、われわれは、決してこの絶対的な受動性に陥ることはないし、自分を絶対的に自由にすることもできないのである。しかし、極限でわれわれは、絶えず新たに始まるような現在から成る存在を垣間見る。そこには、もはや実在的な持続はなく、無際限に死と再生を繰り返す瞬間しか存在しない。これが、物質の存在の仕方なのだろうか。おそらく、完全にそうではないだろう。なぜなら、分析によって、物質は要素の振動に分解されるが、たとえ最も短い振動であっても、そこには、きわめてわずかで、すぐにも消えてしまいそうであるとはいえ、持続があり、持続がゼロになることはないからだ。しかしながら、心的な存在が第一の方向へ傾くのと同様に、物理的存在はこの第二の方向へ傾いていると推測することができる。

したがって、一方で「精神性」の底に、他方で理知性を伴った「物質性」の底に、反対の方向を持つ二つの過程が存在することになるだろう。そして、これらの過程の方向を逆転させることで、あるいは、おそらくは単に過程を中断することでも、「精神性」の底にある過程から「物質性」の底にある過程へ移行するだろう。ただし、もう少し後でその詳細を示すように、逆転させることと中断することが、ここで同義であるとみなされねばならない二つの語であるとして、であるが。この推定は、もはや持続の観点からだけではなく、延長の観点から諸事象を考察すれば確認されるだろう。

純粋持続におけるわれわれの進展を意識すればするほど、われわれの存在の様々な部分が互いに入り込んでいき、われわれの人格全体が、ある点、むしろある先端に集中するのを、われわれはより強く感じる。この先端は絶えず未来に切り込みながら、みずからを未来に挿入していく。このことに自由な生と自由な行為は存している。逆になすがままに身を任せてみよう。行動する代わりに、夢見てみよう。それと同時に、われわれの自我は散り散りになる。われわれの過去は、それまでわれわれに伝えていた不可分な衝動において自分自身に寄り集まっていたが、今や、互いに外在化し合う幾千もの記憶へとみずからを分解する。記憶は凝固するにつれて、互いに浸透し合うのをやめる。このようにして、われわれの人格性は空間の方へ降りていく。それに感覚においては、われわれの人格性は絶えず空間に沿って進む。われわれは、他所で掘り下げた点を、ここでくどくど論じようとは思わない。ただ、以下のことを思い出すだけにしておこう。すなわち延長には程度があり、あらゆる感覚はある程度は延長しており、延長を持たず空間に人為的に位置づけられる感覚という考え方は、心理学的観察ではなくある無意識的な形而上学によって示唆された精神の単なる見方であるのだ。

できる限りなすがままに身を任せたとしても、おそらく、われわれは延長の方向へ始めの何歩かを踏み出したにすぎないだろう。それでもなお、物質とはこの同じ運動が更に押し進められたもので、物理的なものは単に心的なものが反転されたものにすぎないと、しばらく想定してみよう。その際理解されるのは、物質が精神に空間のより判明な表象を示唆するや否や、精神はきわめて気楽になり、きわめて自然に空間の中を動き回ることになるということだろう。精神は、この空間についての暗黙の表象を、当の精神が自身の偶然的な弛緩について、つまり自身の可能的な拡がりについて抱く感情そのものの中にすでに有していた。精神は空間を諸事物の中に再び見出すが、もし精神が十分強力な想像力を持っていて、みずからの自然な運動の反転を最後まで押し進めていたなら、諸事物なしに空間を獲得していただろう。他方で、こうしてわれわれは、物質が、精神のまなざしの下で、自分の物質性をさらに強めていくということを理解するだろう。物質は初め、精神が自分へと向かって坂を下るのを手助けした。物質は精神に衝動を与えたのである。しかるに、一度放たれると、精神は継続する。精神が純粋な空間について形成する表象は、この運動が到達するであろう終着点の図式でしかない。いったん空間の形式を手にすると、精神はそれを、網目を自由に大きくしたり小さくしたりできる網のように使う。この網は、物質に投げ入れられ、われわれの行動の必要に応じて、物質を分割する。したがって、われわれの幾何学の空間と諸事物の空間性は、同じ本質を持ちながら、互いに逆の方向に進む二つの項の相互の作用反作用によって互いに生み出し合う。空間は、われわれが思い描くほど、われわれの本性と無縁なものではないし、物質も、われわれの知性と諸感官が表象するほど、完全に空間において拡がりきっているわけではない。

第一の点については、他の場所で扱った。第二の点に関しては、完全な空間性は、それぞれの部分が他の部分に対して完全な外在的であること、つまり諸部分相互の完全な独立性に存しているのを指摘するにとどめようと思う。しかるに、他のいかなる質点に対しても作用を及ぼさないような質点は存在しない。もし、ある事物はまさにそれが作用するところに存在しているのだということに気づくならば、（ファラデーがそうだったように[78]）すべての原子は浸透し合っていて、それぞれの原子が世界を満たしている、と言うように導かれるだろう。このような仮説の中で、原子、もっと一般的に言えば質点は精神の単なる眺めと化すだろうが、物質を諸々の物体に細かく分割する仕事を十分先まで続けるとき（どこまで続けられるかはわれわれの行動能力に全面的に依存している）、われわれはこの眺めに到達するのだろう。とはいえ、物質がこの分割に応じること、物質を互いに外的な部分に細分化可能と想定して、われわれは現実を十分に表象する科学を構築していることに異論の余地はない。たとえ完全に他から切り離されたシステムが存在しないとしても、科学は、宇宙を相対的に互いに独立したシステムに切り分ける手段を見つけ、その場合にも科学は大きな間違いを犯さないということに異論の余地はない。これが意味しているのは他でもない、物質は空間でみずからを拡げていくが、そこで絶対的に拡がりきりはしないということではなかろうか。つまり、物質を他から切り離されたシステムに分解可能なものとみなすとき、物質に、それら自身は変化しないが、互いの関係を変化させる（みずから変質することなく、いわば、「場所を移動する」）諸要素を割り当てるとき、つまり物質に純粋な空間の諸性質を与えるとき、人は、物質が単にその方向を素描しているだけの運動の終着点に身を移しているということではなかろうか。

　カントの「超越論的感性論」が決定的な仕方で証明したように見えるものは、空間が、他の属性と比較できるような物質の属性ではないということである。熱の概念、色もしくは重さの概念に依拠するだけでは、推論が無際限に働き続けることはないだろう。重さや熱の諸様相を知るためには、経験との接触を取り戻さねばならないだろう。空間の概念については事情が違う。空間の概念が、視覚や触覚によって、経験的にわれわれに与えられると想定しよう（カントはこのことに決して反論しなかった）。それでもこの空間の概念には、精神はみずからの力だけでこの空間の概念について思考をめぐらせ、そこからアプリオリに諸々の形を切り抜き、その形の諸特性を精神が規定するという注目すべき点がある。精神が経験との接触を保持しなかったとしても、経験は、精神の推論の無限な複雑さを介して精神に従い、変わることなくこれらの推論の正しさを認める。以上は事実である。カントはこの事実を明らかにしたのだ。しかし、思うに、事実の説明は、カントが進む道とは全く別の道に求めなければならない。

カントが提示するような知性は、空間性の雰囲気に漬かっている。生物が、吸い込む空気に結び付いているのと同じほど強く、知性はこの雰囲気に結び付いていて、そこから引き離すことができない。われわれの知覚はこの雰囲気を横切った後でしかわれわれに到達しない。この雰囲気のなかで、知覚は前もってわれわれの幾何学を吸収する。その結果、われわれの思考能力は、知覚能力が前もって物質の中に置いておいた数学的諸特性を再び見出すだけであることになる。こうしてわれわれは、物質が素直にわれわれの推論に従うのを間違いなく眼にする。しかし、この物質について知性に理解可能なのは、われわれが生み出したものである。実在「それ自体」について、われわれは何も知らないし、決して何も知ることにはならないだろう。というのも、われわれが実在「それ自体」について把握しているのは、それがわれわれの知覚能力の諸形式を横切る際の屈折だけだからだ。われわれが実在そのものについて何か肯定しようとすると、すぐさま、同じように証明可能で、同じようにもっともらしい逆の肯定が現れる。空間の観念性は認識の分析によって直接的に証明されるが、それを否定する命題が導かれるところのアンチノミーによって間接的にも証明される。以上がカント的批判を方向づける考え方である。これによってカントは認識のいわゆる「経験論的な」理論に対する、有無を言わせぬ反駁を思いついたのだ。われわれの思うところ、この考え方が否定していることは決定的である。しかし、それが肯定していることについて言えば、それは問題の解決をわれわれにもたらしているのだろうか。

このカントの考え方は、空間を、われわれの知覚能力の出来合いの形式として措定するのだが、これはまさしくデウス・エクス・マキーナ〔行きづまった事態を思いがけず解決してくれる人物、出来事の意〕であって空間がいかにして生じるのかも、なぜ空間が今あるようなものであって、まったく別のものにはならなかったのかも分からない。この考え方は、「物自体」を措定し、それについてわれわれは何も知ることはできないと主張する。そのとき、たとえ「問題点の多いもの《プロブレマティック》」〔不確かなもの〕としてであっても、どんな権利で、この考え方は物自体の存在を肯定するのか。もし、不可知な実在がわれわれの知覚能力に、感覚可能な多様性を、それもまさにこの能力に挿入されることが可能な多様性を投射するのであれば、まさにそのことによって、この実在は、部分的には知られるのではないだろうか。この挿入を掘り下げるとき、われわれは、少なくともある一点で、諸事物とわれわれの精神との間に、予定調和を想定せざるをえなくなるのではないか。かくも安易な仮説については、カントがそれなしで済まそうとしたのは正しかった。実は、空間性に度合いを区別しなかったために、カントは出来合いの空間を措定しなければならなかったのである。そこから、いかにして「感覚可能な多様性」は空間に適合するのか、という問いが生じる。同じ理由で彼は、物質が、互いに絶対的に外的な諸部分へと完全に展開してしまっている、と思い込んだのだ。そこからアンチノミーが生じる。その正命題と反命題が、物質と幾何学的空間の完全な一致を想定しているのを見るのは簡単だろう。しかし、純粋な空間について真であるものを物質に拡張するのをやめれば、アンチノミーはたちまち消えうせる。この思い込みから最後に、認識論にとっては選択肢が三つある、ただしこの三つだけであるとの結論が出てくる。精神が事物に従っているか、事物が精神に従っているか、あるいは、事物と精神の間に神秘的な一致を想定しなければならないか、この三つのうちのいずれかなのである。

だが、本当のところは、四つ目の選択肢があるのだ。カントがそれを考えていたようには見えない。なぜなら、第一に彼は、精神が知性をはみ出しているとは考えていなかったからであり、次に（実は同じことなのだが）、彼は時間を空間と同列に置いて、持続に絶対的な存在を付与しなかったからである。この第四の解決策はまず、知性というものを、本質的に不活性な物質に向けられた精神の特殊な能力として考えることに存するだろう。それは次に、物質が知性の形式を規定することも、知性が自分の形式を物質に押し付けることもないし、物質と知性が訳の分からない予定調和によって互いに調整し合ったのでもなく、漸進的に知性と物質は適合し合いながら最終的に共通の形式で停止したのだ、と述べることに存するだろう。しかも、この適合は全く自然に行われたのだろう。というのも、同じ運動が同じように反転することで、一度に、精神の知性性と諸事物の物質性が創造されるからだ。

この観点からすると、一方でわれわれの知覚が、他方で科学が物質について与える認識は、おそらく近似的なものではあるが、相対的なものであるようには見えない。われわれの知覚の役割は、われわれの行動を照らし出すことで、知覚が行う物質の切り分けは、つねにあまりにも明確で、常に実践的な要求の言いなりになっているので、その結果、つねに修正しなければならないだろう。われわれの科学は、数学的な形式をとろうとして、必要以上に物質の空間性を強調する。それゆえ、科学の諸々の図式は総じて、あまりにも正確すぎ、しかもつねに作り直されねばならないだろう。ある科学理論が決定的なものとなるためには、精神が、諸事物の全体を一括して把握し、それら相互の関係を正確に位置づけなければならないだろう。しかし実際には、われわれは問題を一つずつ、まさにそれゆえ暫定的な項によって立てざるをえない。この結果、各問題の答えは、後に生じる問題の答えによって、無際限に訂正されざるをえないだろう。また、科学全体は、問題が次々に立てられた際の偶然的な順番に相対的なものとなる。この意味で、またこの範囲で、科学を規約的なものとみなさなければならない。しかし、その規約性はいわば事実上のもので、権利上のものではない。原理上、実証科学は、その固有の領域、つまり不活性な物質から出ない限りで実在そのものに係る。

このように検討されると、科学的知識の地位は上がる。逆に認識論は、純粋な知性の力を超えたきわめて困難な試みになる。実際、慎重に行われる分析によって、思考のカテゴリーを規定するだけではもはや十分ではない。それらを生み出すことが問題になるのだ。空間について言えば、精神の一種独特な努力によって、超空間的なものの前進、というよりもむしろ、それが空間性へと身を落としていく後退を辿らねばならないだろう。われわれ自身の意識のできる限り高いところにまず身を置き、次に少しずつ自身を落下させてみる。このときわれわれは、自我がみずからを緊張させて不可分な活動的意志と化す代わりに、みずからを広げて、互いに外在化し合う不活性な記憶と化す感情をはっきり抱く。しかし、これは始まりにすぎない。われわれの意識はその運動を素描しながら、われわれにその方向を示して、その運動を最後まで続ける可能性を垣間見させるのである。意識がそこまで先に進むことはない。逆に、初めは空間と一致しているようにわれわれに見える物質を考えてみよう。そうすると、われわれの注意が物質に固定されるに応じて、並列しているとかつて言われていた諸部分がより深く嵌入し合い、それらの各々がより強く全体の作用を被ることになる。その結果、全体は何らかの仕方で各部分に現前することになる。したがって物質は、空間の方へとみずからを広げていくとはいえ、そこに完全に到達することはない。そこから結論できるのは、物質は、意識がわれわれのうちに生まれつつある状態で素描できた運動をずっと先まで続けているにすぎないということである。したがって、われわれは鎖の両端を手にしていることになる。とはいえ、われわれは、間にある他の環を把握するに至っていない。これらの環はいつまでたっても捕まえることができないのだろうか。われわれが定義するような哲学は、まだ完全には自分自身を意識していないと考えなければならない。物理学は、物質を空間性へと押し進めるとき、自分の役割を理解している。しかし、物理学のやり方を単に真似ているだけなのに、同じ方向でより先に進めるなどという、妄想にすぎない期待を形而上学が抱いていたとき、形而上学は自分の役割を理解していただろうか。形而上学固有の仕事とは、逆に、物理学が下った坂を上り、物質をその起源に連れ戻して、ある宇宙論を——こう言ってよければ、裏返された心理学であるような宇宙論を——徐々に構築していくことではないだろうか。物理学者と幾何学者に、実証的〔肯定的〕なものとして現れるものは全て、この新しい観点からすると、真の実証性〔肯定性〕を中断したもの、それを反転したものになるだろう。この真の実証性〔肯定性〕は、心理学的な言葉で定義されねばならないだろう。

**幾何学的秩序**

確かに、諸数学の驚嘆すべき秩序、それらが研究する対象同士の完全な一致や、数と図形に内在する論理のことを考えると、また、同じ主題についての推論がどれだけ多様であろうと、複雑であろうと、必ずいつも同じ結論に至ることを考えると、これほど実証的〔肯定的〕な見かけを持つ諸特性に、諸否定からなるシステムを見ること、真の実在の現前ではなくむしろ不在を見ることには躊躇を覚えるだろう。しかし、この秩序を確認し、この秩序に驚嘆するわれわれの知性が、対象の物質性、空間性に至る運動のまさにその方向に向けられていることを忘れてはならない。知性が、対象を分析しながら、そこに複雑さを置けば置くほど、知性がそこで見つける秩序は複雑なものとなる。そして、この秩序と複雑さは、自分と同じ方向のものなので、必然的に、実証的〔肯定的〕な実在であるように知性には思えるのである。

ある詩人が彼の詩を私に読んでくれるとき、彼の思考に入り込み、彼の感情に自分を挿し込み、彼が文や語に散在させた彼の単純な状態を再び生きることができるほど、彼に心惹かれることがある。私はそのとき、彼のインスピレーションと共感している。インスピレーションそれ自体と同じく不可分な行為であるような連続的運動によって、私はこのインスピレーションを辿っている。さて、それまでは意味の中に埋もれていた音が、私の前に一つずつ、その物質性において現れるためには、私は注意を緩めればよい。つまり、私の中で緊張していたものを弛緩させればよい。このために何かを付け加える必要はない。何かを取り除けばいいのである。私が投げやりになるにつれて、継起する音はますます個体化するだろう。文が語に分解されたのと同じように、語は音節に区切られ、私はこれらの音節を次々と知覚していくだろう。夢の方向へ更に進んでみよう。文字は互いに分かれていき、私はそれらの文字が想像上の紙の上で組み合わされ、列をなして次々と通りすぎていくのを見るだろう。私はそのとき、組み合わせの正確さ、行列の見事な秩序、そして、文字が音節へ、音節が語へ、語が文へと入り込んでいることに驚嘆するだろう。私は弛緩という全く否定的〔消極的〕な方向へ進めば進むほど、延長と複雑さをますます創造するだろう。今度は複雑さが増せば増すほど、諸要素を揺らぐことなく支配し続けている秩序が、私にはよりいっそう驚嘆すべきものに思えてくるだろう。けれども、この複雑さ、この延長は何ら積極的〔肯定的〕なものを表象していない。それらが表しているのは、意志の欠落である。他方で、秩序が複雑さと共に必然的に増大していくのは、秩序が複雑さのある側面にすぎないからだ。ある不可分な全体に、より多くの部分を象徴的に認めれば認めるほど、必然的にそれらの部分同士の関係の数も増える。というのも、注意が散漫になることで、実在的な全体は象徴的な諸要素に分解されたが、たとえ要素の数が増えようと、この実在的な全体の同じ不可分性が、それらを高みから支配しているからだ。この種の比較は、実証的〔肯定的〕な実在の同じ除去、つまりある根源的な運動の同じ反転によって、いかにして空間のうちに延長が創造されると同時に、われわれの数学がそこに見出す驚嘆すべき秩序も創造されるのかを、ある程度は理解させるだろう。これら二つの事例の間にはおそらく、語と文字が人類の積極的〔肯定的〕な努力によって発明されたのに対して、空間はというと、二つの項をいったん置くとそれらの差し引きが生じるように自動的に生じるという差異があるだろう[79]。しかし、どちらの場合も、諸部分の無限な複雑さとそれらの完全な連携は、ある反転――実は実証的〔肯定的〕な実在の中断、つまり減退なのだが――によって同時に創造される。

　われわれの知性の諸操作はすべて、あたかも終着点を目指すかのように幾何学を目指すのだが、そこで、知性の諸操作は完璧な仕方で成就されるというのだ。ただし、幾何学は必然的に知性の操作に先立っているので（というのもこれらの操作は、空間を再構成するに至ることは決してなく、空間を措定する他ないのだから）、明らかに、潜在的な幾何学、われわれの空間の表象に内在する幾何学こそが、知性の大きな原動力であり、知性を前進させるものなのである。知性の本質的な二つの働き、つまり演繹と帰納の能力を考察することで、このことは納得されるだろう。

## 幾何学と演繹

演繹から始めよう。私がある図形を空間に描くのと同じ運動が、演繹の特性を生み出す。それらの特性は、この運動そのものの中で眼にすることができ、手で触れることができる。私は空間において、定義とその諸帰結、諸前提と結論の関係を感じ、生きている。経験がその観念を私に示唆するような他のどの概念も、アプリオリに再構成可能なのはその一部でしかない。したがって、このような概念の定義は不完全だろうし、それらの概念が介入する演繹は、いかに厳密に結論を前提に結び付けても、この不完全さを帯びるだろう。しかし、私が砂の上にざっとある三角形の底辺を引き、この底辺の両端から線を引いて二つの角を作り始めるとしよう。そのとき、私がある仕方で知っており、また絶対的に理解することになるのは、この二つの角度が等しい場合には底辺を除く二辺も等しくなり、そのことはこの図形を反転しても何も変わらないということである。私は幾何学を学ぶ前からそれを知っている。

こうして、学問的な幾何学に先立って、自然な幾何学が存在し、その明晰性と明証性は他の演繹の明晰性と明証性を上回っている。他の演繹の明晰性と明証性は、性質に係っていて、もはや大きさには係ってはいない。おそらくそれらは、前者の明晰性と明証性をモデルにして形成されていて、われわれが性質の下に、大きさをぼんやりと透かし見ることで力を受け取るのだろう。位置と大きさの問題は、われわれの行動性に対して立てられる最初の問題で、反省された知性が現れる前にすでに、行動として外化された知性がこの問題を解いていることを指摘しておこう。未開人は文明人より上手に距離を見積もり、方向を定める。そして、通ってきた道の応々にして複雑な見取り図を記憶によって辿り、出発した所へまっすぐ戻ってくる。(80)動物が明白な仕方では演繹を行わず、概念を形成しないのは、動物が等質的な空間も表象していないからだ。あなたがたが空間を措定するとき、必ず同時に、潜在的な幾何学を導入しているのだが、この幾何学はひとりでに身を落として論理学となるだろう。哲学者たちがこのような角度から物事を検討することを嫌うのは、彼らの眼には、知性の論理的な働きが、精神の積極的(肯定的)な働きを表象しているように映っているからだ。しかし、精神性というものを、常に新しい創造への前進、それも、前提と同じ尺度を持ちえず、前提によって規定不可能な結論への前進と解するなら、必然的に決定されている諸関係の中を、結論を前もって含んだ前提を通して動くような表象は、逆の方向、つまり物質性の方向を辿っているのだと言わねばならないだろう。知性の観点からすれば、努力に見えるものは、それ自体ではある放棄なのである。また、知性の観点からすれば、空間から幾何学を、そして幾何学自身から論理学を生じさせることは論点先取である。しかし逆に、空間が精神の弛緩の運動の終着点であるならば、空間を措定するときには必ずそのように幾何学と論理学を置かざるをえない。幾何学と論理学は、終着点に純粋な空間の直観があるような軌道の上にあるのだ。

心理学や精神の科学において、演繹の射程がどれほど狭いかということはいまだ十分には指摘されていない。そこでは、事実によって立証される命題から、ある点、ある範囲までしか立証可能な帰結を引き出すことができない。演繹された帰結を曲げて、生命の紆余曲折に合わせてもう一度撓《たわ》めるためには、すぐさま、良識（bon sens）、つまり実在の連続した経験に訴えなければならない。つまり、精神的なものを、物理学に移し替えられる範囲、すなわち空間的な象徴に翻訳可能な範囲でしか演繹は成功しないのである。隠喩は決してそれほど先へは進まない。曲線が長い間その接線に一致したままではないのと同様に。演繹のこの弱さに含まれた奇妙なもの、逆説的でさえあるものに、どうして驚かないでいられようか。ここに、精神だけの力で行われる、精神のある純粋な操作があるとする。そのような操作が我が家にいるようにくつろぎ、簡単に動き回れる場所があるはずだとしたら、それは、精神の諸事象の中、つまり精神の領域であるように思われる。が、全くそうではない。そこでは、精神の純粋な操作はすぐ行き詰ってしまう。逆に、幾何学、天文学、物理学では、われわれは自分の外にあるものを相手にしているにもかかわらず、演繹は全能なのだ！　原理に到達するためには、つまり、どの相で諸事象を検討しなければならないかを発見するためには、ここでもおそらく観察と経験が必要だろう。しかし、万が一、幸運に恵まれれば、その原理を直ちに見つけることができただろう。そして、その原理を手にするや否や、そこから十分先まで諸々の帰結が引き出され、経験はいつでもそれらを立証するだろう。そこから結論されるのは、演繹とは物質の歩みに合わせられた操作、物質の動的な分節を写し取った操作、つまり、物質の対辺となっている空間と共に暗黙のうちに与えられる操作であるということ以外の何だろうか。演繹は、空間の中を、そして空間化された時間の中を動き回る限り、なすがままになる他ない。車輪に棒を差し込んで、それが動き回るのを止めるのは、持続なのである。

### 幾何学と帰納

それゆえ、演繹は、空間的直観という隠された思考なしに前に進むことはない。しかし、帰納についても同じことが言えるだろう。確かに、同じ条件で同じ事実が反復されるのを期待するには、幾何学者として考える必要はおろか、何も考える必要さえない。動物の意識はすでにこの仕事を行っている。どんな意識とも無関係に、生ける身体そのものは、自分が置かれている継起的状況から、自分と利害関係を持つ類似を抽出し、かくして刺激に対して適切な反応で答えるように、すでにして作られている。にもかかわらず、身体の機械的な期待や反応から、本来の意味での帰納、つまり知性的な操作である帰納までには距離がある。帰納は、原因と結果が存在し、同じ原因の後に同じ結果が生じるとの信念に依拠している。さて、この二重の信念を掘り下げると、以下のことが分かる。第一にこの信念は、実在はグループに分解可能で、これらのグループは実践的には、互いに引き離され独立したものとみなせるということを含意している。私がコンロの上に置かれている鍋で水を沸かすとき、操作とその操作を受ける対象は、実際のところ、他の多くの対象、他の多くの操作と結び付いている。太陽系全体が空間のこの点で行われることに関係しているのが徐々に分かるだろう。しかし、ある程度は、また、私が追求している特別な目的のためには、あたかも水—鍋—火のついたコンロというグループが独立したミクロコスモスであるかのように事態は生じている、と私は認めることができる。私がまず肯定するのは以上のことである。次に私が、このミクロコスモスは常に同じ仕方で振舞うだろう、つまり、ある時間が経過したら熱は水の沸騰を惹き起こすだろうと言うとする。そのとき、私は、もし、システムを完全にするにはそのシステムの要素をいくつか措定すれば十分だということを認めている。システムは自動的に補完されるのであって、好きなように思考によってそれを補完する自由は私にはない。火のついたコンロ、鍋、水、そして、持続のある間隔が与えられた場合、経験が昨日私に、沸騰しなかったのでシステムが完全ではなかったことを示したとしても、その場合、沸騰すれば、システムは明日でも、どんな時でも常に完成するだろう。この信念の底には何があるのか。次のことを指摘しなければならない。場合によって、この信念の強さには程度があり、それが絶対的な確信の性格を帯びるのは、考察されているミクロコスモスが大きさしか含まない時である。実際、二つの数を措定するとき、私にはもはやそれらの差を選ぶ自由はない。私がある三角形の二辺とその間の角を措定するとき、三番目の辺はおのずと現れ、三角形は自動的に完成する。私はいつでも、どこでも、間に同じ角度を持つ同じ長さの二辺を引くことができる。そのようにして形成される三角形を、最初の三角形と重ね合わせることは明らかに可能であって、その結果、同じ三番目の辺がその三角形を完成させることになる。私の確信が完全になるのは、純粋な空間的規定について推論する場合であるとするなら、他の場合には、確信はこの極限の場合に近づけば近づくほど完全になると想定しなければならないのではないか。それどころか、この極限の場合は、他のすべての場合[81]にも透けて見えていて、それらを幾何学的な必然性のニュアンスによって——どれだけ透けているかによってそのニュアンスに強弱はあるが——着色しているのではないだろうか。実際、自分のコンロに置かれた自分の水は昨日そうだったように今日も沸騰するだろう、これは絶対的に必然的なことであると言うとき、私は、自分の想像力が今日のコンロを昨日のコンロへ、鍋を鍋へ、水を水へ、流れる持続を流れる持続へ移し替えており、したがって、残りのものも一致しなければならないように見えると漠然と感じているのだが、それは、重ね合わせられる二つの三角形の二辺がすでにぴったり一致しているとき、三番目の辺も一致するのと同じ理由による——。しかし、私の想像力がそのように働くのは、本質的な二つの点に眼をつぶっているからでしかない。今日のシステムを昨日のシステムに重ね合わせることが可能になるためには、昨日のシステムは今日のシステムを待たなければならなかっただろうし、時間が止まり、すべてはすべてと同時的にならねばならなかっただろう。これは幾何学において、しかし、幾何学においてのみ起こることである。それゆえ、帰納が含意しているのは第一に、物理学者の世界でも幾何学者の世界でも、時間は計算に入らないということである。しかし、帰納はまた、大きさと同じように質は重ね合わせることのできるものだということを含意してもいる。点火された今日のコンロを昨日のコンロへと観念のうえで移すとき、私はおそらく、形が同じまま変わらなかったことを確認する。このためには、面と稜が一致すればよい。しかし、二つの質の一致とは何なのか。どのようにして、一方を他方に重ね合わせて、それらが同一であるのを確かめるのか。それでも私は、実在の第一の秩序に適用されるものすべてを、この実在の第二の秩序へと拡張する。物理学者が後で、できる限り質の差異を量の差異に還元してこの操作を正当化するだろう。しかし、あらゆる科学に先立って、私は質を量に同一視しようとする。あたかも質の背後に、幾何学的なメカニズムを透かし見ているかのように。[82]より完全に透けて見えるようになるにつれて、同じ条件のもとで同じ事実が反復されることは、私には必然的であるように思えてくる。われわれが質的差異を、その対辺をなす空間の等質性に溶かし込む範囲に正確に応じて、われわれの帰納は確実であるようにわれわれの眼に映る。その結果、幾何学は、われわれの演繹にとっても帰納にとっても理想的な極限となる。終着点が空間性であるような運動がその軌道に沿って、演繹能力と同様帰納能力をも、つまり理知性全体を残していくのである。

**物理法則**

この運動は、精神の中に演繹能力と帰納能力を創造する。しかしそれは、諸事物の中にわれわれの帰納が演繹の助けを借りて再び見出すところの「秩序」をも創造する。われわれの行動が凭れかかり、われわれの知性がそこに自身を認めるこの秩序は、われわれには驚異的なものであるように思える。同じ大雑把な原因が常に同じ全体的結果を生み出すだけでなく、われわれの科学は、眼に見える原因と結果の下に無限個のきわめて微細な変化を発見しもするのだが、分析が進められるのに応じて、それらの変化はより精密に嵌入し合うようになる。その結果、分析の最後には、物質が幾何学そのものであるようにわれわれには思えるだろう。確かにここで、複雑性が増大するにつれて秩序が増大することに、知性が驚嘆するのは当然である。複雑性も秩序も、知性と同じ方向のもので、知性にとって肯定的〔実証的〕実在を持っている。けれども、実在全体を、継起する創造への不可分な前進として考えるとき、事態は様相を変える。人はそのとき、全体の只中で部分的な中断あるいは反転が産み出されるや否や、物質的要素の複雑さや、それらを結び付けている数学的秩序が自動的に生じるはずであることを見抜く。他方で知性は、同じ種類の過程によって精神の中で切り取られるがゆえにこの秩序と複雑さに適合し、また、それらに自分を見出すがゆえにこの秩序と複雑さに驚嘆する。しかし、それ自体驚嘆すべきもの、驚きを惹き起こすに値するであろうものは、実在の不可分な全体が前進しつつ遂行する、不断に更新される創造である。なぜなら、数学的な秩序の複雑さをどれだけ巧妙なものと想定しようと、いかなる秩序の複雑さも、ほんのわずかな新しさですら世界に挿入することはなく、それに対して、この創造する力がいったん置かれると（われわれが自由に行動するときには、少なくともわれわれのうちでこの力を意識する以上、この力は存在する）、この力は自分から気を逸らしさえすれば自分を緩め、自分を緩めさえすれば自分を拡げ、自分を拡げさえすれば、かくして区別された諸要素の配置を司る数学的秩序と、それら要素を結び付ける不屈の決定性が、創造的行為の中断を明らかにするからだ。しかも、かかる秩序と決定性はこの中断そのものと一体となっている。

物理的世界の個々の法則が表現しているのは、この全く否定的な傾向である。一つずつ取り上げてみると、これらの法則で客観的な実在性を持つものはない。こうした法則は、物事を一つの角度から考え、いくつかの変数を切り離し、いくつかの規約的な測定単位を適用した学者の産物である。にもかかわらず、物質に内在するほとんど数学的と言ってもいいような秩序、客観的な秩序が存在していて、われわれの科学は進歩するにつれてそこへと近づいていく。なぜなら、物質というものが、伸張的なものへの非伸張的なものの弛緩、ひいては、自由の必然性への弛緩であるなら、そうした物質は純粋な等質的空間と完全には一致しないとはいえ、かかる空間に至る運動によって構成され、したがって幾何学に通じる道の途中にあるからだ。確かに、数学的形式を持つ諸法則が、物質に完全に適用可能になることは決してない。このためには、物質は純粋な空間とならなければならないし、持続から抜け出さねばならないだろう。

物理法則の数学的形式に含まれた人為的なもの、ひいては、諸事物に関するわれわれの科学的知識に含まれた人為的なものについては、それをいくら強調しても強調しすぎるということはないだろう(83)。われわれの測定単位は規約的なもので、こう言ってよければ、自然の意図とは無関係である。実際、自然が熱のすべての様態を、同一質量の水銀の膨張の変化あるいは、一定の体積に保たれた同一質量の空気の圧力の変化に結びつけたなどと、どうすれば想定できるだろう。しかし、こう言ってもまだ十分ではない。一般的に言って、測るとはまったく人間的な操作で、二つの対象の一方を他方へと、実際に、あるいは観念上で何回か重ね合わせることを含意した操作である。自然は、このように重ね合わせることなど思ってもみなかった。自然は測定しないし、同じく計算することもない。しかし、物理学は法則を獲得するため、計算し、測定し、諸々の「量的な」変化を互いに結び付ける。そして成功する。もし物質性を構成する運動が、われわれによってその終着点、つまり等質的空間にまで拡張された結果、互いに関数であるようないくつかの項を、われわれに計算させ、測定させ、各項の変化を辿らせることになる運動そのものでないとしたら、物理学の成功は説明不可能だろう。もっとも、このような拡張を行うためには、われわれの知性は自分自身を拡張するだけでよい。なぜなら、理知性と物質性は同じ本性のもので、同じ仕方で生み出されており、われわれの知性はおのずと空間と諸数学を目指すからである。

もし数学的秩序が肯定的な事象であるなら、物質に内在的なものとして、われわれの法律に比すべき法則が存在するなら、われわれの科学の成功は奇跡から生じることになるだろう。実際、自然の原器を見つけ、自然が選んだ諸変数を正確に切り離し、それら相互の関係を規定するに至るなどという幸運に恵まれることがあるだろうか。しかし、物質が、われわれの枠組みに収まるのに必要なものをすべて備えていなかったら、信憑性のある数学的形式を持つ科学も同じく理解不可能なものになるだろう。したがって、認めなければならないように思われる仮説はただ一つしか残らない。数学的秩序は肯定的なものを何も持たず、それはある種の中断がおのずと目指す形式であって、物質性こそまさにこの種の中断であるというのがこの仮説である。このようにして、われわれの科学が偶然的で、自分が選んだ変数に依存的であること、科学は問題を次々に立てるが、問題を立てた順番に科学が依存的であること、それでもなお科学は成功することが理解されるだろう。われわれの科学が、全体として今ある科学とは全く別物でありながら、成功を収めることもありえただろう。それはまさに、数学的諸法則のいかなる限定のシステムも、自然の基底には存在していないからであり、数学一般が表象しているのは単に物質が再び落ちていく方向だけだからである。足が鉛でできたコルクの人形の一つに、ありとあらゆる姿勢をとらせてみよう。仰向けに寝かせてもよいし、頭を下にして逆さまにしてもよい、空中に放り投げてもよい。その人形は常に自動的に立ち上がるだろう。物質についても同じことが言える。物質のどこを掴んでも、どんなふうに扱っても、物質は常にわれわれの数学的な枠組みのどれかの中に落ちていって、そこに収まるだろう。なぜなら、物質は幾何学という錘りをつけているからだ。

### 無秩序の観念

しかし、哲学者はおそらく、このような考察に認識論を立脚させることを拒むだろう。彼がそれを嫌うのは、数学的秩序が、秩序であるからには、何か肯定的なものを含んでいるように哲学者には見えるからだろう。この秩序は逆の秩序が中断することで自動的に生み出されるとか、この秩序はかかる中断そのものなのだとか言っても無駄である。にもかかわらず、秩序など全く存在しないこともありうるだろう、諸事物の数学的秩序は無秩序を征服することで肯定的な実在性を持ったとの考えが存続する。この点を掘り下げていくと、無秩序の観念が認識論に関する諸問題においてどれだけ主要な役割を演じているかが分かるだろう。この観念ははっきりとはそこに姿を現していないので、これまできちんと考えられてこなかった。しかるに、無秩序の観念の批判から、認識論は始められねばならないだろう。実際、実在がある秩序になぜ、そしてどのように従うのかということが大問題になるのは、あらゆる種類の秩序の不在が可能である、もしくはそう考えられうるように思えるからではないか。実在論者も観念論者も秩序のこの不在のことを考えていると思い込んでいる。実在論者は、実際に「客観的な」諸法則が自然のありうべき無秩序に押し付ける秩序を語るとき、そう思い込んでいる。観念論者は、われわれの悟性が及ぼす組織化の作用の下で、互いに秩序付け合う――したがって、秩序を持たない――「感性的な多様性」を想定するとき、そう思い込んでいる。秩序の不在という意味で解される無秩序の観念は、それゆえ、最初に分析しなければならない観念だろう。哲学はこの観念を日常生活から借りている。そして、日常的には、無秩序を語るときわれわれが何かを考えていることに、反論の余地はない。しかし、何を考えているのだろう。

次の章で、否定的な観念の内容を規定するのがどれほど困難であるかを見ることになろう。また、この作業を試みなかったため、人がどのような錯覚にさらされ、哲学がいかなる解決不能な困難に陥っているかをも見ることになろう。困難と錯覚の原因は普通、本質的に暫定的な表現方法を決定的なものとして受け容れること、また、実践のために行われる手順を思弁の領域に移すことにある。本棚から適当に一冊選んで、軽く眼を通してから棚に戻すとき、「これは詩ではない」と言うこともあるだろう。これは本をめくりながら私が認知したことだろうか。明らかにちがう。私は詩の不在を見なかったし、今後も決して見ることはない。私は散文を見たのである。しかし、私が望んでいるのは詩であるから、見つけているものを探しているものによって言い表し、「これは散文だ」と言う代わりに、「これは詩ではない」と言うのである。逆に、散文を読みたいのに、詩の本に当たってしまったら、「これは散文ではない！」と私は叫ぶだろう。この叫びは、詩を私に示しているわが知覚の所与を、散文の観念に固定されていて、この観念のことしか聞こうとしない私の期待と注意の言語で翻訳しているのである。さて、もし（モリエールの『町人貴族』に出てくる）ジュルダン氏が私の言うことを聞いていたら、私の二重の叫びからおそらく、「詩と散文は本のための二つの言語形式である。これら巧妙な形式は詩でも散文でもない言語、まだ手を加えられていない言語に重ねられたのだ」と推論するだろう。しかも、詩でも散文でもないものを語るとき、彼はそれを考えていると思い込んでいる。けれども、それは擬似表象でしかないだろう。もっと先に進もう。ジュルダン氏が哲学の先生に、どのようにして詩、散文という形式が、そのどちらも持っていなかった言語に付け加わったのかを聞く場合、それら二つの形式がこの単純物質にいわば貼付されることについての理論を教えてもらいたがる場合、擬似表象が擬似問題を生み出すこともあるだろう。彼の質問はばかげたものだろうが、このばかばかしさが生じたのは、彼が詩と散文のうち、一方を否定することは他方を立てることであるのを忘れて、二つを同時に否定したものを、両者に共通の基体に仕立て上げたからだろう。

さて、ここで、二種類の秩序が存在しており、これらは類を同じくしながらも互いに対立する二つの秩序であると仮定してみよう。同じく、これら二種類の秩序のうち、一方を探して他方の秩序と出会うたびに無秩序の観念がわれわれの精神に現れると仮定してみよう。すると、無秩序の観念は、生活の日常的な実践の中で明確な意味を持つことになるだろう。精神は、必要としているのとは違う秩序、さしあたりどうでもよく、この意味で自分にとって存在していない秩序を前にして失望をおぼえる。言語の便宜を得て無秩序の観念はこの失望を客観的に存在するものに仕立て上げるだろう。しかし、無秩序の観念は、理論にとっては何の使い道もないだろう。それでもなお、無秩序の観念を哲学に持ち込もうとすると、間違いなくわれわれは無秩序の観念の真の意味を見失うだろう。この観念はある秩序の不在を記していたが、その際、もう一つの秩序（かかずらう必要のなかった秩序）が浮彫りにされるのである。ただ、無秩序の観念はこれら二つの秩序に交互に適用され、更には両者の間を絶えず行ったり来たりするので、われわれはこの観念を、その道の途中で、というよりもむしろ、二つのラケットを行き来するバドミントンの羽根のように、空中で取り上げるのだろう。あたかもこの観念が、もはやこれらの秩序の一方の不在を無差別に表象しているのではなく、両方の秩序の不在を表象しているかのように、われわれはそれを扱うだろう——両方の秩序の不在などというのは、知覚されることも考えられることもないもの、単なる言葉の上での存在である——。いかにして、秩序が無秩序に、形式が質料に押し付けられるのかという問題がこうして生じるだろう。このように巧妙に仕立て上げられた無秩序の観念を分析すれば、この観念がいかなるものも表象していないことが分かるだろうし、同時に、この観念をめぐって立てられた諸々の問題も消えてしまうだろう。

確かに、通常混同して一まとめにしてしまっている二種類の秩序を区別することから、更にはそれらを対立させることから始めなければならないだろう。この混同が知識の問題の主要な困難を生み出したのだから、これらの秩序を区別する諸特徴をもう一度強調しておくのは無駄ではないだろう。

一般的に実在は、それがわれわれの思考を満足させるちょうどその範囲に応じて秩序づけられる。それゆえ、秩序とは主体と客体のある一致である。秩序とは、諸事物のうちに自身を見出す精神なのである。しかし、精神は前に述べたように、二つの正反対の方向に進みうる。あるときは、精神は自然な方向に沿って進む。そのとき、精神は、緊張という形式をまとった進展、連続的創造、自由な行動性である。またあるときは、精神はその自然な方向を反転させるが、この反転は、それが終わりまで押し進められると、伸張に（extension）、互いに外在化し合う諸要素の必然的相互規定に、つまり幾何学的なメカニズムに辿り着くだろう。さて、経験が第一の方向を採用しているように見えるにせよ、二番目の方へ向かうにせよ、いずれの場合も、われわれは、秩序が存在していると言う。なぜなら、どちらの過程にも精神は自身を見出すからだ。したがって、これらの過程を混同するのは自然なことである。混同を避けるためには、二種類の秩序に相異なる名前を付けねばならないだろう。これは容易ではない。というのも、これらの秩序がとる形態は様々で、変わりやすいからだ。第二種の秩序は、その限界である幾何学によってそれを定義してもいいだろう。もっと一般的に言うと、原因と結果の関係が必然的に決定されているのを見出すとき、いつも問題になっているのはこの秩序なのである。この秩序は、不活性、受動性、自動性の観念を思い起こさせる。第一種の秩序について言えば、それは、おそらく合目的性のまわりを揺れ動いているけれども、合目的性によっては定義できないだろう。なぜなら、それは、あるときは合目的性以上のものであり、あるときはそれ以下のものであるからだ。最も高次の形態をまとうときには、その秩序は合目的性より以上のものである。なぜなら、自由な行為や芸術作品について、それらは完全な秩序を示していると言えるだろうが、ただしそれらは事後的にしか、近似的にしか観念によって表現できないからである。生命全体は、創造的進化として思い描かれるとき、自由な行為や芸術作品に類似した何かである。もし合目的性を、前もって考えられた、あるいは考えられうる観念の実現と解するならば、生命は合目的性を超えている。それゆえ、合目的性の枠組みは、生命全体にとってあまりにも狭すぎるのである。逆に、生命のかくかくしかじかの現れを個別的に取り上げると、この枠組みはしばしば、それらの現れにとって、あまりにも広すぎる。いずれにしても、ここで取り組んでいるのは常に生命的なものであり、今の研究全体が証明しようとしているのは、生命的なものが意志的なものへ向かっていると言うことである。したがって、第一種の秩序は生命的なものの秩序、あるいは意志されたものの秩序であるのに対して、第二種の秩序は不活性なもの、自動的なものの秩序である、と言うことができる。もっとも、共通感覚は少なくとも極端な場合には、これら二種類の秩序を本能的に区別している。が、同じく本能的にそれらを近づけもする。天文学上の現象について、それらは見事な秩序を示していると言われるだろうが、それはこれらの現象を数学的に予見できるという意味である。また、ベートーベンの交響曲にもそれに劣らぬくらい見事な秩序が見つけられるだろうが、このときの秩序は天才性であり、独創性であり、したがって、予見不可能性そのものである。

しかし、第一種の秩序がこれほど判明な形式をまとうのは例外的なことでしかない。一般的に、第一種の秩序は、反対の秩序の特徴と混同するほうが全く得になるような諸特徴を伴って現出する。例えば、生命の進化全体を検討する場合、その運動の自発性と、その歩みの予見不可能性は、確かにわれわれの注意を惹くだろう。しかし、われわれが日常的な経験で出会うものは、かくかくしかじかの決まった生物であり、生命の特殊な現れである。それらは、既知の形態や事実をほとんど同じまま反復している。至る所で、生み出すものと、生み出されるものの間に、われわれは構造の類似を認め、この類似によって、無際限な数の個々の生物を同じ群に閉じ込めることができる。この類似は、類的なもののタイプそのものと映る。無機物の類が、生物の類をモデルにしているようにさえ見えるのだ。このようにして、生命の秩序は、それをばらばらにしてしまう経験においてわれわれに与えられるとき、物理的な秩序と同じ特徴を提示し、同じ機能を果たすことになる。いずれの秩序も、われわれの経験を反復させ、われわれの精神が一般化することを可能にするのである。実際には、二つの場合ではこの特徴の起源は全く異なるし、その意義は正反対でさえある。第二種の秩序の場合、この特徴は類型、理想的な限界、そしてその基礎としても幾何学的な必然性を有しており、この必然性のおかげで、同じ力の諸成分は同一の合力を与える。第一種の秩序の場合、この特徴は、逆に何かの介入を含意している。要素となる原因は無限に複雑で、全く異なったものにもなりうるのに、この何かは同じ結果が獲得できるように手はずを整える。われわれは第一章で、どのように同一の構造がそれぞれ独立した進化の線で見出されるのかを示したとき、この最後の点を強調していた。しかし、そこまで探求を進めなくても、子孫たちによる祖先の型の再生だけを取りあげても、それが同一の合力にまとめられる力の同じ合成の反復とは全く異なったものであることは推測できるだろう。ある生物の生成に協力する、無限個の極小の要素、つまり無限個の極小の原因を考えてほしい。そのうちの一つでも欠けたり逸れたりするだけで、あらゆるものがもはや進まなくなることを思い浮かべてほしい。そのように考えるとき、精神の最初の動きとは、この一団の小さな作業工たちを、「生命原理」という思慮深い現場監督に見張らせることであって、この現場監督は、作業工たちが犯した失敗を修復し、彼らの不注意の結果を訂正し、ものごとをしかるべき場所に置き直すだろう。このようにして人は、物理的な秩序と生命の秩序の差異を翻訳しようと努める。つまり、物理的な秩序によって、諸原因の同じ結合が全体の同じ結果を与えることになるのに対して、生命の秩序は、諸原因のうちに揺れがあるときでさえ、結果の安定性を保証するというのだ。しかし、これは翻訳にすぎない。この点をよく考えてみると、現場監督など存在しえないことが分かる。理由はきわめて簡単で、作業工が存在しないからだ。物理―化学的な分析が発見する諸々の原因や要素は、有機物の壊廃という事実にとっては、おそらく実在的な原因や要素だろう。その場合、それらの数は限られている。それに対して厳密な意味での生命現象、つまり有機的創造という事実はというと、それらを分析するとき、われわれには、無限に続く進展という展望が与えられる。そこから推論できるのは、多数ある原因と要素がここでは、自然の操作を模倣してそれに無際限に近づこうとする精神の眺めにすぎないのに対して、模倣されている操作の方は分割不可能な行為であるということだ。したがって、同じ種の個体間の類似は、同じ原因の同じ合成によって獲得される、諸々の複雑な結果の間の類似とは全く違った意味を持つだろうし、まったく違った起源を持つだろう。しかし、どちらの場合にも類似が存在し、ひいては一般化が可能である。われわれの日常生活とは、必然的に同じもの、同じ状況を期待することであり、実践においてわれわれの興味を惹くのは類似と一般化だけであるから、この共通の特徴、われわれの行動にとって本質的なこの特徴によって、二つの秩序が内的には異なったものでありながらも接近することになるのは自然なことであったし、しかも、この全く内的な差異は思弁の興味しか惹かないのだ。そこから、自然の一般的秩序、どこでも同じで生命と物質を一度に上から支配している秩序という観念が生まれる。そこから、不活性な物質の領域における法則の存在と、生命の領域における類の存在とを、同じ語で言い表し、同じ仕方で表象する習慣が生まれる。

## 無秩序と二つの秩序

もっとも、この混同が、古代人においても近代人においても、認識の問題によって惹き起こされる大部分の困難の起源にあることは疑えないようにわれわれには思われる。実際、法則と類の一般性が同じ言葉で示され、同じ観念に包摂されていたため、幾何学的な秩序と生命の秩序は混同されていた。身を置く視点に応じて、法則の一般性は類の一般性によって説明され、類の一般性は法則の一般性によって説明された。このように定義される二つの命題のうち、第一のものは古代思想に特徴的であり、それに対して、第二のものは近代哲学に属している。しかし、どちらの哲学にあっても、「一般性」という観念は両義的で、その外延においても内包においても互いに両立しえない対象や要素を一つにまとめてしまう。どちらの哲学にあっても、事物に対するわれわれの行動を容易にするという点で、類似しているにすぎない二種類の秩序が同じ概念に分類されてしまう。全く外的な相似のおかげで、二つの項が近づけられるのだが、この相似はおそらく実践的にはそれらを同じ語で言い表すことを正当化するとしても、思弁的領域において、われわれがそれらに同じ定義を与えて混同することは許容されない。

実際、古代人は、なぜ自然が法則に従っているのかとは問わずに、なぜ自然は類に従って秩序づけられているのかと問うた。類の観念は、とりわけ生命の領域における客観的な実在に対応しており、この領域で、類の観念は一つの反論の余地がない事実、遺伝を翻訳している。もっとも、類が存在しうるのは、個別的な諸対象が存在する場合だけである。ところで、有機体が、みずから有機的組織化することによって——自然によってと私は言いたいのだが——物質全体から切り出されるのに対して、不活性な物質を互いに異なる物体に寸断するのは、われわれの知覚なのである。このとき知覚は、行動の関心によって、われわれの身体が描く生まれつつある反作用によって、つまり、他で示したように[84]、みずからを構成しようと希求する潜在的な類によって導かれている。ここで、類と個体は、ほとんど人為的と言ってよく、事物に対するわれわれの未来の行動に全面的に依存した操作によって互いに規定し合っている。それにもかかわらず、古代人は躊躇なく、すべての類を同列に置き、それらに同じ絶対的存在を与えた。こうして、実在は諸類のシステムと化し、法則の一般性を、類の一般性に（つまり、生命の秩序を表現している一般性に）帰着させねばならなくなったのだ。この点については、物体の落下についてのアリストテレスの理論と、ガリレイによって与えられた説明とを比較すると興味深いだろう。アリストテレスは唯々、「高い」と「低い」、「本来の場所」と「借り物の場所」、「自然な運動」と「強いられた運動」[85]といった概念に心を奪われている。彼にとって、石を落下させる物理法則は、石が、すべての石にとっての「自然な場所」、つまり地面を取り戻すことを表現している。彼の見方によれば、石は、正常な場所にいない限り、完全には石ではない。この場所に向かって落ちるとき、石は、成長する生物のようにみずからを完成させ、それによって、石という類の本質を十全に実現させようとしている。[86] このような物理法則の考え方が正確だとすれば、法則はもはや、精神によって立てられる単なる関係ではないし、物質の物体への分割はもはや、われわれの知覚能力に相対的なものではなくなるだろう。その場合には、すべての物体が生物と同じ個体性を持つことになり、物理的宇宙の諸法則は実在的な類同士の実在的な類縁関係を表現することになるだろう。そこからどのような物理学が生じたのかは、周知のとおりである。また、実在の全体を包含し、絶対的なものと一致するような唯一でかつ決定的な科学が可能であると古代人たちが思い込んだため、実際には、物理的なものを生命的なものに多少なりとも大雑把に翻訳したもので満足しなければならなかったいきさつも周知のとおりである。

とはいえ、同じ混同は近代人にも見られる。ただし、次のような差異がある。第一に、二つの項の関係が反転され、法則はもはや類に帰着させられることはなく、類が法則に帰着させられること。第二に科学は、ここでもまた唯一つのものと想定されているが、古代人が望んだように、全面的に絶対的なものと一致する代わりに、全面的に相対的なものとなっていること。近代哲学において、類の問題が姿を消しているのは注目すべき事実である。われわれの認識論は、ほとんど法則の問題についてのみ展開されている。類は、やり方はどうであれ、なんとか法則と折り合うための手を見つけねばならないだろう。その理由はというと、われわれの哲学の出発点が、近代の天文学と物理学における大発見にあるからだ。われわれの哲学にとって、ケプラーとガリレイの法則は、あらゆる認識の理想的な、そして唯一のタイプであり続けた。ところで、法則とは、諸事物の間の、あるいは諸事実の間の関係である。もっと正確には、数学的形式を持つ法則は、ある大きさが、適切に選ばれた他の一つあるいは複数の変数の関数であるということを表現している。しかるに、様々な大きさを選ぶこと、自然を諸対象、諸事実に分配することは、何か偶然的なもの、規約的なものを有している。それを認めたうえでなお、このような選択は経験によってすべて指示されていて、経験から押し付けられるものでさえあると認めてみよう。それでも、法則が関係であることに変わりなく、関係とは本質的に比較である。したがって法則は、複数の項を同時に表象するような知性にとってしか、客観的な実在性を持たない。この知性が私の知性でもあなたがたの知性でもないことはありうる。それゆえ、法則に係る科学が客観的な科学となることもありうる。つまり、経験が予め含んでいたこの客観的な科学を、われわれは単に経験に吐き出させるのである。それでもなお、比較が、特定の誰かによって行われるものではないとしても少なくとも非人称的には行われるということ、また、法則からなる経験、つまり、他の項に結び付けられている項からなる経験は比較からなる経験であるということはやはり事実であって、このような経験は、われわれがそれをかき集めるときにはすでに、知性性の雰囲気を横切ってしまっているはずなのだ。それゆえ、人間悟性に全面的に依存した科学と経験という観念は、諸法則によって構成されるであろう唯一の完全な科学という考え方に暗黙のうちに含まれているのである。カントは、この観念を取り出したにすぎない。しかし、この唯一の完全な科学という考え方は、法則の一般性と類の一般性を恣意的に混同することから生じる。諸項をそれら相互の関係によって条件づけるためには何らかの知性が必要だとしても、それらの項自身は、ある場合には独立して存在しうると考えられている。そしてもし、項同士の関係とは別に、経験が独立した項をもわれわれに提示するなら——というのも生物の種は法則のシステムとは全く別物であるから——、われわれの認識の少なくとも半分は、「物自体」つまり実在そのものに及ぶことになるだろう。ただ、この認識はきわめて困難なものになるだろう。それはまさに、この認識はもはや対象を構成することはなく、逆に対象に従わざるをえないからだ。しかし、少しでもこの認識がその対象に手をつけるなら、絶対そのものにこの認識は食い込んだことになるだろう。もっと先に進もう。もし、認識の後の半分が、逆の秩序の実在に及んでいることが証明可能なら、残り半分の認識も、ある哲学者たちが言うほど根本的に、決定的に相対的なものではもはやないだろう。この逆の秩序の実在を、われわれはいつも、数学的法則によって、つまり、比較を含意している関係によって表現するが、この実在がそのような操作に応じるのは、それが空間性を、したがって幾何学を詰め込んでいるからでしかない。いずれにしても、二種類の秩序の混同は、古代人の独断論の下にすでに存在していたように、近代人の相対主義の背後にも見出される。

われわれはこの混同について大いに語ってきたので、その起源を示すことができるはずだ。この混同は、本質的に創造である「生命の」秩序がその本質においてではなく、その偶有性《アクシダン》のいくつかにおいてわれわれに姿を見せることに由来する。それらの偶有性は、物理的、幾何学的な秩序を模倣する。それらの偶有性は、この秩序と同じく、一般化を可能ならしめる数々の反復を提示するのだが、そのことだけがわれわれにとって重要なのである。生命全体が進化、つまり不断の変容であることに疑いの余地はない。しかし生命は、それを一時的に預かる生物を媒介にして初めて進展することができる。生物が作り上げる新しさが増大し、成熟するためには、ほとんど同じような何千何万という生物が、空間と時間中で反復される必要がある。それは、ある本が一度に何千部ずつ、何千回も版を重ねながら、改訂へと向かうようなものである。しかし、これら二つの場合には、次のような差異がある。続けて刷られる版同士は同一で、同じ版で同時に印刷される本同士も同一であるのに対して、空間上の相異なる点、時間上の相異なる瞬間にあって、同じ種の成員同士が完全に類似することはないのだ。遺伝は単に特徴だけを伝達するのではない。遺伝は、これらの特徴を変化させる弾みをも伝達するのであって、この弾みこそ生命性そのものなのである。だからこそわれわれは、一般化の土台として役立っている反復は、物理的な秩序においては本質的だ、生命の秩序においては偶有的であると言うのである。物理的な秩序は、「自動的な」秩序である。生命の秩序については、それは意志をもつとは言わないまでも、この秩序は「意志される」秩序に類似したものなのである。

ところで、明晰に「意志される」秩序と「自動的な」秩序の区別が表象されるや否や、無秩序の観念の糧となっている両義性ならびに、認識論の主要な困難の一つが消えうせる。
実際、認識論の最重要な問題とは、いかにして科学は可能なのか、言い換えるなら、結局のところなぜ諸事物に無秩序ではなく秩序があるのかを知ることである。秩序が存在すること、これは事実である。しかし他方で、秩序より以下のものとわれわれに映る無秩序は、権利上存在しているように思える。そのため、秩序が存在するということは、解明すべき神秘、いずれにせよ立てるべき問題であることになろう。もっと単純に言うと、秩序を基礎付けようとするや否や、秩序は、事物の中ではそうではないにせよ、精神の眼からすれば偶然的なものとみなされるのである。偶然的だと判断しないようなものについて、説明を求めることなど決してないだろう。秩序が、何かを征服することもしくは、何か（「秩序の不在」であろう）に付加されたものとわれわれに見えていなかったら古代の実在論は、イデアがそこに付加されるような「質料」について語らなかっただろうし、近代の観念論は、悟性が自然において組織化するような「感性的な多様性」を立てなかっただろう。実際、あらゆる秩序は偶然的で、そのようなものとして考えられるということには反論できない。しかし、何に対して偶然的なのだろうか。

われわれの考えでは、この答えには疑いの余地はない。秩序は反対の秩序に対して偶然的であり、また、そのようなものとしてわれわれに現れるのだが、それは詩が散文に対して、また、散文が詩に対して偶然的であるのと同様である。しかし、散文ではない語りはすべて詩であり、必然的に詩として考えられ、詩ではない語りはすべて散文であり、必然的に散文として考えられる。それと同様に、二つの秩序のうちの、一方の秩序でない存在の仕方はすべて他方の秩序であり、必然的にその他方の秩序として考えられる。しかし、われわれは、自分が考えていることを理解せず、感情的な状態のもやを通してしか自分の精神に真に現前している観念に気づかないことがありうる。無秩序の観念を日常生活の中でどのように使っているか考えれば、このことは納得されるだろう。ある部屋に入って、その部屋は「無秩序である（無茶苦茶だ）」と判断するとき、私はそれによって何を言おうとしているのだろうか。（部屋にある）それぞれの物の位置は、その部屋で寝起きする人物の自動的な運動によって、あるいはまた、それぞれの家具、それぞれの洋服などをその場所に置いた作用因――それが何であれ――によって説明される。秩序は、その語の第二種の意味〔自動的な秩序〕で言えば、完全である。けれども、私が期待しているのは、第一種の秩序、きちんとした人間が自分の生活に意識的に置くような秩序、つまり意志される秩序であって、自動的な秩序ではない。この秩序の不在を、そのとき私は無秩序と呼んでいるのである。実は、二つの秩序のうち一方の不在における実在的なもの、知覚されるもの、更には思念されているものとは、もう一方の秩序の現前に他ならない。しかし、ここで私にとって、第二の秩序はどうでもよく、私は第一の秩序にしか関心がない。こうして、「無秩序である」と言うとき、私は第二の秩序の現前を、いわばそれ自体の関数として表現する代わりに、第一の秩序の関数として表現しているのである。逆に、カオス、つまり、物理的世界がもはや諸法則に従っていない諸事物の状態を思い描いていると宣言するとき、われわれは何を考えているのだろうか。われわれは、気まぐれに現れたり消えたりする諸事実を想像している。われわれは、自分たちが知っているような宇宙、結果と原因が見事に釣り合っている物理的な宇宙を考えることから始める。次に、無秩序とわれわれが呼ぶものを獲得できるように、恣意的な命令を次々に出して、〔結果と原因を〕増やしたり減らしたり取り除いたりする。実際には、われわれは自然のメカニズムの代わりに意志を置いた。「自動的な秩序」に替えてわれわれは、要素となる意志を、われわれが想像している現象の出現、消失と同じ数だけ置いたのである。これらすべての小さな意志が「意志される秩序」を構成するためには、これらの意志はおそらく、一つのより高次の意志の方向を受け容れねばならないだろう。ところが、詳細に検討すると、これこそまさに各々がみずから進んで行っていることなのが分かるだろう。われわれの意志がそこにあって、順番に各々の気ままな意志のうちに自身を客体化し、同じものを同じものに結び付けないように、結果を原因に釣り合わせないようにしっかり見張っている。要するに、われわれの意志は、ある単純な意図をして、要素となっている意志作用の全体を上から支配させるのである。したがって、二つの秩序のうち一方の秩序の欠如は、ここでもまたまさに他方の現前に存しているのだ。――偶然（hasard）の観念は、無秩序の観念にきわめて近いものだが、それを分析しても同じ諸要素が見つかるだろう。ルーレットをある数字のところで停止させる原因の全く機械的な働きによって、私が勝負に勝つとしよう。したがってこの働きは、私の利益を慮《おもんぱか》る善良な霊だったらそうするような仕方で、作用しているとしよう。また、風の全く機械的な力が屋根から瓦を引き剥がして私の頭に投げつけるとしよう。したがって、私という人間を陥れようとする悪い霊だったらそうするような仕方で、この力が作用しているとしよう。どちらの場合も、ある意図を探し当て、ある意図と出会うはずだったところで、私はあるメカニズムを見つけている。これこそ、私が偶然について語るときに表現していることである。諸々の現象が気まぐれにまかせて次々と起こるようなアナーキーな世界についても、私はやはり、偶然が支配する世界だと言うだろう。それによって私が言わんとしているのは、メカニズムを期待していたのに、眼の前に意志を、いやむしろ命令を見つけているということだ。こうして、精神が偶然を定義しようとするときの、奇妙な揺らぎが説明される。作用因も目的因も、探している定義を精神に与えることができない。精神は、どちらにも身を落ち着けることができないまま、目的因の欠如、作用因の欠如という二つの観念の間を揺れ動く。この二つの定義はどちらも、精神を他方に送り返すのだ。実際、偶然の観念が、感情の混じっていない純粋なものとみなされる限り、この問題は解決不可能なままである。ところが実は、偶然は、二種類の秩序の一方を待っていたのに、他方に出くわした人の心の状態を客体化しているだけである。それゆえ、偶然と無秩序は必然的に相対的なものとみなされる。それらを絶対的なものとして表象しようとする人は、自分が図らずもシャトル便のように、二種類の秩序の間を往来していることに気づく。一方の秩序にいると思ったまさにその瞬間に、他方の秩序に移動しているのである。また、あらゆる秩序の不在と称されるものが、実はその二つの秩序の現前であり、おまけに、いずれの秩序にも決定的には身を置くことがない精神の揺れを伴ったものであることにも気づく。事物においても、われわれの事物の表象においても、この無秩序を秩序の土台とみなすことは問題になりえない。というのも、この無秩序は二種類の秩序を含意していて、それらの結合から生み出されるのだから。

しかし、われわれの知性は、そこで立ち止まることなく先へ進む。単に「私が命じる」(*sic jubeo*)と言うだけで、知性は、「秩序の不在」であるような無秩序を置く。だから、知性が考えているのはある言葉もしくは言葉並びであって、それ以上のものではない。では、知性がその言葉の下に一つの観念を置こうとするとどうなるだろうか。そのとき知性は、無秩序はまさにある秩序の否定たりうるが、その場合この否定は逆の秩序の現前を暗黙のうちに確認したものであることに気づく。にも係らずわれわれは興味がないのでこの確認を見ようとしないか、あるいはまた、第二の秩序を今度は否定する、言い換えるなら第一の秩序を復権することでこの確認を見落としてしまう。では、悟性が組織すると言われる不整合な多様性を、いったいどのように語ればよいのか。そのような不整合が実在化された、あるいは実在可能であると想定している者など誰一人いないと言っても無駄だろう。語るからには、そのことを考えていると思われているのだ。しかるに、真に現前している観念を分析しても、またしても興味を惹かない秩序を前にした精神の落胆か、二種類の秩序の間の精神の揺れ動きか、あるいは、何かを意味している語に否定の接頭語をつけて人が作り出した空虚な語の単なる表象しか見つからないだろう。ただ、このような分析を行うことを人は怠っているのである。この分析を忘れていたのは、まさに、二種類の秩序、一方を他方に還元することができない二種類の秩序を区別することなど思いもかけなかったからである。

実際われわれは、あらゆる秩序は必然的に偶然的なものとして現れると言った。二種類の秩序が存在するとすれば、この秩序の偶然性《コンタンジャン》は説明される。二つの形式の一方は他方に対して偶然的なのである。私が幾何学的なものを見つける場合、生命的なものは可能的であったことになり、秩序が生命的である場合、秩序は幾何学的でありえたことになるだろう。そうではなく、秩序は至る所で同じ種類のもので、そこには、幾何学的なものから生命的なものへ進む程度の差しかないと仮定してみよう。その場合、あるひとつの秩序は私にとって偶然的なものとして現れ続け、しかも、それはもはや別の種類の秩序に対して偶然的なものとはなりえないので、私は、必然的に、その秩序はそれ自身の不在に対して偶然的であると思い込むだろう。つまり、「秩序が全く存在しないような」事物の状態に対して偶然的であると思い込むだろう。このような事物の状態、それを私は自分が考えていると思い込むだろう。なぜなら、反論しえない事実たる秩序の偶然性そのものに、この状態が含まれているように思われるからだ。それゆえ、私はヒエラルキーの頂点に生命の秩序を置き、次に、この秩序が減退したもの、あるいはその複雑性の程度が低いものとして幾何学的秩序を置き、そして最後に、一番下に、秩序の不在、不整合そのものを置いて、そこに秩序が積み重ねられることになると考えるだろう。こういうわけで、不整合という語は、その背後に何かが、実現されていないにせよ、少なくとも思考されるような何かが存在するはずの語であるように思えてくるのだろう。そうではなく私が、ある一つの秩序の偶然性に含まれている事物の状態とは単に反対の秩序の現前であることに気づき、それによって、互いに逆の方向を持つ二種類の秩序を措定するとすれば、二つの秩序の間に中間的な程度を想像することはできないし、これらの二つの秩序から更に下降して「不整合なもの」へ向かうこともできないということに私は気づく。不整合なものとは、意味を欠いた語でしかないか、あるいは逆に、たとえそれに何らかの意義を与えるとしても、不整合を二つの秩序の下にではなく、両者の途中に置くという条件を付加しなければならない。最初に不整合なものがあって、次に幾何学的なものが、そして生命的なものがあるのではない。単純に、幾何学的なものと生命的なものが存在するのである。そして、両者の間を精神が揺れ動くことによって、不整合なものの観念が生じるのである。それゆえ、秩序に即して連携し合うことなき多様性があり、そこに秩序が付け加わると語ることは、まさしく論点先取を犯すことである。秩序に即し連携し合うことなきものを想像するとき、実際にはある秩序が、いやむしろ二つの秩序が措定されているのである。

以上の長い分析は、いかにして実在が、反転を経て、緊張から伸張へ、自由から機械的な必然性へ移行しうるのかを明らかにするために必要だった。二つの項のこの関係が、意識によって全く同時に感覚可能な経験によってもわれわれに示唆されることを明らかにするだけでは十分ではなかった。幾何学的な秩序は単に逆の秩序を削除しただけのもので、説明を要しないことを証明しなければならなかったのだ。そして、このためには、削除とは常にある置換であり、また必然的にそのようなものとみなされてさえいるということを明らかにすることが不可欠だった。諸事物に起こっていることについても、精神に現前しているものについても、われわれはある語り方のせいで思い違いをするが、ここでこの語り方がわれわれに示唆されるのは、それを実践的な生が要求するからにすぎない。われわれは反転の諸々の帰結を記述したばかりだが、今や、この反転をより詳細に検討しなければならない。ここでは原因の中断は結果のある逆転と等価なのだが、では、自分を拡げるためには自分を緩めるだけでよいとする原理とは何なのか。

### 物質の観念的生成

これ以上適切な言葉がないので、われわれはこの原理を意識と呼んだ。しかし、それはわれわれ各人のうちで働く弱められた意識ではない。われわれの意識は、空間のある点に位置づけられたある生物の意識である。われわれの意識は、みずからの原理と同じ方向に進んでいるとしても絶えず逆の方向に引っ張られ、前に進むとはいえ後ろを振り返らずにはいられない。このように、回顧的に物事を見るというのが、すでに示したように、知性の、ひいては判明な意識の自然な機能である。われわれの意識がみずからの原理の何かと一致するためには、すでに出来上がったものから離れて、出来つつあるものに自分を結び付けねばならないだろう。見る能力が、自分を裏返し自分をねじまげて、意志する行為と一体にならねばならないだろう。痛ましい努力である。われわれは、自然に背いて不意にこの努力を行うこともあるが、それを保てるのはほんのわずかな間だけである。自由な行動において、われわれがみずからの全存在を収縮して、それを前方に放つとき、われわれは数々の動機や原動力について、最悪の場合でも、これらの動機や原動力が有機的組織化されて行為と化す際の生成について、多少なりとも明晰に意識を持つ。にもかかわらず、純粋な意志、つまりこの物質に生命を伝えながらそれを横切っている流れについては、われわれはそれをほとんど感じることがない。せいぜい、通りすがりに軽く触れるだけである。ほんのわずかな間だけでも、この純粋な意志に身を置く努力をしよう。そのときでさえ、われわれが捕らえることになるのは個人の断片的な意志でしかない。一切の生命の原理であり、また一切の物質性の原理でもあるこの原理に到達するためには、もっと先に進まなければならないだろう。不可能だろうか。否、もちろん可能であって、まさに哲学の歴史がそれを証言している。少なくともその部分のいくつかで直観によって生気を与えられていなければ、システムは長持ちしない。

弁証法は、直観をテストするために必要であるし、直観が概念に屈折して他の人間たちに伝えられるためにも必要である。しかし弁証法は、たいていの場合、自分を超えている直観の結果を展開することとしかしない。実を言えば、弁証法と直観という二つの歩みは逆の方向に進む。観念同士を結びつけるための努力は、観念が蓄積しようとしていた直観を消失させてしまうものでもあるのだ。哲学者はいったん直観から弾みを受け取ったら、直観を放棄せざるをえないし、そうなったら、運動を続けるために、自分自身を頼りに次から次へと概念を取り上げざるをえない。ところが、哲学者はすぐさま足場を失ってしまったと感じる。新しい接触が必要になる。これまでやってきたことの大部分は、取り壊さなければならないだろう。つまるところ、弁証法とは、思考が自分自身と一致するのを保証するものである。しかし、弁証法——直観の弛みでしかない——によって、相異なる数多くの一致が可能になるとはいえ、真実は一つしかない。直観は、もしわずかな瞬間で終わらずに継続することができるなら、哲学者が彼自身の思考と一致するのを保証するだけではなく、すべての哲学者同士が一致することも保証するだろう。はかなく不完全なものとして実在しつつも、直観は各システムの中で当のシステムより価値があり、システムの崩壊後も生き残るものなのだ。もしこの直観が、維持されて長続きし、一般化されることができるなら、とりわけ脇道に逸れないように外的目印を確保しておくことができるなら、哲学の目的は達成されるだろう。このためには、自然と精神の間の連続的往復が不可欠である。

われわれの存在をわれわれの意志に、われわれの意志自身をその拡張たる衝動に置き直すとき、われわれは、実在が絶え間ない増大であり、終わりなく続けられる創造であることを感じる。われわれの意志はすでにしてかかる奇跡を行っているのだ。どんな人間の作品も一片の発明を含み、どんな意志的行動にも一片の自由が含まれており、有機体のどんな運動も自発性を示しているのだが、それらのものは新しい何かを世界にもたらす。確かに、これらは形式の創造でしかない。どうしてそれらが他のものでありえようか。われわれは、生命の流れそのものではない。われわれはこの流れなのだが、すでに物質〔質料〕を、言い換えるなら、生の流れが流れつつ運ぶ流れの実質の凝固せる諸部分を積み込まれている。天才的な作品を制作するとき、単に自由な決定を下すときと同じく、われわれは、行動性のバネを最高に緊張させ、そのようにして、材料を単に寄せ集めただけでは決して生み出すことができないものを創造する（既知の曲線をいったいどのように並べれば、偉大な芸術家のタッチに匹敵するものになるというのか）。それでもなお、有機的組織化される以前から存在している要素があって、これらは有機的組織化された後も存在し続ける。しかし、形式を生み出す行動が単に停止しただけで、その質料〔物質〕を構成できるとすれば（芸術家が描く独創的な線は、それら自身すでに、ある運動が固定したもの、いわば凝固したものではないだろうか）、質料〔物質〕の創造は理解不可能なものでも、容認できないものでもないだろう。なぜなら、われわれは形式の創造を内側から把握し、毎瞬間それを生きているからだ。形式が純粋で、創造的な流れが瞬間的に止まる場合、まさにそのとき、質料〔物質〕の創造が行われるだろう。アルファベットのすべての文字を考えてみよう。これまでに書かれたすべてのものの創作に含まれているのは、これらのアルファベットである。新しい詩を創作するときに、他の文字が現れて、アルファベットに付け加わるとはわれわれは考えない。しかし、詩人が詩を創造すること、人間の思考がそれによって豊かになることをわれわれはよく理解している。この創造は、精神の単純な行為である。その行動は、続けられて新しい創造へと至る代わりに、停止しさえすれば、おのずから散らばって語になり、語も分解されて文字になる。この文字は、すでに世界に存在していたすべての文字に付け加わるだろう。このようにして、所与の瞬間に世界を構成する原子の数が増えるということは、われわれの精神の習慣に抵触するし、われわれの経験にも反する。しかし、全く別の秩序の実在、詩人の思考がアルファベットの文字と対照をなしているように、原子とは対照をなす実在が、突然の付加によって増大するということは認められないわけではない。こうした付加の各々の反対物は一つの世界、われわれが象徴的にではあるが原子の並列として表象するものたりうるだろう。

宇宙の存在にまき散らされた神秘は、実際のところ大部分が、宇宙の生成が一挙に行われたか、さもなければ、あらゆる物質が永遠であると主張されることから生じる。創造が語られるにせよ、創造されない物質が置かれるにせよ、いずれの場合も、問いただされるのは、宇宙全体なのである。精神のこの習慣を掘り下げると、そこに先入観があることが分かるだろう。この先入観については次章で分析しようと思うが、それは、唯物論者にもその反対者にも共通な考えで、この考えによると、真に働いている持続は存在せず、絶対的なものは——物質であれ精神であれ——、具体的な時間、われわれが自分の存在の生地そのものと感じている時間の中に場所を持つことはできない。そこから、全ては一度に決定的な仕方で与えられた。そしてまた、物質的多様性そのもの、あるいはこの多様性を創造する行為——神的本質においては一まとまりで与えられている——を永遠のものとして措定しなければならないとの結論が導かれるだろう。いったんこの先入観を取り除けば、創造の観念はより明晰なものとなる。なぜなら、その観念は増大の観念と一つになるからだ。しかし、そのときわれわれが語らなければならないのは、もはや宇宙全体ではなくなるだろう。

なぜ宇宙全体を語るのだろうか。宇宙とは諸々の太陽系の集合で、それらはわれわれの太陽系と似ていると信じてもあながち過ちではあるまい。おそらく、これらの太陽系は互いに絶対的には独立していないだろう。われわれの太陽は最も遠く離れた惑星をも越えて熱と光を放つが他方で、われわれの太陽系全体が、あたかもそちらへ引き寄せられているかのように、ある決まった方向へと動いている。それゆえ、世界と世界をつなぐ絆が存在するのである。しかし、同じ世界の部分同士の結び付きと比べると、この絆は無限に緩んだものと考えてよい。したがって、人為的に、単なる便宜上の理由で、われわれの太陽系を他から切り離すのではない。自然それ自体がそうするよう誘うのである。生きた存在である限りでわれわれは、自分たちが存在する惑星に、この惑星を養う太陽に依存しているが、他のいかなるものにも依存していない。しかし、思考する存在である限りでわれわれは、われわれの物理学の諸法則をわれわれ固有の世界に適用できるし、おそらく、孤立したものとして取り上げられた各々の世界にもそれらの法則を拡張できるだろうが、それらの法則を宇宙全体に適用できると言うもの、いや、そのような主張が何らかの意味を持つと言うものさえ何一つない。なぜなら、宇宙はすでにできあがったものではなく、不断にみずからを作るものであるからである。おそらく宇宙は、諸々の新しい世界を付け加えることによって、無際限に増大しているのだろう。

そこで、われわれの科学の最も一般的な二つの法則、エネルギー保存則とエネルギー散逸則を、われわれの太陽系全体に拡張してみよう。ただし、他の数々の相対的に閉じたシステムについてと同様、ここでは太陽系という相対的に閉じたシステムに話を限定しよう。何がそこから帰結するだろうか。まず、これら二つの原則が同じ形而上学的な射程を持っていないことを指摘しなければならない。保存則は量的な法則で、したがって、部分的にはわれわれの測定方法と相対的である。それが言うには、閉じていると想定されたシステムの中では、エネルギー全体、つまり運動エネルギーと潜在エネルギーの総和は一定である。さて、もし世界に運動エネルギーしか存在しないなら、あるいは運動エネルギーに加えてただ一種類の潜在エネルギーしか存在しないなら、測定が人為的だからといって、法則まで人為的になることはないだろう。エネルギー保存則はまさに、何かが一定量で保存されることを表現するだろう。しかし、現実には本性が異なる様々なエネルギーが存在しており[87]、各エネルギーの測定尺度には明らかに、エネルギー保存則を正当化しうるものが選ばれていた。一つの同じシステムを構成する様々なエネルギーの変化の間にはおそらくある結び付きが存在していて、適切に測定の仕方を選べば、まさにこの結び付きによって保存則の拡張は可能になったのだろうが、それでも、この原則に内在する規約的な部分はきわめて大きい。したがって、哲学者がこの原則を太陽系全体に適用するとき、少なくともその輪郭を暈さねばならないだろう。ここでエネルギー保存の法則が表現できるのは、あるものの量が一定のまま客観的に変わらないことではもはやなくて、むしろ、生み出される変化がすべてどこかで逆方向の変化によって必然的に相殺されるということだろう。つまり、エネルギー保存の法則がわれわれの太陽系全体を支配している場合でさえ、それがわれわれに教えてくれるのは、全体の本性についてであるよりもむしろ、この世界のある断片の、別の断片に対する関係についてなのである。

　熱力学第二原理の場合には事情が異なる。エネルギー散逸の法則は実際、本質的には大きさに関わるものではない。確かにカルノーの思考の中で、その法則の最初のアイディアは、熱機関の作業効率についての量的な考察から生まれたし、クラウジウスもまた、数学的な項を使ってその法則を一般化し、「エントロピー」という計算可能な大きさの考え方に到達した。このように正確にすることは、応用にとって必要である。とはいえ、たとえ物理世界の様々なエネルギーを計測すると考えもしなかったとしても、エネルギーの概念が生み出されていなかったとしても、その法則が曖昧な形では定式化可能であることに変わりないし、少なくとも、その法則の大凡のところは定式化されえただろう。その法則が本質的に表現しているのは、実際、すべての物理的変化には散逸して熱になる傾向があり、熱それ自体には斉一的な仕方で諸物体に配分される傾向があるということだ。正確さでは劣るこの形式をとると、法則は一切の規約から独立することになる。この法則は、物理法則の中で最も形而上学的なものである。というのも、それは、象徴を介在させることも、測量のためにあれこれやりくりすることもなく、世界が進む方向を端的に指し示しているからだ。この法則が言っているのは、互いに異質であるような眼に見える変化がだんだん薄まって眼に見えない等質的な変化と化すということ、そしてまた、われわれの太陽系で起こる変化の豊かさや多様性の原因と考えられている不安定性は、無際限に互いに反復し合う諸々の要素的振動の相対的な安定性に少しずつ場所を譲るということ、これである。譬えて言うなら、力を保っていながら、その力を行為に使うことが徐々に少なくなり、最後には、肺に空気を吸わせ、心臓に鼓動を打たせることにしか、その力を使わなくなるような男のことをその法則は語っているのである。

この観点から検討すると、われわれの太陽系のような世界は毎瞬間、それが含んでいる変動性から何かを汲み取っているように見える。使用可能なエネルギーが最大だったのは最初で、この変動性は減少の一途を辿っていった。この変動性はどこから来るのだろうか。それは空間上のある他の点から来たのだ、とまずは想定できるかもしれない。しかし、それは困難を後回しにしたにすぎないだろう。つまり、変動性のこの外的源泉について、同じ問いが立てられるだろう。確かに、「変動性を交換しあえる世界の数には限りがなく、宇宙に含まれる変動性の合計は無限である。したがって、その変動性の最後を予見することと同様、その起源を探究することにも理由がない」と付言することができるだろう。この種の仮説は反論不可能であるが、同じく証明不可能である。しかし、無限な宇宙について語ることは、物質と抽象的な空間が完全に一致していると認めること、したがって、物質のすべての部分が互いに絶対的に外的であると認めることである。われわれは、この後者の命題をどのように考えなければならないか、そしてまた、この命題と、物質のすべての部分は互いに影響を及ぼし合っているとの考え――まさにこの仮説では、その支えとしてこの影響に訴えていると主張されている――を両立させるのがいかに困難であるかを先に見ておいた。最後に、全体の不安定性は全体の安定な状態から生じる、われわれが存在している期間は使用可能なエネルギーが減少していく期間で、変動性が増加する期間に先立たれていた、増加と減少の期間は交互に到来してその交代に終わりはないと想定できるかもしれない。最近正確に示されたように、この仮説は理論的には成立しうる。ただし、ボルツマンの計算によれば、この仮説の蓋然性は数学的にみて想像を絶するほど低いもので、実践的には絶対に不可能であるのと変わりない。現実には物理学の領域にとどまっている限り、この問題は解決不可能なのである。なぜなら物理学者は、エネルギーを広がりを持つ粒子に結び付けざるをえないし、たとえ粒子をエネルギーの貯蔵庫としか考えないとしても、[88]彼はやはり空間にとどまるからだ。もし物理学者がこれらのエネルギーの起源を、空間を越えた過程に探そうものなら、物理学者としての本分に背くことになるだろう。しかし思うに、エネルギーの起源を探さなければならないのはまさにそこなのだ。

延長一般を抽象的に考えてみよう。前に述べたように、延長は、ある緊張が中断するものとしてしか現れなかった。この延長を満たす具体的な実在に注目してみよう。そこで支配している秩序、自然法則を通じて姿を見せる秩序は、逆の秩序が除去されると、おのずから生まれるはずの秩序であって、この除去を生じさせるのはある意志の緩みだろう。つまり、この実在が進む方向はまさに、われわれに今、自己解体していく事物という観念を示唆している。これこそ、疑いの余地なく、物質性の特性のひとつである。ここから帰結するのは、この事物が自己を作る過程は物理的な過程とは逆の方向に向かっていて、この事物は定義そのものから非物質的なものであるということに他ならないのではないか。われわれの物理的世界のイメージは、落下する錘りである。厳密な意味での物質からどんなイメージを引き出しても、決して、上昇する錘りという観念を与えてはくれないだろう。しかし、われわれがもっと詳細に具体的な実在を検討すれば、もはや物質一般だけではなく、この物質の内部で生物を考察すれば、この結論はもっと説得力を持つものになるだろう。

　実際、われわれが行った分析のすべてが、生命のうちには物質が下る坂を上る努力があることを示している。それによって、われわれの分析は、物質とは逆の過程、ただ中断するだけで物質を創造する過程が可能であり必然的でさえあることを垣間見せてくれる。確かに、われわれの惑星の表面で進化する生命は物質に結び付けられている。もし、生命が純粋な意識であるなら、ましてや超意識であるなら、生命は純粋な創造的行動性であるだろう。実際のところ生命は、自分を不活性な物質の一般的な諸法則に従わせる有機体に釘付けにされている。しかし、これらの法則から抜け出すために生命ができる限りのことをなしているかのように、すべては起こっている。生命は、カルノーの原則が規定するような物理的変化の方向を逆転させることはできない。が少なくとも、放置しておくと物理的とは逆方向に働くような力がそうするのと同様に、生命は絶対的にふるまっている。物質的変化が進むのを止めることはできないが、生命はそれを遅らせることに成功している。われわれが示したように、生命の進化は、実際、最初の衝動を継続している。植物においてクロロフィルの機能の発達を、動物において感覚運動系の発達を規定したのは、この衝動である。それは、徐々に強力になっていく爆発的なものを組み立て用いることによって、生命を、ますます効果的になる行為へと導く。ところで、この爆発的なものは、太陽エネルギーの貯蔵以外の何を示しているというのか。それが流れ込んだ点のいくつかで貯蔵されると、太陽エネルギーの散逸は暫定的に中断されることになる。この爆発的なものが内に秘めている使用可能なエネルギーはおそらく爆発の際に消費されるだろう。けれども、有機体がそこでエネルギーの散逸を止め、エネルギーを保持し付加していなければ、エネルギーはもっと早く消費されていただろう。生命は、自分の内に秘めていた、互いに補完し合う諸傾向の分裂によって、今日われわれが眼にする姿となった。今日では、生命全体が、植物のクロロフィルの機能に依存している。つまり、あらゆる分裂以前のその最初の衝動において検討されると、生命とは、もし自分がいなければ流出してしまっただろう何かを動物のごとく瞬間的かつ効果的に消費するために、その何かを、植物の、とりわけ緑色の部分が行うように貯蔵庫に貯めこむ傾向であった。生命とは、落下する錘りを上に持ち上げる努力のようなものである。確かに、その落下を遅らせることしか成功しなかった。少なくとも、錘りが上昇するとはどういうことであったか、その観念をわれわれに与えることができる(89)。

では、高圧の蒸気で満たされた容器があって、壁のあちこちに亀裂が入っており、そこから蒸気が外に噴き出ている、と想像してみよう。空気中に放たれた蒸気は、ほぼすべてが凝縮し、しずくとなって下に落ちる。この凝縮と落下が表しているのは、単に何かを失ったことであり、中断であり、欠損である。しかし、噴出した蒸気のわずかな部分が、ほんの数瞬の間、凝縮せずに残る。このわずかな部分が、落下するしずくを持ち上げようと努力している。せいぜい、その落下を遅らせることしかできないが。同じように、巨大な生命の貯蔵庫からは、絶えず生命が噴き出しているはずで、噴出した生命が、それぞれ落下して世界となる。この世界の内部での生物種の進化は、原初にある噴出の、つまり物質性とは逆の方向に続けられる衝動の、根源的な方向がいくらか消えずに残っているものを表している。しかし、この譬えに、あまり執着しないでおこう。この譬えは実在について、イメージしか与えないだろう。このイメージは、弱められているだけでなく、人を欺きさえするだろう。なぜなら、亀裂、蒸気の噴出、しずくを持ち上げることは、必然的に規定されているのに対して、世界の創造は自由な行為であり、生命は、物質的世界の内部で、この自由を帯びているからである。だから、むしろ、腕を持ち上げるような動作を考えよう。そして、この腕は、放っておけば、下に落ちるが、腕に生を吹き込んでいた意志の何かが、それを持ち上げようとしながら、そこに残っている、と想定しよう。みずからを解体する創造的な動作、というイメージとともに、われわれは、すでに物質について、より正確な表象を持つことになるだろう。そしてわれわれは、生命の行動性に、直接的な運動の何かがそれとは逆の運動の中に残っているのを、つまり、みずからを解体するものを横切ってみずからを作る、ある実在を見るだろう。

　習慣的に行っていることであり、悟性もそうせざるをえないのだが、もし、創造されるであろう事物、創造している事物を考えると、創造という観念はすべてがあいまいになる。われわれは次の章で、この錯覚の起源を示そうと思う。われわれの知性は本質的に実践的な機能で、変化や行為よりむしろ、事物や状態をわれわれに表象するよう形成されているので、この錯覚は知性にとって自然なものである。しかし、事物や状態は、われわれの精神が取った生成の瞬間写真でしかない。事物など存在しない。あるのは作用だけだ。もっと個別的に、われわれが生きている世界を考えるとき、私が気づくのは次のようなことである。第一に、この見事に結びついた全体の、自動的に厳密に決定された進化は、みずからを解体する作用であること。第二に、生命がこの世界で切り抜く予見不可能な形態、みずからを引き延ばして予見不可能な運動となることができる形態が表しているのは、みずからを作る作用である、ということである。さて、他の世界はわれわれの世界と類似したもので、そこで物事は同じような仕方で起こると信じるに足りるもっともな理由が私にはある。観察が示すように、今日でさえ諸々の星雲が濃縮の途中にあるのだから、私は、これら他の世界すべてが同時に形成されたのではないことを知っている。至る所で、同じ種類の作用が遂行されている——自己を解体するのであれ、再び自己を作ろうとするのであれ——としよう。そこから巨大な花火の火花のように諸々の世界が湧出するところのある中心を私が語るとしても、私は単に今述べたような十分ありうる相似を言い表しているにすぎない——といっても私はこの中心をある事物としてではなく、ある湧出の連続性として与えているのだが——。このように定義される神は、出来合いのものを何も持っていない。かかる神は絶えまない生命であり、作用であり、自由なのだ。このように考えられた創造は神秘ではない。われわれは、自由に行動するや否や、創造を自分のうちで体験している。新しい事物が現存する事物に付加されうる、これは疑いの余地なくばかげている。というのも、事物は、われわれの悟性が行う固定化の産物で、悟性が構成した事物以外に事物など決して存在しないからだ。それゆえ、創造される事物について語ることは結局、悟性は、自分に与えるより以上に自分に与えていると言うことになるだろう。自己矛盾した肯定であり、空虚で無駄な表象だ。しかし、行動〔作用〕が前進しながら増大すること、それが進展と共に創造することは、われわれが各々、自分が行動するのを見るときに確認することである。諸事物は、われわれの悟性が所与の瞬間に、この種の流れの中で行う瞬間的な切断によって構成される。切断〔断面〕同士を比較するときには神秘的であったものが、その流れに立ち戻ると明晰になる。生物の諸形態の有機的組織化において続けられるような創造的な作用の諸々の様相ですら、この角度から考えると、奇妙なくらい単純なものとなる。ある有機体の複雑さ、そして、この複雑さが前提している、無限のと言ってよいほど夥しい数の錯綜した分析と総合を前にして、われわれの悟性は戸惑い、後ずさりする。物理的かつ化学的な力の単なる働きがかくも驚くべきことを行えるなどと信じるのは難しい。深遠なる知が働いているとしても、どうやって、質料なき形式によって形式なき質料に行使される影響を理解するというのだ。しかし困難は、物質的な粒子を静的に表象すること、つまり、すでに出来上がっていて互いに並列している物質的な粒子を表象することから生じる。そしてまた、同じく静的に外的な原因を表象すること、つまり、それら物質的な粒子に巧妙な有機的組織化を貼り付ける外的原因を表象することから生じる。しかし実際には、生命とはある運動で、物質性とはそれとは逆の運動なのである。そしてこれら二つの運動はそれぞれ単純なものなのだ。ある世界を形成する物質は不可分な流れであり、物質を横切りながら物質のうちで数々の生体を切り抜く生命もまた不可分である。これら二つの流れのうち、物質の流れは生命の流れに逆らっているが、そうだとしても生命の流れは物質の流れから何かを得る。このことによって二つの流れの間に折り合い（*modus vivendi*）がつく。この折り合いこそがまさに有機的組織化である。この有機的組織化は、われわれの諸感官ならびに知性にとっては、時間と空間内で互いに全面的に外的な諸部分という形式をまとう。諸々の世代を横切って個体同士を、種同士を結び付け、生物の系列全体を、物質の上を流れる一つの巨大なうねりたらしめている弾みの統一性をわれわれが見ようとしないだけではなく、それぞれの個体自身も、ある集合体として、分子ならびに事実の集合体としてわれわれに現れるのである。その理由は、われわれの知性の構造に見つかるだろう。われわれの知性は、物質に対して外から働きかけるようにできていて、実在の流れの中で瞬間的な切断を行いながらでしか物質に到達しないのである。これらの切断の各々は固定したもので、無際限に分割可能である。有機体のうちに、互いに外的な諸部分しか認知しないがゆえに、われわれの悟性は二つの説明体系のどちらかを選ぶほかない。無限に複雑な（したがって無限に巧妙な）有機的組織化を偶然の寄せ集めとみなすか、あるいは、それらの要素をまとめる外的な力の理解不可能な影響に有機的組織化を結び付けるか、のいずれかである。ところが、この複雑さも、この理解不能なものも、悟性が生み出したものなのである。すっかり出来上がったものしか捉えることはなく、外から見る知性の眼だけで見るのではなく、精神で見るように努めてみよう。精神――つまり私は、行動する能力に内在する見る能力、いわば意志がみずからをねじ曲げることで湧き出る、見る能力を働かせて、見るように努めよう、と言いたいのである。すべてが運動のうちに再び置かれ、すべては運動に帰着するだろう。悟性は、前進する作用（行動）の、固定的と想定されたイメージに働きかけ、無限に多くの部分を、無限に巧妙な秩序をわれわれに見せていたのだが、そこにわれわれは、単純な過程を、自己を解体するのと同じ種類の作用を通して自己を作るある作用を見抜くだろう。花火の最後の火花が、すでに消えてしまった火花から落ちてきた燃えかすの中で切り開く道のようなものを見抜くだろう。

**進化の意義**

この視点からすると、生命の進化についてわれわれが提示した一般的な考察は解明され補完されるだろう。かかる進化における偶然的なもの、本質的なものがより明確に取り出されるだろう。

われわれが語る生命の弾み（*élan le vie*）とは、要するに、創造への要請に存している。生命の弾みは絶対的に創造することはできない。なぜなら、それは眼前の物質、つまり自分とは逆の運動と出会うからだ。しかし、生命の弾みは、必然性そのものであるこの物質を捉え、そこに、可能な限り多くの非決定性、つまり自由を挿入しようとする。どのように、この弾みは振舞うのだろうか。

前に述べたように、高等動物は、おおまかに言って、消化系、呼吸系、循環系等に置かれた感覚—運動神経系によって表象されうる。消化系、呼吸系、循環系には、感覚—運動神経系を掃除し、修繕し、保護し、外的環境からできるだけ独立させるという役割があるが、何よりもまず果たすべき役割は、この神経系が運動に費やすことになるエネルギーをそれに与えることである。それゆえ、有機体の複雑さが増大するのは、理論的に言えば（進化の偶発事に帰せられる数え切れないほどの例外にもかかわらず）、神経系を複雑にする必要があるからである。さらに、有機体のある任意の部分が複雑になるたびに、それによって他の多くの部分も複雑になる。なぜなら、まさにこの部分自身が生きなければならないからだ。生体のある点のいかなる変化も至る所に反響する。それゆえ、複雑化は、すべての方向に、無限に拡がりうるだろう。しかし、事実的にはつねにそうだとは言えないにせよ、権利的には神経系の複雑化こそが他の複雑化を条件付けている。では、神経系それ自身の進歩とは何なのか。それは、自動的な行動性と意志的な行動性とが同時に発達することである。自動的な行動性は、意志的な行動性に適切な道具を与える。例えば、われわれのような有機体において、脊髄や延髄に相当数の運動機構が備え付けられていて、自分に対応する行為を放つ合図を待つばかりになっている。意志はある場合には機構そのものを備え付けることに専念するが、別の場合には、発動する機構、機構同士の組み合わせ方、発動の時期を選ぶことに専念する。ある動物の意志が選べる機構の数が多くなればなるほど、すべての運動経路の交差点が複雑になればなるほど、別の言い方をすれば、この動物の脳が発達すればするほど、その意志は効力を増し、意志自体も強くなる。このようにして、神経系が発達するにつれて、それによって行為に保証される正確さ、多様性、効果そして独立性は増大する。あたかも、ゴムででできていて、あらゆる瞬間に形を完全に変えることができるかのように、有機体は、新しい行動のたびに全体が組み立て直されるような行動機械のごとく徐々に振舞うようになる。しかし、神経系が現れる前に、それどころか厳密な意味での有機体が形成される前に、すでにアメーバの未分化な固まりに、この動物の生の本質的な特性が現れていた。アメーバは様々な方向に不規則に変形する。それゆえ、部分の分化ゆえに、発達した動物では感覚—運動系でしか行われなくなることを、アメーバの固まり全体が行っているのである。初歩的な仕方でしかそれを行わないので、その固まりは、高等な有機体のように複雑になることを免れている。ここでは、付随的要素が運動的要素に対して、消費するべきエネルギーを手渡す必要がして、エネルギーを獲得するのである。こうして、動物の系列の下の方に身を置こうが上の方に身を置こうが、つねに、動物の生は、一、エネルギーの蓄えを獲得し、二、できるだけしなやかな物質を介して、その蓄えられたエネルギーを予見されざる様々な方向に使うことに存しているのが分かる。

では、エネルギーはどこから来るのだろうか。摂取された食物からである。なぜなら、食物は一種の爆薬で、蓄積しているエネルギーを放つのに、わずかな火花を待つばかりになっているからである。この爆薬を作ったのは誰だろうか。ある動物の肉が食物となることもありうるが、この動物は、他の動物を食べ、食べられた動物もまた他の動物を食べ、と同じことが起こっただろう。しかし、最終的に辿り着くのは植物だろう。植物だけが真の意味で太陽エネルギーを蓄えることができる。動物はただ、植物から太陽エネルギーを受け取っているにすぎない。動物たちはある場合には直接植物から、そうでなければ、動物同士で受け渡しを繰り返しながらこのエネルギーを受け取る。植物はこのエネルギーをどのように蓄積したのだろうか。とりわけ、クロロフィルの機能によって、つまりある独特な化学作用によって蓄積したのである。この化学作用について、われわれは理解の鍵となるものを手にしていないが、おそらく実験室で起こる化学作用とは似ていないだろう。この働きは、太陽エネルギーを使って、炭酸ガスの炭素を固定し、それによってこのエネルギーを蓄積することにある。ちょうど、水の運搬人を使って、高い所にある貯蔵庫に水を満たすことで、この運搬人のエネルギーを蓄積するようなものである。いったん水を高い所に運んでおけば、好きなように好きなときに、この水によって水車やタービンを動かすことができるだろう。固定された炭素原子はそれぞれが、重い水を持ち上げることに似た何か、あるいは、炭酸ガスの中で、炭素を酸素に結び付けていたであろう弾力性のある糸が緊張することに似た何かを表している。ただ引き金を引くことによって、炭素が酸素に再び結び付きに行くのを可能にすれば、弾力性のあるものは緩むだろうし、重さのあるものは落下するだろう。こうして、蓄えられていたエネルギーも再び発見されるだろう。

　その結果、動物にせよ植物にせよ、生命全体がその本質においてエネルギーを蓄え、そしてそのエネルギーをしなやかで変形可能な水路に放つ努力として現れる。この水路の終わりで、生命は無限に多様な仕事を遂行するだろう。このような結果を、生の弾み（*élan vital*）は物質を横切りながら一度に獲得したいと思っているだろう。もしその力が無制限のものならば、もし何らかの助けが外から訪れることが可能なら、生の弾みはそれに成功するだろう。しかし、その弾みは有限で一度だけしか与えられない。それはすべての障害を乗り越えることはできない。それが表現している運動は、あるときはわき道にそらされ、あるときは分割され常に妨害を受けている。有機世界の進化とは、この闘いの展開に他ならない。最初になされねばならなかった大きな分裂は、植物と動物という二つの世界への分裂であった。こうして植物と動物は互いに補い合うことになるが、それらの間に調和がもたらされたことはなかった。植物がエネルギーを蓄えるのは、動物のためではない。自分自身が使うためだ。とはいえ、植物の消費は、本質的に自由な行為へ向けられたものたる生の最初の弾みが要求していたほど、不連続なものでもまとまったものでもなく、したがって効果的なものでもない。同じ有機体が、同じ力で一度に二つの役割——次第に蓄積することと突然利用すること——を果たすことはできなかったのである。こういうわけで、外から何の介入もなく、ただ、始原の弾みが二重の傾向を含んでおり、物質がこの弾みに抵抗した結果、有機体はおのずから、あるものは第一の方向へ進み、その他のものは第二の方向へ進んだ。この二分化に引き続いて、他の多くの二分化が起こった。この結果、進化の諸々の線は、少なくともその本質的な面では分岐することになった。ここでとりわけ思い出さなければならないのは、あたかも生命の一般的な運動が、各々の種を横切る代わりに、そこで立ち止まっているかのように、それぞれの種は振舞うことである。各々の種は自分のことしか考えていないし、自分のためにだけ生きている。こうして、自然がその劇場であるような闘いが数知れず生じる。また、こうして、顕著で衝撃的な不調和が生じる。しかしわれわれは、この不調和の責任を、生命の原理そのものに押し付けることはできない。

それゆえ、進化において偶然の占める部分は大きい。採用される、いやむしろ発明される形態は、たいてい偶然的である。原初にある傾向は、これこれの互いに補い合う傾向に分離し、それらは進化の分岐する線を創造する。この分離は、ある場所、ある瞬間に出会った障害に相対的で、偶然的である。停止や後退は偶然的で、適応も、大部分が偶然的である。二つのことだけが必然的である。一、エネルギーを徐々に蓄積すること。二、可変的で決定しえない方向へエネルギーを放つ柔軟な水路を開くこと。これらの方向の果てに、自由な行為がある。

われわれの惑星では、この二重の結果が何らかの仕方で獲得された。しかし全く別の仕方で獲得されることも可能だっただろう。生命が炭酸ガスの炭素にことさら眼をつける必然性は全くなかった。生命にとって本質的だったのは、太陽エネルギーを蓄積することである。しかし、太陽に、たとえば、酸素原子と炭素原子を切り離すように頼む代わりに、別の化学的な諸要素を提案することもできただろう（実際そうすることには、克服することのできない困難があるであろうが、それらを考慮に入れなければ、理論的には可能だっただろう）。その場合には、全く異なる物理的手段によって、それらの要素を結合あるいは分離しなければならなかっただろう。そして、有機体のエネルギー物質の典型的な要素が、炭素以外のものであったら、有機物を形成する物質の典型的な要素は、おそらく窒素以外のものであっただろう。したがって、生体に関する化学は、今、現にある化学とは根本的に異なるものになっていただろう。その結果、われわれが知っているものとは、どこも似ていない生物の形態が生じ、その解剖学も、生理学も別なものになっていただろう。ただ感覚—運動の機能だけは、そのメカニズムはともかく、その結果が保存されただろう。したがって、生命が、他の惑星で、また他の太陽系でも、われわれには全く思いもよらぬ形態で、われわれの生理学から見れば、生命が絶対的に嫌がるように見える物理的諸条件の下で展開していてもおかしくない。生命は本質的に、使用可能なエネルギーを捕らえ、爆発的な行動にそれを消費することを目指しているとしよう。その場合、生命はおそらく、それぞれの太陽系で、それぞれの惑星で、地球で行っているように、与えられた条件のもとでこの結果を得るのに最も適切な手段を選ぶだろう。以上のことは、少なくとも、アナロジーによって推論される。地球での条件とは別の条件が与えられると、生命は不可能になると宣言する人は、このアナロジーによる推論をあべこべに使っているのである。エネルギーが、カルノーの法則によって示された坂を下る所なら、逆方向に進むある原因がその下降を遅らせる所ならどこでも、つまり、おそらくすべての星にぶら下がっている世界のすべてで、生命は可能であるというのが真実である。もっと先へ進もう。生命はみずからを集中させ、正確にして、厳密な意味での有機体になる必要さえない。つまり、エネルギーの流れに、弾力的ではあるが一旦できあがった水路を差し出す、決まった物体になる必要さえない。エネルギーがとりあえず貯えられ、後で、まだ固形化されざる物質を横切って走る可変的な線に沿って消費される、ということが考えられる(そうはっきりと想像されることはほとんどないが)。生命の本質のすべてがそこにあるだろう。というのも、この場合でもなお、エネルギーはゆっくり蓄積され、突然緩められて消費されるだろうからだ。この曖昧で輪郭のはっきりしない生命性と、われわれが知っている明確な生命性の間には、われわれの心理的生における、夢を見ている状態と眼が覚めている状態の間にあるもの以上の差異はほとんどないだろう。生命が飛び立つのは、逆の運動の結果、星雲上の物質が出現するまさにその瞬間であるというのが真実だとすると、これまで述べてきたことこそ、物質の凝縮が完了する前のわれわれの星雲における生命の条件であった、ということはありうる。

それゆえ、生命は、全く別の外観をしていて、われわれが知っているものとは全く別の生命の形態を描くことができたかもしれないと考えられる。化学的基盤と物理的条件が違っていたとしても、衝動は変わることなく同じであっただろう。しかし、その衝動は、道すがら、まったく異なる仕方で分裂していただろうし、全体的に見ると、別の道を通っていただろう——通った道の数はより少なかったかもしれないし、より多かったかもしれないが——。いずれにせよ、生物の系列全体から、どの項をとっても、いま現にあるものとは異なっていただろう。さて、系列や項が存在することは必然的だったのだろうか。なぜ、ただ一つの弾みが、ただ一つの身体に刻み込まれてその身体が無際限に進化しなかったのだろうか。

この問題が立てられるのは、おそらく、生命がある弾みに譬えられるときだろう。生命をある弾みに譬えなければならないのは、物理的世界から受け取ったイメージで、この弾みのイメージ以上に、生命の観念をより近似的に与えられるものがないからだ。しかし、それはイメージにすぎない。現実には、生命は心理学的な秩序のものである。そして、心理的なものの本質は、互いに浸透し合う項のぼんやりした多を含むことである。空間において、いや空間においてのみ、判明な多が可能であることに何の疑いもない。ある点は他の点に対して絶対的に外的である。しかし、純粋で空虚な一に出会うのも、空間においてのみである。それは数学的な点の一である。抽象的な一と多は、お好みに応じて、空間の規定であると言ってもいいし、悟性のカテゴリーであると言ってもいい。空間性と理知性は互いに模倣し合っているのである。しかし、本性が心理学的なものを、正確に空間に当てはめることはできないし、悟性の枠組みに完全に入れることもできないだろう。ある瞬間に、私の人格は一だろうか、多だろうか。もし私が一であると宣言したら、内なる声が現れて抗議する。私の個体性が分け持たれている感覚や感情、表象の声だ。しかし、私がそれを判明な多たらしめたら、私の意識が同じくらい強く反抗する。私の意識は主張する。私の感覚、私の感情、私の思考は、私が自分自身に対して行った抽象で、私の状態のどれもが他のすべての状態を含んでいる、と。私はそれゆえ、——悟性だけが言語を持っている以上、悟性の言語を使わなければならないのだが——多なる一であり、一なる多[90]である。しかし、一も多も、私に自分のカテゴリーを差し向けた悟性から私の人格性を見た場合にそう見えるにすぎない。私は一というカテゴリーにも入らないし、多というカテゴリーにも入らない。これら二つを結び付けることで、私が私自身の底で見つける相互浸透性や連続性の、近似的な模倣物を与えることができるとしても、私は一度にそれら両方のカテゴリーに入ることもない。私の内的な生とは、そういうものである。また生一般もそういうものである。物質と接触するとき、生命がある衝動あるいはある弾みに譬えられるとしても、それ自体において考えれば、生命は限りない潜在性、互いに侵食しあう幾千もの傾向である。ただし、これらの傾向は、一度互いに外在化し合った後でないと、つまり空間化されないと、「幾千もの」とは言えないだろう。物質との接触がこの分離を決める。物質は、潜在的にしか多でなかったものを実際に分割する。この意味で、個体化とは、部分的には物質が行うことで、部分的には生命が内に孕んだものの結果である。詩的感情にも同じようなことが起こる。詩的感情は、互いに区別された節、行、語において姿を現す。かかる詩的感情については、それは個体化された多数の要素を含んでいるが、この多数性を創造するのは言語の物質性であるとも言えるだろう。

しかし、諸々の語、行、節を横切って一つの単純なインスピレーションが走っており、それが詩の全体である。同じように、切り離された個体の間を、生命がなおも流れている。至る所で、個体化しようとする傾向は、結合しようとする傾向によって抵抗されると同時に完成される。これらの傾向は対立しながら補い合っているのである。あたかも、生命の多なる一が、多の方向へ引っぱられると、その分余計に自分自身へと収縮しようとする努力を行っているかのようである。ある部分は、切り離されるとすぐ、残りの全体とではないにせよ、少なくともそれに一番近いものと再び結び付こうとする。そこから、生命の領域全体に、個体化と結合の均衡が生じる。個体は社会の中で並置されている。しかし、社会は形成されるとすぐに、みずから個体となるように、並置されている個体を新しい組織〔有機体〕の中に溶かし込もうとするだろう。個体となった社会は、今度は自分が、新たな結合の構成要素となることもある。有機体の最も低い段階にさえ、すでに真の結合が見出される。微生物の群体である。最近の研究を信頼するなら、これらの結合には、ある核を形成することによって個体化しようとする傾向が見出される。[91] 同じ傾向が、それより高い段階の有機体にも見出される。原生植物には、いったん分裂によって母細胞から離れたあとも、それらの表面を包むゼラチン状の物質によって互いに結び付いたままでいるものがある。同様に原生動物にも、初めは擬足を絡み合わせるが、最後には、互いにくっついて一つになるものがある。周知のように、高等な有機体の生成について、いわゆる「群体」説という理論がある。この理論によれば、単一の細胞からなる原生動物が、互いに並んで、諸々の集合体を形成し、今度はそれらの集合体が互いに近づいて集合体の集合体となる。そして、ほとんど分化していない基礎的な有機体が結合することによって、次第に複雑になり、また次第に分化する有機体が生まれる。[92] このように極端な形式をとっていたので、この説は重大な反論を惹き起こした。低次の個体の結合によって有機体が構成されるのは例外的で異常な事実である、という考えが徐々にはっきりと現れてきているように思われる。[93] しかしそれでもなお真実であるのは、あたかも、どんな高次の有機体も仕事を分担する細胞同士の結合から生まれるかのようにものごとは起こる、ということだ。諸細胞が結合によって個体を形成したのではなく、むしろ個体が分裂によって諸細胞を形成したということは、きわめて蓋然性が高い(94)。しかし、このこと自身がわれわれに明らかにしているのは、個体の生成には社会的形式がつきまとっているということである。あたかも、個体は、みずからの実質を、それ自身個体性を持っているように見え、見かけの社会性によって互いに結び付いている諸要素に分割しなければ、発達できないかのようである。自然が、二つの形式の間で躊躇い、社会を形成しようか個体を形成しようか自問しているように見える場合は多い。そのとき、わずかな衝動さえあれば、どちらかの側に傾く。たとえばラッパムシのようなかなり大きな繊毛虫類を取り上げて、二つに切断して、どちらにも核がいくらか含まれているようにする。すると、二つとも独立したラッパムシを再生する。しかし、分割を完全には行わず、二つの間に原形質による連絡を残しておくと、それらが各々、完全に連携した運動を行うのが見られる。したがってここでは、一本の糸が繋がっているか、切れてしまっているかで、生命は、社会的形態を帯びたり、個体的形態を帯びたりする。こうして、単細胞からなる原初的な有機体においてすでに、全体の見かけの個体性が、潜在的に結合している不定数の潜在的個体性の合成物であることが確認される。生物の系列の下から上まで、同じ法則が姿を現している。次のように言うとき、われわれが表現しているのはまさにこのことなのである。「一と多は不活性な物質のカテゴリーである。生の弾みは純粋な一でもなければ多でもない。生の弾みがみずからを伝える物質が、その弾みに二つのどちらかをすぐ選ぶように迫るとしても、その選択が決定的になることは決してない。生の弾みは無際限に双方の間を飛び移るだろう」。それゆえ、生命が個体性と結合という二重の方向へ進化することに、偶然的なところは少しもない。その進化は生命の本質そのものに起因するのである。

反省への歩みもまた本質的である。われわれの分析が正確ならば、生命の起源にあるのは意識である。いやむしろ超意識（superconscience）である、と言った方がよい。意識にせよ超意識にせよ、それは花火で、その燃え尽きた破片が落下して物質になる。その花火そのもののうち、打ち上げられたあとも燃え残って、破片を横切り、それらを照らし出し、有機体と化すのも、また意識である。しかし、この意識は、創造への要請であり、創造が可能である場合にしか、自分自身に姿を見せない。生命が自動機械にならざるをえないとき、意識は眠っている。選択の可能性が再び生まれるとすぐ意識は目覚める。こういうわけで、神経系を持たない有機体において、意識はその有機体が持つ運動能力、変形能力に応じて変化する。そして、神経系を備えた動物においては、意識は、いわゆる感覚の通り道と運動の通り道の交差点、つまり脳の複雑さに比例する。有機体と意識の間の連帯をどう理解しなければならないのだろうか。

われわれは、以前の仕事の中で掘り下げた点を、ここでくどくど述べるつもりはない。次のことを思い出すにとどめよう。意識は例えばあるニューロンにつなぎ留められていて、それらの働きからまるで燐光のように浮かび上がる、とするような理論は、分析の細部については、学者に受け容れられるかもしれない。それは便宜的な表現方法であるが、それ以外のものではない。実際、生物は行動の中枢である。それが表象しているのは、世界に挿入されたある量の偶然性、つまりある量の可能的行動である。この量は、個体によって、とりわけ種によって変化しうる。ある動物の神経系が描いているのは、その動物の行動が走るところの柔軟な線である（放出されることになる潜在エネルギーは、神経系そのものよりも、むしろ筋肉に蓄えられるが）。ある動物の神経中枢はその発達と形状によって、その動物がどれだけ多くの行動を遂行できるか、その行動がどれだけ複雑か、どれだけ行動に選択の幅があるかを示している。さて、ある生物における意識の目覚めは、その生物に、より多くの選択の余地が残され、より多くの行動が割り当てられるに応じて、より完全なものになるので、明らかに意識は神経中枢の発達に合わせて発達しているように見えるだろう。他方で、あらゆる意識の状態は、ある側面から見れば、運動を行う行動性に課された問題であり、それに対する解答の始まりであるので、大脳皮質のメカニズムが参入しないような心理的事実は存在しない。したがって、意識が脳から湧き出てくるかのように、意識の行動性の詳細が、脳の行動性の詳細に従って形成されているかのように、すべては起こる。現実には、意識が脳から湧き出ることはない。しかし、脳と意識は一致する。なぜなら、脳はその構造の複雑さによって、意識はその目覚めの強さによって、どちらも等しく、生物が持つ選択の量の尺度となっているからである。

脳の状態が表しているのは、それに対応する心理状態の、生まれつつある行動だけである。まさにそれだからこそ、心理状態は脳の状態より、その生まれつつある行動について多くのことを語っている。ある生物の意識は、われわれが他で証明しようとしたように、その脳と強く結び付いているが、それは、鋭いナイフがその切っ先と結び付いているのと同じ意味においてである。脳は鋭利な切っ先である。そこから意識は、諸々の出来事が密に織り込まれている生地へと浸透する。しかし、切っ先とナイフの外延が同じでないように、脳と意識の外延も同じではない。したがって、二つの脳、例えば、サルと人間の脳が酷似していることから、それらに対応する意識同士が比較可能であるとか、共通の尺度を持ちうるといった結論を引き出すことはできない。

しかし、おそらく二つの脳は、その仮定されるほどには似ていないだろう。人間はどんな動きも習得できるし、どんなものでも作ることができる。つまり、どんな運動習慣でも身につけられる。それに対して、最も恵まれた動物、例えばサルでさえも、新しい運動を結合する能力はきわめて限られている。これは驚くべき事実ではないだろうか。人間の脳の特徴はまさにそこにある。人間の脳が形成されたのは、あらゆる脳と同様、運動のメカニズムを組み立て、われわれがどの瞬間でもそれらの中から一つ選んで、引き金を引けば作動させることができるようにしておくためである。しかし、人間の脳が他の脳と違うのは、脳が組み立てることができるメカニズムの数が、したがって脳がその中から選べるようにした引き金の数が、無際限であるところである。さて、限定されているものと無限定なものは、閉じられたものと開かれたものと同じくらい離れている。これは程度の差異ではなく、本性の差異である。

したがって、動物の意識——たとえそれが最も知性的な動物の意識であっても——と人間の意識の差異も根本的なものである。なぜなら、意識は正確に、生物の持つ選択能力に対応するからだ。意識は、実在的な行動のまわりを取り巻く可能的な行動の暈と同じ外延を持つ。意識は発明ならびに自由の同義語なのである。さて、動物において発明は、日常の決まりきった行動を主題に奏でられた変奏曲にしかすぎない。種の習慣に閉じ込められているが、動物はおそらく、個体の自発的な行動によってそれらの習慣を拡張するに至るだろう。しかし、動物が自動機械に陥らずにすむのはほんの瞬間にすぎない。ちょうど、新しい自動機械を創造する間だけである。牢獄の扉は開いたかと思うと、すぐにまた閉められる。動物にできるのは、鎖を引っ張って、それを伸ばすことだけである。人間と共に、意識は鎖を断ち切る。人間において、人間においてのみ、意識はみずからを解放する。それまでは、生命の歴史を通してずっと、意識は物質を持ち上げようと努力したが、再び落ちてきた物質に、多かれ少なかれ完全に押しつぶされてきた。その試みは逆説的であった——ここで、試みや努力を隠喩としてではなく語れるとすれば、だが——。問題になっていたのは、必然性そのものである物質と共に、自由のための道具を創造すること、メカニズムに打ち勝つような機械仕掛けを製作すること、自然の決定論を使って、その決定論が張り巡らせた網の目をくぐり抜けることであった。しかし、人間以外の至る所で、意識は、横切ろうとした網に引っ掛かってしまっていた。意識は自分が備え付けたメカニズムに捕らわれたままになっていた。意識が自由の方へ引っ張ろうとした自動機械は、意識を取り囲み、意識を引きずりこむ。意識はそこから逃れる力を持たない。なぜなら、意識は物質をある均衡状態に導いたが、その無限に繊細で、本質的に不安定な均衡を保つことに、意識が行為のために蓄えていたエネルギーのほとんど全部が使われるからだ。とはいえ人間は、自分の機械を維持するだけでなく、それを好きなように使えるようになっている。おそらくそれは、優秀な脳のおかげだろう。その脳によって人間は、限りなく運動のメカニズムを組み立て、絶えず新しい習慣を古い習慣と対立させることが可能になる。つまり、脳のおかげで、自動機械を分裂させて互いに争わせながら、それを支配できるのである。それはまた、人間の言語のおかげである。言語によって、意識は、受肉するための非物質的な身体を与えられ、その結果、物質的な身体だけに立脚せずにすむようになる。もしそうでなかったら、物質的な身体の流れは、最初に意識を引きずりこんで、すぐさま意識を飲み込んでしまうだろう。それはまた、社会的生のおかげである。言語が思考を蓄積するように、社会的生は努力を蓄積し保存し、それによって、平均的な水準を固定し、個体は一気にその水準まで自分を高めなければならなくなる。この最初の刺激によって、社会的生は、平凡な人たちが眠りに陥らないようにし、優秀な人たちが更に向上するよう仕向ける。しかし、われわれの脳、社会、言語は各々、ただ一つの同じ内的な卓越性の、外的な徴しにすぎない。それらは、それぞれ自分のやり方で、生命がその進化のある瞬間に勝ち取った唯一の例外的な成功を語っている。それらが翻訳しているのは、人間を他の動物から分ける、本性の差異であって、単なる程度の差異ではない。それらによって、われわれは次のことを見抜く。生命が飛躍するときに弾みをつけた巨大な跳躍台の端で、他のすべての動物は、綱があまりにも高いところに張られているのに気づいて降りてしまったが、人間だけがその障害を乗り越えたのである。

このきわめて特別な意味で、人間は進化の「終着点」であり、「目的」である。前に述べたように、生命は、他のカテゴリーと同様、目的性をも超越している。生命は本質的に、物質を横切って放たれ、そこからできる限りのものを抽き出す流れなのである。したがって、厳密に言えば、計画も設計図も存在していなかった。他方で、あまりにも明白なことだが、自然の残余のものが、人間に関係づけられていたわけではない。われわれは、他の種と同様、闘っているし、他の種とも闘ってきた。最後に、生命が道の途中で別の偶然事にぶつかっていたら、それによって、生命の流れが別の仕方で分割されていたら、物理的にも精神的にも、われわれは今とはかなり異なるあり方をしていただろう。このように様々な理由で、われわれが見ているような人類が進化の運動の中で前もって形成されていたと考えるのは誤りだろう。人類が進化全体の到達点であるとさえ言えない。なぜなら、進化は複数の分岐する線の上で遂行されてきたし、人間種がそれらの線の一つの最後にあるとしても、他の諸々の線は、その末端にいる別の種と共に辿られてきたからだ。全く異なる意味で、われわれは人類を進化の存在理由とみなしている。

　われわれの視点からすると、生命は全体としてある巨大な波として現れる。その波はある中心から広がり、その円周のほぼすべての点で止まり、その場の振動に変わる。ただ一点で、障害はこじ開けられ、推進力が自由に通過した。人間の形態が記録しているのはこの自由である。人間以外のところではすべて、意識は袋小路に追い込まれる。人間においてのみ、意識は立ち止まらずに進んだ。それゆえ人間は、生命が携えていたものすべてを引き連れていくわけではないが、生命の運動を無際限に続ける。生命の他の線の上では、生命が含んでいた別の傾向が進展していた。すべては補い合っているので、これらの傾向のいくらかを人間は保存していただろうが、保存していたのはそのうちのわずかなものだけである。お好みに応じて、人間とも超人とも呼べるような、はっきりしないぼんやりとした存在が自己を実在化しようとしたが、自己のある部分を道の途中で捨てることで初めてそうするに至ったかのように、すべては進行している。残余の動物たちは、そして植物界でさえも、少なくともその肯定的な点、進化の偶発事よりも優れている点について言えば、それら捨てられたものを表象している。

自然がその光景を見せてくれる不調和は、この視点からすると、奇妙なほど軽減される。有機世界全体は、腐食土のようなものと化す。人間、あるいは精神的にそれに似ていたであろう存在は、この腐食土から生えてきたにちがいあるまい。動物は、われわれの種からかけ離れていて、われわれの種の敵でさえあるが、旅の有益な連れ合いであることに変わりはない。意識はそれらに、それまで持ち歩いてきた厄介なものを押し付け、それらのおかげで、意識は人間と共にある高みにまで上ることができた。その高みから意識は、眼前に、限りない地平が再び開かれるのを見る。

確かに、意識は、道の途中で厄介な荷物を捨てただけではない。貴重な財産をも諦めなければならなかった。人間において、意識は何よりもまして知性である。意識はまた直観でもありえたし、そうでなければならなかったように思える。直観と知性は、意識の働きの相反する二つの方向を表している。直観は生命の方向そのものへ進み、知性は逆の方向へ進んでいる。このようにして、知性は全く自然に物質の運動に自分を合わせる。完全無欠な人間性とは、これら二つの意識の行動性の形式が十全に展開しているような人間性だろう。もっとも、この人間性とわれわれの人間性の間には、多くの可能な中間段階が考えられる。これら可能な中間段階は、知性と直観の想像しうるすべての程度に対応している。われわれの種の心的構造がある部分で偶然的なのはこのためである。別の仕方で進化していたなら、より知性的な人間性に到達することもできただろうし、あるいは、より直観的な人間性に到達することもできただろう。実際は、われわれが属している人間性にあって、直観はほぼ完全に知性の犠牲になっている。意識は、物質を征服すること、自分自身から自分を取り戻すことに、その力の最良の部分を使い果たさなければならなかったように思える。この征服は、それが行われた特殊な条件のもとで、意識が物質の諸習慣に適応して、注意をすべてそれらに集中させること、つまり、みずからを何にもまして知性と規定することを要求した。それでも、直観は存在している。ただし、漠然としていて、何よりも非連続的なものとして。それは、ほとんど消えかかったランプで、所々でしか、ほんのわずかな間しか、再び火がともることはない。ただ、結局のところ、生死に係ることが問われている場合、このランプに再び火がともされる。われわれの人格性について、われわれの自由について、自然全体の中でわれわれが占める場所について、われわれの起源、そしておそらくわれわれの運命について、そのランプが投げかけるのは弱い揺らめく光だ。それでも、知性がわれわれを置き去りにした夜の闇に、この光が差し込んでくることに変わりはない。

これらの直観はすぐにも消えようとしていて、所々でしか対象を照らし出さないが、哲学はこれらの直観を自分のものにしなければならない。最初はそれらを維持し、次に膨張させ、そのようにしてそれらを繋ぎ合わせる。哲学がこの仕事を進めるに従って、直観が精神そのものであり、ある意味で生命そのものであることに気づく。知性は、物質を生み出した過程をまねた過程によって、みずからを直観から切りとる。このようにして、心的な生の統一性が現れる。直観のうちに身を置き、そこから知性へと進んで初めて、この統一性を認めることになる。なぜなら、知性から直観に移行することは決してないからである。

こうして、哲学はわれわれを精神的生へと導き入れる。そして同時に、精神の生の身体の生に対する関係を示す。唯心論の諸学説の大きな間違いは、精神の生を、他のすべてから切り離し、空間においては地上からできるだけ離れた高い所に吊して、あらゆる攻撃から避難させたと信じ込んだことであった。たとえそうしても、単に精神的生が幻影の結果だとみなされる恐れなどないかのようである。確かに、意識が人間の自由を肯定するとき、唯心論の諸学説が意識の言うことを聞くのは正しい。しかし、そこには知性がいて、「原因は自分の結果を決定する。同じものは同じものを条件づける。すべては繰り返し、すべては与えられている」と言う。唯心論の諸学説が、人格が絶対的に実在し、物質から独立していると信じるのは正しい。ところが、そこには科学がいて、意識の生と脳の働きが結び付いていることを示す。唯心論の諸学説が、人間に自然の中での特権的な地位を割り当て、動物と人間の間の距離は無限だとみなすのは正しい。しかし、そこには、生命の歴史がいて、諸々の種が、徐々に変形することによって生成されることを見せて、人間を再び動物に組み込むように見える。力強い本能が、人格はおそらく不滅であると宣言するとき、唯心論の諸学説がその声に耳を閉ざさないのは正しい。けれども、そのように独立した生を営む能力を持つ「魂」が存在するとしても、いったいそれらはどこから来たのか。われわれは眼の前で、身体が、両親から受け取った、ある混合した細胞からきわめて自然に生じるのを見ているというのに、それらの魂は、いつ、いかにして、なぜこの身体に入ってくるのだろうか。もし、直観の哲学が、身体の生を、それが実際いる場所で、つまり精神の生へと通じる道の途中で見ようと決心しない限り、いつまでたってもこれらの問題に答えは出ないだろうし、直観の哲学は、科学の否定となり、遅かれ早かれ科学によって取り除かれるだろう。しかし、身体の生をそのように見ることに決めるならば、直観の哲学が問題にするのは、もはやこれこれの決まった生物ではないだろう。直観の哲学にとって、生命全体は、それを世界に放った最初の推力からずっと、物質の下降する運動の妨害を受けながら上昇するある流れとして現れるだろう。その流れは、高さは異なるがその表面のほとんど全体で、物質によってその場での旋回に変えられる。ただ一点で、障害物を引き連れながらも流れは自由に通りぬける。その障害物は、流れの歩みを遅らせるだろうが、それを止めることはないだろう。この点に、人類は位置している。そこに、われわれの特権的な状況がある。他方で、この上昇する流れは意識であり、あらゆる意識と同様、無数の潜在性を含んでいる。これらの潜在性は、互いに浸透し合っていて、その結果、不活性な物質のために作られた、一や多といったカテゴリーがいずれもそれらに当て嵌まることはない。その流れは、物質を押し流し、その諸々の隙間にみずからを差し込む。こうして物質だけが、その流れを互いに区別される個体性に分割できる。それゆえこの流れは、何世代にもわたる人類を横切り、更に個体に分かれながら流れていく。

この分割は、この流れの中でぼんやりと描かれていたが、物質がなかったら、はっきりと表に出ることはなかっただろう。このようにして、諸々の魂は絶えず創造されるが、それらはある意味では前もって存在していた。生命の大河は、人類の身体を横切って流れながら、小川へと分かれていった。諸々の魂とはこの小川に他ならない。ある流れの運動は、それが横切るものの曲折を必然的に自分のものにするが、それが横切るものとはあくまで異なる。意識は、自分が生気を与える有機体の変遷をいくらか被るとはいえ、有機体とは異なる。ある意識状態は、可能的な運動の素描を含んでいるが、それら可能的な運動は、毎瞬間、神経中枢で、実行に移されるきっかけを受け取っているので、脳は毎瞬間、その意識状態の運動の分節を際立たせる。しかし、意識と脳の相互依存はそこまでである。このために、意識の運命が脳物質の運命に結び付けられることはない。つまり、意識は本質的に自由なのである。意識は自由そのものである。しかし、意識が物質に身を置くことなしに、それに自分を適応させることなしに、物質を横切ることはできない。この適応が、理知性と呼ばれるものである。知性は、物質がある枠組みに入っていくのを見るのに慣れているので、行動している意識、つまり自由な意識を振り返って見ると、自然に意識をこの枠組みに入れる。したがって、知性は常に、必然性の形式で自由に気づくことになる。つねに知性は、自由な行為に内在する新しさ、つまり創造を無視するだろう。つねに知性は、行動そのものを、人為的、近似的な模造品に取り換えるだろう。知性は、古いものを古いものによって組み立てながら、同じものを同じものによって組み立てながら、この模造品を獲得する。こうして、知性を直観に再び吸収しようと努力する哲学者から見ると、多くの困難は消失するか、軽減される。しかし、そのような学説は思弁を容易にするだけではない。より多くの行動するための力、生きるための力をわれわれに与える。なぜなら、この学説に立つとき、われわれはもはや自分が人類の中で孤立していると感じないし、人類もそれが支配している自然の中で孤立しているようには思われないからである。きわめて微小な塵でさえ、われわれの太陽系全体と連帯していて、それとともに、物質性そのものである下降の不可分な運動に引きずり込まれている。これと同様に、すべての有機的存在は、最も卑小なものから最も高められたものまで、生命のそもそもの起源からわれわれの時代に至るまで、あらゆる場所、あらゆる時間において、唯一の衝動――物質性の運動とは逆の方向に進んでいて、それ自身不可分なものである――を、眼にできるようにすること以外何もしていない。すべての生物は関係し合っており、すべては同じ恐るべき推進力に身を委ねている。動物の拠り所は植物にあり、人間は動物にまたがっている。そして、時間と空間において、人類全体は、われわれ各人の横を、そしてわれわれの前と後ろを疾駆し、めざましい攻撃を行っている、ある巨大な軍団である。その攻撃は、あらゆる抵抗を撃退し、多くの困難を、おそらく死さえをも乗り越えることが可能である。

# 第4章　思考の映画的メカニズム[95]と機械論の錯覚

## 諸体系の歴史についての手短な考察、実在的な生成と疑似進化論主義

### 根本的な二つの錯覚

われわれは、ここに至るまで何度も二つの理論的錯覚に出会ってきたが、これまではその原理ではなくその帰結を検討してきた。これらの錯覚そのものを吟味する仕事がまだ残っている。この仕事が本章の目的となる。本章は、いくつかの反論を退け、いくつかの誤解を解く機会を、そしてとりわけ、持続に実在の生地そのものを見る哲学を、他の哲学と対立させながら、より明瞭に定義する機会をわれわれに与えてくれるだろう。

物質にせよ精神にせよ、実在は絶え間ない生成としてわれわれに現れた。実在はみずからを形成する。あるいはみずからを解体する。しかし、決してすでに出来上がってしまった何かではない。以上が、われわれの意識とわれわれの間に介在するベールを取り除くとき、精神について持つ直観である。また、以上のことは、知性と諸感覚そのものも、もし物質についての直接的で利害を離れた表象を得ることができるなら、われわれに物質について示すで

あろう。しかし、知性は、行動が必要とするものに何よりも気を取られていて、諸感覚と同じく、物質の生成の、瞬間的な、したがって不動な眺めをとびとびに手にするにとどまる。意識は意識で、知性に自分を合わせたため、内的な生について、すでに出来上がっているものしか見ず、内的な生がみずからを形成するのをぼんやりとしか感じない。こうして持続から、われわれの関心を惹く諸瞬間、持続の道程に沿ってわれわれが集めた諸瞬間が浮かび上がる。われわれが引き留めるのはこれら瞬間だけである。行動だけが問題になっている限り、われわれにはそうする理由がある。しかし、実在的なものの本性について思考しながらも、実践上の関心が求める仕方で実在的なものを見るとき、われわれは真の進化、根本的な生成を見ることができなくなる。われわれが生成について気づくのは諸状態だけであり、持続について気づくのは諸瞬間だけである。そして、持続と生成について語るときでさえ、われわれが考えているのは全く別のものである。われわれが検討しようと思っている二つの錯覚のうち、より驚かされるのが以上の錯覚である。この錯覚は、不安定なものを安定なものを介して、動くものを不動のものを介して考えられるだろう、と思い込むところにある。

もう一つの錯覚は第一の錯覚の近親者である。それは同じ起源を持つのである。この錯覚も、実践のために生み出された手続きを思弁に移すことから生じる。あらゆる行動が目指すのは、自分に欠けていると感じる対象を獲得すること、あるいはまだ存在していない何かを創造することである。このきわめて特殊な意味で、行動は空虚を埋め、空虚から充満へ、不在から現前へ、非実在的なものから実在的なものへと進む。もっとも、ここで問題になっている非実在性は、単に、われわれの注意が向けられた方向と相対的である。なぜなら、われわれは諸実在に浸っており、そこから抜け出すことができないからだ。現前している実在がわれわれの探していたものではない場合、その現前を確認しているその場所で、われわれは、自分の探していた実在の不在を語っているだけである。このようにしてわれわれは、実際手にしているものを、獲得したいと思うものの関数で表現している。好むと好まざるとにかかわらず、諸事物の本性について、それらがわれわれにもたらす利害から独立して思弁するとき、この語り方、そして考え方を保持する。こうして、われわれが前もって言っておいた二つの錯覚のうち、第二の錯覚が生じる。最初にこの錯覚から掘り下げていこうと思う。それは、第一の錯覚と同じく、われわれの知性が、諸事物に対する行動を準備するときに身に付ける静的な諸習慣に由来している。不動なものを介して動くものへ進むように空虚を使って充満を考えるのである。

### 存在と無

すでに、われわれはここに至る途中、認識の根本的な問題に取り組んだとき、この錯覚に出会った。そのとき述べたように、なぜ諸事物のうちには無秩序ではなく、秩序が存在するのか、と問われる。しかし、この問いが意味を持つのは、秩序の不在と理解される無秩序が、可能であるか、想像可能であるか、もしくは思い浮かべることができると想定される場合だけである。さて、秩序以外に実在的なものは存在しない。しかし、秩序は二つの形式を取ることができて、一方の形式の現前は、こう言ってよいなら、他方の不在に存するから、われわれは、二つの秩序のうち探していなかった方を前にするたびに、無秩序について語るのである。したがって、無秩序の観念は全く実践的なものである。この観念は、ある期待が裏切られたことに対応していて、一切の秩序の不在を示してはいない。それが示しているのは単に、今のところはわれわれと利害関係のない秩序の現前なのである。もし秩序を完全に、絶対的に否定しようとしても、自分が二つの種類の秩序の間を無際限に跳び移っていること、そしてまた、両方の秩序を消去するという主張が双方の現前を含意していることに気づく。最後に更に先に進んで、先入観によって、この精神の運動から、そしてこの運動が想定しているものすべてから眼を背けるとき、人が係っているのはもはやある観念ではなく、無秩序について残っているのは単なる言葉だけになる。こうして秩序が空虚を埋め、秩序の実効的な現前がその潜在的な不在に重ね合わせられるという考え方が、認識の問題を複雑にし、おそらく解決不可能にする。われわれは悟性の根本的な錯覚によって、不在から現前へ、空虚から充満へと進む。以上が、われわれが前の章でその帰結を示した誤謬である。そのとき仄めかしておいたように、この誤謬に体当たりで取り組まなければ、それに決定的に打ち克つことはないだろう。われわれは、この誤謬が含意する、否定、空虚、無についての根本的に誤った考え方を通じて、この誤謬を正面から、それ自体においてはっきり見据えなければならない[96]。哲学者たちはこれまでほとんど無の観念と取り組んでこなかった。しかしこの観念はしばしば哲学的思考の隠れた推進力であり、眼に見えぬ原動力である。反省の最初の眼覚めから、この観念は、不安をかき立てる問題、眩暈をおぼえずに立てることができない問題を、意識の眼に突きつけてきた。私は、哲学することを始めるや、なぜ私は存在しているのかを問う。私を残りの宇宙と結び付けている連帯のことを理解したとき、困難はただ後退させられただけである。私はなぜ宇宙が存在しているか知りたくなる。宇宙を支える、もしくは創造する内在的もしくは超越的な「原理」に、宇宙を結び付けても、私の思考がこの原理で気を休めていられるのはほんのわずかな間である。同じ問題が今度は最大の射程で、最も一般的な仕方で立てられる。「何かが存在するということはどこから来るのか、どのように理解すればよいのか」。今やこの著作で、物質がある種の下降として、この下降はある上昇の中断として、この上昇そのものはある増大として定義されたのに、つまり創造の「原理」が諸事物の基底に置かれたのにもかかわらず、同じ問題が生じるのである。「いかにして、なぜ、無ではなく、この原理が存在するのか」。

さて、私がこれらの問題を退けて、それらの背後に隠れているものに進むとき見つけるのは、次のことである。存在は、無の征服として私に現れる。私は、何も存在しないということがありうる、いや、そうでなければならないとさえ考える。それで、何かが存在することに驚くのである。ある場合には、あらゆる実在が、まるで絨毯の上に拡がっているかのように、無の上に拡がっていると考える。無がまずあって、存在はそこに付け加わったのである。ある場合には、何かがつねに存在していたとしても、無がつねに基体あるいは集積所として役立っていて、結果、無は永遠にその何かに先立っていなければならないと考える。あるグラスが一杯になっているとしても、それを満たす液体が、空虚を埋めていることに変わりはない。同様に、存在はつねにありえたのだが、存在によって埋められ、あるいは塞がれる無が、事実上ではないにしても、少なくとも権利上、存在に先立つことに変わりはない。つまり、充満は空虚のカンバスになされた刺繍であるという考え、存在は無の上に積み重ねられているという考え、「無」の表象の方が「何か」の表象より、そこに含まれているものが少ないという考えを捨て去ることができないのである。そこからすべての神秘が生じる。

この神秘は解明されなければならない。事物の基底に持続と自由な選択を置く場合には、なおさらそうする必要がある。なぜなら、持続するあらゆる実在に対する形而上学の軽蔑は、まさに、形而上学が「無」を通って初めて存在に到達すること、形而上学の眼には、持続する存在が、非存在に打ち克って自己措定するほど強くは見えないことから生じるからだ。とりわけこの理由で、形而上学は、真の存在に、心理的、物理的なあり方ではなく、論理的なあり方を与えようとする。なぜなら、純粋に論理的なあり方は、その本性のおかげで、自足し、真理に内在する力の効果だけで自己措定しているように見えるからである。もし私が、何も存在しないのではなく、物体や精神が存在しているのはなぜかと問うならば、私は答えを見つけることはない。しかし、A＝Aのような論理的原理が、自分自身を創り出す力を持っていて、永遠に無に勝利することは、自然であるように私には思える。円が黒板にチョークで書かれる場合、円の出現は説明を要する事象である。この全くもって物理的な存在は、それ自身では、非存在に打ち克つものを持っていないのである。しかし、円の「論理的本質」、つまりある法則に従って円を描く可能性、結局のところ円の定義は、私には永遠に見えるものである。円の論理的本質には場所も日時もない。というのも、円を描く線が可能になり始めた場所や瞬間などないからだ。そこで、すべての事物が依拠し、あらわにしている原理が、円の定義や、A＝Aの公理のあり方と同じ本性のあり方をしていると想定してみよう。存在の神秘は消えうせる。なぜなら、そのとき、あらゆるものの基底にある存在は、論理そのものと同じ仕方で、永遠のうちに自己措定するからである。確かにわれわれは、それによって少なからぬ犠牲を払うことになるだろう。もし、すべての事物の原理が、論理的公理や数学的定義と同じ仕方で存在するならば、事物そのものは、公理の適用や定義の帰結と同じく、この原理から必然的に生じることになるだろう。そして、諸事物にもそれらの原理にも、自由な選択という意味に解される動力因のための場所はもはや残されないだろう。たとえば、スピノザの学説や、あるいはライプニッツの学説でさえ、まさにそのような帰結に至るし、それらの学説は以上のような仕方で生み出されたのである。

存在の観念と対立させるときにわれわれが解する意味での無の観念が、疑似観念であると証明できれば、その観念が惹き起こす問題も疑似問題となるだろう。自由に行動し、優勝的に持続するような、ある絶対という仮説に、驚くべきものは何もなくなるだろう。それまでの形而上学より以上に直観に近づき、それと同じ犠牲を常識にもはや要求することのないような哲学に対して、道が開かれるだろう。

そこで、無について人が語るとき、何を考えているのか見てみよう。無を表象するということは、そのイメージを持つということか、その概念を持つということかのいずれかである。このイメージ、あるいはこの観念がどのようなものになりうるのか調べてみよう。イメージから始めよう。

眼を閉じ、耳をふさぎ、外的世界から私に到達する感覚を一つずつ消していこう。それがうまくいったとき、私のすべての知覚が消え、物質的宇宙は私にとって沈黙と夜の闇の深淵へと沈んでしまう。しかし、私は依然として存在していて、私はそれを妨げることができない。身体の周辺と内部から私に辿り着く有機的な感覚、過去の知覚が私に残す記憶、そして私が自分の周りに拵えたばかりの空虚の、全くもって肯定的で充満した印象そのものと共に、私はまだ存在している。どうやってこれらすべてを取り除くというのか？　どうやって自分自身を消し去るというのか？　せいぜい私にできるのは、自分の記憶を遠ざけて、直接の過去に至るまで忘れることくらいである。このとき私は少なくとも、最も切り詰められた私の現在について、つまり私の身体の現在の状態について意識を持つ。それでも、この意識そのものと手を切るよう努めてみよう。私は自分の身体が送ってくる感覚を少しずつ弱めていくだろう。それらの感覚はまさに消えようとする。そしてそれらは消える、すべての事物がすでに消えた夜の中へ消え去ってしまう。いや、そんなことは起こらない。私の意識が消えるまさにその瞬間、もう一つの意識に火がともる。むしろその意識にはすでに火がともっていて、一瞬前に現れ、最初の意識の消失に立ち会っていたのである。なぜなら、最初の意識は、もう一つの意識に対してしか、その意識の前でしか消え去ることができなかったからである。私が自分の消滅を見るのは、ある肯定的な行為（意図しない無意識的な行為ではあるが）によって、すでに私自身を甦らせた場合だけである。こうして、私が何をしようと、ある場合は外のもの、また別の場合には内のものではあるが、私はつねに何かを知覚している。もはや外的対象について何も知らないときでも、私は自分自身について持つ意識に逃げ込む。私がこの内部を消滅させる場合、その消滅そのものが、ある想像上の私にとっての対象となる。この想像上の私が、今度は、外的対象として消える私を知覚するのである。それゆえ、外的なものにせよ内的なものにせよ、つねに私の想像力が表象する対象が存在することになる。確かに、この想像力は、一方から他方の対象に進んで、外的知覚の無と内的知覚の無を交互にイメージすることはできる。しかし、二つを一度にイメージすることはできない。なぜなら、一方の対象の不在とは実のところ、他方の対象だけが現前していることだからである。

にもかかわらず、二つの相対的な無を交互にイメージできるということから、間違って、二つを一緒にイメージできると結論してしまうのだ。この結論のばかばかしさはあまりにも明白だろう。というのも、無をイメージするときには必ず、少なくともぼんやりと、それをイメージしていることに気づくからである。つまり、自分が行動し、思考していることに、その結果、何かがまだ存続していることに気づくのである。

それゆえ、すべてのものの抹消について、思考が本来の意味でのイメージを形成することは決してない。このイメージを創造しようとする努力は、単にわれわれを外的実在の眺め《ヴィジオン》と内的実在の眺めの間を往復させる結果に終わる。われわれの精神は外と内をこのように往復するが、外と内の両方から等距離のところに位置する点がある。そこでは、一方はもう見えないが、他方もまだ見えていないように思える。まさにそこで無のイメージが形成される。実際、そのときわれわれは二つの項が隣り合う点に達していて、二つの項のどちらも見えているのである。無のイメージは、このように定義されると、事物で溢れかえったイメージであることになる。一度に、主体と客体のイメージを含んでいて、そのうえ、一方から他方への絶え間ない跳躍と、どちらかに最終的に身を置くことへの拒否まで含んでいる。存在に対立させて、それより前あるいはその下に置けるのが、この無でないことは明白である。というのも、この無は存在一般をすでに内に秘めているからだ。しかし、人はわれわれに次のように言うだろう。「無の表象が哲学者の推論に入ってくる場合、それがあからさまな仕方であれ、こっそりと入ってくるのであれ、イメージではなく観念の形で入ってくる」。われわれがすべてのものの消去をイメージしていないことには同意しても、その消去の概念を持つことはできると主張されるだろう。デカルトが言ったように、人は、千の辺を持つ多角形を、想像のうちで見ていないとしても、理解している。それを構築する可能性を明晰に表象すればよいのである。すべての事物の除去の観念についても同じである。こう言われるだろう。「その観念を作り出す過程ほど単純なものはない。実際、われわれの経験の対象で、除去されていると想定できないようなものは一つもない。最初の対象の除去を二番目の対象に、次に三番目の対象に拡張してみよう。そして同じ要領で、好きなだけ長く拡張を続けてみよう。無とは、この操作がめざす極限以外の何ものでもない。こう定義される無はまさに全体の除去である」。以上がわれわれの反論者の主張である。それが隠し持つばかばかしさに気づくには、この形式でそれを考えればよい。

すべての部品に至るまで全面的に精神によって作り出された観念は、実際のところ、それらの部品が一緒に共在できない限り観念ではない。観念を構成するために近づけられた要素が、かき集められるに従って互いに退け合うならば、その観念は単なる言葉に帰してしまうだろう。円を定義したら、私は、黒や白の円、ボール紙や鉄や銅でできた円、透明な円や不透明な円を苦もなく表象する。しかし、四角い円を表象することはない。円の発生法則が、この形を直線で限定する可能性を排除するからである。こうして、私の精神は、存在するものならなんでも消去されていると表象することができる。けれども、精神による任意のものの消去が、その操作は「全体」そのものではなく、「全体」のある部分に対して行われることを含意したメカニズムをもつものであるとしたら、そのような操作の事物全体への拡張は、自己矛盾したばかげたことになるだろう。すべてのものの消去の観念は、四角い円と同じ性格をおそらく示すだろう。それはもはや観念ではなく、単なる言葉だろう。そこで、この操作のメカニズムをくわしく調べてみよう。

実際、人が削除する対象は、外的なものか内的なものである。つまり、事物か意識状態である。最初の場合を考えてみよう。私は思考によってある外的対象を消去する。それがあった場所には、「もう何もない」。その対象はもはやない。その点に何の疑いの余地もない。しかし、他の対象がその場所を占める。自然のうちに絶対的な空虚は存在しないのである。にもかかわらず、絶対的な空虚が可能であると認めてみよう。しかし、その対象はいったん消去されたあとも、自分の場所を、他の対象に取って代わられることなく残していると言うとき、私が考えているのはこの絶対的な空虚ではない。なぜなら、問題になっているのは仮定からして、ある場所、つまり正確な輪郭によって限定される空虚、つまり、ある種の事物だからだ。私が語る空虚は、実は、これこれの特定の対象の不在でしかない。この対象は、最初ここに存在していたが、今は他の場所にある。そして、もはや前の場所にない限り、その対象は、自分の後ろに、いわば自分自身の空虚を残している。ここで、記憶も予知も備えていないような存在は、「空虚」や「無」といった言葉を決して発することはないだろう。この存在が表現するのは、今あるもの、それが知覚するものだけだろう。しかるに、今あるもの、知覚されるものは何らかの事物の現前であり、それが何であれ、決して何かの不在ではない。思い出や期待の能力を持つ存在にとってだけ、不在はある。その存在がある対象をおぼえていて、それと出会うことをおそらく予想していたとする。ところが別の対象と出会って、「何もない、無に出くわしてしまった」と言うとき、その存在は、それ自体は思い出から生まれた期待の失望を表現しているのである。その対象と出会うことを期待していなかったときでさえ、「その対象はもとあった場所にもうない」と言うことで言い表しているのは、この対象の可能な期待であり、偶々そう期待して裏切られた場合の失望感である。その存在が現実に知覚し、実際に考えることに成功しているものは、新しい場所にある前の対象の現前か、その対象が前にあった場所に今ある新しい対象の現前かのいずれかである。残り、つまり無や空虚といった言葉で否定的に表現されるものはすべて、思考というよりも感情である。もっと正確に言えば、思考を彩る感情である。したがって、ここで、ある事物が別の事物に取って代わられる最中に、新しい事物の場所に古い事物を置いておきたい精神、少なくともこのような選り好みが可能だと思っている精神によってこの交代が考えられるや否や、消失つまり部分的な無の観念は形成される。この観念は、主観的な側面ではある選り好みを、客観的な側面ではある交代を含意している。この観念は、選り好みの感情と交代の観念の間の結合、いやむしろ相互干渉以外の何物でもない。

以上が、われわれの精神がある対象を消失させ、外的世界に部分的な無を表象するに至る操作のメカニズムである。今度は、精神が自分自身の内部でどのようにそれを表象するかを見てみよう。われわれが自分のうちに見てとるのは、ここでもまた、生み出される現象であって、明らかに、生み出されない現象ではない。私は感覚や情動を感じる。観念を持ち、決意する。私の意識は、そのいずれもが現前であるような事実を知覚するのだが、この種の事実が私に現前しないような瞬間はない。私はおそらく、思考によって内的な生の流れを中断して、自分は夢を見ずに眠っていると想定してもいいし、自分は存在するのをやめたと想定してもいい。しかし、こう想定するまさにその瞬間、私は、自分が眠っているところを監視していること、もしくは自分が消失したあとも生きていることを考え、イメージしている。私は自分を内側から知覚するのをやめるとき、必ず自分自身の外的知覚に逃げ込む。つまり、ここでも常に充満が充満の後を引き継いでいて、知性でしかないような知性、後悔も欲望もなく、自分の運動を対象の運動に合わせているような知性にとって、消失や空虚など頭に浮かぶことさえないだろう。こうして、空虚の概念が形成されるのは、意識が自分自身から遅れて、別の状態がすでに現前しているのに、前の状態の記憶に繋ぎ止められたままになっているときである。この概念を持つということは、あるものと、ありうるものもしくはあるはずのものとの比較、充満と充満の比較に他ならない。ひとことで言うと、物質の空虚であれ意識の空虚であれ、空虚の表象は常に満ち足りた表象で、分析の結果二つの肯定的な要素に還元される。一つは、判明であるにせよぼんやりとしているにせよ、交代の観念で、もう一つは、感じられるにせよ想像されるにせよ、欲望もしくは後悔の感情である。

この二重の分析から、すべてのものの消失という意味での、絶対的な無の観念は、自己破壊的な観念、疑似観念、単なる言葉だということが帰結する。ある事物を消去するということが、それを別のものと取り換えるということであるなら、ある事物の不在を考えることが、別の何かの現前の多かれ少なかれ明瞭な表象によってのみ可能になるなら、つまり消失が第一に意味しているのが交代であるなら、「すべてのものの消失」という観念は四角い円の観念と同じくらいばかげたものであることになる。このばかばかしさが一目瞭然でないのは、消去されたと想定できないような個物が存在しないからである。この場合、思考によって各々の事物を次々と消去することが禁じられていないということから、それらはすべて一緒に消去されていると想定できるとの結論が導かれる。このとき、各々の事物を次々と消去することはまさに事物を別の事物と順々に取り換えることであり、したがって、すべてのものを絶対的に消去するという操作はその行使を可能にする条件を破壊するものであるから、その中に真の矛盾を含んでいるということが見落とされるのだ。

しかし、この錯覚は執拗である。ある事物を削除することが、事実上それを別のものと取り換えることであるとしても、そこから人は、思考による事物の消去が、思考による新旧の取り換えを含意しているとは結論しないだろうし、結論したがらないだろう。ある事物が常に他のものと取り換えられているということ、更には、われわれの精神が外的なものにせよ内的なものにせよある対象の消失を考えるとき、別の対象がそれに取って代わっているのを必ず——確かに不確定でぼんやりとした形ではあるが——表象しているということについても、人はわれわれに同意するだろう。しかし、こう付言するだろう。「消失の表象は、空間の中で、少なくとも時間の中で生み出される現象の表象である。したがってその表象はまだイメージの想起を含意している。まさにここで問題になっているのは想像力からみずからを解放して、純粋な悟性に訴えることだろう」。そしてわれわれはこう言われるだろう。「だからもう消失や消去を語るのはやめよう。それらは物理的な操作である。対象Aが消去されているとか、不在であるとか表象するのはもうやめよう。われわれはそれを『存在しない』と考えている、とだけ言うことにしよう。その対象を消去するということは、時間において、そしておそらく同様に空間において、それに対して作用を及ぼすということである。したがってそれは、時間的、空間的存在の諸条件を受け容れることである。つまり、ある対象を他のすべての対象に結び付け、それが他のものにすぐ取って代わられることなく消失するのを妨げる結び付きを受け容れることなのだ。しかし、われわれはこれらの条件からみずからを解放できる。抽象の努力によって、対象Aのみの表象を想起して、まずそれが存在すると考えることにして、次に知性のペンが引く棒線でこの項目を消せばよい。そうすれば、その対象は、われわれの命令によって存在しなくなるだろう」。

よろしい。その項目をただ単に消してみよう。われわれの棒線が自足したもので、他の事物から切り離せると思ってはいけない。これから見るように、この棒線は、好むと好まざるとにかかわらず、われわれが自分から抽象したと言い張っているものすべてを引き連れている。実在すると想定されている対象Aの観念と「存在しない」と想定されている同じ対象の観念を実際に比べてみよう。

存在すると想定されている対象Aの観念は対象Aのただ単なる表象にすぎない。なぜなら、ある対象を表象するときは必ず、まさに表象するということによって、この対象にある実在性を与えるからである。ある対象を考えることと、それが存在すると考えることの間には、絶対にいかなる差異もない。カントはこの点を存在論的証明の批判で明らかにした。そうすると、対象Aが存在しないと考えるとはどういうことなのだろうか。それが存在しないと表象することは、対象Aの観念から、「存在」という属性を取り去ることではありえない。というのも、もう一度言うが、対象の存在の表象は、対象の表象と切り離すことができず、それと一体化しているからだ。それゆえ、対象Aが存在しないと表象することは、この対象の観念に何かを付け加えることでしかありえない。実際、そこに付け加えられるのは、現実的な実在一般によるこの個別的対象の排除という観念である。対象Aが存在しないと考えることは、最初に、その対象を考え、したがってそれが存在すると考え、次に、それとは両立しえない別の実在がそれに取って代わると考えることである。ただ、この取って代わる実在をはっきり表象することは無駄である。それが何なのかを気にする必要がないのだ。それが対象Aを追い出していることを知れば十分である。われわれは対象Aにしか興味がないのである。こういうわけで、われわれは、追放する原因ではなく、追放を考える。しかし、それでもなおこの原因は精神に現前している。そこでこの原因ははっきりと現れずに陰に隠れている。追放するものは追放と切り離すことができない。ちょうど、ペンを動かす手が、ペンで消去線を引くことと切り離すことができないのと同様に。それゆえ、ある対象が実在しないと宣言する行為が、実在するものの存在一般を措定するのだ。言い方を変えれば、ある対象が実在しないと表象することは、それからあらゆる種類の存在を奪うことではありえない。というのも、ある対象の表象とは、必然的に、存在するこの対象の表象だからだ。そのような行為は、われわれの精神によって対象に結び付けられて、その表象と切り離せない存在が、全くもって観念上の存在、つまり単に可能的なものの存在であると宣言することでしかない。しかし、ある対象の観念性、つまりある対象の単なる可能性はこの対象と両立しえず、観念的なもの、単に可能的なものの領域に、この対象を追い払う実在との関係によって意味を持つ。より強い、より実体的な存在が消去されたと想定してみよう。その場合、単に可能的なものの、軽減されたより弱き存在が実在そのものとなり、あなたはその対象を存在しないものとしてはもはや表象しないだろう。違う言い方をすれば、われわれの主張は奇妙に見えるかもしれないが、「存在しない」と考えられた対象の観念の中にあるものの方が、「存在する」と考えられた同じ対象の観念の中にあるものよりも多いのであって、少なくはない。なぜなら、「存在しない」対象の観念は必然的に、「存在する」対象の観念に、更に、現実の実在を一まとめにしたものによってこの対象が排除されるとの表象が付加されたものだからである。

しかし、存在しないもののわれわれの表象は、まだ十分にあらゆるイメージの要素から解放されていない、十分に否定的ではないと主張されるかもしれない。われわれはこう言われるだろう。「ある事物の非実在性が他の事物による当の事物の排除であるとしてもどうでもいい。そんなことについて何も知りたくない。われわれは自由に注意を好きな場所へ好きなように向けられるのではないだろうか？　では、ある対象の表象を想起して、お望みとあれば、まさにそのことによって、その対象が存在すると想定したとする。その後で、われわれの肯定の横に『ない』を並べてみよう。その対象が存在しないと考えるためには、それで十分だろう。それは全くもって知性の操作で、精神の外で起こることから独立している。それゆえ、どんなものでもいいし、全体でもいい、それらを考えてみよう。次にわれわれの思考の余白に、思考が含んでいるものの拒絶を命じる『ない』を置いてみよう。それらの消去を命じるというただそれだけで、われわれはすべての事物を観念上消去する」。実は、このように否定に内在するとされた力から、すべての困難とすべての誤謬が生じるのだ。否定は、肯定と正確に対称的なものとして表象されている。否定は、肯定と同じように自足したものと想像されている。したがって、否定は肯定と同じく、観念を創造する力を持つことになろう。それが否定的な観念である、という差異しかそこにはない。ある事物を肯定し、次に別の事物を肯定してという具合に、この肯定を無際限に続けて、私は「全体」の観念を形成する。同じように、ある事物を否定し、他の事物を否定し、そして最後に「全体」を否定して、「無」の観念に辿り着くのだろう。しかし、われわれには、まさにこの同一視が恣意的であるように見えるのである。第一に次のことを見ていない。肯定は精神の完全な行為で、この行為は観念を構成するに至ることが可能である。それに対して否定は、ある知性的な行為の半分以外のものでは決してない。あとの半分は言外に含ませているか、むしろ、いつだか分からない未来に終わらせることにしている。また第二に、肯定が純粋な知性の行為だとしても、否定には知性を超えた要素が入っていて、このように見知らぬ要素が侵入しているから、否定は特殊な性格を持つということが分かっていないのだ。

第二の点から始めて、否定するとは、つねにある可能な肯定を退けることであることを指摘しよう(97)。否定とは、偶々なされる肯定に対してとられる精神の態度でしかない。私が「この机は黒い」と言うとき、私はまさにその机について語っている。私はそれが黒いのを見た。私の判断は私が見たものを表現している。しかし、私が「この机は白くない」と言う場合、私が表現しているのは、私が知覚した何かで間違いなくはない。なぜなら、私が見たのは黒いものであり、白いものの不在ではないからだ。したがって実は、私の判断は、机そのものにではなく、むしろ、それは白いと宣言するような判断に向けられている。私はある判断を判断しているのであって、机を判断しているのではない。「この机は白くない」という命題が含意しているのは、あなたはそれが白いと思うかもしれないということか、あなたはそれが白いと思っていたということか、私はそれが白いと思うところだったということかのいずれかである。この判断は別の判断と取り換えるべきだと、私はあなたに、あるいは自分自身に警告しているのだ（確かに、どのような判断と取り換えるべきかについては未確定なままにしてあるが）。このように、肯定は直接事物に係るが、否定は、間接的にのみ、間におかれた肯定を通してのみ事物に向かう。肯定的な命題は、ある対象に向けられた判断を表現している。否定的な命題は、ある判断に向けられた判断を表現している。否定はそれゆえ、二次的な肯定であるという点で、本来の意味での肯定とは異なる。否定は、ある事物について何かを肯定している肯定について何かを肯定する。

ここから何よりもまず先に帰結するのは、否定は純粋な精神が行うものではない、ということである。つまり、あらゆる動機から解放され、諸対象と向かい合い、それらにしか係ろうとしない精神が行うものではない。人は否定するや否や、他人か自分自身に説教することになる。実在の話し相手にせよ、可能的な話し相手にせよ、勘違いをしているこの話し相手を非難して用心させるのである。彼は何かを肯定した。が、人は彼に、別のことを肯定しなければならないだろうと警告するのである（しかし、最初のものと取り換えるべき肯定を明示することはない）。この場合、単にある人とある対象が向き合っているのではない。その対象の前で、ある人がある人に話しかけ、反対しながらも同時に手助けしている。ここには社会の始まりがある。否定がめざすのは誰かであって、純粋に知的な操作のように単に何かをめざすのではない。否定の本質は教育的、社会的なものである。否定は矯正、いやむしろ警告する。もっとも、ある種の二重化によって、語っている本人が矯正、警告される人になることもある。

第二の点についてては以上である。第一の点に移ろう。前に述べたように、否定は、決して知性的な行為の片割れ以外のものではなく、残りは未確定のままにされている。「この机は白くない」という否定的な命題を口にする場合、私が言おうとしているのは、あなたは「その机は白い」というあなたの判断を何か別の判断と取り換えなければならないということである。私はあなたに警告を与えていて、その警告はある交代の必要性についてのものである。何とあなたの肯定を取り換えなければならないかについては、確かに私は何も言っていない。私が机の色を知らないからなのかもしれない。しかし、それはまた、われわれがさしあたり白という色にしか興味がなく、したがって、どの色かは言わずに、何か別の色を白と取り換えなければならないだろうとだけ、あなたに警告すればよいからでもあって、むしろこちらの方がもっともな理由だろう。したがって否定的な判断とはまさに、ある肯定的な判断を別の肯定的な判断に取り換える理由があることを示す判断である。もっとも、取り換えられる判断の本性は明示されない。それを知らないからという場合もあるが、たいていは、その本性が目下の興味を惹かないからである。注意が最初の判断の内容にだけ向けられているのだ。

こうして、私がある肯定の横に「ない」を置くときはいつも、否定するときはいつも、二つのしっかり決められた行為を遂行する。一、私は、同類たちの一人が言うこと、言おうとしていたこと、あるいは私が警告しているもう一人の私が言っていたかもしれないことに興味を持つ。二、私は、二番目の肯定――その内容は明示しないが――に、私が眼の前にしている肯定を取り換えねばならないだろうと告げる。しかし、これら二つの行為のいずれにも、肯定以外のものを見つけることはないだろう。否定の独特な性格は第一の行為を第二の行為に重ね合わせることから生じる。それゆえ、否定に、独特な観念、肯定が作り出す観念と対称的で、反対の方向に向けられている観念を作り出す能力を与えても無駄である。いかなる観念も否定から生じることはない。なぜなら、否定は、自分が判断する肯定の内容以外に内容を持たないからである。

もっと議論を正確にするため、属性についての判断を考えるのをもうやめて、存在についての判断を考えてみよう。「対象Aが存在しない」と言うとき、私が言おうとしているのは、第一に、ある人は対象Aが存在すると思うかもしれないということである。もっとも、対象Aが存在すると考えずにどうやって対象Aを考えるのだろうか。もう一度言うが、存在する対象Aの観念と対象Aの単なる観念の間にどんな差異がありうるのだろうか。したがって、「対象A」とただ言うだけで、私は対象Aに、単なる可能的なものの存在、つまり単なる観念の存在にせよ、ある種の存在を与えている。したがって、「対象Aは存在しない」という判断には、「対象Aは存在していた」、「対象Aは存在するだろう」、もしくはもっと一般的に言って、「対象Aは少なくとも単に可能なものとして存在する」といった肯定が最初にある。さて、「存在しない」という言葉を付け加えるとき、私が意味しうるのは次のこと以外でありえようか。人が更に進んで、可能的な対象を実在的な対象に仕立て上げると間違いを犯すことになる、つまり、私が語っている可能的なものは現実の実在からそれと両立不可能なものとして排除されている、と私は言おうとしているのである。それゆえ、ある事物の非存在を措定する判断とは、実在の人であれ想像上の人であれ、ある人がある可能なものが現実のものとなったと誤って思い込んだ場合に、可能なものと現実のものの（つまり、考えられた存在と確認された存在という二種類の存在の間の）対照を述べる判断である。この可能なものの場所に、それとは異なり、それを追い出すある実在が居座っているのである。否定的な判断はこの対照を表現しているが、それをわざと不完全な形で表現している。というのも、その判断が向けられている人は、仮定されているように、指し示された可能なものにしか興味がなく、その可能なものに取って代わる実在がどんな種類のものか知ろうとしないからである。それゆえ、交代の表現は一部が削除されたものにならざるをえない。ある第二の項が第一の項に取って代わったと肯定するのではなく、第一のものに、第一のものにのみ、最初から向けていた注意を固定するだろう。そして、第一のものから離れることなく、第一のものは「存在しない」と言って、ある第二の項がそれに取って代わることを暗黙のうちに肯定するだろう。こうして、ある事物を判断する代わりに、ある判断を判断することになる。肯定的な情報をもたらす代わりに、他人あるいは自分自身に、ある可能な間違いを警告することになる。この種の意図をすべて取り除いて、ひたすら科学的、哲学的な性格をその知識に返そう。言い換えれば、事物だけを気にかけていて、他の人には何の関心も払っていないような精神に、実在がひとりでに自分を刻印しに来ると想定しよう。そのとき、これこれの事物が存在する、ということは肯定するが、ある事物が存在しないということは決して肯定しないだろう。

では、執拗に、肯定と否定を同列に置き、それらに同じ客観性を与えるのはなぜか。否定が持つ主観的な点、わざと切り捨てられた部分、人間精神、とりわけ社会的生に相対的な点を認めるのに、これほど苦労するのはなぜか。それはおそらく、否定と肯定が両方とも命題で表現されるからであり、あらゆる命題は、概念を象徴的に表す語によって形成されていて、社会的生、人間知性に相対的なものだからである。私が「その地面は湿っている」と言うとしても「その地面は湿っていない」と言うとしても、どちらの場合でも「地面」「土」という項は、人間精神によって多少なりとも人為的に作り出された概念である。私としては、精神が自由に自発性を働かせて連続する経験から抽出した概念である、と言いたいところである。どちらの場合でも、これらの概念は、取り決められた同じ語で言い表されている。なんなら、どちらの場合も、命題は社会的、教育的な目的を目指していると言うことさえできる。というのも、二番目の否定の命題が誤謬を警告するように、最初の肯定の命題もおそらく真理を広めるからだ。形式論理学の観点に立つとき、肯定と否定は実際まさしく対称的な行為である。肯定は、主語と述語の間に適合の関係を立て、否定は不適合の関係を立てる。――しかし、対称が全く外的で、類似が全く表面的であることを、どうして見ないでいられようか。ここで、言語が消失し、社会が解体され、人間のあらゆる知性的な自発性、みずからを二重化し、みずからを判断するあらゆる能力が衰弱したと想定してみよう。それでも、その地面の湿りは残っていて、感覚に自動的に自分を刻み込んで、鈍った知性にぼんやりとした表象を送ることができるだろう。したがって、この場合も知性は暗示的な表現方法で肯定するだろう。それゆえ、判明な概念も、語も、周りに真理を広めようとする欲望も、自分自身を改善しようとする欲望も、肯定の本質そのものに属さなかったのである。このように、経験の歩みに機械的にぴったりと合わせて、実在の流れより先に進むことも遅れることもないような受動的な知性が、否定する気になることは決してないだろう。この知性は、否定の刻印を受け取れないだろう。なぜなら、もう一度言うが、存在するものは自分を記録させに来ることはできるが、存在しないものの非存在が自分を記録させることはないからだ。そのような知性が否定するようになるためには、麻痺状態から眼を覚まさねばならないだろうし、現実的あるいは可能的な期待が裏切られる失望を申し立てなければならないだろう。また、実際の誤りあるいは起こりうる誤りを訂正しなければならないだろう。そして最後に、他人もしくは自分に忠告しなければならないだろう。

われわれが選んだ例で、以上のことに気づくには苦労するだろうが、その分、この例から教わることは多いし、議論も説得力を持つだろう。こう言われるかもしれない。「もし、湿りが自動的にみずからを記録させに来ることができるなら、湿りの否定である、非―湿りについても事情は同じである。なぜなら、乾きは、湿りと全く同じように、感覚性に印象を与えることができて、感覚性はそれらの印象を、多少なりとも判明な表象として知性に伝えることになるからだ。この意味で、湿りの否定は肯定と同じく、客観的な、純粋に知性的なもので、あらゆる教育的な意図から切り離されたものだろう」。しかし、もっと詳細に検討してほしい。そうすれば、否定的な命題「その地面は湿っていない」と肯定的な命題「その地面は乾いている」は、まったく異なる内容を持っていることが分かるだろう。二番目の命題が含意しているのは、乾きを知っている、つまり、この表象の土台にある特定の感覚を、例えば触感や視覚的感覚を経験したことがあるということだ。最初の命題はそのようなことを何も要求しない。湿り以外のものを全く知覚したことがないような知性的な魚でも、この命題を述べることができるだろう。確かに、この魚は、実在的なものと可能的なものを区別するくらいまで自分を高めなければならないだろう。また、彼の同胞たちはおそらく、自分たちが実際生きている湿った環境が、唯一可能なものと考えているから、先回りして彼らの間違いを教えてあげようとしなければならないだろう。「その地面は湿っていない」という命題の中の言葉で満足してもらって、そこから決して出ないでいただきたい。そうすれば、この命題は二つのことを意味していることが分かるだろう。一、その地面は湿っている、と思われるかもしれない。二、実際湿りがある性質Xに取って代わられる。この性質について実証的な知識を持っていないにせよ、この性質が否定を突きつけられた人にとって何ら現実的な興味を惹くものでないにせよ、この性質は規定されないまま放っておかれる。それゆえ、否定とは常に、二つの肯定が結び付いたシステムを、一部が切り落とされた形で提示することである。これら二つの肯定のうち、一つは、ある可能なものに係るもので、それ自体が規定されている。もう一つは、この可能的なものに取って代わる実在に係るもので、その実在についての知識がないにせよ、それに興味がないにせよ、この肯定は無規定なままである。この二番目の肯定は、われわれが一番目の肯定に向ける判断の中に潜在的に含まれていて、この判断こそ、否定そのものである。否定の主観的な特徴はまさに、交代を確認する際、否定が取り換えられたものだけを考慮していて、取って代わったものは無視していることから生じる。取り換えられたものは、精神の概念としてのみ存在している。それを見続けるためには、ひいてはそれについて語るためには、過去から現在へ、後ろから前へと流れる実在に背を向けなければならない。これこそ、人が否定するときに行っていることである。人は変化を、もっと一般的に言えば交代を、車の軌跡を見ているある乗客と同じ仕方で確認する。この乗客は後ろを見て、毎瞬間、自分がいるのをやめた点だけを知ろうと欲するだろう。彼は自分の現在位置を、その位置自身の関数として言い表さず、自分が離れたばかりの位置との関係でしか決して規定しようとしないだろう。

要するに、経験の糸をただ単に辿っているような精神にとって、空虚もなく、相対的あるいは部分的な無さえなく、可能な否定などないだろう。そのような精神は、事実が事実に、状態が状態に、事物が事物に引き続いて起こるのを見るだろう。その精神があらゆる瞬間に気づくのは、存在する事物、現れる状態、生み出される事実だろう。それは現在的なものの中で生き、もし判断できるとしても、現前しているものの存在以外のものを肯定することはないだろう。

この精神に記憶を、とりわけ過去に執着する欲望を付与しよう。切り離し、区別する能力をそれに与えよう。かかる精神が気づくのはもはや、通り過ぎる実在の現在の状態だけではないだろう。それはこの通過を、変化として、したがって存在していたものと存在するものとの対比として表象するだろう。思い出される過去とイメージされる過去の間には本質的差異はないので、この精神はすぐさまみずからを高めて、可能的なものの一般を表象するようになるだろう。

こうしてこの精神は、否定へと方向を変えるだろう。このときこの精神は、とりわけ消失を表象しようとしている。それでもまだ、表象するには至っていない。ある事物が消失したことを表象するためには、過去と現在の対比に気づくだけでは足りない。それにはまだ、現在に背を向けて、過去に執着し、過去の現在との対比を過去からのみ考えて、そこに現在が現れないようにしなければならない。

それゆえ消去の観念は純粋な観念ではない。この観念は、人が過去を名残惜しく思っている、もしくは惜しむべきものと考えていること、過去にこだわるなんらかの理由があることを含意している。その観念が生まれるのは、交代の現象が、その前半分にしか興味がないのでそれしか考えていない精神によって、二つに切り分けられるときである。あらゆる興味、感情を消去してみよう。あとに残るのはもはや、流れる実在と、それが自分の現在の状態についてわれわれに刻み込む、無際限に更新される知識だけである。

消去から、より一般的な操作である否定までは、今はあとほんの一歩である。存在したものとだけではなく、すべての存在しえたであろうものと、存在するものとの対比を表象しさえすればいい。そして、この対比を、存在するものではなく、存在しえたであろうものの関数として表現し、可能なものだけを見ながら現実のものの存在を肯定しなければならない。こうして獲得される定式は、もはや単に個人の失望を表現するだけではない。このような定式が作られたのは、どちらかと言えば他人のものと想定されているある間違いを、訂正あるいは警告するためである。この意味で、否定は教育的、社会的性格を持つ。

さて、否定は、一度述べられると、肯定と対称的な姿を見せる。このとき、もし肯定が客観的な実在を肯定するならば、否定も、同じように客観的な、いわば同じように実在的な非―実在を肯定していなければならないように、われわれには思える。ここでわれわれは間違っていると同時に正しくもあるのだ。間違っているのは、否定が、その否定的なものにみずからを客体化できないからだが、ある事物の否定は、他の事物（この事物は終始一貫してほったらかしにされるが）にそれが取って代わられるのを潜在的に肯定することを含意しているという点では正しい。しかし、否定の否定的な形式は、その土台にある肯定から恩恵を受けている。この亡霊は、自分が固着している実証的な実在の体にまたがってみずからを客体化するのである。こうして、空虚つまり部分的な無の観念は形成される。ある事物に取って代わるのは、もはや別の事物ではなく、それが残す空虚、つまり否定そのものである。更に、この操作はどんな事物に対しても行われるので、それが各々の事物に対して代わる代わる行われて、最後にはすべての事物を一まとめにしてこの操作が行われるとわれわれは想定する。こうしてわれわれは「絶対的無」の観念を獲得する。もしいまこの〈無〉の観念を分析すれば、それが実は、〈全体〉の観念であり、更にある精神の運動を伴ったものであることが分かる。このとき精神は、ある事物から別の事物へと無際限に飛び移り、じっとしていることを拒み、注意の全体をこの拒否に注ぎ、現在の位置を、自分が離れたばかりの位置との関係においてのみ規定する。したがってこの無の観念は、優勝的に包括的で充満した表象である。それが極めて緊密な親近性をもつ〈全体〉の観念と同じくらい包括的で、充満した表象なのである。

そうすると、どうやって〈無〉の観念を〈全体〉の観念に対立させるというのか。これは充満するものを充満するものに対立させることで、それゆえ「何かが存在するのはなぜか」という問いが、意味を欠いた問い、疑似観念のまわりに立てられた疑似問題であることが分からないのだろうか。しかし、われわれはもう一度、なぜこの問題の亡霊がこれほど執拗に精神に取り憑くのかを言わなければならない。「現実的なものの消去」の表象には、すべての実在性が輪になって無際限に互いを追いかけ合うイメージしか含まれていないことを示しても無駄である。非存在の観念が、重さのない存在、つまり「単に可能なだけの」存在の、より実体的な、真の実在性であるような存在による追放の観念でしかない、と付け加えても無駄である。否定は判断の判断、他人あるいは自分自身に向けた警告であるから、否定に、新種の表象、内容のない観念を作り出す力を与えるのはばかげたことだろう。こうしてわれわれは、否定の一種独特な形式に、知性を超えた何かを見出すのだが、それでも無駄である。事物以前に、少なくとも事物の下に、無が存在するという確信が相変わらず存続している。この事実の理由を探すなら、それはまさに、感情的な、社会的な、つまり実践的な要素の中に見出され、この要素が否定に特殊な形式を与えるのである。哲学の最も大きな困難の数々は、前に述べたように、人間の行動の諸形式がそれ本来の領域の外へ足を踏み入れることから生じる。われわれは思考するように作られている以上に、行動するように作られている。むしろ、われわれが自分の本性の運動に従うとき、行動するために考えているのである。したがって、行動の習慣が表象の習慣に浸み込んでいることに驚いてはいけない。つまり、事物に対して行動しようとするときに、それらを思い浮かべる順序があるが、われわれの精神が事物に気づく順序は、その順序と常に同じなのである。さて、前に指摘したように、人間のあらゆる行動の出発点が不満足に、したがって、ある消失の感情にあることに反論の余地はない。目標を決めずに行動することはないだろうし、ある事物を探し求めるのは、それが自分に欠けていると強く感じるからに他ならない。こうしてわれわれの行動は「無」から「何か」へと進む。「無」のキャンバス地に「何か」の刺繡をほどこすのはわれわれの行動の本質そのものである。実を言えば、ここで問題になっている無は、ある事物の不在ではなく、ある有用性の不在である。私がある訪問客を、まだ家具をおいていない部屋へ連れて行くとき、私は「何もないですよ」と前もって知らせる。それでも私はその部屋が空気で満ちていることを知っている。しかし、人は空気の上には座らないので、このとき訪問者と私にとって、何かと言えるようなものは、実際部屋に何もないのである。一般的に言って、人間の仕事は有用なものを生み出すことに存する。仕事が行われてない限り、「何もない」——獲得しようとしていたものは何もない。こうして空虚を埋めながら、われわれの生は過ぎていく。

これらの空虚を、知性は、欲望や後悔という知性を超えたものの影響のもとで、生の必然性の圧力のもとで考える。そして、空虚が事物ではなく有用性の不在と解されるならば、この全く相対的な意味で、われわれはつねに空虚から充満へと進むのだと言うことができる。以上が、われわれの行動が進んでいる方向である。われわれの思考は同じことをせずにはいられないし、自然に、相対的な意味から絶対的な意味へ移行する。というのも思考は、事物そのものについて行われるのであって、それらがわれわれに対して持つ有用性について行われるのではないからだ。かくして、実在はある空虚を埋めており、無はすべてのものの不在として考えられ、事実上ではないにせよ、権利上すべてのものに先立っているという観念がわれわれの中に根をおろす。この錯覚こそ、われわれが消し去ろうとするものなのである。そのためにわれわれは、もし人が〈無〉の観念に万物の消滅の観念をあくまで見ようとするとき、それは自己破壊的な観念と化し、単なる語に還元されること、逆にもしそれが真に観念であるならば、そこには「全体」の観念においてと同じだけの内容が見つかることを示した。

この長い分析は、自足している実在が、必ずしも持続と無関係な実在であるとは限らないということを示すために必要だった。（意識的にせよ、無意識的にせよ）無の観念を通って、〈存在〉（Être）の観念に辿り着くとして、到着点たる〈存在〉の本質は、論理的もしくは数学的な、したがって非時間的なものである。このため、実在についての静的な考え方を強いられることになる。すべては一度に、永遠のうちに与えられているように見える。しかし、回り道をせず、われわれと〈存在〉の間に介在する無の亡霊に先に向かうことなく、〈存在〉を直接考えることに慣れなければならない。ここでは、もはや行動するために見るのではなく、見るために見るよう努めなければならない。そうすると、〈絶対〉が、われわれのすぐそばに、ある程度われわれのうちに姿を見せる。それは心理的な本質のもので、機械的、論理的な本質のものではない。それは、われわれと共に生きる。それは、われわれのように持続するが、ある面で、われわれよりも無限に自分自身に集中し、凝集されている。

## 生成と形式

しかし、われわれは真の持続を考えることがあるのだろうか。ここでもまた、直接掌握することが必要になるだろう。回り道をして持続に合流することはない。一挙に持続に身を置かなければならない。こうすることを、知性はたいてい拒む。動くものを不動のものを介して考えるのに慣れているのである。

実際、知性の役割は行動を司ることである。さて、行動の中で、われわれの興味を惹くのは結果である。目的が達成されれば、手段はほとんどどうでもいい。このため、実現すべき目的が観念から現実のものになると信じて、たいていの場合われわれはわき眼も振らずにその目的に向かう。同じくこのため、われわれの行動性が休止することになる終点だけが、はっきりと精神に表象される。行動そのものを構成する運動は、われわれの意識から逃れるか、漠然としか意識に現れないかのいずれかである。腕を上げる行為のような、きわめて単純な行為を考えよう。もしわれわれが、その行為が含んでいるすべての要素的な収縮と緊張を前もって想像しなければならないとしたら、もしくは、それらが遂行されている最中にそれらを一つずつ知覚しさえしなければならないとしたら、われわれはどうなるだろう。精神はすぐ目的に、つまり、遂行されたと想定される行為の、図式的で単純化された像《ヴィジョン》に身を移す。そのとき、もし、最初の表象の効果をだめにするような、対抗する表象が存在しなければ、適切な運動が、いわば、その図式の隙間の空虚に吸い寄せられて、ひとりでに図式を埋めに来る。したがって、知性が行動性に対して表象するのは、到達すべき目的、つまり休止する点だけである。そして、到達される目的から別の到達される目的へと、休止から休止へと、われわれの行動性は、一連の跳躍によって身を移す。それらの跳躍の間、われわれの意識は可能な限り、遂行されている運動から眼を逸らせて、遂行された運動の先取りされたイメージしか見ない。

さて、知性が遂行される行為の結果を不動のものとして表象するためには、この結果が置かれる場を、知性は同じく不動のものとして見なければならない。われわれの行動性は物質的世界に挿入される。もし物質が絶え間ない流れとして現れるなら、いかなる行動にも終わりをあてがうことができないだろう。行動のそれぞれが遂行されるにつれて溶けていくのを感じるだろうし、常に逃げ行く未来を予想することはないだろう。われわれの行動性が行為から行為へ飛び移っていくためには、物質は状態から状態へと移行するのでなければならない。なぜなら、物質世界の状態にだけ、行動は結果を挿入し、したがって、物質世界の状態においてのみ、行動が遂行されるからである。しかし、まさにこのように物質はみずからを提示するだろうか。

われわれの知覚はこの角度から物質を捉えるよう整えられている、とアプリオリに推測できる。感覚器官と運動器官は実際連携している。さて、運動器官がわれわれの行動能力を象徴しているように、感覚器官はわれわれの知覚能力を象徴している。こうして、有機体は、可視的かつ触知可能な形で、知覚と行動の完全な一致をわれわれに見せてくれる。したがって、われわれの行動性が常に結果をめざしていて、その結果に行動性が挿入されるのはほんの瞬間であるとすると、われわれの知覚が、あらゆる瞬間に、物質的世界から保持しなければならないものは、知覚が暫定的に身を置く状態以外にほとんどない。以上が精神に現れる仮説である。経験がそれを裏付けるのを見るのは簡単である。

世界に初めて眼をやったときから、世界の中で物体を切り分ける前からすでに、われわれはそこで諸々の性質を区別している。ある色がある色の後に、ある音がある音の後に、ある抵抗がある抵抗の後に続いて起こるなど。これらの性質は、個別に取り上げると、それぞれが別の状態に取って代わられるのを待ちながら、不動のまま変わらず存続するように見える、そうした状態である。これらの性質の各々を分析すると、膨大な数の要素的運動に分解される。この性質に振動を見るとしても、まったく別の仕方で表象するとしても、一つ確実な事実がある。あらゆる性質は変化であるという事実だ。更に、ここで変化の下に変化するものを探しても無駄である。われわれが運動を運動するものに結び付けるとしても、それはいつも暫定的であり、想像力を満足させるために行うのである。運動するものは絶えず科学の眼に逃げこむが、科学が係るのは常に動性である。知覚可能な最短時間に、感覚可能な性質のほぼ瞬間的な知覚の中に、数えきれない振動が反復しうる。ある感覚可能な性質の恒常性はこの運動の反復にある。生命の存続が、継起する鼓動からなるのと同様に。知覚の第一の機能は、まさに、一連の要素的変化を、ある凝縮の働きによって、性質つまり単純な状態の形式で把握することである。ある動物種に割り与えられる行動能力が大きくなればなるほど、その動物種の知覚能力がその瞬間の一つに集中させる要素的変化の数もおそらく多くなるだろう。エーテルの振動にほぼ一致して振動する存在から、これらの数えきれないほどの振動を最も短い単純な知覚のうちに不動化する存在まで、自然において、進歩は連続的であるはずだ。前者の存在は運動以外ほとんど感じることはないが、後者の存在は性質を知覚する。前者は諸事物の連鎖にほとんど嵌まったままになっているが、後者は反応して行動し、おそらくそれらの行動能力の緊張は知覚能力の集中に比例している。進歩はヒトに至るまで続けられる。一度の瞬きに収めることができる出来事の数が多くなればなるほど、「行動の人」[7]

になる。こういうわけで、継起する出来事を一つずつ知覚する人は出来事に引きずられるままになるし、それらの出来事をまとめて把握する人はそれらを支配する。要するに、物質の性質とはいずれも、われわれが物質の不安定性に対して得る安定的な眺めなのである。

さて、連続する感覚可能な性質の中から、われわれは諸々の物体を切り分ける。現実には、これらの物体はそれぞれあらゆる瞬間に変化している。各物体は最初、一群の性質に分解されるが、あらゆる性質は、前に述べたように、要素的運動が継起したものである。さて、性質が安定した状態とみなされる場合でも、物体は、絶えず性質を変える点で、まだ不安定である。物体の典型は生命体である。それは比較的閉じたシステムを構成しているので、他のどんな物体よりも、連続する物質から切り離す理由がある。しかも、この生命体に基づいて、われわれは他の物体を全体から切り抜いている。さて、生命とは進化である。われわれはこの進化のある時期を安定した眺めに凝縮して、それを形態《フォルム》と呼んでいる。そして、変化が大きくなって、このおめでたくも惰性で行われている知覚を凌駕するとき、その物体が形態を変えたとわれわれは言う。しかし、現実には、物体はあらゆる瞬間に形態を変えている。いや、むしろ形態など存在しないのだ。というのも、形態は不動なもので、実在は運動であるからだ。実在するものとは、形態の絶え間ない変化である。形態は推移の瞬間写真でしかない。それゆえ、ここでも、われわれの知覚は、実在の流動的な連続性を不連続なイメージに固定するよう、うまく整えられている。継起するイメージが互いにそれほど違わないとき、われわれはそれらすべてを、ある一つの平均的なイメージが増えたり減ったりしたものと考えるか、このイメージが異なる様々な方向に変形したものと考える。われわれがある事物の本質、あるいはその事物そのものについて語るとき考えているのは、この平均的なイメージである。

最後に、諸事物は、いったん構成されると、その位置変化によって「全体」の只中で遂行される深い変化を表面に出現させる。そのとき、それらが互いに作用を及ぼし合っている、とわれわれは言う。この作用はおそらく運動の形でわれわれに現れる。しかし、運動の動性から、われわれはできるだけ眼をそむける。われわれの興味を惹くのは、前に述べたように、運動そのものより、運動についての不動な素描である。単純な運動を検討してみよう。われわれはそれがどこへ行くのかを考える。いかなる瞬間でもわれわれは、その方向、つまりその暫定的な目的の位置を介して、この運動を表象する。複合的な運動はどうだろうか。われわれは何よりも先に、起こっている事、その運動がしている事、つまり、得られる結果、もしくは運動を司っている意図を知りたいと思う。あなたが遂行途中の行動について語るとき、精神に浮かんでいるものを詳細に検討していただきたい。確かに、変化の観念がそこにある。しかし、その観念は暗がりの中に身を隠している。明るみに出ているのは、遂行されたと想定される行為の不動な素描である。それによって、またそれによってのみ、複合的な行為は互いに区別され、定義される。食べる、飲む、戦うといった行動に含まれている運動を想像しようとすると、とても困ってしまうだろう。これらすべての行為が運動であることを、一般的な、無規定な仕方で知れば十分である。一度この点が片づいた後でわれわれがしようとするのは、それぞれの複合的な運動の全体図、つまりそれらを支えている不動の素描を表象することだけである。ここでもまた、知識は変化よりむしろ状態に係っている。したがって、この第三の場合も他の二つの場合と事情は同じである。問題になっているのが、質の運動であろうと、進化の運動であろうと、広がりの運動であろうと、精神は、不安定性から安定した眺めを得られるように、うまく自分を整える。こうして精神が辿り着くのは、今示したように、三種類の表象である。一、質、二、形態〔形式〕もしくは本質、三、行為。

この三つの見方に語の三つのカテゴリーが対応している。形容詞、名詞、動詞である。これらは言語の原初的な要素である。それゆえ、形容詞と名詞が象徴しているのは、状態である。しかし動詞それ自身も、それが想起させる表象のうち、明るく照らされている部分にとどまるなら、状態以外のものをほとんど表現していない。

さて、生成に対するわれわれの自然な態度をもっと正確に特徴づけようとすると、次のことを見出すだろう。生成は無限に変化に富んでいる。黄色から緑へ進む生成は、緑から青へ進む生成に似ていない。これらは相異なる質的運動である。花から実へ進む生成は、幼虫からさなぎ、さなぎから成虫へ進む生成に似ていない。これらは相異なる進化的運動である。

食べる行動や飲む行動は戦う行動に似ていない。これらは相異なる伸張的運動である。質的運動、進化的運動、伸張的運動というこれら三種類の運動自身、互いに深く異なっている。われわれの知覚のやり口は、われわれの知性や言語のやり口と同じく、これらきわめて変化に富む生成から、生成一般、つまり無規定な生成の特異な表象を抽出することに存する。この表象は、それ自身何も言っていない単なる抽象で、われわれがこの抽象を考えること自体まれである。この観念はつねに同じで、そのうえ、ぼんやりとしか意識されていないか、全く意識されていないかのいずれかである。そこでわれわれはそれぞれの個別的な例で、この観念に、状態を表象しかつすべての生成を区別するのに役立つ一つあるいはいくつかの明晰なイメージを付け加える。特徴的で規定されたある状態を、一般的で無規定な変化とこのように組み合わせたものを、われわれは変化の特性の代わりにする。様々に彩られた無際限に多くの生成が、いわばわれわれの眼の下を通り過ぎる。われわれは、単なる色の差異、つまり単なる状態の差異を見るよう按配しているのだが、これらの相違の下、暗がりの中を、常に至る所で同じである生成が、変わることなく無色の生成が流れている。

スクリーンの上に、生き生きとした場面、たとえばある連隊の行進を再現したいと思っていると想定してみよう。それにはまず次のようなやり方があるだろう。兵士たちを表す形を切り抜いて、関節が動くようにして、それらの形それぞれに歩行の運動を刻み込む。この運動は人類に共通だが、個人によって変化しうる。そしてその全体をスクリーンに映すのである。この些細なお遊びには恐ろしく手間がかかるだろうし、その上かなりつまらない結果しか得られないだろう。生命のしなやかさ、多様性をどうやって再現するのだろう。だが、二番目のやり方がある。このやり方の方が、ずっと簡単であると同時にずっと効果的である。通り過ぎる連隊の連続写真を撮って、これらの写真がきわめて速く次々と入れ替わるように、スクリーンに投射するのである。これが映画のやり方である。映画は通り過ぎる連隊の動性を、写真を使って再構成する。それぞれの写真は、不動な姿勢を取っている連隊を表している。たしかに、われわれが写真しか扱っていないなら、どれだけそれらを眺めても、それらに命が吹き込まれるところを見ることはないだろう。いくら不動なものを無際限に並べても、それが運動になることはないだろう。イメージに命が吹き込まれるためには、どこかに運動がなければならない。今の場合、運動は実際に存在している。映写機の中だ。まさに、映画のフィルムが回り、それによってそのシーンの様々な写真が次々と現れるから、このシーンのそれぞれの役者たちは運動性を取り戻す。彼らはそれぞれ、映画のフィルムの眼に見えない運動によって、自分のすべての継起する姿勢を繋ぐのである。したがって、このやり方は次のようにまとめられる。すべての人物に固有なすべての運動から、非人称的、抽象的で単純な運動、いわば運動一般を抽出してそれを映写機の中に置く。そして各々の特殊な運動の個別性を、この匿名の運動を人称的な態度と組み合わせることによって再構成するのである。以上が、映画のやり方であり、われわれの認識のやり口でもある。諸事物の内的な生成に貼りつく代わりに、われわれは諸事物の外に身を置いて、それらの生成を人工的に再構成する。われわれは、過ぎゆく持続のほぼ瞬間的な眺めを獲得するのだが、それらの眺めはこの実在を特徴づけるものなので、われわれは、認識の装置の底に位置する、抽象的で単調な眼に見えないある生成に沿ってそれらの眺めを繋いでやれば、この生成そのものの特徴的な点を模倣することになるだろう。知覚、知性による理解、言語は、一般にこのように進行する。生成を考えるにせよ、表現するにせよ、もしくはそれを知覚する場合でさえ、われわれは、ある種の内的な映画の装置を作動させること以外ほとんど何もしていない。それゆえ次のように言って以上を要約しよう。われわれの通常の認識のメカニズムの本性は、映画的である。

この操作の全く実践的な特徴については、疑いをはさむことができない。われわれの行為は各々、われわれの意志を実在に何らかの仕方で挿入しようとしている。われわれの身体と他の諸物体の間には、万華鏡の模様を描き出すガラスの破片の配置に譬えられるような配置がある。われわれの行動性は、ある配置から再配置へと進んで、おそらく毎回万華鏡に新しい揺れを刻み込んでいるが、この揺れには興味がなく、新しい模様しか見ていない。それゆえ、われわれの行動性が自然の操作について持つ知識は、それが自分の操作に向ける興味と、正確に対称的なものとなるはずである。この種の比喩を濫用することにならないなら、この意味で、われわれの諸事物についての認識の映画的な性格は、われわれの諸事物への適応の万華鏡的な性格に起因している、と言えるだろう。

したがって、映画的方法が唯一の実践的な方法である。というのも、その方法は、認識の一般的な足取りを行動の足取りに合わせて、今度は各行為の詳細が認識の詳細に合うのを期待することに存するからだ。行動をつねに明らかにするためには、知性が常に行動に現前していなければならない。しかし、このように行動性の歩みに付き添って、その方向を保証するためには、知性はそのリズムを採用することから始めなければならない。行動は、あらゆる生命の鼓動と同じく、不連続的である。それゆえ知識も不連続なものになるだろう。認識能力のメカニズムはこのような構想に基づいて構築された。このメカニズムは本質的に実践的であるのに、そのままで思弁に役立つことができるだろうか。このメカニズムとともに、実在の紆余曲折を辿って、何が起こるのか見てみよう。

ある生成の連続性から、私は一連の眺めを取り出し、それらを「生成一般」によって結んだ。しかし、もちろん私はそこで留まることはできない。規定可能でないものは表象可能ではないのである。「生成一般」を、私は単なる言葉としてしか認識していない。文字xは、それが何であれ、ある未知数を示すように、つねに同じである私の「生成一般」はここで、私が瞬間写真に収めたある推移を象徴する。しかしこの推移そのものについて、それは何も教えてくれない。そこで、私は全身全霊でその推移に集中して、起こっていることを、二つの瞬間写真の間に探そうとする。しかし、同じ方法を適用するので、結果は同じである。三番目の眺めが他の二つの間に入ってくるだけである。何度最初からやり直そうが、どれだけ眺めを並べようが、他に何も得られない。それゆえ、ここで映画的方法を適用すると、絶え間なくやり直しを繰り返す結果に終わるだろう。やり直しを繰り返すうちに、精神は、満足する手段も身を置く場所も決して見つけることがないので、自分の不安定さによって、実在的なものの運動そのものを模倣していることをおそらく悟るだろう。しかし、精神はみずから進んで眩暈に飛び込んで、最後には運動性の錯覚を自分に与える。これは、精神の操作が、最終目的地からいつも同じだけ精神を遠ざけておくので、精神がその操作を行っても、一歩も前に進むことはなかったのである。動いている実在と共に前に進むためには、その実在に身を置きなおさなければならないだろう。変化の中に身を置いてもらいたい。そうすればあなたは変化を把握するだろう。さて、変化はあらゆる瞬間に、動きを止めて状態となりうるだろう。変化の中に身を置くとき、あなたは変化と同時に、この次々と並ぶ状態をも把握するだろう。しかし、もし、これらの継起的な状態が、もはや潜在的ではなく、実在的な不動性として外から捉えられたとしたら、それらを使っても、決して運動を再構成しないだろう。場合に応じて、それらを、性質、形態〔形式〕、位置、意図と呼んでもらいたい。それらを好きなだけ増やして、その結果、二つの連続する状態を無際限に近づけることができるだろう。それらの間の運動を前にしてあなたは、開いた手と手を近づけて、煙を消そうとする子供と同じ落胆を常に感じるだろう。運動はそれらの間からすり抜けるだろう。なぜなら、諸々の状態によって変化を再構成しようとするあらゆる試みが、運動は不動のものからできているというばかげた命題を含意しているからである。

哲学は、眼を開くや否やそのことに気づいた。エレアのゼノンの議論は、まったく異なる意図のもとに行われたが、それ以外のことを言っていない。

飛んでいる矢を考えてみよう。ゼノンが言うには、各瞬間、矢は不動である。なぜなら、矢が動く時間を持つのは、つまり少なくとも二つの継起する位置を占める時間を持つのは、少なくとも二つの瞬間が矢に与えられる場合だけだからである。したがって矢は、ある所与の瞬間、ある所与の点で静止している。行程の各々の点で不動なので、矢は、動いている間ずっと不動である。

矢が、いつでもいいので行程の一つの点にあることが可能だと想定するならば、そのとおりである。動くものたる矢が、不動なものであるような位置と、いつでもいいので一致するならば、そのとおりである。しかし、行程のいかなる点をとっても、矢がその点にあることは決してない。せいぜい言わなければならないのは、矢はその点を通過するという意味で、そしてまた、その点で止まるのは矢の自由だろうという意味で、矢がその点にあることは可能だろう、ということくらいである。確かに、矢がそこで止まるならば、矢はそこにとどまるだろうし、この点でわれわれが係るのは、もはや運動ではないだろう。真実はというと、もし矢がAを出発してBに落ちるとすると、その運動ＡＢは、運動としては、その矢を放つ弓の緊張と同じく単純で、分解不可能なのである。榴散弾が、地面に触れる前に破裂して、爆発地帯を不可分の危険で覆うように、AからBへ進む矢は、ある長さの持続においてではあるが、一挙にその不可分な運動性を展開する。ゴムひもを想定して、AからBへ引き伸ばしてみよう。ゴムが広がるのを分割できるだろうか。矢の飛行はこの広がりそのもので、それと同じく単純で、分割不可能である。それはたった一度の跳躍なのである。あなたは、通過した区間のどこかに点Cを固定して、ある瞬間に矢はCにあったと言う。もし矢がCにあったのならば、矢はそこで止まったのだろうし、そのときもはやAからBという一つの飛行ではなく、AからC、CからBという二つの飛行とそれらの間の静止を手にするだろう。単一の運動とは、仮定からして、二つの停止の間の運動に他ならない。もし間に停止があるなら、それはもはや単一の運動ではない。運動は、いったん行われると、行程に沿って、不動の軌道を置いていき、人は、後でその軌道の上に、好きなだけ不動のものを数えることができる。実を言えば、このことから錯覚は生じるのである。ここから人は、運動が、行われている最中に、各瞬間自分の下に、自分と一致する点を置いていったと結論する。このとき人は、確かにある時間が必要だとはいえ、軌道は一挙に創造されること、いったん創造された軌道は好きなように分割できるが、その創造は分割することができないこと、それを見ていない。創造はある進行中の行為で、事物ではないのである。運動体が行程のある点にあると想定することは、この点にはさみを入れて行程を二つに分け、最初考えていた単一の軌道を二つの軌道に取り換えることである。仮定では、行為は一つしかないのに、二つの継起する行為を区別することである。結局それは、矢の飛行そのものに、その矢が通った区間について言えることをすべて移すこと、つまり、運動が不動に一致するというばかげたことをアプリオリに認めることである。

ここで、ゼノンの残りの三つの議論について長々と論じるつもりはない。われわれは他の場所でそれらを検討した。それらの議論もまた、通過した線に運動を貼り付け、その線について真であることが運動についても真であると想定するものであることを思い出すだけにしておこう。例えば、線は好きなだけ多くの部分に、好きな大きさに分割できるし、それはつねに同じ線である。そこから人は、自分の望むように運動が分節されると想定する権利があり、それは常に同じ運動であると結論するだろう。このようにして人は、どれもが同じ根本的な不合理を表現している、一連の不合理を手にするだろう。しかし、通過した線の上に運動を貼り付ける可能性は、運動の外にとどまり、停止の可能性をあらゆる瞬間検討して、実在的な運動をこれら可能な不動によって再構成すると言い張る観察者に対してのみ存在している。この可能性は、実在的な運動の連続性を思考によって採用するや否や消え失せてしまう。われわれの誰もが、手をあげるときや足を一歩前に進めるときに、この連続性を意識している。このときわれわれははっきりと、二つの停止の間を通過した線が不可分な一筆によって描かれていることを感じる。その線を描く運動に、一度描かれた線から恣意的に選ばれた分割にそれぞれ対応するような分割を行おうとしても無駄なことをはっきりと感じる。運動体が通過した線は、内的な有機的組織を持たないので、任意の分割様式に応じる。しかし、あらゆる運動は内的に分節されている。運動とは、ある不可分な跳躍（もっともこの跳躍はきわめて長い持続を占めることもありうる）か、不可分な跳躍が連なったものかのいずれかである。この運動の諸分節を考慮にいれていただきたい。そうしないのなら、運動の本性を考えることなどやめてもらいたい。

アキレスが亀を追いかけるとき、彼の一歩一歩も亀の一歩一歩も不可分なものとして扱わなければならない。何歩後で、アキレスは亀をまたいで追い越すだろう。これ以上単純なことはない。どうしてもその二つの運動をさらに分割したいと言うのなら、アキレスと亀の行程の両方で、それぞれの何歩分かの運動を区別したまえ。しかし二つの行程の自然な分節を尊重してもらいたい。それらを尊重する限り、いかなる困難も生じないだろう。というのもあなたは経験の指示に従うことになるからだ。しかし、ゼノンのやり口は、アキレスの運動を恣意的に選ばれた法則に従って再構成することにある。アキレスは最初のひと跳びで亀がいた場所に辿り着くだろうし、二回目のひと跳びで、アキレスが最初のひと跳びを行っている間に亀が移った場所に辿り着き、以下同じ過程が続く。この場合、アキレスは実際つねに、新たにひと跳びをしなければならないだろう。しかし言うまでもなく、アキレスは、亀に追いつくのにまったく別のやり方をする。ゼノンによって考えられている運動がアキレスの運動の等価物となるのは、お望みどおりの分解、再構成が可能な、通過された間隔を扱うのと同じ仕方で、運動を扱える場合だけだろう。この第一の不合理に同意するや否や、他のすべての不合理が自然な結果として生じる[98]。

もっとも、ゼノンの議論を質の生成と進化の生成に拡張することほど簡単なことはないだろう。数々の同じ矛盾が見つかるだろう。子供が青年に、次に成人に、そして最後に老人になることが理解されるのは、生命の進化がここでは実在そのものであることが考察されるときである。幼年期、青年期、成熟期、老年期は精神の単なる眺めであり、われわれにとって、ある進展の連続性に沿って、外からイメージされた可能な停止である。逆に、幼年期、青年期、成熟期、老年期を、進化の構成部分として与えてみよう。それらは実在的な停止となって、もはやいかにして進化が可能なのか分からなくなる。なぜなら、並べられた停止がある運動と等価になることは決してないからだ。できあがったものを使って、いかにして、作られていくものを再構成するというのか。たとえば、事物として幼年期を置いた場合、仮定からして、幼年期しか与えられていなかったのに、どうやって、そこから青年期に移行するのだろうか。このことを詳細に検討してもらいたい。われわれの習慣的な話し方は、われわれの習慣的な考え方を手本にしているが、われわれを真の論理的な袋小路へと導くことが分かるだろう。われわれはこの袋小路に入り込んでも、何ら心配をしていない。というのも、いつでも自由にそこから出られるだろうとぼんやり感じているからだ。実際、知性の映画的な習慣をやめれば十分だろう。「子供が大人になる」と言うとき、この表現の文字通りの意味を過度に掘り下げないように気をつけよう。われわれが「子供」という主語を置くときは、まだ「大人」という補語がその主語にあてはまっていないこと、「大人」という補語を口にするときには、もうすでにその補語が「子供」という主語に適用されていないことに気づくだろう。幼年期から成熟期への推移である実在は、われわれの指からすり抜けてしまったのである。われわれが手にしているのは、「子供」と「大人」という想像上の停止だけである。ゼノンの矢は、この哲学者によれば、行程のすべての点にある。同じように、一方の停止とは他方の停止である、とあやうくわれわれは言うところである。本当のところ、もし、言語がここで実在的なものを象っているなら、われわれは「子供が大人になる」とは言わずに「子供から大人への生成（なる）がある」と言うだろう。第一の命題で、「なる」という動詞は、決まった意味を持たず、「大人」という状態を「子供」という主語の属性にするときに人が陥る不合理を隠す役割を与えられている。この動詞は、ほとんど映画のフィルムの運動のように振舞っている。いつも同じであるこの運動は、映写機の中に隠されていて、その役割は、継起するイメージを次から次へ積み重ねて、実在的な対象の運動を真似ることである。第二の命題では、「生成（なる）」は主語で、一番前に出てくる。それは実在そのものである。このとき、幼年期と成年期はもはや、潜在的な停止、単なる精神の眺めでしかない。今回、われわれが係っているのは客観的な運動そのもので、もはやその映画的な模倣物ではない。

しかし、われわれの言語の習慣に合っているのは、第一の表現方法だけである。第二の方法を採用するためには、思考の映画的メカニズムから逃れなければならないだろう。

運動の問題が惹き起こす理論的不合理を一挙に消し去るためには、この映画的メカニズムを完全に除外しなければならないだろう。状態を使って移行を作り上げると主張するとき、あらゆるものが曖昧で、矛盾している。移行に沿って身を置き、そこに思考によって横断面を入れながら諸状態を見分けるや否や、曖昧さは消え去り、矛盾も解消する。移行には、状態の連なり、つまり可能な切断面の連なり以上のものがあって、運動には、位置の連なり、つまり可能な停止の連なり以上のものがある。ただ、第一の見方は、人間精神のやり方に合っているのだ。逆に第二の見方は、知性の諸習慣の坂を溯ることを要求する。哲学が最初このような努力を前に尻込みしたとしても、驚くべきことだろうか。古代ギリシャ人たちは、自然を信頼していたし、自然な傾向のなすがままになっている精神を信頼していた。そして、言語が思考を自然な仕方で外在化する限り、彼らはとりわけ言語を信頼していた。思考と言語が事物の流れに対してとる姿勢に非があると考えるより、彼らは事物の流れがまちがっていると考えたがったのである。

## プラトンとアリストテレス

以上が、エレア派の哲学者たちが容赦なく行ったことである。生成が思考の習慣に反して、言語の枠組みにうまく収まらなかったので、彼らは、生成が非実在的なものであると宣言した。空間的な運動にも変化一般にも、彼らは純粋な錯覚しか見なかった。彼らは前提を変えずに、この結論を和らげることができた。実在は変化するが、必然的に変化するものではないだろう、と言うことができたのである。経験はわれわれを生成の前に置くが、この生成こそ感覚可能な実在である。しかし、知解可能な実在、つまり必然的に存在するであろう実在は、生成という実在より実在的で、この実在は変化しないと言われるかもしれない。質の生成、進化の生成、広がりの生成の下に、精神は、変化に抗うものを探さなければならない。すなわち、定義可能な性質、形相あるいは本質、目的である。以上が、古代ギリシャ時代を通して発展した哲学、「形式」の哲学、ギリシャ語により近い言葉を使うなら、イデアの哲学の根本的な原理であった。

われわれがここでイデアと訳す、エイドスという語には実際三重の意味がある。一、性質、二、形式〔形態〕もしくは本質、三、遂行されつつある行為の目的もしくは意図、つまり実は、遂行されたと想定される行為の素描。これら三つの観点は、形容詞、名詞、動詞の観点で、言語の本質的な三つのカテゴリーに対応している。少し前に与えた説明に従がって、エイドスを「眺め」、あるいはむしろ「瞬間」と訳すことができるだろうし、おそらくそうしなければならないだろう。なぜなら、エイドスは諸事物の不安定性から取り出した安定せる眺めだからだ。性質は生成のある瞬間、形態は進化のある瞬間、そして本質は平均的形態で、その上と下に他の諸形態が平均的形態の諸変容であるかのように並んでいる。最後に意図は遂行されつつある行為の着想を与える。この意図は、前に述べたように、遂行された行為の先取りされた素描に他ならない。それゆえ、諸事物をイデアに帰着させることは、生成をその主要な瞬間に解消することである。もっともこれらの瞬間はそれぞれ、仮定により時間の法則から逃れていて、あたかも永遠のうちに集められているかのようである。つまり、イデアの哲学に到達するのは、知性の映画的方法を実在するものの分析に適用するときである。

しかし、不動のイデアを動く実在の底に置くや否や、物理学、宇宙論、そして神学までもがまるごと必然的に生じる。この点を強調しよう。古代ギリシャ人の哲学ほど複雑かつ包括的な哲学を数ページで要約しようとは思わない。しかし、知性の映画的メカニズムを記述したところなので、このメカニズムの働きがどのような実在の表象に到達するのかを示すのは重要である。思うに、この表象はまさに、古代ギリシャ哲学で見つかる表象である。プラトンから、アリストテレスを経由して（そしてある程度はストア派の人々をも経由して）、プロティノスへと至るまで発展した学説の概略に、偶然的なもの、偶発的なものは何もないし、哲学者の空想とみなさなければならないものも何もない。体系的な知性は、普遍的な生成の流れから断続的に取り出した眺めを通して、その生成を見るとき、それについてある像《ヴイジオン》を自分に与える。古代ギリシャで発達した学説の概略が描くのはこの像である。その結果、今日でもなお、われわれはギリシャ人たちのように哲学することになるだろう。どれだけ思考の映画的な本能をあてにしているかに正確に応じて、われわれは彼らの一般的な結論のいくつかを、知る必要もないのに見出すだろう。

われわれは次のように述べた。「運動には運動体に次々と割り当てられる位置よりも多くのものが存在する。生成には代わる代わる通過される形態よりも多くのものが、形態の進化には次々と実現される形態よりも多くのものが存在する」。したがって哲学は、前者の種類の項から、後者の種類の項を引き出すことができるだろうが、後者から前者を引き出すことはできないだろう。前者から思弁は出発しなければならないだろう。しかし、知性は二つの項の順番を逆転させる。この点で、古代哲学は知性と同様の仕方で物事を進めている。つまり、古代哲学は不動のものに身を落ち着け、諸々のイデアしかみずからに与えないだろう。それでも、生成は存在する。これは事実である。不動性だけを措定した後、どのようにしてそこから変化を生じさせるのだろう。何かを足しても不可能である。というのも、仮説からして、諸々のイデアの外に肯定的なものは何も存在しないからだ。とすると、それは減少によってそうなることになるだろう。古代哲学の奥底には、必然的に次の要請が横たわっている。「不動なものには運動より多くのものが存在し、減少あるいは軽減によって、不動性から生成へ移行する」。

したがって、変化を獲得するためには、イデアにマイナスのものを、そうでなければせめてゼロを付け加えなければならないだろう。そこにプラトンの「非存在」、アリストテレスの「質料」は存している。1の横に置かれた数字の0のように、イデアの横に置かれて、イデアを空間と時間において多数化する、形而上学的なゼロなのである。このゼロによって、不動で単純なイデアは屈折し、無際限に伝播される運動となる。権利上、必然的に存在するのは、互いにぴったりはまり合って動くことのない諸々のイデアだけだろう。実際には、質料がそこに自分の空虚を付け加えにきて、同時に普遍的な生成を手に入れる。質料とは、愛し合う二つの心に入り込む疑念のように、諸々のイデアの中に滑りこみ、終わりなき動揺と永遠の不安を生み出す、把握不可能な無なのである。諸々の不動のイデアを堕落させてみたまえ。まさにそのことによって、あなたは諸事物の絶え間ない流れを獲得する。諸々のイデアもしくは「形相」は、互いに結合して「存在」の理論上均衡を表象するという意味で、おそらく、知性によって理解可能な実在の全体、つまり真理の全体なのだろう。感覚可能な実在について言えば、それはこの均衡点の両側を無際限に揺れ動くのである。

そこから、イデアの哲学全体を貫いている、持続についてのある考え方、そして時間の永遠に対する関係についてのある考え方が生じる。生成に身を置く人にとって、持続は諸事物の生命そのものとして、そして根本的な実在として現れる。その場合、精神が切り離し、概念に蓄積する諸々の〈形相〔形式〕〉は、変化する実在から取り出した眺めに過ぎない。それらの〈形相〉は、持続に沿って集められた諸瞬間である。そして、まさに、それらを時間に繋いでいた糸が切られたという理由で、それらの〈形相〉はもはや持続しない。〈形相〉は、自分自身の定義——言い換えれば、人為的な再構成物、つまり知性にとっての等価物である象徴的な表現——と一体になろうとする。お望みとあれば、〈形相〉は永遠のものとなる、と言ってよい。しかし、それら〈形相〉のうちで永遠な部分は、それらの非実在的な部分と今や一体化している。逆に、生成が映画的方法に従って扱われると、〈形相〉はもはや変化から取り出された眺めではなく、それは変化の構成要素となり、生成における肯定的なものすべてを表象する。永遠はもはや抽象物として時間を上から見下しているのではない。実在として時間を基礎づけている。以上がまさしく、この点についての、〈形相〉もしくはイデアの哲学の態度である。この哲学が永遠と時間の間に立てる関係は、金塊と小銭の関係と同じである。あまりにも細かい小銭だと、いくら払い続けても、借金を払い終えることはない。金塊なら、一度で借金から解放されるだろう。プラトンが、神は世界を永遠のものにはできず、世界に「時間」を、「永遠の動くイメージ(99)」を与えたと言うとき、彼は見事な言い回しでこの関係を表現しているのだ。

そこから、延長についてのある考え方も出てくる。この考え方は、そこまで明確には取り出されてこなかったが、イデアの哲学の基礎に存するものだ。もう一度、生成に沿って再び身を置き、その運動を採用する精神を想像してみよう。それぞれの継起する状態、質、つまるところ〈形相〔形式〕〉は、この精神にとっては、思考によって普遍的な生成から切り取られた単なる切断面として現れる。この精神は、形相が本質的に延長であることに気づくだろう。伸張的生成がその流れの途中で形相を質料〔物質〕化したので、形相はこの生成から切り離せないのである。こうしてあらゆる形相が、時間と同様、空間をも占めることになる。しかし、イデアの哲学は逆の手順を踏む。「形相」から出発して、そこに実在の本質そのものを見るのである。生成から取り出された眺めによって、形相を獲得するのではない。永遠において形相をみずからに与えるのである。持続と生成は、この不動の永遠が堕落したものでしかないだろう。このように措定され、時間から独立した形相は、もはや知覚のうちに存するような形相〔形態〕ではない。それは概念である。概念的な実在は持続も延長も占めないので、「形相」は必然的に、時間を上から見下ろすことになるし、空間の外に位置することになる。それゆえ古代哲学において、空間と時間は必然的に同じ起源、同じ価値を持つ。時間における緩み、空間における伸張によって表現されるのは、存在の同じ減退なのである。伸張や緩みがそのとき示しているのは単に、存在するものと存在すべきものとの間の隔たりである。古代哲学が身を置く観点からすると、空間と時間は、不完全な実在が、いやむしろ自分の外に出てしまった実在が、みずからに与える場以外のものではありえない。この実在は自分自身を求めてそこを駆け回るのである。ただ、この実在が駆け回るのに応じてその場は生み出されること、駆け回るという運動がいわば自分の下にこの場を置いていくことは認めなければならないだろう。単なる数学的点であるような観念上の振り子を、その均衡点から引き離してみよう。振り子の揺れは終わりなく生み出され、この揺れに沿って、点が点の隣に並び、瞬間が瞬間の後に続く。こうして生まれる空間と時間は、運動そのものと同じく、「肯定性」を持たない。それらが表象するのは、振り子に人為的に与えられる位置とその正常な位置――振り子は正常な位置にはないので、自分の自然な安定性を再び見出すことができない――との間の隔たりである。振り子を正常な位置に戻してみたまえ。空間、時間、運動は数学的一点に収縮する。同様に人間の推論は、終わりのない鎖となって続けられるが、真理が直観的に捉えられると、そこに突然沈んでしまうだろう。なぜなら、人間の推論の伸張と緩みは、いわばわれわれの思考と真理の間の隔たりでしかないからだ。[100] 純粋な〈形相〉つまりイデアにとっての延長と持続についても同じことが言える。感覚可能な形態〔形相〕はわれわれの前にあり、自分の観念性を取り戻す準備はつねにできているが、それらが自分のうちに抱える物質〔質料〕によって、いわばそれらの内的な空虚によって、それらが今ある姿とあるべき姿との間に残している隔たりによってつねに妨害されている。絶えずそれらは自分を取り戻そうとしているが、絶えず自分を失うことにかかずらっている。不可避な法則のせいで、それら感覚可能な形態はシシュポスの岩のように、頂に触れようとすると再び落下するのである。この法則は、それらを空間と時間の中に放り出したのだが、それらの原初的な不十分さが変わらないこと以外のものではない。発生と衰退の交代、絶えず再生する進化、無際限に繰り返される天球の円環運動、これらすべてが表象しているのは、物質性がそこに存するようなある根本的な欠損である。この欠損を埋めよう。同時にあなたは時間と空間を消去することになる。時間と空間とは言い換えれば、安定した均衡を常に追い求めるが決して到達することなくその周りを揺れる、この無際限に反復される揺れなのである。諸事物は再び嵌まり合う。空間で緩んでいたものが、再び自分を緊張させて純粋な形相となる。そして、過去、現在、未来は、唯一の瞬間——永遠——に収縮する。

要するに、物理的なものとは論理的なものがだめになったものである。この命題に、イデアの哲学の全体が要約される。またここに、われわれの悟性に内在する哲学の隠された原理がある。もし不動性が生成より多いものなら、形相は変化より多いものとなる。そして、合理的にイデア同士が秩序立てられ、連携しているイデアの論理的体系は、本物の堕落によって拡散し、ある対象や出来事が別の対象や出来事の後に偶然的に置かれる対象と出来事の物理的な系列と化す。ある詩を生み出す観念《イデー》は展開して幾千ものイメージとなり、イメージは物質化して文となりこれらの文は語として展開される。そして、くるくる巻かれた糸の玉のようになっている不動の観念《イデー》から、いわばそれが解けて生じる語へと降りて行くに従って、偶然や選択が入り込む余地が増していくのだ。別の語によって表現された別の隠喩《メタオール》が現れることも可能だっただろう。あるイメージがあるイメージによって、ある語がある語によって呼び出されたのである。これらの語すべてが今や次から次へと矢継ぎ早に現れ、詩を生み出す観念の単純さを独力で表現しようとする。が、無駄である。われわれの耳は語しか聞かない。したがって偶然的なものしか知覚しない。しかし、われわれの精神は、次々と跳躍することによって、語からイメージへ、イメージから起源にある観念へと飛び移る。こうして精神は、偶然的なものによって惹き起こされた偶然的なものたる語の知覚から、自分自身を立てるイデアの概念形成へと溯る。哲学者は宇宙を前にしてこのように物事を進める。経験によって哲学者は諸々の現象が通り過ぎるのを眼にする。これらの現象もまた、それらが起こる時間と空間に応じて決定される偶然的な秩序〔順序〕に従って矢継ぎ早に生じている。論理的秩序の紛うことなき衰弱であるこの物理的秩序は、論理的なものが空間と時間に堕落したものに他ならない。しかし哲学者は、知覚したものから概念へと溯るとき、物理的なものが持っていた肯定的実在性がすべて論理的なものへと濃縮するのを見る。彼の知性は、存在を緩ませる物質性を捨象し、イデアの不動の体系の中で存在をそのものにおいて再び把握する。こうして〈知〉が獲得される。知解可能なものから知性を引き離す隔たりを矯正して、知性をその真の場所に戻すや否や、〈知〉は完全な姿で、すっかりできあがって、われわれに現れる。したがって科学は人間の構成物ではない。科学は人間の知性に先立ち、それから独立したもので、諸事物を本当に生み出すものなのである。

そして実際、諸々の「形相」を精神が生成の連続性から取り出した単なる眺めとみなすと、形相はそれらを表象する精神に相対的なものとなり、存在それ自体を持たないだろう。せいぜい言えるのは、これらイデアのそれぞれが理想である、ということくらいだろう。しかしわれわれは逆の仮説のうちに身を置いた。それゆえイデアはそれら自身で存在しなければならない。古代哲学はこの結論から逃れることができなかった。プラトンはそれをはっきりと述べ、アリストテレスはそこから逃れようとしたが無駄だった。運動は不動のものの堕落から生まれるので、どこかに実在化した不動のものがないと運動は存在しないだろうし、その結果感覚可能な世界は存在しないだろう。それでアリストテレスは、最初イデアに独立した存在を認めなかったが、そこからそのような独立した存在を奪うことはできなかったので、諸々のイデアを圧縮し、寄せ集めて玉状にし、ある「形相」を物理的世界の上に置いた。こうしてこの形相は「形相の形相」、「イデアのイデア」、つまり、彼の表現を使うなら、〈思考の思考〉となった。それがアリストテレスの神である。この神は必然的に不動であり世界で起こっていることと無関係である。というのも、この神はすべての概念をただ一つの概念に総合したものにすぎないからだ。確かに、多なる概念のどれをとっても、そのままで、一なる神のうちで他から離れて存在することはできないだろう。プラトンのイデアをアリストテレスの神の内部に探しても無駄だろう。しかし、アリストテレスの神が自分を屈折させるのを想像すれば、あるいは単にこの神が世界の方へ傾くのを想像すれば、神の本質の一に含まれていた諸々のプラトン的イデアが、すぐに神の外へ流れ出すように見える。それは、太陽が諸々の光線を少しも内に含んでいなかったにもかかわらず、そこから光線が発せられるようなものである。おそらく、プラトン的イデアがアリストテレスの神の外へ流出する可能性は、アリストテレスの哲学では、能動的な知力、ポイエーティコス（能動的）と呼ばれたヌース（知力）――人間知性に存在する本質的ではあるが無意識的なもの――として描かれているだろう。能動的なヌースは、一挙に措定される完全なる〈知〉であって、意識的、論証的な知性はこの知を苦労しながら徐々に再構成する他ない。それゆえ、われわれのうちには、むしろわれわれの背後には、アレクサンドリアの人たちの言うように、神の可能的な像《ヴイジオン》が存在する。これは、意識的な知性によって現実に実在化されることが決してない、常に潜在的な像である。この直観において、われわれは神がイデアへと花開くのを見るだろう。この直観は「あらゆることをなす」[101]。時間において運動する論証的な知性に対してこの直観が演じる役割は、それ自身不動の「動者」が天空の運動、諸事物の経過に対して演じる役割と同じである。

こうして、イデアの哲学に内在する、因果性についての独特な考え方が見出されるだろう。この考え方を明らかにするのは重要である。なぜならそれは、われわれ各人が、諸事物の起源まで遡るために知性の自然の運動を最後まで辿るときに辿り着くことになる考え方だからだ。実を言えば、古代の哲学者たちは決してこの考え方をはっきりと述べることはなく、そこから諸々の帰結を引き出すにとどまった。一般的に言えば、彼らはこの考え方そのものを提示するのではなく、それに対する視点を示したのだ。実際、第一の動者が世界全体に対して行使する力として、あるときは引力が、またあるときは推進力が語られる。アリストテレスにはどちらの見方もある。彼は、宇宙の運動に諸事物の神的完全性への希求を、したがって神への上昇を示すが、他の場所でその運動を神の第一天球との接触の結果として、したがって神の諸事物への下降として記述する。アレクサンドリアの人々も発出と帰入を語るとき、この二重の指示に従っていたにすぎないと思う。あらゆるものは、第一の原理から派生し、そこへと回帰することを希求している。しかし、神的因果性についてのこれらの二つの考え方を同一視できるのは、それらを両方とも第三の考え方に帰着させるときだけである。われわれはこの第三の考え方を根本的なものとみなしている。なぜ、どの方向に諸事物が時間、空間で動くのかだけではなく、なぜ空間と時間が、運動が、諸事物が存在するのかを理解させるのはこの考え方だけだろう。

プラトンからプロティノスへと移るにつれて、この第三の考え方が徐々にギリシャの哲学者の推論の下に姿を現す。それを次のように定式化していいだろう。ある実在の措定は、それと純粋なる無の間のすべての程度の実在性を同時に措定することを含意する。数が問題になるとき、この原理は明白である。10という数を措定すると、まさにそのことによって、必ず、9、8、7といった数を、最後には10と0の間のあらゆる数を措定することになる。しかしわれわれの精神は、ここで自然に量の領域から質の領域へと移行する。ある完全性が与えられると、一方でその完全性、他方で無――われわれはこの無を考えていると思い込む――との間でも、連続して低下していく完全性の程度がすべて与えられるように思える。では、思考の思考であるアリストテレスの神を措定しよう。つまり、瞬間的な循環過程、より正しく言えば永遠なる循環過程によって、主体から客体へ、客体から主体へと姿を変える、円環をなす思考を措定しよう。他方で、無はみずからを立てるように見え、これら両端が与えられると、それらの間は同じく与えられるので、神の完全性から「絶対的な無」に至るまで低下していく存在のすべての程度が、神を措定するや否や、いわば自動的に実在化されることになる。

では、この間を上から下へ辿ってみよう。まず、第一の原理のほんのわずかな減少で、存在は時間と空間に落ちていく。しかし、最初の減少を表象する持続と延長は、神の非延長と永遠に、可能な限り似たものだろう。それゆえ、われわれはこの神的原理の最初の減少を、その場で回転する球体として思い描かねばならないだろう。円運動の永続性によって、神の思考の円環の永遠を模倣するような球体として、そのうえ自分自身の場を創造し、そしてそれによって場一般を創造するような球体として思い描かねばならないだろう。[102]というのも、その球体を含むようなものは何も存在せず、その球体は、自分自身の持続をも創造し、それによって持続一般を創造しながらも、場所を変えることはないからであり、その運動は他のすべての運動の尺度となるからである。[103]次に、少しずつ完全性がわれわれの月下の世界にまで減少していくのを見るだろう。この月下の世界では、発生、増大、死の周期が、最後にもう一度起源にある円環を損ないながらも模倣する。神と世界の間の因果関係は、このように理解されると、下から見ると推進力あるいは接触による作用として、上から見ると引力として現れる。というのも、円運動を伴う第一の天球は神の模倣であり、模倣とはある形式を受け容れることだからだ。それゆえ、人はどちらの方向から見るかによって、神を一方では作用因として、他方では目的因として理解する。しかし、いずれの関係も決定的な因果関係ではない。真の関係とは、ある方程式——一方の辺には一つしか項がなく、他方の辺は無際限個の項の合計であるような方程式——の二つの辺の間に見つかるような関係である。お望みとあれば、金貨のその小銭に対する関係であると言ってもいい。金貨が差し出されるや否や、自動的に小銭が与えられると想定するという条件のもとでではあるが。このようにして初めて次のことが理解できるだろう。アリストテレスが第一の不動の動者の必然性を証明したとき、諸事物の運動は始まりを持たなければならなかったということを根拠にしたのではなく、逆に、この運動は始まることができなかったし、決して終わることはないと仮定したのである。運動が存在する場合、言い換えれば、小銭が数えられる場合、金貨がどこかにあるのである。そして合計が決して始められることがなく、終わりなく続けられる場合、この合計と優勝的に等価である唯一の項は永遠となる。永続する運動性が可能となるのは、それが永遠なる不動性にもたれかかって、その不動性を始めも終わりもない鎖に展開する場合だけである。

以上がギリシャ哲学の最終的な言葉である。われわれはこの哲学をアプリオリに再構成しようなどと思ってはいなかった。それには複数の起源がある。この哲学は、眼に見えぬ糸で古代人の魂のすべての気質に結び付いている。この哲学を単純な原理から演繹しようとしても無駄である。[104] しかしこの哲学から、詩、宗教、社会生活より由来したものをすべて、そしてまだ芽生えたばかりだった物理学、生理学より由来したものすべてを取り除いてみる。つまり、この巨大な建造物の建設に使われる脆い素材を捨象してみる。それでも堅固な骨組みが残る。この骨組みが描いているのはある形而上学の概略である。この形而上学は、思うに、人間知性の自然な形而上学である。実際、知覚と思考の映画的傾向を最後まで辿るや否やこの種の哲学に到達する。われわれの知覚と思考は最初、一続きの安定した形態を、進化の変化の連続性の代わりにする。これらの形態は通過するたびに次々と糸を通されるだろう。回転木馬に乗っている子供が、通りがかりに棒を使ってはずしていく輪のようである。ではこの通過とは何か。何がこれらの形態を繋ぐのか。変化からそこで見つかる明確なものをすべて抽出することによって、これらの形態を獲得したので、それらが置かれている不安定性を特徴づけるものは、もはやある否定的な属性しか残っていない。それは不確定性そのものだろう。以上が、われわれの思考の最初の歩みである。われわれの思考はそれぞれの変化を、二つの要素――一つはそれぞれの個別的な例について定義可能な、安定した要素、つまり「形相〔形態〕」で、もう一つは定義不可能で、常に同じである要素、つまり変化一般であろう――に分解する。また以上が言語の本質的な操作でもある。言語が表現できるのは形態だけである。言語は結局ある運動性を仄めかすことになる。つまりそれを示唆するにとどまる。この運動性は、表現されないままでいるという理由だけで、すべての場合で同じまま変わることはないとみなされている。このように思考と言語によって行われる分解を合法的とみなす哲学がそのとき現れる。この哲学はその区別をより強調して客体化し、極端な諸帰結にまで推し進め、システムへと帰着させること以外何もしていないだろう。それゆえこの哲学は実在的なものを、一方で定義される「形相」、つまり不動の要素と、他方である運動性の原理を使って構成するだろう。この運動性の原理は形態の否定なので、仮定からしてあらゆる定義から逃れ、純粋な不確定になるだろう。この哲学は、思考が限定し言語が表現するこれらの形相に注意を向ければ向けるほど、それらが感覚可能なものを超えて高められ、洗練されて純粋な概念になるのを見るだろう。これらの概念は互いに入り込み、最後にはあらゆる実在の総合、あらゆる完全性の完成である唯一つの概念に寄り集まることさえできる。逆にこの哲学は、普遍的な運動性の不可視の源泉へと降りて行くに従って、その運動性が自分の下へ逃げて行き、それと同時に空虚になり、この哲学が純粋なる無と呼ぶものに沈んでいくのを感じるだろう。最終的にこの哲学は、一方で論理的に連携しているイデアの体系、もしくはただ一つのイデアに集中しているイデアの体系を手にするだろう。他方でプラトンの「非―存在」やアリストテレスの「質料」のような、無に準ずるものを手にするだろう。しかし裁断したあとには、縫い合わせなければならない。今や問題は、感覚可能なものの上にあるイデアと感覚可能なものの下にある非―存在を使って、感覚可能な世界を再構成することである。それが可能になるのは、ある種の形而上学的必然性を前提する場合だけだろう。

その必然性によって、この「全体」とこの「ゼロ」を現前させることが、これら二つの間の尺度となるすべての実在性の程度を立てることと等価になる。ある不可分な数が、その数とゼロの差として考えられるとすぐに、単位の合計として姿を現し、それと同時にそれより小さい数を出現させるのと同様である。これは自然な前提で、ギリシャ哲学の根本に認められる前提でもある。そのときもはや、中間にあるそれぞれの実在性の程度の個別的な特徴を説明するためには、その程度を完全な実在から隔てる距離を測ればよいだろう。それぞれの低い程度は高い程度の減少であり、われわれがそこに知覚する感覚可能な新しさは、知解可能なもの〔叡知的なもの〕の観点からすれば、その知解可能なもの〔叡知的なもの〕に付け加えられる新たな量の否定になってしまうだろう。可能な限り少ない量の否定、感覚可能な実在の最も高次の形式ですでに見つかっていて、したがって、低次の諸形式ではもちろん見つかる量の否定を表現しているのは、感覚可能な実在の最も一般的な属性、つまり延長と持続だろう。堕落が進むにつれて、徐々に特殊な属性が獲得されるだろう。ここでは哲学者の空想が自由に働くだろう。なぜなら、恣意的な命令、あるいは少なくとも議論の余地のある命令によって、感覚可能な世界のある局面が存在のある減少に同一視されるからだ。アリストテレスのように、同一の中心を持ち自転する複数の天球によって構成される世界に必然的に到達することはないだろう。が、それでも似たような宇宙論に辿り着くだろう。思うに、そのような宇宙論は、全く異なる部品からなっているのに、部品同士の関係が同じであるような構築物である。そして、この宇宙論は常に同じ原理によって支配されるだろう。物理は論理によって定義されるだろう。変化する現象の下に透けて見える、概念の閉じたシステムが示されるだろう。これらの概念は上下の序列が与えられ、互いに連携するよう秩序づけられている。概念の体系として理解される科学は、感覚可能な実在より実在的なものとなろう。この科学は人間の知に先立つだろう。人間の知はこの科学を一文字ずつたどたどしく読み取っているにすぎないのである。またこの科学は諸事物にも先立つだろう。諸事物はこの科学を模倣しようと不器用に試みているのである。この科学は少しの間自分自身から気を逸らしさえすれば、みずからの永遠から抜け出し、それによってこの知すべてとこれらの事物すべてと一致するだろう。それゆえ、この科学の不変性はまさに普遍的生成の原因である。

以上が変化と持続に対する古代哲学の視点であった。近代哲学は何度もこの視点を変えようとしたし、とりわけ最初はその気になっていたことに反論の余地はないように思われる。しかし抵抗しえない魅力が、知性をその自然な運動へ、近代人の形而上学をギリシャの形而上学の一般的な諸帰結へと連れ戻した。この最後の点を今から明らかにしようと思う。いかなる見えざる糸によって、あの機械論的哲学が古代のイデアの哲学に結び付けられているか、どのようにしてこの機械論的哲学が、われわれの知性の何よりも実践的な要求に答えているかを示すためである。

近代科学は古代科学と同様、映画的方法に従って探求を進める。他の仕方ではできない。どんな科学もこの法則に従属している。実際、対象そのものの代わりにしている記号（*signes*）を操作することが科学の本質である。おそらくこれらの記号は言語の記号とは異なり、より正確でより有効である。それでもなお、それらは記号の一般的な条件に従わざるをえない。停止した形式で、実在の固定した様相を記すのである。運動を考えるためには、絶えず更新される精神の努力が必要である。この努力をしなくて済むように、記号は作られている。諸事物の動く連続性の代わりに、実践においてはそれと等価で、簡単に操作できるという長所を持つ人為的な再構成物を用いるのである。しかし、手順は横に置いて、結果だけを考えよう。科学の本質的な目的とは何か。事物に対するわれわれの影響を増大させることである。科学は、その形式から見れば思弁的になりうるし、その直接的な目的から考えれば私心のないものとなりえる。言い換えれば、科学が望むだけの期間、付けにしてやっていいのである。しかし、支払いの期日をどれだけ遅らせたとしても、最後にはわれわれの骨折りに対して支払ってもらわなければならない。それゆえつねに、結局のところ、実践上の有用性を科学は目指すことになるのである。科学は理論に手を出すときでさえ、自分のやり方を実践の一般的な形状に適応させなければならない。科学はいくら自分を高めようと、行動の領域に再び戻ってそこですぐに自分の両足で立てるようにしておかねばならない。もし科学のリズムが行動そのもののリズムと絶対的に異なっているなら、そんなことは科学には不可能だろう。さて、前に述べたように、行動は跳躍を繰り返して物事を進める。行動する、とは、繰り返しみずからを適応させることである。知ること、つまり行動するために予見することとは、それゆえある状況からある状況へ、ある配置から再配置へ移行することであろう。科学は再配置同士を徐々に近づけて考えることができるだろう。こうして科学は切り離す瞬間の数を増やすだろうが、科学が切り離すことになるのは常に瞬間である。それらの間で起こっていることについて、科学は普通の知性、諸感官や言語と同じく、まったく気にしていない。科学が係るのは、間ではなく、その両端である。それゆえ、映画的方法は、古代人の科学にとってすでにそうだったように、われわれの科学にとっても拒むことができないものなのである。

では、これら二つの科学の差異はどこにあるのだろうか。われわれは、古代人が物理の秩序を生命の秩序に、つまり法則を類に還元するのに対して、近代人は類を解消して法則にしようとする、と言ったとき、その差異を示しておいた。しかし重要なのはそれを別の側面で検討することである。もっとも、この側面は第一の側面を移し替えたものにすぎないが。これら二つの科学の変化に対する態度の差異は何に存するのか。次のように言えばそれを定式化することになるだろう。古代科学が、対象を十分に知るのはその特権的な諸瞬間を記したときであると信じているのに対して、近代科学は対象を任意の瞬間において考察する。

プラトンやアリストテレスといった人の形相やイデアが対応しているのは、諸事物の歴史の特権的な、つまり突出した諸瞬間で、これら諸瞬間そのものは一般に言語によって固定されていた。例えばある生物の幼年期や老年期のように、これら形相やイデアはある期間の精髄を表現しており、その期間を特徴づけているとみなされる。この期間であとに残っているものはすべて、ある形態から別の形態の移行によって満たされていて、この移行はそれ自体何の興味も惹かない。落下する物体を考えてみよう。その事実を十分仔細に検討したと考えるのは、それを次のように全体的に特徴づけたときである。「これは低いところへ向かう運動である、ある中心へ向かう傾向である、ある物体の自然な運動で、この物体は、それが以前属していた地面から引き離されていたが、今やそこで自分の場所を再び見つけることになる」。それゆえ最終目的地《テロス》や絶頂点《アクメ》が記され、それらは本質的な瞬間に仕立てあげられる。この瞬間を言語は事実の全体を表現するために保持していたが、科学にとっても事実の全体を特徴づけるのにこの瞬間だけで十分である。アリストテレスの物理学において、空間に投げられる物体、つまり自由落下する物体の運動は、高と低の概念、自発的な運動と強制された運動の概念、本来的な場所と非本来的な場所の概念によって定義される。しかし、ガリレイの思うところによれば、本質的な瞬間、特権的な瞬間は存在しないのである。つまり落下する物体の研究は、それを行程の任意の瞬間で考えることである。時間におけるある任意の瞬間について、空間における物体の位置を決定する科学が真の重力の科学となるだろう。確かに、科学がそうするためには、言語の記号とは違った仕方で正確な記号が必要となろう。

それゆえ、われわれの物理学がとりわけ古代人の物理学と違うのは、時間を無際限に分解するところであると言えるだろう。われわれの自然な知覚と言語は時間から、ある種の個体性を示す継起する事実を切り取る。古代人にとって、時間はこれらの事実と同じ数の不可分な期間を含んでいる。こういうわけで彼らから見れば、それぞれの事実は全体的な定義あるいは記述しか含んでいない。もし事実を記述して、そこで諸々の段階を区別するに至るならば、一つではなく複数の事実を手にしていることになるだろうし、ただ一つの期間ではなく複数の不可分な期間を手にしていることになるだろう。しかし、つねに時間は決められた期間に分割されるだろう。そして、思春期の急激な変化と同じくらい実在が明らかに急変するとき、新しい形態が明らかに動き出すとき、常に精神はこの分割方式を取らざるをえないだろう。逆にケプラーやガリレイのような人たちにとって、どんな方法を用いようとも、時間がそれを満たす物質に応じて客観的に分割されることはない。時間は自然な分節を持たないのである。われわれは好きなように時間を分割できるし、またそうしなければならない。すべての瞬間は互いに同じ価値を持つ。いかなる瞬間にも、他を代表する、あるいは他を支配するような瞬間になる権利はない。したがって、ある変化がその任意の瞬間にどこまで来ているかを決定できるようになったとき初めて、われわれはその変化を知る。

差異は深い。ある面では根本的ですらある。しかし、われわれがこの差異を検討している観点からすると、それは程度の差異であって本性の差異ではない。人間精神は、単により高い正確性を求めて、次第に完全性を高めることによって、一番目の種類の認識から二番目の種類の認識へ移行したのである。二つの科学の間には、ある運動の諸段階を眼で記すこととこれらの段階を瞬間写真によってより完全に記録することの間にあるのと同じ関係がある。どちらの場合も同じ映画的メカニズムが働いている。しかしこのメカニズムは、第一の場合では持ちえない正確さにまで、第二の場合で達する。馬のギャロップについてわれわれの眼がとりわけ知覚するのは、特徴的、本質的、いやむしろ図式的な姿勢である。ある期間全体に広がって、したがってギャロップの時間を満たしているように見える形態である。この姿勢を彫刻はパルテノン神殿のフリーズに固定したのである。しかし、瞬間写真は任意の瞬間を切り離し、それらすべてを同じ列に置く。こうして瞬間写真にとって、特権的な瞬間において輝き、ある期間全体を照らし出すようなただ一つの姿勢に馬のギャロップが集約されることはない。馬のギャロップは望まれるだけ多くの継起する姿勢に分散するのである。

この根源的な差異から他のすべての差異が生じる。持続の諸々の不可分な期間を代わる代わる考察する科学は、ある段階がある段階の後に続いて起こること、ある形態がある形態に取って代わることしか見ない。この科学は、対象を有機的存在とみなし、その質的な記述で満足する。しかし、これらの期間の一つの内部で、時間のある任意の瞬間に起こっていることを探求するとき、人は全く別のものを目指すことになる。瞬間ごとに生み出される変化は、仮定よりもはや質の変化ではない。よってこれは、現象そのものの変化であるにせよ、その要素となっている部分の変化であるにせよ、量的な変化である。したがって、近代科学は大きさに係り、なによりもそれらを測ることを目標にする点で、古代人の科学とはっきり区別されると言うのも当然であった。古代人はすでに実験を行っており、他方でケプラーは本来の意味での実験を行わずに、われわれが理解するような科学的知識の典型そのものであるような法則を発見した。われわれの科学を特徴づけているのは実験を行うことではなく、測定のためにだけ実験していること、もっと一般的に言えば測定のためにだけ仕事していることである。

こういうわけで、古代科学が概念に関わっていたのに対して、近代科学は法則、つまり可変的な大きさの間の恒常的な関係を探求すると言うのもまた当然であった。アリストテレスにとって、天体の運動を定義するのに円の概念で十分だった。しかしケプラーは、楕円形のより正確な概念をもってしても、惑星の運動を説明することになるとは思っていなかっただろう。彼には、法則、つまり惑星運動の二つあるいは複数の要素の量的変化の間の恒常的な関係が必要だったのである。

しかしこれらは帰結でしかない。つまり、根本的な差異から生じる諸々の差異でしかない。偶然古代人が測定のために実験を行うこともありえたし、大きさの間の恒常的な関係を述べる法則を発見することも可能だった。アルキメデスの原理は実験可能な真の法則で、三つの可変的大きさ——ある物体の容積、その物体が沈められている液体の濃度、それが受ける下から上への圧力——を考慮に入れている。そして結局、三つの項の一つは他の二つの関数である、とこの原理ははっきり述べる。

したがって、本質的な、根源的な差異は余所で探さなければならない。これこそわれわれが最初に指摘したところの差異である。古代人の科学は静的である。この科学は研究する変化を一まとめにして考察する。その変化を期間に分割する場合、今度はそれぞれの期間を一つのまとまりにする。つまりこの科学は時間を考慮していないのである。しかし、近代科学はガリレイとケプラーの発見の周りに作り上げられた。これらの発見はすぐさまこの科学にモデルを与えたのである。さて、ケプラーの法則は何を言っているのか。この法則は、太陽を中心とするある惑星の動径ベクトルが描く面積と、それらの面積を描くのに使われる時間の間の関係と、軌道の長軸と、軌道を通るのにかかる時間との間の関係を立てる。ガリレイの主要な発見とは何であったか。落下する物体が通る空間を、落下にかかる時間に結びつけた法則である。もっと先に進もう。近代における幾何学の大きな変化の第一歩は何であったか。確かにおぼろげな形ではあったが、図形の考察にまで時間と運動を導入したことである。古代人にとって、幾何学とは純粋に静的な科学であった。彼らの幾何学の図形はプラトンのイデアに似ていて、すっかり出来上がった状態で一挙に与えられていた。しかしデカルト幾何学の本質は（デカルトはそれに以下の形式を与えなかったが）、あらゆる平面曲線を、横座標軸に沿って自分自身に平行して移動する動的直線上の、ある点の運動によって描かれるものとして考察することであった——動的直線は斉一的であると想定され、こうして横座標は時間を表すものとなった——。このとき曲線が定義されるのは、動的直線上で通った空間をそれに使われた時間に結ぶ関係が示される場合である。つまり、運動点が、道程の任意の瞬間に、それが通る直線上のどの位置にいるかを示すことができる場合である。この関係はその曲線の方程式に他ならないだろう。方程式を図形の代わりにする、とは結局、任意の瞬間に曲線の道筋のどこにいるかを見ることである。この道筋を一挙に検討すること、つまり曲線が出来上がった状態にあるただ一つの瞬間に寄せ集められたものとしてこの道筋を検討することではない。

それゆえ以上が、自然科学とそれに道具として役立つ数学を一新した改革の指導的な考え方であった。近代科学は天文学の娘である。ガリレイの斜面に沿って天空から地上に降りてきたのだ。なぜならガリレイを介して、ニュートンと彼の後継者たちはケプラーに結び付くからである。さて、ケプラーにとって天文学の問題はどのように立てられたのか。問題になっていたのは、所与の瞬間における惑星それぞれの位置を知ったとき、別の任意の瞬間におけるそれらの位置を計算することである。それ以後、同じ問題があらゆる物質のシステムについて立てられた。質点はそれぞれ基礎的な惑星となった。典型的な問い、つまりそれを解決すれば他のすべての問題の鍵を渡してくれるに違いない理想的な問題は、いったん所与の瞬間におけるこれらの要素の位置を知ったとき、任意の瞬間におけるそれらの相対的位置を決定することであった。おそらくその問題がこのような正確な項によって立てられるのは、きわめて単純な場合に限られる。つまり図式化された実在についてのみ立てられる。なぜなら実在的な要素が存在すると仮定しても、物質の真の要素各々の位置を知ることは決してないし、所与の瞬間においてそれらを知った場合でさえ、別の瞬間のそれらの位置の計算は、人間の力を超える数学的努力をたいてい要求するからだ。けれども、これらの要素を知ることが可能であること、それらの実際の位置を見つけることは可能であること、人間を超えた知性ならこれら所与を数学的操作にかけて、時間の別の任意の瞬間における要素の位置を決定することができることを知るだけでわれわれには十分である。この確信は、自然についてわれわれが立てる問題と、それらを解くために用いる方法の根底にある。こういうわけで、われわれには静的な形式を持つあらゆる法則が暫定的な手付金のように、つまり動的な法則についての個別的な視点のように見えるのである。この動的な法則だけが、完全で決定的な知識をわれわれに与えてくれるだろう。

　結論しよう。われわれの科学は単に、法則を探求しているという点で、あるいはそれら法則が大きさの間の関係を述べているという点で、古代科学と区別されるのではない。次のことを付け加えなければならない。われわれが他のすべての大きさに結び付けることができればと思っている大きさとは時間であり、近代科学は時間を独立変数とみなそうとする強い希望によってとりわけ定義されなければならない。しかし、問題となっているのは、いかなる時間なのか。

前に述べたことであるが、いくら繰り返しても繰り返しすぎではないだろう。物質の科学は日常的な認識と同じ仕方で物事を進める。物質の科学はこの認識を改良し、その正確性と射程を増大させるが、それと同じ方向に働き、同じメカニズムを作動させる。したがって日常的な認識が、自分が従う映画的メカニズムのせいで生成の動的な部分を辿るのを諦めるとすれば、物質の科学も同じくそれを諦める。おそらくこの科学は考察する時間の間隔に望まれるだけ多くの瞬間を見分ける。その科学は、自分が考慮していた間隔がいかに小さくても、われわれが必要とするなら更にその間隔を分割することを許可してくれる。本質的と言われる瞬間を考慮していた古代科学とは異なり、この科学は任意の瞬間を無差別に対象にする。しかしこの科学は常に瞬間を、常に潜在的な停止点を、結局のところ常に不動性を考えている。つまり実在的な時間はある流れとして、言い換えれば存在の運動性そのものとして検討されると、科学的認識の手から逃れるのである。われわれは以前の仕事ですでにこの点を明らかにしようとした。この本の第一章でもそれについて一言しておいた。しかし諸々の誤解を解くためには、最後にもう一度その点に戻ることは重要である。

実証科学は時間について語るとき、ある運動体Tがその軌道上で行う運動を参照する。この運動は時間を表象するものとして実証科学によって選ばれたもので、定義により斉一である。その運動体の軌道を始点$T_0$から出発して等しい部分に分割する点をそれぞれ$T_1$、$T_2$、$T_3$、…と呼ぼう。運動体が通る線の$T_1$、$T_2$、$T_3$、…にあるとき、時間の単位が一つ、二つ、三つ、…流れたと言うだろう。そのとき、ある時間$t$が経過した後の宇宙の状態を考えることとは、運動体$T$がその軌道上の点$T_t$にあるとき宇宙がどうなっているのかを検討することである。しかし時間の流れそのものについて、ましてや意識に対する時間の効果についてはここで問題になっていない。なぜなら考慮されているのは、流れから取り上げられた点$T_1$、$T_2$、$T_3$、…であって、決して流れそのものではないからである。考察されている時間を好きなだけ縮めてよい。つまりお好みに合わせて、二つの連続した分割点$T_n$、$T_{n+1}$の間隔を分割してよい。こうして係りを持つのはいつも点であり、点だけである。運動体$T$の運動から取り上げて考慮するのは、その軌道上でとられる位置である。宇宙の他のすべての点の運動から取り上げて考慮するのは、それぞれの軌道上でのそれらの位置である。分割点$T_1$、$T_2$、$T_3$、…における運動体$T$のそれぞれの潜在的な停止に、他のすべての運動体の、通過点における潜在的な停止を対応させる。そしてある運動、または全く別の変化に時間$t$がかかったと人が言うとき、それによって理解しているのは、その人がこの種の対応を$t$個記したということである。それゆえその人は同時性をいくつか数えたのであって、ある同時性から別の同時性へと移行する流れは彼の頭になかったのである。以下がその証拠である。私がある意識に対して好きなように宇宙の流れの速さを変化させることができるとしたら、その意識は宇宙の流れから独立していて、その変化について持つ全く質的な感情によって変化に気づくだろう。これに対してTの運動はこの変化に加わっているから、私は方程式についてもそこに現れる数についても、何も変える必要はないだろう。

もっと先へ進もう。この流れの速さが無限になると仮定しよう。この本の最初の何ページかで述べたように、運動体Tの軌道が一挙に与えられ、物質的宇宙の過去、現在、未来の歴史全体が空間で瞬間的に広げられていると想像してみよう。同じ数学的な対応が、いわば扇状に広げられた世界の歴史の諸瞬間と、定義によって「時間の流れ」と名付けられる線の分割点$T_1$、$T_2$、$T_3$、…の間に残るだろう。科学からすれば、何も変えるものがないだろう。しかし時間がこのように空間に広げられ継起が並置と化しても、科学が全く言うことを変える必要がないのは、科学は、われわれに言っていたことの中で、継起特有なものについても、時間の流動的な点についても考慮していなかったからである。継起と持続にはわれわれの意識を驚かせるものがある。それを表現するための記号を科学は全く持っていないのである。間隔をおいて川にかけられた橋が、それらのアーチの下を流れる水を辿ることはない。それと同様に科学が生成の動的なところにぴったり合うことはない。

しかし継起は存在し、私はそれを意識している。これは事実である。ある物理的過程が私の眼の前で遂行されるとき、私の知覚や気質次第でその過程を早めたり遅らせたりすることはできない。物理学者にとって重要なのは、その過程が満たす持続の単位の数である。彼は単位そのものに気を使う必要はない。こういうわけで世界の継起する状態が一度に空間に広げられても、彼の科学がそれによって変わることはないし、彼は時間について語るのをやめないだろう。しかしわれわれ意識的存在にとって重要なのは単位である。なぜなら、われわれは間隔の両端の数を数えているのではなく、間隔そのものを感じ生きているからである。さて、われわれはこれら間隔を規定された間隔として意識している。またしてもコップに入った砂糖水の話に戻ろうと思う。なぜ私は砂糖が溶けるのを待たなければならないのだろうか[106]。その現象の持続はある数の時間の単位に還元され、望まれているのは単位そのものである、という点で、物理学者にとってその持続は相対的なものである。しかし、この持続は私の意識にとってある絶対である。なぜならそれは待ち切れなさのある程度と一致していて、この程度は厳密に規定されているからである。この規定はどこから来るのだろうか。私に待つことを強いているのは何か。ある長さの心理的な持続が課され、この持続に対して私ができることはない。この持続の間私に待つことを強いているのは何か。もし継起が、単なる並置と区別されるものとして、実在的な実効性を持っていないなら、もし時間がある種の力でないなら、なぜ宇宙は、継起する自分の状態を、私の意識にとっては真の絶対であるような速さで展開するのだろうか。なぜこの規定された速さで、他の任意の速さではないのか。なぜ無限な速さで展開しないのか。言い換えれば、例えば映画のフィルムの上ではそうであるように、すべてが一挙に与えられないのはなぜか。この点を掘り下げれば掘り下げるほど、次のように私には思える。第一に、未来が、現在の横に与えられるのではなく、現在に引き継いで起こる以外にないのは、未来が現在の瞬間において完全には決定されていないからだ。第二に、この継起に占められる時間が数以外のもので、そこに据え置かれた意識にとって絶対的な価値、絶対的な実在性を持つのは、予見不可能なもの、新しいものが絶えずそこで創造されているからだ。この創造が行われるのは、おそらく、砂糖水の入ったコップのような、人為的に切り離されるこれこれのシステムにおいてではなく、このシステムが一部をなす具体的な全体においてである。この持続は物質そのものの事実ではありえない。物質の流れをさかのぼる「生命」の持続である。それでも、それら二つの運動は互いに固く結び付いている。それゆえ、宇宙が持続する分、創造の余地があるということである。創造は宇宙のどこかに自分の場所を見つけることができるのである。

子供がジグソーパズルのピースを集めてあるイメージを再構成して遊ぶとき、練習するに従ってだんだん早くできるようになる。もっとも再構成は瞬間的なものだった。店を出て箱を開けたとき、子供は再構成ができあがっているのを見ていたのだ。したがってその操作はある決まった時間を要求するものではない。それどころか理論上はいかなる時間も必要としない。つまりその結果は与えられている。イメージはすでに創造されていて、それを獲得するためには再構成と再配置の作業を行えばいいのである。この作業は徐々に早くなると想定できるし、無限に早くなって瞬間的になるとさえ想定できる。しかしあるイメージを魂の底から引き出して創造する芸術家にとって、時間はもはや付属的なものではない。内容を変えずに引き伸ばしたり縮めたりできるような間隔ではないのだ。彼の作業の持続は作業の一部をなしている。その持続を収縮もしくは膨張させると、持続を満たす心理的進化とその終着点である発明を一度に変化させることになるだろう。ここで発明の時間は発明そのものと一体となっている。これは身体を持つ〔具体化する〕に従って変化する思考の進展である。つまり生命の過程であり、ある観念の成熟のような何かなのである。

画家がカンバスの前に立ち、色はパレットの上にあり、モデルはポーズを取っている。われわれはこれらすべてを見ていて、画家の手法も知っている。われわれはカンバスに現れることになるものを予見できるだろうか。われわれは問題の諸要素を手にしている。抽象的な認識によって、どのように問題が解かれることになるかを知っている。なぜなら肖像画は必ずモデルに似るし、必ず画家にも似るからである。しかし具体的な解答はあわせて予見不可能な何かをもたらす。この何かがその芸術作品の全体なのである。時間をとるのはこの何かである。それは物質〔質料〕を何も持たず、形式としてみずからを創造する。この形式の発芽と開花は収縮不可能な持続において続けられ、この持続はその発芽、開花と一体になっている。自然の諸作品についても同じことが言える。そこで新たに現れるものはある内的な推進力から生じる。この推進力は進展あるいは継起である。この推進力が、継起に固有な力を与えているのか、もしくは自分の力すべてを継起から抽き出しているかのどちらかである。いずれにせよこの推進力が、継起、つまり時間における相互浸透する連続を、空間における単なる瞬間的な並置には還元することができないものにしている。こういうわけで、物質的宇宙の現在の状態に生命の形態の未来を読み取るという考え、それら形態の歴史を一度に展開するという考えは、必然的に真の不合理を含んでいる。しかしこの不合理を取り除くのは難しい。なぜならわれわれの記憶は、代わる代わる知覚する項をある観念上の空間に並べる習慣があり、過ぎ去った継起を常に並置の形式で表象するからだ。もっとも記憶にそうすることができるのは、まさに過去がすでに発明されたもの、死んだものであり、もはや創造や生命には属していないからである。来るべき継起は結局過ぎ去った継起になるので、われわれは、来るべき持続を過ぎ去った持続と同じように扱ってよく、もう今から広げてしまっていいだろうと思い込むのである。未来は包《くる》まったまま、すでにカンバスの上に描かれていると思い込むのである。おそらく錯覚である。しかし根こそぎ絶やすことができない自然な錯覚である。この錯覚は人間精神のある限り続くだろう。

時間は発明であり、そうでなければ何物でもない。しかし物理学は映画的方法に従わざるを得ないので、その発明である時間を考慮することができない。物理学はこの時間を構成する出来事と運動体Tの軌道上の位置の間の対応を数えるにとどまる。毎瞬間新しい形式を帯び、これらの出来事に自分の新しさの何かを伝える全体から、物理学は出来事を引き離す。

そしてそれらを抽象的な状態で、それらが生ける全体の外で存在しているかのように考える。つまり空間に拡げられた時間において考えるのである。物理学は、切り離しても深く変化させずに済ませることができるような出来事や出来事のシステムしか取り上げない。なぜならそれらだけが物理学の方法の適用に適しているからだ。そのようなシステムを切り離すことができるようになった日、われわれの物理学は生まれたのである。要約すると、時間の任意の瞬間を考察する点で近代物理学が古代物理学から区別されるのは、長さである時間を発明である時間の代わりにすることに近代物理学全体が依拠しているからなのである。

したがってこの物理学と並行して、第二種の認識を形成しなければならなかったように思える。そのような知識は物理学が見逃していたものを取り上げただろう。科学は映画的方法に繋ぎ止められていて、持続の流れそのものに対して手を出せなかったし、そうしようともしなかった。〔第二種の認識は〕この方法から抜け出しただろう。精神に最も貴重な習慣を放棄するように要求しただろう。生成の内部に共感の努力によって身を移していただろう。ある運動体がどこに来るのか、あるシステムはどんな形状を帯びることになるのか、ある変化は任意の瞬間にどのような状態を経ることになるのかなどとはもはや自問しなかっただろう。時間の諸瞬間は、われわれの注意の停止でしかないのだから放棄されただろう。時間の流れ、実在的なものの流れそのものを辿ろうとしただろう。第一種の認識の利点はわれわれに未来を予見させ、ある程度は出来事を支配させることである。逆にこの種の認識が動く実在から取り上げるのは偶然的な不動性、つまりわれわれの精神が手にするその実在の眺めだけである。その認識は実在を表現するのではなく、むしろそれを象徴化して人間的なものの中に移し入れる。もう一つの認識は、それが可能だとしても、実践的には無用なものだろう。自然に対する影響力を拡張しないだろうし、知性のある自然な強い欲求に歯向かうことにさえなるだろう。しかしその認識が成功すれば、実在そのものを決定的に把握するだろう。それによって人は知性を動くものの中に身を置くように慣らして、知性とその物質についての知識を補完するだろうが、それだけではない。知性を補足する別の能力をも発達させて、もう半分の実在への眺望を開くだろう。なぜなら真の持続を前にするとすぐにそれが創造を意味しており、もし自己解体するものが持続する場合も、自己形成するものとの連帯によってのみそれが可能であることが分かるからである。こうして宇宙の連続的な増大の必然性が――実在的なものの生命の必然性が、と言いたいところだが――現れるだろう。したがってわれわれの惑星の表面でわれわれが出会う生命、つまり宇宙の生命と同じ方向に、そして物質性とは逆の方向にさし向けられている生命を新しい角度から検討することになるだろう。要するに知性に直観を加えることになるだろう。

以上のことを反省すればするほど、この形而上学の考え方を近代科学が示唆していることが分かるだろう。

実際古代人にとって、時間は理論的には無視できるものである。なぜならある事物の持続が示しているのはその本質の堕落だけだからだ。科学が取り組むのはこの不動の本質である。変化は「形相」の自分自身の実現への努力でしかないので、われわれにとって重要なのはその実現を知ることだけである。おそらくこの実現は決して完全になることはない。このことを古代哲学は、われわれが質料なき形相を知覚することはないと言うことで表現している。しかし、われわれが変化する対象をある本質的な瞬間において、その絶頂で考察する場合、対象はその知的形相をかすめていると言うことができる。この知解可能でイデア的な、いわば限界の形相をその科学は捉える。その科学はこうして金貨を手に握っているとき、優勝的に小銭、つまり変化をも手にする。変化は存在より少ないものである。変化を対象とするような認識は、それが可能であったと想定しても、科学より少ないものとなるだろう。

とはいえ、時間のすべての瞬間を同列に置き、本質的な瞬間、頂点、絶頂を認めない科学にとって、変化はもはや本質の減少ではないし、持続は永遠を薄めて伸ばしたものではない。ここで時間の流れは実在そのものになり、研究されるのは流れる事物である。確かに流れる実在の瞬間写真を撮る以上のことはしていない。しかしまさにこの理由で、科学的認識は自分を補完するであろうもう一つの認識を必然的に要請することになる。科学的認識の古代における考え方は、時間をある堕落たらしめ、変化を永遠において与えられる「形相」の減少たらしめるに至った。これに対して新しい考え方を最後まで辿ると、時間に絶対の漸進的な増大を、事物の進化に新しい形態の連続的な発明を見ることになるだろう。

確かに古代人の形而上学と縁を切ることになるだろう。彼らに分かっていたのは、決定的に知る唯一の方法だけである。彼らの科学とは散らばった断片的な形而上学で、形而上学とは集中した体系的な科学だった。それらはせいぜい同じ類に属する二つの種だった。逆にわれわれが身を置く仮説では、科学と形而上学は補足し合うとはいえ、二つの対立し合う認識方法だろう。第一の認識方法は瞬間、つまり持続しないものしか取り上げないのに対して、第二の認識方法は持続そのものと係る。人が形而上学のこれほど新しい考え方と伝統的な考え方の間で躊躇したのも自然なことだった。古代科学に対して試みられたことを新しい科学に対してもう一度行う誘惑は大きかったはずである。つまり自然の科学的認識が直ちに完成したと想定してそれを完全に統合し、すでにギリシャ人がしたようにこの統合に形而上学という名前を与えるのである。このように、哲学が開くことができた新しい道の横に、古い道が開いたままになっていたのだ。この古い道へと物理学は進んでいった。そして物理学が時間から取り上げたのは、同じく空間に一挙に広げられうるものだけだったので、この方向に入って行った形而上学は必然的に、あたかも時間が何も創造しないし何も無化しないかのように、持続が効力を持たないかのように、作業を進めなければならなかった。近代人の物理学と古代人の形而上学がそうだったように、この形而上学は映画的方法に従うよう強制されていたので、最初から暗黙のうちに認められ、その方法そのものに内在している次の結論に至ることになった。すべては与えられている。

形而上学が最初二つの道の間で躊躇したこと、それはわれわれには反論できないことのように思える。その揺れをデカルト哲学に見てとることができる。一方でデカルトは普遍的な機械論を主張する。この観点からすれば運動は相対的になるだろうし、[106] 時間は運動とちょうど同じだけ実在性を持つので、過去、現在、未来は永遠において与えられねばならなかっただろう。しかし他方で（これがその哲学者が以上のような極端な帰結に辿り着かなかった理由である）、デカルトは人間の自由意志を信じている。彼は物理現象の決定論に人間の行動の非決定論を重ね合わせ、その結果、長さである時間に、発明、創造、真の継起が存在する持続を重ね合わせる。この持続を彼はある神に拠りかからせる。神は絶えず創造行為をやり直し、こうして時間と生成に接してそれらを支え、必然的にそれらに自分の絶対的な実在性の何かを伝える。デカルトはこの第二の観点に身を置くとき、たとえ空間的であっても運動を絶対者として語る。[107]

それゆえ彼は二つの道のどちらも最後まで辿らないと決心して、それらのうちに交互に入っていった。彼が第一の道を辿っていたら、人間における自由意志と神における真の意志を否定することになっていただろう。これは実効的なあらゆる持続を消去することであり、人間を超えた知性なら一挙に、瞬間あるいは永遠において捉えるような、与えられたものとして宇宙をみなすことだった。逆に二番目の道を辿れば、真の持続の直観が含むすべての帰結に到達していた。創造はもはや単に続けられたものとしてではなく、続けられているものとして現れていた。その全体で検討されれば、宇宙は真に進化していた。未来を現在の関数として決定することはもはや不可能だった。せいぜい言えるのは、未来はいったん実現されれば、その先行者の中に見つけることができる、ということくらいだった。これは、新しい言語の音が古いアルファベットの文字を使って表現できるのと同様である。とはいえその場合、文字の価値が拡張され、古い音をどう結び付けても予見できなかったような響きを遡及的に文字に与えているのだが。最後に、宇宙の連続から好きなだけシステムを切り抜いても、それらのシステムに機械論的説明は拡張されるだろうという意味で、この説明は普遍的なまま変わらないことがありえた。しかしそのとき機械論は学説というより方法になっていた。それが表現していたのは次のことだ。科学は映画的な方法で作業を進めなければならず、その役割は事物の流れのリズムを区切ることであって、そのリズムのうちに身を挿し込むことではない。以上が哲学に提示されていた、二つの対立する形而上学の考え方であった。

第一の考え方へと人々は進んでいった。この選択の理由はおそらく、映画的な方法に従って作業を進めようとする精神の傾向にある。この方法はわれわれの知性にとってきわめて自然で、科学の要求にもぴったり合っているので、形而上学においてこの方法を放棄するためには、その分さらにこの方法が思弁にとって無力であることを確信しなければならない。しかし古代哲学の影響もその選択と何らかの関係がある。永遠に尊敬すべき芸術家であるギリシャ人は、感覚可能な美の典型と同様、感覚を超えた真理の典型をも創造した。その真理の典型の魅力から逃れるのは難しい。形而上学を科学の体系化にしようとするとすぐに、プラトンとアリストテレスの方向へ滑り落ちていく。そしてギリシャの哲学者たちが進んだ引力圏にいったん足を踏み入れると、彼らの軌道に引きずりこまれてしまう。

## ライプニッツとスピノザ

このようにしてライプニッツとスピノザの学説は形成された。それらが秘める独創性の宝を見誤っているのではない。スピノザとライプニッツは、その天賦の才が生み出した発明品と近代精神の成果で満たされた彼らの魂の内容を、自分の学説に注ぎ込んだ。とりわけスピノザにおいてはそうだが、どちらにも体系をきしませる直観の推進力がある。しかしそれら二つの学説からそれらに生気と生命を与えているものを取り除くと、つまりその骨格だけを取り上げると、デカルト的な機械論を通してプラトン哲学とアリストテレス哲学を見たとき手にするであろうイメージそのものを眼前にすることになる。こうして人は、新しい物理学の体系化、古代の形而上学をモデルに構築された体系化と直面することになる。

実際、物理学の統合とはいかなるものでありえたのか。所与の瞬間にシステムのそれぞれの質点の位置を知れば、後で任意の瞬間についてその位置を計算することが可能になる、そんな質点のシステムを宇宙から切り離すという観念がこの物理学の構想を与えた。もっともこのように定義されたシステムにしか新しい物理学は手をつけることができなかったし、あるシステムが要求された条件を満足させるかどうかアプリオリには言えなかったので、いつ、どこで作業しようと、あたかも条件が満たされているかのように作業を進めるのが有効だった。どのような場合に適用すればいいかはっきりしている方法上の規則がある。それはあまりに明白なので定式化する必要さえない。実際、「有効な探求の道具を手にしていて、その道具が適用可能な限界を知らないときは、あたかも適用に限界がないかのように物事を行わなければならない。必ずいつかそれを捨てなければならない時が来る」と単純なる良識は言う。しかし哲学者にとって、新しい科学への期待、いやむしろこの科学の弾みを実体化して、方法の一般的規則を事物の根本的な法則に変えるという誘惑は大きかったに違いない。こうして人は限界に身を移した。物理学が完成して、感覚可能な世界の全体を包括していると想定したのである。宇宙は点のシステムになり、点の位置は先行する瞬間に対して毎瞬間厳密に決定され、理論的には任意の瞬間について計算可能になった。ひとことで言えば、普遍的な機械論に到達したのである。しかしこの機械論を定式化するだけでは十分ではなく、それを基礎づけなければならなかった。つまりその必然性を証明し、その理由を与えなければならなかったのである。機械論の本質的な主張は、宇宙のすべての点同士、すべての瞬間同士が数学的に結び付いていると主張することにある。よって機械論の理由は、空間に並置されているもの、時間の中で継起しているものがすべて収縮しているある原理の統一の中に見出されねばならなかった。こうして実在的なものの全体がたった一度に与えられたと想定したのだ。空間に並置される現れが互いに決定し合うのは、真の存在が不可分であるからである。時間において継起する現象の厳密な決定論が表現していたのは単に、存在の全体が永遠において与えられているということである。

したがって新しい哲学は、古い哲学を再開したもの、むしろ移し替えたものとなるだろう。古い哲学は、ある生成が集中している、あるいはその絶頂が示されている概念の各々を取り上げた。そしてそれらがすべて知られていると想定し、それらを寄せ集めて、アリストテレスの神のようなただ一つの概念、つまり形相の形相、イデアのイデアたらしめた。新しい哲学は、ある生成を他の諸々の生成に対して条件付け、現象の恒久的な基体のごときものとなったそれぞれの法則を取り上げるだろう。この哲学は、それら法則がすべて知られていると想定し、それらを寄せ集めて統一化する。この統一も優勝的にそれら法則を表現するが、アリストテレスの神のように、またそれと同じ理由で、変化することなく自分自身のうちに閉じ籠もり続けなければならなかった。

確かにこの古代哲学への回帰は大きな困難を伴っていなかったわけではない。プラトンやアリストテレス、プロティノスといった人は、彼らの科学のすべての概念をただ一つの概念に溶かし込むとき、そのようにして実在の全体を把握する。なぜなら概念は諸事物そのものを表象していて、少なくともそれらと同じだけ肯定的な内容を持つからだ。しかし一般的に法則が表現しているのは関係だけで、個別的な物理法則が翻訳しているのは具体的な諸事物間の量的な関係だけである。その結果、古代哲学が古い科学の概念に操作を施すように、ある近代の哲学者が新しい科学の法則に操作を施す場合、全知と想定されている物理学の結論すべてをただ一点に集中させる場合、彼は、知覚される質、知覚そのものといった現象における具体的なものを脇に置く。彼の総合は実在の断片しか含んでいないように見える。実際新しい科学の一番の成果は、実在を量と質の二つに切り分けたことであった。量は物体〔身体〕の側に、質は魂の側に入れられた。古代人は、質と量の間にも、魂と物体の間にもそのような障壁は立てなかった。彼らにとって数学的概念は他の概念と同じように概念で、他の概念と同系統のもので、全く自然にイデアのヒエラルキーに収まる。こうして物体は幾何学的延長によって定義されなかったし、魂も意識によって定義されなかった。アリストテレスのプシュケー、つまりある生物体のエンテレケイアは、われわれが言うところの「魂」ほど精神的なものではないのだが、それは彼のソーマ〔身体〕がすでに観念が浸み込んだもので、われわれが言うところの「物体」ほど物体的ではないからである。したがってまだ二つの項の分裂は取り返しのつかないものではなかった。しかるに、分裂は取り返しのつかないものと化した。こうしてある抽象的な統一をめざした形而上学は、その総合が実在の半分しか含まないことを受け容れるか、あるいは逆に二つの間の絶対的還元不可能性を利用して一方を他方の翻訳と考えることを受け容れるかのいずれかを甘受しなければならなかった。二つの相異なる文が、もし同じ言語に属しているなら、つまりもし音について何らかの血縁関係があるなら、それらは相異なる事象を語っているだろう。逆にもしそれらが各々異なる言語に属しているなら、それらはまさに音の根本的な多様性が原因で、同じことを表現することもありうるだろう。質と量、魂と物体についても事情は同じである。二つの項の間のあらゆる繋がりを切断したため、哲学者たちは、古代人には思いもよらなかった厳密な並行関係をそれらの間に打ち立て、それらを一方が他方を逆転したものとはみなさず、翻訳したものとみなし、最後にはそれらの二元性に基体として根本的な同一性を与えるに至った。辿り着いた総合の高みはこのようにしてすべてを包摂できるようになった。ある神的機械論が思考の現象を延長の現象に、質を量に、そして魂を物体にそれぞれ対応させた。

ライプニッツとスピノザにおいてわれわれが見出すのはこの並行論である。彼らが延長に認める重要性が同じではないので、並行論の形式が両名で異なるのはもちろんだが。スピノザにおいて、二つの項、「思考」と「延長」は少なくとも原則的には同列に置かれる。それゆえこれらは同じ元本の二つの翻訳である。あるいは、スピノザの言葉を借りれば、神と呼ばなければならない同じ実体の二つの属性である。そしてこれらの二つの翻訳は、われわれが知らない言語で行われる他の無限個の翻訳と同様、元本が呼び出し、要求さえするものである。これは円の本質がいわば自動的に図形と方程式によって翻訳されるのと同様である。逆にライプニッツにとって、延長はなお翻訳で、思考が元本になるのだが、われわれのためだけに翻訳はなされるので、思考は翻訳なしでやっていけるだろう。神を立てるとき、神に対する可能なすべての眺め、つまりモナドも必然的に立てることになる。しかし、ある眺めがある視点から得られたとわれわれは常に想像できるし、われわれの精神のように不完全な精神にとって、質的に異なる眺めを、それらの眺めが得られた質的に同一な視点の秩序と位置に従って分類するのは自然なことである。現実には眺めしか存在していないので、視点は存在していない。それぞれの眺めは、不可分な固まりとして与えられ、それぞれの仕方で実在の全体、つまり神を表象している。しかしわれわれには、互いに外的なこれらの視点の多様性によって、互いに異なる眺めの複数性を翻訳する必要がある。同様に、これら視点同士の相対的な状況、それら同士の近さ、遠さによって、つまりある大きさによって、眺め同士の親近性の緊密さを象徴化する必要もある。以上のことをライプニッツは次のように言って表現している。「空間とは共在するものの秩序であり、延長の知覚は不分明な（つまり不完全な精神に関わる）知覚である。モナドしか存在しないのである」。こう言うことによって彼は三つのことを意味している。第一に、実在的な「全体」は部分を持たない。第二に、しかしその全体は、無限に、そして毎回完全に（様々な仕方ではあるが）それ自身の内部で繰り返される。第三に、これらの反復のすべてが互いに補い合っている。そのようにして、ある対象の眼に見える凹凸は、すべての点からその対象を取った立体カメラの諸々の眺めの全体と等価である。そして、それらの眺めが完全なら、つまり、各々の眺めが一まとまりにして与えられていて、不可分であり、互いに異なっているが同じものを表象しているのなら、凹凸に固まった諸部分が並置されたものを見る代わりに、そのような眺め同士の相互補完性として考えることができるだろう。「全体」つまり神は、ライプニッツにとってこの凹凸そのものであり、モナドは互いに補い合うこれらの平面的な眺めである。こういうわけで彼は神の定義を、「視点を持たない実体」もしくは「普遍的な調和」、つまりモナド同士の相互補完性とするのである。要するにここでは、ライプニッツが普遍的な機械論を実在がわれわれに対してとる姿と考えるのに対して、スピノザはこの機械論を実在が自分自身に対してとる姿とする点で、両者は異なる。

確かに、神に実在的なものの全体を集中させたので、神から事物へ、永遠から時間へ移行するのが彼らには難しくなった。その困難はこれらの哲学者にとって、アリストテレスやプロティノスのような人たちにとってよりもずっと大きなものでさえあった。実際アリストテレスの神は、世界で変化する事物の、完成した状態もしくは頂点を表象しているイデアを圧縮し、互いに浸透させることによって獲得された。それゆえ神は世界から超越し、諸事物の持続は神の永遠の横に並べられ、その永遠を弱めたものとなった。しかし、普遍的機械論の考察によって導かれる原理、その機械論に基体として役立たなければならない原理が自分のうちに濃縮しているのは、もはや概念や事物ではなく、法則や関係である。さて、関係はそれだけで存在するものではない。法則は変化する項同士を結び付け、自分が支配するものに内在している。それゆえ、これらすべての関係が濃縮されることになる原理、自然の統一を基礎づける原理は、もはや感覚可能な実在から超越したものではありえない。それは感覚可能な実在に内在している。そして、その原理が時間の内に存在することと時間の外に存在することを、一度に想定しなければならない。というのもその原理は、自分の実体の統一性に寄せ集められる一方で、その実体の統一性を始まりも終わりもない鎖に展開せざるをえないからだ。これほど衝撃的な矛盾を定式化する代わりに、この哲学者たちは最後には二つの項の弱い方を犠牲にして、事物の時間的な側面を単なる錯覚とみなさなければならなかった。ライプニッツは自分自身の言葉でそう言っている。なぜなら彼は時間を空間と同じく、不分明な知覚にするからだ。彼のモナドの多数性が、全体に対して得られる眺めの多様性しか表現しないなら、ある切り離されたモナドの歴史とは、この哲学者にとって、あるモナドが自分自身の実体について得る眺めの複数性に他ならないように思える。その結果、時間はそれぞれのモナドが自分自身に対して取る視点の全体に存するだろう。空間が、すべてのモナドが神に対して取る視点の全体に存するのと同様である。これに対して、スピノザの思考ははるかに明晰さに欠ける。この哲学者が永遠と持続するものの間に設けようとした区別は、アリストテレスが本質と偶有性の間に行った区別と同じであるように思える。すべての試みのなかでも難しい試みである。なぜならアリストテレスのヒュレー〔質料〕は、デカルトが決定的に取り除いたのでもはや存在しておらず、それによって本質的なものから偶有的なものへの隔たりを測り、移行を説明するわけにはいかなかったからだ。それはそうとして、スピノザの「不十全」の考え方を「十全」との関係について掘り下げていくに従って、自分がアリストテレス哲学の方向へ進むのが感じられる。ライプニッツのモナドが、より明晰に現れるにつれて、プロティノスの〈叡知的〉なもの[108]により一層近づこうとするのと同様である。この二人の哲学者の自然な傾向が、彼らを古代哲学の結論に連れ戻すのである。

要するに、新しい哲学と古代人の哲学の類似は、後者が感覚可能なものの上に、前者は感覚可能なものそのものの中に、感覚可能なものが含む実在性すべてと一致するただ一つの完全な「科学」を、すっかりできあがった形で想定することから生じる。どちらの哲学にとっても、実在は、真理と同様、永遠において完全に与えられるだろう。両者とも、次第に自分を創造していく実在という観念を嫌う。つまりそれらが嫌っているのは、実は、絶対的な持続という観念なのである。

### 並行論と一元論

それに苦もなく示されるように、科学から生まれたこの形而上学の諸々の結論は、ある間接的な仕方で科学の内部にまで跳ね返った。経験論と称されるすべてのものに、それらはすでに浸透している。物理学と化学は不活性な物質しか研究しない。生物学は、生物を物理学的、化学的に扱うとき、その不活性な側面しか考察しない。それゆえ機械論的説明はその発達にもかかわらず、実在のわずかな部分しか含んでいない。実在の全体がこの種の要素に分解可能である、もしくは少なくとも機械論は世界で起こることの完全な翻訳を与えることができるだろうとアプリオリに想定することは、ある種の形而上学、スピノザやライプニッツのような人たちがその原理を立て帰結を引きだした形而上学を選ぶことである。ある心理生理学は、脳の状態と心理状態が正確に等価であると主張し、人間を越えた知性なら意識に起こることを脳の中に読み取ることができると考えている。確かにこの心理生理学は、自分が一七世紀の形而上学から遠く離れ、経験のすぐそばにいると思い込んでいる。しかし、純粋かつ単純な経験は、われわれにそのようなことを何も言わない。その経験が示すのは、物理的なものと心的なものが相互に依存していること、心理状態には脳の基盤が必要であることであり、それ以上は何も示さない。ある項が他の項に結びついていることから、それらが等価であることは帰結しない。あるナットがある機械に必要で、そのナットをそのままにしておくと機械は作動するが、それを取り除くと機械は止まるからといって、ナットが機械の等価物であるとは言わないだろう。対応関係が等価になるためには、機械の任意の部分に、ナットの決まった部分が対応しなければならないだろう。逐語訳では、それぞれの章がある章を表していて、それぞれの文はある文を、それぞれの語はある語を表している。これと同じような対応関係が必要となるだろう。さて、脳の意識に対する関係は全くの別物であるように思える。心理状態と脳の状態は等価であるとする仮説が、前の仕事で証明しようとしたように真の不整合を含むだけではない。事実も、先入観なしに問いかけると、心理状態の脳の状態に対する関係がまさに機械のナットに対する関係であることをはっきり示しているように思える。それら二つの項の等価性について語ることは、スピノザやライプニッツの形而上学の一部を切り落とす——同時にその形而上学をほとんど理解不可能なものにする——ことでしかない。「延長」についてはこの哲学をそのまま受け容れるが、「思考」についてはこの哲学をねじ曲げてしまっている。スピノザやライプニッツとともに、物質の諸現象を統一する総合が完成していると想定する。その総合において、すべては機械論的に説明されるだろう。しかし、意識の事実については、もはや総合を最後まで推し進めることはない。途中で停止するのである。意識は自然のある部分と共通の外延を持っていると想定され、もはや自然全体と外延が同じであるとは想定されない。こうして、ある場合には「付帯現象説」に到達する。この説は意識を個々の振動に結び付け、散在した状態で世界のあちこちに置く。またある場合には「一元論」に至る。一元論は意識をばらまいて、存在するアトムと同じ数の粒にする。しかしどちらの場合も、不完全なスピノザ主義にもしくは不完全なライプニッツ主義に舞い戻っている。さらに、この自然の考え方とデカルト主義の間に、歴史的な中間段階を見出すだろう。一八世紀に医師でもあり哲学者でもあった人々は、彼らの狭められたデカルト主義と共に、われわれの時代の「付帯現象説」と「一元論」の発生に大きく寄与した。

### カント

こうしてこれらの学説はカントの批判哲学より遅れていることになる。確かに、カントの哲学にもまた、実在の全体を含むただ一つの完全な科学が存在するという信念が浸み込んでいる。更に、ある側面から検討すれば、この哲学は近代人の形而上学を延長し、古代の形而上学を移し替えたものでしかない。スピノザとライプニッツは、アリストテレスに倣って、神において知の統一を実体化した。古代科学にとってはこの仮説全体が必要だったが、同じように近代科学にとってもこの仮説全体が必要なのだろうか。その一部だけで十分ではないのだろうか。このように問うことに、少なくともその側面の一つからすればカントの批判は存している。実際古代人にとって、科学は概念に、つまり事物の種に係っていた。それゆえ彼らは、すべての概念をただ一つの概念に圧縮して、ある存在に必然的に到達した。この存在をおそらく「思考」と呼ぶことができただろうが、その存在は主体としての思考ではなく、対象としての思考であった。アリストテレスが神をノエセオス・ノエシス（思考の思考）と定義したときに強調していたのは、おそらくノエシス（作用としての思考）ではなく、ノエセオス（対象としての思考）の方である。ここで神はすべての概念の総合であり、イデアのイデアであった。しかし近代科学は法則に、つまり関係に基づいている。さて、関係とは、二つまたはそれ以上の項の間に精神によって立てられる結合である。ある関係は、結び付ける知性の外では、何ものでもない。それゆえ宇宙が法則の体系となりえるのは、諸々の現象がある知性のフィルターを通過する場合だけである。この知性が、人間より無限にすぐれた存在の知性、事物同士を結び付けると同時にそれらの物質性を基礎づけるような存在の知性であることはおそらく可能だろう。それがライプニッツとスピノザの仮説であった。しかしそこまで行く必要はない。ここで獲得しなければならない結果のためには、人間の知性で十分である。これこそがカントの解決である。スピノザやライプニッツといった人の独断論とカントの批判哲学の間の距離は、「〜でなければならない」と「〜で十分である」の間の距離とまったく同じである。この独断論はある坂に沿ってギリシャの形而上学の方へとあまりにも遠くまで滑り落ちて行ったが、カントはその坂の途中でこの独断論を押しとどめる。ガリレイの物理学は無際限に拡張可能であると想定するために立てる必要のある仮説を、カントは厳密に最小限のものにまで縮小する。確かに、彼が人間の知性について語るとき、問題になっているのはあなたの知性でも私の知性でもない。自然の統一は統一する人間悟性からまさに生じるだろうが、ここで働いている統一の機能は非人称的である。この機能は、われわれの個々の意識に伝えられるが、それらを超えたものである。それは、実体的な神よりずっと少ないが、ある人間が単独で行う働きよりは、更に人類が集団で行う働きよりも少し多い。正確に言えばこの機能は人間の一部をなしていない。むしろ人間がこの機能のもとで存在している。あたかもこの機能は、人間の意識が吸い込む知性の空気であるかのようである。つまりそれは、お望みとあれば、ある形式的な神であると言っていい。カントにおいてそれは、まだ神的なものになっていないが、そうなろうとしている何かなのである。フィヒテと共に、人はそのことに気がついた。それはそうとして、カントにおいてこの機能の主要な働きは、われわれの科学の全体に、相対的かつ人間的な性質——すでにどこか少し神的になった人類の性質ではあるが――を与えることである。この視点から検討すると、カントの批判は、彼の先行者たちの科学についての考え方を受け容れ、その考え方が含意する形而上学的なものを最小限に縮小して、彼らの独断論を制限することにとりわけ存していた。

しかし、カントの認識の質料とその形式の区別については事情が異なる。知性の中に、関係を立てる能力を何よりも先に見て、カントは関係の諸項に知性を超えた起源を与えた。彼は自分の直接の先行者に対して、認識は知性の項に完全に還元できるものではないと反論した。デカルト主義者たちが棄ててしまったデカルト哲学の本質的な要素を、カントは、修正し別の平面に移しながらも、再び哲学に統合したのである。

それによって彼は、ある新しい哲学――直観という高次の努力によって、認識の知性を超えた素材（質料）のうちに身を置けたであろう哲学――への道を開いた。意識はこの素材と一致すれば、つまりそれと同じリズム、同じ運動を採用すれば、逆の方向へ向かう二つの努力によって、代わる代わる自分を高めたり低めたりしながら、実在の二つの形式――物体と精神――を、もはや外側から理解するのではなく、内側から把握できるのではないだろうか。この二重の努力によって、われわれは可能な範囲で、絶対をもう一度生きることになるのではないだろうか。さらに、その操作の途中で人は、知性がおのずから現れ、精神の全体の只中で切り分けられるのを見るだろう。こうしてそのとき、知性の認識がありのままの姿で現れるだろう。この認識は制限されてはいるが、もはや相対的なものではないだろう。

以上が再生したデカルト哲学に対して、カント哲学が示すことのできた方向であった。しかし、カント自身がこの方向へ進むことはなかった。

彼はそうしたくなかったのである。なぜなら彼は認識に知性を超えた素材をあてがいながらも、この素材の外延は知性の外延と同じか、あるいはより狭いかのいずれかであると思い込んでいたからだ。こうして、知性をこの素材から切り出すことも、したがって悟性とそのカテゴリーの生成を描くこともはや思いつくことができなかった。悟性の枠組みも悟性それ自体も、そのまま出来合いのまま受け入れなければならなかった。われわれの知性に差し出される素材とこの知性そのものの間にはいかなる類縁性も存在しなかった。それら二つの一致は、知性が自分の形式を素材に押し付けることから生じた。その結果、認識の知性的な形式をある種の絶対として措定しなければならなかったし、それを生成することをあきらめなければならなかった。しかしそれだけではない。この認識の素材そのものが知性によってあまりにも弄《いじ》くり回されたので、その素材の元々の純粋な状態に到達することなど望めなくなったように思われた。認識の素材は「物自体」ではなく、それがわれわれの空気を通って屈折したものでしかなくなってしまった。

さて、なぜカントはわれわれの認識の素材〔質料〕がその形式を超えていると思わなかったのだろうか。こう問うとき、以下のような答えが見つかる。われわれの自然の認識についてカントが始めた批判は、われわれの科学の諸々の主張が正当化された場合、われわれの精神はどのようなものでなければならないか、自然はどのようなものでなければならないかを見極めるものであった。しかしこれらの主張そのものについては、カントは批判を行わなかった。私が言いたいのは、彼が議論なしにある科学の観念を、つまり同じ力で所与のすべての部分を把握し、それらを連携させてどこをとっても同じ結び付きを示すシステムたらしめうる、ただ一つの科学という観念を受け容れたことである。彼は『純粋理性批判』の中では、科学が物理的なものから生命的なものへ、生命的なものから心的なものへと進むにつれて、次第に客観的でなくなり、記号的になるとは判断していなかった。経験は二つの異なった方向へ、そしておそらく正反対の方向へと動く。一方は知性の向きと一致した方向で、他方はその逆の方向である。カントにはそうは見えていない。彼にとって経験は一つしか存在せず、知性はその全領域をカバーしている。このことを表現するのに、カントは「すべてのわれわれの直観は感覚可能なもの、言い換えれば知性以下のものである」と言う。また、もしわれわれの科学がすべての部分で同じ客観性を示すのであれば、実際このことを認めなければならないだろう。しかし逆に、科学は物理的なものから生命的なものを通って心的なものへと進むにつれて、次第に客観的でなくなり、次第に象徴的なものになると想定してみよう。すると、ある事物を象徴化するためには何らかの方法でそれを知覚しなければならないので、心的なものの直観が、もっと一般的に言えば生命的な直観が存在することになるだろう。おそらく知性がこの直観を移し替え、翻訳するだろうが、それでもなおこの直観は知性を超えたものだろう。言い換えれば、知性以上の直観が存在するなら、外的で現象的な認識だけではなく、精神が自分で自分を把握することが可能になる。更に、もしわれわれがこの種の直観を——私は超知性的な直観をと言いたいところだが——持つとすると、おそらく感覚可能な直観はこの直観とある媒介物を挟んで連続しているだろう。それは赤外線が紫外線と連続しているのと同様である。それゆえ感覚可能な直観はみずから立ち直ることになる。それが到達することになるのは、把握不可能な物自体の亡霊ではもはやあるまい。(ある不可欠の修正を施せば) この感覚可能な直観もわれわれを絶対の中へと導くだろう。そこにわれわれの科学の唯一の素材を見ていたので、精神の科学的な認識に現在襲いかかっている相対的な何かが、あらゆる科学にまで及んだ。そしてそれ以来、物体の科学の始まりである物体の知覚それ自身、相対的であるように思われた。それゆえ感覚可能な直観は相対的であるように思われたのだ。しかし、様々な科学の間に区別を設ければ、精神の科学的認識のうちに(したがって生命的なものの科学的認識のうちにも)、ある認識方法の——物体に適用されるときこの認識方法はまったく象徴的なものではない——多少なりとも人為的な拡張を見れば、事情はもはや同じではない。先へ進もう。このように秩序の異なる二つの直観が存在するのであれば(もっとも第二の直観は第一の直観の方向をひっくり返すことによって獲得される)、そして第二の直観の方へ知性が自然に向かうのであれば、知性とこの直観そのものの間に本質的な差異はないことになる。感覚可能な認識の素材〔質料〕とその形式の間の障壁は、感性の「純粋形式」と悟性のカテゴリーの間の障壁と同様に低くなっていく。〔それ固有の対象に制限された〕知性の認識の素材〔質料〕と形式は互いに適応することによって、互いを生み出すのが見られる。知性は物質性をモデルに、そして物質性は知性をモデルにみずからを形成するのである。

しかし、この直観の二元性をカントは認めようとしなかったし、またそうすることができなかった。それを認めるためには、持続に実在の生地を見なければならなかっただろうし、したがって諸事物の実体的な持続と空間に散らばった時間を区別しなければならなかっただろう。空間そのものとそれに内在する幾何学に、物質的な事物がそこへ向けてみずからを展開するけれども、そこで完全に展開しきってしまうことのない観念上の終点を見なければならなかっただろう。『純粋理性批判』に書かれていることに、そしておそらくその精神に、これ以上反するものはない。おそらくここでは、知識は常に開かれているリストとして、経験は無際限に続く事実の圧力として提示されている。しかしカントによれば、事実はある平面の上に徐々にばらまかれるもので、互いに外的で、精神に対しても外的である。ある内側からの認識は、事実をそれらが湧き出た後で捉えるのではなく、まさにそれらの湧出において把握し、こうして空間と空間化された時間を掘り下げていくだろう。このような認識は決して問題にならない。しかし意識がわれわれを置くのは、まさにこの〔事実がばらまかれる〕平面の下にである。そこに真の持続は存在する。

この点に関しても、カントは彼の先行者たちと近しい。非時間的なものと互いに区別される諸瞬間にばらまかれた時間の間に、カントは中間を認めない。そして非時間的なものにわれわれを運ぶ直観は存在しないので、あらゆる直観はこうして定義からして感覚可能なものとなる。しかし、空間にばらまかれている物理的な存在と、ある非時間的な存在、つまり形而上学的独断論が語っていたような概念的、論理的存在でしかありえないような存在との間に、意識と生命のための場所は存在しないだろうか。反論の余地なく存在する。瞬間から出発してそれらをもう一度結んで持続たらしめるのではなく、持続に身を置きそこから瞬間へと移行すれば、すぐにそのことに気がつく。

しかしカントの直接の後継者たちは、彼の相対主義から逃れるために、非時間的な直観の方へ向かった。確かに、生成、進展、進化といった観念は、彼らの哲学で大きな場所を占めているように見える。しかしそこで持続は本当に何らかの役割を果たしているだろうか。実在的な持続において、各形式は以前の形式に何かを付け加えながら、そこから派生し、可能な範囲で以前の形式によって説明される。しかしこの形式を、それが出現させると想定されている包括的「存在」から直接演繹するのは、スピノザ主義に帰ることである。ライプニッツやスピノザのように、持続にあらゆる実効的な作用を否定することである。カントに続く哲学は、いくらでも機械論的な理論に対して厳しくなりえたが、機械論から、どんな種類の実在に対しても同じである唯一つの科学という考えを受け取っている。この哲学は自分で思っているより機械論というこの学説に近い。なぜなら、物質、生命、思考を考察するとき、この哲学は、機械論が想定していた複雑さの連続する程度を、ある〈理念〉の実現の程度やある〈意志〉の客体化の程度に置き換えるとはいえ、依然として程度について語っているし、また、これらの程度とは存在がひたすら上っていく梯子の諸段階のことであるからだ。つまり、この哲学が自然の中で見分けるのは、機械論がそこで見分けていたのと同じ分節である。この哲学は機械論の輪郭全体を保持している。単にそれに別の色をつけているだけである。しかしその輪郭の素描そのもの、少なくともその半分はやり直さなければならない。

確かにこのためには、カントの直接の後継者たち[8]の方法であった、構成の方法を放棄しなければならないだろう。経験に訴えなければならないだろう。諸事物への行動が進展するに従ってわれわれの知性が構成した枠組みを、必要に応じて除去して純粋化した経験に――これらの枠組みに埋もれていたのを取り出した経験、と言いたいところだが――訴えなければならないだろう。この種の経験は非時間的な経験ではない。われわれは、空間化された時間において、諸部分が連続的に再配置されるのを見ていると思い込んでいる。その種の経験は単に、この空間化された時間を超えて、そこでは全体の根本的な改鋳が絶えず行われているような具体的な持続を探しているだけである。その経験は、実在のすべての紆余曲折を辿る。壮麗な建築物は一階ずつ積み重ねられていく。構成の方法がわれわれを導いていく一般性は、このように徐々に上がっていくものである。その経験がわれわれをこのような一般性に導くことはない。少なくともその経験は、われわれに示唆する説明と説明すべき対象の間に、隙間を残さない。それが明らかにしようとするのは、もはや単に実在の全体ではなく、実在の詳細なのである。

## スペンサーの進化論

一九世紀の思想が求めていたのが、恣意的なものから逃れ、個々の事実の詳細にまで降りていけるこの種の哲学であったことに疑いの余地はない、またこの哲学は、われわれが具体的持続と呼ぶものに身を置かなければならない。と一九世紀の思想が感じていたことにも反論の余地はない。精神科学の到来、心理学の発達、生物学の中でも発生学の重要性が増したこと、これらすべてが、内的に持続する実在、持続そのものである実在の観念を示唆していたはずである。したがって、ある思想家が現れ、ある進化の学説を発表したときには、すべての視線が彼に向けられた。その学説では、知覚可能なものへと向かう物質の進展が、合理性へと向かう精神の歩みと同時に描かれ、外部と内部の対応が徐々に複雑になっていくのが徐々に辿られた。つまり変化が諸事物の実体そのものになるような学説であった。スペンサーの進化論主義が同時代の思想に対して発揮した強い魅力は、そこから生じている。スペンサーはカントから離れているように見え、また実際カント哲学を知らなかったが、それでもなお彼は、初めて諸々の生物科学に接したとき、哲学がカントの批判を考慮に入れる場合どの方向に進み続けることができるかを感じていた。

しかし、彼はその道に入った途端、急に方向を変えてしまった。発生を辿ると約束していたのに、彼がしたのは全く別のことだった。彼の学説は確かに進化論主義という名前を持っていて、普遍的な生成の流れを溯り、そして再び降りてくると主張していた。現実には、生成も進化も問題になっていなかった。

この哲学の掘り下げた検討に入る必要はない。単に次のように言おう。スペンサーの方法のいつものやり口は、進化し終わったものの破片を使って進化を再構成することにある。私があるイメージをボール紙の上に貼ってから、ボール紙を切って紙切れにするとする。私はそのボール紙の破片を必要なだけ集めてイメージを再現できるだろう。子供がジグソーパズルのピースでこの作業を行い、ばらばらのイメージの破片を並べて、最後には色のついた美しい絵を手にするとする。その子供は、おそらく自分がその絵と色を生み出したと思うだろう。しかし絵を描き、色を塗る行為は、すでに描かれ着色されたイメージの破片を寄せ集める行為と何の関係もない。同じように、進化の最も単純な結果同士を組み合わせれば、その最も複雑な結果を何とか真似ることができるだろう。しかし、どちらの結果についても、その発生を描くことにはならないだろう。このように進化し終わったものを進化し終わったものに加えても、進化の運動そのものとはまったく似ていないだろう。

しかしスペンサーはそのように錯覚する。彼は実在を現在の形式で取り上げ、それを砕いてばらばらにし、そのようにしてできた破片を風に向かって放り投げる。次にこれらの破片を「統合」し、それらの「運動を散逸」させる。タイルを寄せ集めて作るモザイクの作業によって「全体」を模倣した後、自分がその絵を描き、その生成を行ったと思っているのである。

物質の場合はどうだろう。彼は散らばった要素を統合して、可視的で触知可能な物体たらしめるが、これらの要素とは、彼が最初は空間中にまき散らされていると想定する、単純な物体の粒子そのものであるように思える。いずれにせよ、それらは「質点」であり、したがって不変の点、真の微小な固体である。固体性はわれわれの最も近くにあり最も取り扱いやすいものであるが、あたかもこの固体性が物質性の起源そのものにあることが可能であるかのようである。物理学は進歩するにつれて、おそらくすべての物体の土台であるエーテルや電気の特性を、われわれに見える物質の特性をモデルとして表象できないことを示す。しかし、エーテルはわれわれの諸感官によって現象間に把握された諸関係の図式的な単なる形状で、哲学はこのエーテルを越えて更に高くまで溯る。哲学がよく知っているのは、諸事物において可視的で触知可能なものは、それらに対するわれわれの可能的な行動を表象している、ということである。進化し終わったものを分割して、進化しているものの原理に到達することはない。進化し終わったもの同士を再び組み合わせて、進化——進化し終わったものとは進化の到達点である——を再び生み出すことはない。

精神の場合はどうだろう。反射を反射と組み合わせることによって、スペンサーはまず本能を、次に理性的な意志を生み出すと思い込んでいる。特化された反射は、確固なものになった意志と同じく進化の終着点にあるから、出発点にあるとは想定できないということを彼は見ていないのである。この反射が意志より早く最終的な形態に到達することは大いにありえる。しかし、どちらも進化の運動が一時的に沈殿したもので、進化の運動そのものは反射との関係だけで表現できないし、意志との関係だけで表現できるものでもない。反射的なものと意志的なもの両方を混ぜ合わせることから始めなければならないだろう。次にこれら二重の形態に沈殿する流動的な実在を探しに行かなければならないだろう。この実在はおそらく両方の性質を帯びていて、いずれか一方であることはない。動物の段階の最も低いところにいるもの、つまり未分化の原形質の固まりでしかない生物において、刺激に対する反応は、反射の場合とは違って、ある決まったメカニズムをまだ作動させていないし、意志的な行動の場合とは違って、まだ決まったいくつかのメカニズムの中からどれか選べるわけでもない。したがってその反応は反射的でもなければ意志的でもないが、両者の出現を前もって示している。差し迫った危険から逃れるために、半ば意志的で、半ば自動的な運動を行うとき、われわれは、起源にある真の行動性の何かを自分自身のうちで体験する。しかしこれは始原的な歩みの不完全な模倣にすぎない。なぜならこのときわれわれが係っているのは、すでに形成され、すでに脳と脊髄に局在化されている二つの行動性の混合物だからである。それに対して本源的な行動性は単純なもので、たとえば脊髄や脳のようなメカニズムをまさに生み出すことによって多様化する。しかし、これらすべてのことに対してスペンサーは眼を閉じる。なぜなら、進化そのものである、固定化という漸進的な働きを再び見出すのではなく、固定されたもの同士を再び組み合わせるのが彼の方法の本質だからだ。

最後に精神と物質の対応を考えてみよう。知性をこの対応によって定義する点では、スペンサーは正しい。知性にある進化の終点を見る点でも、スペンサーは正しい。しかし、この進化を描くに至るとき、彼はまた進化し終わったものを進化し終わったものと統合するが、無駄なことをしていることに気がつかない。現在では進化が終わったものの破片をわずかでも自分に与えると、現在進化し終わったものの全体を措定することになるのである。そのとき、進化し終わったものの全体を生み出していると言い張っても無駄だろう。

実際スペンサーにとって、自然で継起する諸現象は、それらを表象するイメージを人間の精神に投影する。それゆえ現象間の関係に、対称的に表象間の関係が対応する。そして自然の最も一般的な諸法則には現象間の諸関係が濃縮しており、それらの法則はこうして思考を導く諸原理を生み出したことになる。これらの原理に表象間の諸関係が統合されたのである。それゆえ自然は精神のうちにみずからを映し出す。われわれの思考の内奥の構造は、一つずつ、諸事物の骨組みそのものに対応する。それは認めよう。しかし、人間の精神が現象間の関係を表象するのが可能であるためには、そもそも現象が、つまり生成の連続性の中で切り取られた判明な事実が存在していなければならない。そして、われわれが今日眼にしているこの特殊な分解方式が与えられるや否や、知性も現在の姿で与えられる。なぜなら知性に対して、いや知性に対してのみ、実在はこの方法で分解されるからである。哺乳類と昆虫が気づいている自然の姿は同じもので、それらはそこで同じ分割線を引き、全体を同じ方法でばらばらにするなどということが考えられるだろうか。しかし、昆虫は知性的なものとして、われわれの知性の何かをすでに持っている。存在はそれぞれ、その行動が物質的世界で辿らなければならない線そのものに従って、物質的世界を分解する。これら可能的な行動の線が互いに交錯しながら経験の網を描き、その網目の一つ一つが事実となる。おそらく町というものは家だけから構成されていて、その町の道は家と家の間隔でしかない。同じように次のことが言える。自然は事実しか含んでおらず、事実がいったん置かれれば、関係とは諸事実の間を走る線にすぎない。しかし町では、徐々に行われる土地の区分けが、諸々の家の場所、それらの形状、道の方向を同時に決めていた。この区分けをそれぞれの仕方で更に分割することによって、それぞれの家は現在の場所に立ち、それぞれの道は現在のように通るようになるが、それら個別的な分割方式を理解するためには、元々の区分けを参照しなければならない。さて、スペンサーの根本的な間違いは、すでに区分けされた経験を前提することである。だが、この区分けがどのように行われたかを知るのが真の問題なのである。思考の諸法則が事実間の関係を統合したものでしかないことは認めよう。しかし諸々の事実を、それらが現在私に対して持つ形状と共に措定するや否や、私は自分の知覚能力と知性的理解の能力を、それらの私のうちにおける現在のあり方そのままに想定することになる。なぜなら実在を区分けするのも、実在の全体の中で事実を切り取るのも、それらの能力だからである。したがって、事実間の諸関係が思考の諸法則を生み出したと言う代わりに、思考の形式が知覚される諸事実の形状を決定し、その結果事実相互の諸関係を決定したと主張することもできる。それら二つの表現方法は等価である。実はどちらも同じことを言っているのである。確かに、二番目の言い方では進化について語るのをやめている。しかし一番目の言い方をしても、進化について語っているだけで、二番目の言い方より進化を考えていることにはならない。なぜなら真の進化論主義とは、いかなる生存様式が次第に獲得されることによって、知性が構造の計画を採用し、物質が分割様式を採用したかを探求しようとするものだからである。この構造と分割は、互いに歯車のように噛み合っていて、互いに補完し合っている。それらは一緒に進展しなければならなかったのである。だから、もし人が精神の現在の構造を措定するならば、あるいは物質の現在の分割をみずからに与えるならば、どちらの場合も進化し終わったものの中にとどまっている。進化しているもの、進化については何も言っていないのである。

しかし、この進化こそ再び見出さなければならないものであろう。すでに物理学それ自身の領域で、自分たちの知の掘り下げを最も押し進めている学者たちは、次のように考えようとしている。「諸部分についての推論は、全体についての推論と同じ仕方では行えない。またある進展の始点と終点では同じ原理を適用できない。そしてたとえば原子を構成する粒子が問題になる場合、創造も消滅も認められないわけではない」。それによって彼らは、具体的な持続――この持続においてのみ、部分の組み合わせだけでなく、発生が存在する――に身を置こうとする。確かに、彼らの語る創造と消滅が係るのは、運動やエネルギーであって、それらが駆け巡る測定不能な場ではない。しかし、物質からそれを規定するものすべて、つまり、まさしくエネルギーと運動を取り除いたら、後に何が残りうるというのか。哲学者は学者より先に進まなければならない。彼は想像的象徴でしかないものを白紙にして、物質世界が溶けて単純な流れに、流れの連続性に、生成に変わるのを見るだろう。彼はこうして実在的な持続を再び見出す準備をするだろう。そうするのがより有用なところ、つまり生命と意識の領域で。なぜなら原物質が問題になる限り、流れを無視しても重大な間違いを犯さずに済むからである。すでに述べたように、物質には幾何学が詰め込まれており、下降する実在である物質は、上昇するものとの結び付きによってのみ持続するのである。しかし生命と意識はこの上昇そのものである。それらの運動を採用して、いったん生命と意識をその本質において捉えるとき、実在の残りがどのようにそれらから派生するのかが理解される。進化が現れ、この進化の只中で、物質性と理知性は、両者が次第に固定化することによって漸進的に規定される。しかし、そのとき人は進化の運動の中にみずからを挿入する。そうすることで、この運動の諸結果をそれら自身の断片によって人為的に再構成する代わりに、この運動をその現在の諸結果に至るまで辿るのである。以上が哲学固有の機能であると思う。このように解された哲学は、精神が自分自身に帰ることであり、人間の意識が自分の由来である生きた原理と一致することであり、創造の努力と接触することである。しかしそれだけにとどまらない。哲学とは、生成一般の掘り下げ、真の進化論主義であり、したがって科学の真の延長である。――ただし、科学という語を、確認もしくは証明される真理の全体と解する、という条件のもとにではあるが。古のスコラ学がアリストテレス物理学のまわりに生じたように、新たなスコラ学がガリレイ物理学のまわりに一九世紀後半生じたけれども、われわれが理解する科学とはこのような新たなスコラ学ではない。

# 原注

## 序

（1）もっとも、生命が機械論だけではなく合目的性をも超越するという考え方は新しいものではない。とりわけシャルル・デュナン氏が、生命の問題についての三つの論文（Le problème de la vie, *Revue philosophique*, 1892）で、この考え方を掘り下げて述べているのが見られるだろう。この考え方を発展させていくとき、われわれはデュナン氏と意見の一致を見たことが一度ならずあった。しかし、この点、そしてこれに結びつく問題についてわれわれが提示する見方は、ずっと以前に『意識に直接与えられたものについての試論』（*Essai sur les données immédiates de la conscience*, Paris, 1889）で述べたものである。実際この試論の主要な目的の一つは、心理的な生が一でも多でもないこと、この生が機械的なものと知性的なものを超越していることであった。つまり機械論と目的論が意味を持つのは、「区別される多」、「空間性」、したがって先在する部分の寄せ集めがある場合だけなのである。こうして「実在的な持続」は分割されない連続性と創造を同時に意味する。この本の中で、同じ考え方を生命一般に適用し、さらにこの生命一般そのものを心理的観点から検討する

## 第1章

（2）『物質と記憶』（*Matière et Mémoire*, Paris, 1896, chap. II, III）

（3）コーキンズ「原生生物の生活史についての研究」（CALKINS, Studies on the life history of Protozoa, *Arch. f. Entwickelungsmechanik*, vol. XV, 1903, p. 139-186）

（4）マイノット「ある老化現象について」（Sedgwick MINOT, On certain phenomena of growing old, *Proc.*

*of the American Assoc. for the advancement of science*, 39th meeting, Salem, 1891, p. 271-288)

(5) ル・ダンテック「個体性と個体主義の誤り」(LE DANTEC, *L'individualité et l'erreur individualiste*, Paris, 1905, p. 84以下)

(6) メチニコフ「老衰」(METCHNIKOFF, La dégénérescence sénile, *Année biologique*, III, 1897, p. 249以下)。同じ著者による『人間の本性』を参照 (*La nature humaine*, Paris, 1903, p. 312以下)。

(7) ルール『一般胚生学』(ROULE, *L'embryologie générale*, Paris, 1893, p. 319)

(8) 生物の系列の不可逆性はボールドウィンによって明らかにされた。ボールドウィン『発達と進化』(BALDWIN, *Development and evolution*, New York, 1902, とりわけp. 327)

(9) われわれはこの点を『意識に直接与えられたものについての試論』(*Essai sur les données immédiates de la conscience*, p. 140-151) で強調した。

(10) セアイユ氏は見事な著書『芸術における天才』(SÉAILLES, *Le génie dans l'art*) の中で、芸術は自然を延長したものである、生命とは創造である、という二重の命題を展開している。われわれは進んで二番目の定式を受け入れようと思う。しかし著者のように、創造を要素の総合という意味で理解しなければならないだろうか。要素が先在している場合、それらについて行われる総合は潜在的に与えられている。総合は可能な配置の一つでしかない。人間を超えた知性ならこの配置を、それを取り巻くすべての可能なものの中から、前もって見出すことができただろう。われわれは逆に、生命の領域で要素は、実在的にはそして別個には存在しないと思う。それらは、ある不可分な過程についての精神による複数個の眺めである。こういうわけで、進展には根本的な偶然性があり、先立つものと後に続くものの間には共約不可能性がある。つまり持続が存在するのである。

(11) ビュチュリ『顕微鏡で見られる泡と原形質についての研究』(BÜTSCHLI, *Untersuchungen über mikro-*

*skopische Schäume und das Protoplasma*, Leipzig, 1892, $\text{I}^{\text{re}}$ partie)

(12) ランブラー「間接的な細胞および核分裂についての機械論的説明の試み」(RHUMBLER, Versuch einer mechanischen Erklärung der indirekten Zell- und Kerntheilung, *Roux's Archiv.*, 1896)

(13) ベルトルト『原形質のメカニズムの研究』(BERTHOLD, *Studien über Protoplasmamechanik*, Leipzig, 1886, p. 102)。ル・ダンテックによって提示された説明を参照。ル・ダンテック『新生命論』(LE DANTEC, *Théorie nouvelle de la vie*, Paris, 1896, p. 60)

(14) コープ『有機体の進化の主要な諸要素』(COPE, *The primary factors of organic evolution*, Chicago, 1896, p. 475-484)〔訳注〔9〕参照〕

(15) モパ『繊毛虫類の研究』(MAUPAS, Étude des Infusoires cilié, *Arch. de zoologie expérimentale*, 1883, とりわけp. 47, 491, 518, 549)。ヴィニョン『上皮組織の一般細胞学的研究』(P. VIGNON, *Recherches de cytologie générale sur les épithéliums*, Paris, 1902, p. 655)。最近ジェニングスによって、滴虫類の運動についての掘り下げた研究と、向性説に対する鋭い批判が行われた。ジェニングス『低次の有機体の行動の研究への寄与』(JENNINGS, *Contributions to the study of the behavior of lower organisms*, Washington, 1904)。これら低次の有機体の「行動タイプ」は、ジェニングスが定義するように(p. 237-252)、反論の余地なく心理的なものである。

(16) ウィルソン『細胞の発達と遺伝』(E. B. WILSON, *The cell in development and inheritance*, New York, 1897, p. 330)

(17) ダストル『生と死』(DASTRE, *La vie et la mort*, p.43)

(18) ラプラス「確率の解析理論序論」(LAPLACE, Introduction à la théorie analytique des probabilités, *Œuvres complètes*, vol. VII, Paris, 1886, p. VI)

（19）デュ・ボア＝レイモン『自然認識の限界について』（DU BOIS-REYMOND, *Ueber die Grenzen des Naturerkennens*, Leipzig, 1892）

（20）実際現代の新生気論には二つの区別すべき部分がある。一方で、純粋な機械論は不十分であるという主張がある。それが例えばドリーシュやラインケのような学者から発せられると、大きな権威を持つようになる。他方で、この生気論が機械論の上に積み重ねる仮説がある（例えばドリーシュの「エンテレヒー」やラインケの「支配するもの」など）。これら二つの部分のうち、第一の部分の方が反論の余地なく興味深い。ドリーシュとラインケの美しい研究を見よ。ドリーシュ『形態発生の局在化』、『有機体の制御』、『自然についての概念と判断』、『生気論の歴史と理論（歴史および理論としての生気論）』（DRIESCH, *Die Lokalisation morphogenetischer Vorgänge*, Leipzig, 1899 ; *Die organischen Regulationen*, Leipzig, 1901 ; *Naturbegriffe und Natururteile*, Leipzig, 1904 ; *Der Vitalismus als Geschichte und als Lehre*, Leipzig, 1905）。ラインケ『行動としての世界』、『理論的生物学序論』、『植物学の哲学』（REINKE, *Die Welt als That*, Berlin, 1899 ; *Einleitung in die theoretische Biologie*, Berlin, 1901 ; *Philosophie der Botanik*, Leipzig, 1905）。

（21）ゲラン『顕花植物における受精についての知識の現状』（P. GUÉRIN, *Les connaissances actuelles sur la fécondation chez les Phanérogames*, Paris, 1904, p. 144-148）。ドゥラージュ『遺伝』（DELAGE, *L'hérédité*, 2e édition, 1903, p. 140以下）を参考のこと。

（22）メビウス『植物の生殖の理論への寄与』（MÖBIUS, *Beiträge zur Lehre von der Fortpflanzung der Gewächse*, Iéna, 1897, とりわけp. 203-206）。アルトーク「生殖現象について」（HARTOG, Sur les phénomènes de reproduction, *Année biologique*,1895, p. 707-709）を参照。

（23）ポール・ジャネ『目的因』（Paul JANET, *Les causes finales*, Paris, 1876, p. 83）

（24）同書（p. 80）

(25) ダーウィン『種の起源』(DARWIN, *Origine des espèces*, BARBIER翻訳, Paris, 1887, p. 46)

(26) ベイトソン『変異の研究資料』(BATESON, *Materials for the study of variation*, London, 1894, とりわけ p. 567 以下)。スコット『変異と突然変異』(SCOTT, Variations and mutations, *American Journal of Science*, novembre 1894) を参照。

(27) ド・フリース『突然変異論』(DE VRIES, *Die Mutationstheorie*, Leipzig, 1901-1903)。『種と変異』(*Species and varieties*, Chicago, 1906) を参照。H・ド・フリースの理論の基盤となる実験の領域が狭いと判断されたが、それでも突然変異という考え方は科学の中である位置を占めた。

(28) ダーウィン『種の起源』(DARWIN, *Origine des espèces*, BARBIER翻訳, p. 198)

(29) ダーウィン『種の起源』(DARWIN, *Origine des espèces*, p. 11, 12)

(30) この体毛と歯の相同性については、ブラント「体毛と歯の間に推測される相同性について」(BRANDT, Ueber... eine mutmassliche Homologie der Haare und Zühne, *Biol. Centralblatt*, vol. XVIII, 1898, とりわけ p. 262以下) を見よ。

(31) さらに最近の観察から、アルテミアの変形が当初思われていたよりも複雑な現象であることが帰結するように思われる。これについては、サムターとヘイモンスの「アリテミア・サリナの変異」(SAMTER, HEYMONS, Die Variation bei Artermia salina, *Anhang zu den Abhandlungen der k. Preussichen Akad. Der Wissenschaften*, 1902) を見よ。

(32) アイマー『鱗翅類の定向進化』(EIMER, *Orthogenesis der Schmetterlinge*, Leipzig, 1897, p. 24)。『種の発生』(*Die Entstehung der Arten*, p. 53) を参照。

(33) アイマー『種の発生』(EIMER, *Die Entstehung der Arten*, Iéna, 1888, p. 25)

(34) 同書 (p. 165以下)

（35）サレンスキー（サランスキー）「異胚形成」（SALENSKY, Heteroblastie, *Proc. of the fourth international Congress of Zoology*, London, 1899, p. 111-118）。サレンスキーがこの「異胚形成heteroblastie」という語を造り出したのは、同等の器官が、胚における起源が異なるにもかかわらず、同族の動物において同じ箇所で形成される場合を示すためであった。

（36）ヴォルフ「有尾類の水晶体の再生」（WOLFF, Die Regeneration der Urodelenlinse, *Arch. f. Entwickelungsmechanik*, I, 1895, p. 380以下）

（37）フィッシェル「水晶体の再生について」（FISCHEL, Ueber die Regeneration der Linse, *Anat. Anzeiger*, XIV, 1898, p. 373-380）

（38）コープ『最適応者の起源』、『有機体の進化の主要な諸要素』（COPE, *The origin of the fittest*, 1887；*The primary factors of organic evolution*, 1896）

（39）キュエノ『新進化論』（CUÉNOT, La nouvelle théorie transformiste, *Revue générale des sciences*, 1894）。モーガン『進化と適応』（MORGAN, *Evolution and adaptation*, London, 1903, p. 357）を参照。

（40）ブラウン＝セカール「脊髄および脊髄神経のある損傷に起因するてんかんについての新しい研究」（BROWN-SÉQUARD, Nouvelles recherches sur l'épilepsie due à certaines lésions de la moelle épinière et des nerfs rachidiens, *Arch. de physiologie*, vol II, 1869, p. 211, 422, 497）

（41）ヴァイスマン『遺伝についての論文集』、『進化論についての講演集』（WEISMANN, *Aufsätze über Vererbung*, Iéna, 1892, p. 376-378；*Vorträge über Descendenztheorie*, Iéna, 1902, t. II, p. 76）

（42）ブラウン＝セカール「偶然的な原因に起因する疾患の遺伝」（BROWN-SÉQUARD, Hérédité d'une affection due à une cause accidentelle, *Arch. de physiologie*, 1892, p. 686以下）

（43）ヴォワザン、ペロン「てんかん患者の尿の毒性についての研究」（VOISIN, PERON, Recherches sur la toxicité urinaire chez les épileptiques, *Archives de neurologie*, vol. XXIV, 1892, vol. XXV, 1893)。ヴォワアザンの著書『てんかん』(VOISIN, *L'épilepsie*, Paris, 1897, p. 125-133) を参照。

(44) シャラン、ドラマール、ムーシュ「祖先において被った損傷の子孫への遺伝の実験」(CHARRIN, DELAMARE, MOUSSU, Transmission expérimentale aux descendants de lésions développées chez les ascendants, *C. R. De l'Ac. des sciences*, vol. CXXXV, p.191)。モーガン『進化と適応』、ドゥラージュ『遺伝』(MORGAN, *Evolution and adaptation*, p. 257, DELAGE, *L'hérédité*, 2e édit., p. 388) を参照。

(45) シャラン、ドラマール「細胞の遺伝」(CHARRIN, DELAMARE, Hérédité cellulaire, *C. R. De l'Ac. des sciences*, vol. CXXXIII, 1901, p. 69-71)

(46) シャラン「疾患の遺伝」(CHARRIN, L'hérédité pathologique, *Revue générale des sciences*, 15 janvier 1896)

(47) ジアール『進化論をめぐる論争』(GIARD, *Controverses transformistes*, Paris, 1904, p.147)

(48) しかし、またしても植物界のことだが、いくつかの似たような事実が指摘された。ブラランゲム「種の概念と突然変異理論」とド・フリース『種と変異』(BLARINGHEM, La notion d'espèces et la théorie de la mutation, *Année psychologique*, vol. XII, 1906, p. 95以下; DE VRIES, *Species and Varieties*, p. 655) を参照。

(49) これについては『物質と記憶』第一章を見よ (*Matière et Mémoire*, chap. I)。

**第2章**

(50) この適応についての観点は、種の起源についての見事な論文の中でF・マラン氏 (MARIN, l'Origine des espèces, *Revue scientifique*, nov. 1901, p. 580) によって指摘された。

(51) ド・サポルタ、マリオン『隠花植物の進化』(De SAPORTA, MARION, *L'évolution des Cryptogames*,

1881, p. 37)

(52) 固着性と寄生一般については、ウセの著書『形態と生命』(HOUSSAY, *La forme et la vie*, Paris, 1901, p. 721-807) を見よ。

(53) コープ『有機体の進化の主要な諸要素』(COPE, *The primary factors of organic evolution*, 1896, p. 76)

(54) ある場合、植物がみずからのうちに眠っていた能動的に移動する能力を取り戻すのと同様に、動物は例外的な環境で、植物的な生の状態へ戻って、クロロフィルの機能に相当するものを発達させることがある。実際、マリア・フォン・リンドンの最近の実験から、様々な鱗翅類のさなぎと青虫が、光の影響のもとで、大気中に含まれる炭酸ガスから炭素を固定することが帰結するように思われる。マリア・フォン・リンドン「鱗翅類のさなぎによる炭酸ガスの吸収」(M. von LINDEN, L'assimilation de l'acide carbonique par les chrysalides de Lépidoptères, *C. R. de la Soc. de biologie*, 1905, p. 692以下)

(55)『生理学論文集』(*Archives de physiologie*, 1892)

(56) ド・マナセイン「絶対的な不眠の影響に関する実験の考察」(De MANACÉÏNE, Quelques observations expérimentales sur l'influence de l'insomnie absolue, *Arch. ital. de biologie*, t. XXI, 1894, p. 322以下)。最近、三五日間の絶食ののち餓死した男について同じような観察がなされた。これについては、一八九八年の『生物学年鑑』(*Année biologique*, 1898) におさめられている、タラケヴィッチとスチャスニー(TARAKEVICH, STCHASNY) の論文(原文はロシア語)の要約を見よ。

(57) キュヴィエがすでに言っている。「実は神経系が動物のすべてである。他の系は神経系に仕えるためにしか存在していない」(キュヴィエ「動物界を構成する綱の間に示すべき新しい関連について」CUVIER, Sur un nouveau rapprochement à établir entre les classes qui composent le règne animal, *Archives du Museum d'histoire naturelle*)。もちろんこの定式には多くの制限をもうけなければならないだろう。例えば、神経系が舞台奥に引きさがる退化や退行の事例を考慮しなければならないだろう。とりわけ、神経系に一方で感覚器官、他方で運動器官を加えなければならない。神経系はそれらを媒介する役目を果たしている。ブリタニカ百科事典のフォスターによる「生理学」の項（FOSTER, art. de Physiology de *l'Encyclopaedia Britanica,* Edinburgh, 1885, p. 17）を参照。

（58）これら様々な点についてはゴドゥリーの著作『物理学的古生物学』（GAUDRY, *Essai de paléontologie physique*, Paris, 1896, p. 14-16, 78-79）を見よ。

（59）これについてはシェーラーの『個体』（SHALER, *The Individual*, New York, 1900, p. 118-125）を見よ。

（60）この点について、ルネ・カントン氏から反論が出ている。彼は、例えばある鳥類のような肉食哺乳動物と反芻動物が人間より後に出現したと考えている（カントン『海水、有機的環境』R. QUINTON, *L'eau de mer, milieu organique*, Paris, 1904, p. 435）。ついでに言うと、われわれの一般的な結論は、カントン氏の結論と異なるが、それと相いれないものはなにも含んでいない。なぜなら、進化がまさにわれわれが考えるとおりのものだったとすると、脊椎動物は、最も有利な行動条件、つまりまさに生命が最初に身を置いた行動条件を保つ努力をしなければならなかったからである。

（61）ポール・ラコンブ氏は偉大な発明が人間の進化に及ぼした主要な影響を強調した。P・ラコンブ『科学として考えられる歴史について』（P. LACOMBE, *De l'histoire considérée comme science*, Paris, 1894, とりわけp. 168-247を見よ）

（62）ブヴィエ「屋外におけるミツバチの営巣」（BOUVIER, La nidification des Abeilles à l'air libre, *C. R. de l'Acad. des sciences*, 7 mai 1906）

（63）プラトン『パイドロス』（PLATON, *Phèdre*, 265 E）

（64）これらすべての点について次章でもう一度論じる。

(65) この点については第4章の三五六―三五七ページでもう一度論じる。

(66) 『物質と記憶』第一章 (*Matière et Mémoire*, chap. I)

(67) ダーウィンの二つの著作を見よ。ダーウィン『よじのぼり植物』、『昆虫によるランの受精』(DARWIN, *Les plantes grimpantes*, 翻訳 GORDON, Paris, 1890 ; *La fécondation des Orchidées par les Insectes*, 翻訳 RÉROLLE, Paris, 1892)

(68) ブッテル・レーペン「ミツバチ社会の系統発生」(BUTTEL-REEPEN, Die phylogenetische Entstehung des Bienenstaates, *Biol. Centralblatt*, XXIII, 1903, とりわけ p. 108)

(69) ファーブル『ファーブル昆虫記』(FABRE, *Souvenirs entomologiques*, 3e série, Paris, 1890, p. 1-69)

(70) ファーブル『ファーブル昆虫記』(FABRE, *Souvenirs entomologiques*, 1ere série, 3e édit., Paris, 1894, p. 93以下)

(71) ファーブル『ファーブル昆虫記』(FABRE, *Nouveaux souvenirs entomologiques*, Paris, 1882, p.14以下)

(72) ペッカム『スズメバチ、単独生活を送るものと社会生活を送るもの』(PECKHAM, *Wasps, solitary and social*, Westminster, 1905, p. 28以下)

(73) 最近の仕事の中でもとりわけ次のものを見よ。ベーテ「アリとミツバチに心理的性質を認めてよいのだろうか?」、フォレル「比較心理学概要」(BETHE, Dürfen wir den Ameisen und Bienen psychische Qualitäten zuschreiben ?, *Arch. f. d. ges. Physiologie*, 1898 ; FOREL, Un aperçu de psychologie comparée, *Année psychologique*, 1895)

(74) 『物質と記憶』第二章と第三章 (*Matière et Mémoire*, chap. II, III)

(75) 「心理生理学の誤謬推理」(Le paralogisme psychophysiologique, *Revue métaphysique*, novembre 1904)
〔訳者注：「脳と思考」Le cerveau et la pensée : une illusion philosophique というタイトルで論文集『精神

のエネルギー』*L'énergie spiriturelle* に収められている。」

（76）われわれがすでに引用した地質学者、N・S・シェーラーが見事に言っている。「われわれが人間にたどりつくとき、古くからある精神の身体への隷属が消滅しているように思われる。知的な部分はものすごい速さで発達する一方で、身体の構造の本質的なところは同じまま変わらない」。シェーラー『自然の解釈』(SHALER, *The interpretation of nature*, Boston, 1899, p.187)

**第3章**

（77）われわれはこの点を『物質と記憶』（*Matière et Mémoire*）の第二章と第三章、とりわけ七八～八〇ページと一六九～一八六ページ（原文のページ数）で展開した。〔訳者注：ページ数はアルカン社から刊行されていたときのもの。現行のテキストでは八六～八八ページ、一七〇～一八五ページに相当する。ちくま学芸文庫『物質と記憶』では一〇六～一〇八ページ、二一九～二三七ページに相当。増補版に掲載された注釈の中でアルノー・フランソワが言うように、参照箇所に一六七ページから一七〇ページ、ちくま学芸文庫版では二一六ページから二一九ページを付け加えてもいいだろう。〕

（78）ファラデー「電気伝導に関する考察」(FARADAY, A speculation concerning electric conduction, *Philos. Magazine*, 3^e^ série, vol. XXIV)

（79）われわれの比較は、プロティノスが理解する意味でのロゴスという言葉の内容を展開しているにすぎない。なぜなら、一方でこの哲学者のロゴスは、生成を行い、形式を与える力、つまりプシュケ（魂）のある側面、断片であり、他方でプロティノスはこれを時おり「話」という意味で語るからである。もっと一般的に言うと、われわれがこの章で「拡がること」と「緩むこと」の間に立てている関係は、いくつかの側面で、プロティノスがある場合に想定する関係に似ている（このプロティノスの議論の展開にラヴェッソン氏も着想を受けたに違いない）。それは、プロティノスが延長を、起源にある存在がひっくり返ったものとはおそらくしておらず、その存在の本質が弱まったもの、発出の最も低次元にあるものの一つとするときである(とりわけ『エンネアデス』の以下の箇所を見よ*Enn.*, IV, III, 9-11 ; III, VI, 17-18)。しかし、古代哲学はそこから諸数学にとってどのような帰結が生じるかを見ていなかった。これは、プロティノスがプラトンと同じく数学的本質を絶対的な実在に仕立て上げたからである。特に古代哲学は、持続と拡がりの全く外的な類比にだまされたままである。古代哲学は、変化を不動のものが堕落したものとして、感覚可能なものを知解可能なものが転落したものとして考え、持続を拡がりと同じ仕方で扱った。こうして、われわれが次の章で示すように、知性の実際の機能と領域を見誤った哲学が生じる。

(80) バスティアン『脳』(BASTIAN, *Le cerveau*, Paris, 1882, vol. I, p. 166-170)

(81) われわれは以前の著作でこの点について展開した。『意識に直接与えられたものについての試論』(*Essai sur les données immédiates de la conscience*, Paris, 1889, p. 155-160)を見よ。〔訳者注:ページ数はアルカン社から刊行されていたときのもの。現行のテキストでは一五三〜一五八ページに相当する。ちくま学芸文庫『意識に直接与えられたものについての試論』では二二四〜二三一ページに相当。〕

(82)『意識に直接与えられたものについての試論』(*Essai sur les données immédiates de la conscience*)の第一章と第三章の至る所を参照。

(83) ここでわれわれは、『形而上学倫理学雑誌』に発表されたエドゥアール・ル・ロワ氏の深く掘り下げられた研究(Éd. LE. ROY, *Revue de métaphysique et de morale*)を示唆している。

(84)『物質と記憶』第三章と第四章(*Matière et Mémoire*, chap. III, IV)

(85) とりわけ『自然学』と『天体論』の次の箇所を見よ(*Phys.*, IV, 215 a 2 ; V, 230 b 12 ; VIII, 255 a 2 ; *De Cælo*, IV, 1-5 ; II, 296 b 27 ; IV, 308 a 34)。

(86)「それぞれの物体のそれ本来の場所への移動とはそれ本来の形相への移動のことである」(『天体論』*De*

*Cœlo*, IV, 310 a 34)。

(87) これら質的差異についてはデュエムの著作『力学の進化』(DUHEM, *L'évolution de la mécanique*, Paris, 1905, p.197以下) を参照。

(88) ボルツマン『気体論講義』(BOLTZMANN, *Vorlesungen über Gastheorie*, Leipzig, 1898, p.253以下)

(89) 様々な事実や考え方に満ちた著作『進化に対立する解体』の中で、アンドレ・ラランドは、有機体が行っているように見える一時的な抵抗にもかかわらず、すべての事物が死へと向かっていることをわれわれに示している (André LALANDE, *La dissolution opposée à l'évolution*, Paris, 1899)。しかし、無機的な物質についてさえ、われわれには、太陽系の現在の状態から引き出された考察を宇宙全体へ拡張する権利があるのだろうか。死にゆく世界とは別に、生まれつつある世界がおそらく存在する。他方、有機的世界で、個体の死が「生命一般」の減退、もしくは生命一般が残念ながら従っている必然性であるようにはとても思えない。一度ならず指摘されていたように、生命は、他の多くの点で多くの幸福な努力を行っていたが、個体の存在を無際限に引き伸ばすための努力を決して行わなかった。あたかもこの死が、生命一般の最も重大な進歩のために、望まれた、あるいは少なくとも受け入れられたかのように、すべては起こっている。

(90) われわれはこの点を「形而上学入門」という題の論文 (Introduction à la métaphysique, *Revue de métaphysique et de morale*, janvier 1903, p. 1-25) で展開した。(論文集『思考と動くもの』*La pensée et le mouvant*にも収められている)

(91) セルコフスキーの『生物学年誌』に掲載された研究報告 (原文はロシア語) の要旨 (SERKOVSKI, *Année biologique*, 1898, p. 317) を参照。

(92) エドモン・ペリエ『動物の群体』(Ed. PERRIER, *Les colonies animales*, $2^{e}$ édit., Paris, 1897)

(93) ドゥラージュ『遺伝』。同じ作者の「生物の群体という考え方」(DELAGE, *L'Hérédité*, $2^{e}$ édit., Paris,

1903, p.97 ; La conception polyzoïque des êtres, *Revue scientifique*, 1896, p. 641-653）を参照。

（94）これは、クンスラー Kunstler、ドゥラージュ Delage、セドヴィックSedwick、ラベ Labbéなどによって支持されている理論である。この理論の展開は、文献の記載とともに、ビュスケの『生物』（BUSQUET, *Les êtres vivants*, Paris, 1899）の中に見られる。

**第4章**

（95）この章で諸体系の歴史、特にギリシャ哲学の歴史を扱っている部分は、一九〇〇年から一九〇四年という長い期間、コレージュ・ド・フランスの授業（とりわけ一九〇二年から一九〇三年に行った「時間観念の歴史」の講義）の中で、われわれが発展させた見方のきわめて簡潔な要約にすぎない。われわれはそこで、概念的思考のメカニズムを映画のメカニズムになぞらえた。この比喩をここでもう一度取り上げることができるとおもう。

（96）ここで行っている無の観念の分析（p. 275-298）は、すでに『哲学雑誌』（*Revue philosophique*, novembre 1906）で発表された。

（97）カント『純粋理性批判』（KANT, *Critique de la raison pure*, 2^e^ édit., p. 737）。「われわれの認識一般の内容から見れば、否定命題本来の機能は、単に誤謬を阻止することである」。ジグヴァルト『論理学』（SIGWART, *Logik*, 2^e^ édit., vol. I, p. 150以下）を参照。

（98）つまりわれわれはゼノンの詭弁が次の事実によって論駁されたとは考えていない。ある等比級数 $a\left(1+\frac{1}{n}+\frac{1}{n^2}+\frac{1}{n^3}+\dots\ \mathrm{etc.}\right)$ において、aがアキレスと亀の最初の隔たりを、nがそれらそれぞれの速度の比率を示すとすると、nが1より大きい場合、この等比級数の総和は有限である、という事実である。この点については、われわれが決定的だと見なしているエヴラン氏の議論（エヴラン『無限と量』ÉVELLIN, *Infini et quantité*, Paris, 1880, p. 63-97を見よ。『哲学雑誌』11号 *Revue philosophique*, vol. XI, 1881, p. 564-

568も参照）を参照。真実は、われわれが前の著作で示そうとしたように、諸数学は長さについてしか操作していないし、またそうすることしかできない。したがって、最初に運動（それは長さではない）に、その運動が通る線の分割可能性を移すために、次に経験と、運動―長さという観念との間に、つまり自分の軌道に張り付けられていて、軌道と同様に恣意的に分割可能である運動という観念（経験に反していて、不条理に満ちている）との間に一致を回復するためには、諸数学は巧妙なやり口を探さなければならなかった。

(99) プラトン『ティマイオス』(PLATON, *Timée*, 37D)

(100) われわれは空間性に関して、この考え方に含まれている真であるものと偽であるものを見分けようとした（本書第3章を見よ）。持続に関して、この考え方は根本的に間違っていると思う。

(101) アリストテレス『霊魂論』(ARISTOTE, *De anima*, 430 a 14)。「一方で、すべてのものになることによって存在する理性がある。他方で、すべてのものをつくることによって存在する理性がある。後者の理性は、光のようにある状態として存在している。実際、光もある程度、色を可能的な状態から現実的な状態へと移行させる」。

(102)『天体論』「一番外の円の外には空虚も場所も存在しない」(*De Cœlo*, II, 287 a 12)；『自然学』「全体はある意味で動くが、ある意味では動かない。というのも、全体そのものとしては場所を変えないが、円環運動をする。というのも、それはその部分の場所だからである」(*Phys.*, IV, 212 a 34)

(103)『天体論』「天の外に時間は存在しない」(*De Cœlo*, I, 279 a 12)；『自然学』「時間はいわば運動の属性である」(*Phys.*, VIII, 251 b 27)

(104) われわれはとりわけ、プロティノスが後にとらえなおし、深め、固定しなければならなかった驚嘆すべき直観、ただし少々とらえづらい直観を、ここでの考察にほとんど入れていない。

(105) 本書二八―三一ページを見よ。

(106) デカルト『哲学原理』(DESCARTES, *Principes*, II, 29)

(107) 同書(II. §36以下)

(108) 一八九七年から一八九八年にコレージュ・ド・フランスで行ったプロティノスの授業の中で、われわれはこれらの類似点を取りだそうとした。それらは数多くあり、驚くほどである。類似は両者が用いた定式にまで及んでいる。

# 訳注

〔1〕一九〇七年に刊行されたこの本の『創造的進化』というタイトル自体、問題をはらんでいる。「進化」は、ハーバート・スペンサーの使用によって普及が進んだ一九世紀後半の生物学では、「創造」に対立する概念であった。例えば生物種をめぐる議論では、生物種が一度に「創造」されそれ以降変化しないものではなく、時間の経過とともに変化しながら形成されていったことを示すために「進化」という概念は用いられる。ベルクソンはこの二つの対立しあう概念を組み合わせてタイトルにするが、彼にとって、生命あるいは意識について経験が示唆する観念は、最初「理解不可能」としか言えないもので、その観念を使って具体的に問題を検討して初めて明晰になる。『思想と動くもの』(*La pensée et le mouvant*, p. 30-33) 参照。

〔2〕胚生学embryologieは、孵化、誕生までの有機体の発達を研究する学問である。つまり胚の段階にある有機体の変化を研究対象にする。通常、発生学と訳されるが、本書では胚の段階という含意を明確にするために胚生学と訳した。

〔3〕ここでの蓋然性は、「期待するのが一番もっともであるような出来事の性質」、つまり確率を示す数学的な意味ではなく、心理学的な意味で用いられている。くわしくは解説参照。

〔4〕最近の研究が、ヒトの眼とホタテガイの眼の構造はベルクソンの言うほど似ていないことを指摘した(ベルナール・バラン「ホタテガイの眼―ベルクソンと科学的事実」Bernard Balan, « L'œil de la coquille Saint Jacques - Bergson et les faits scientifiques, in *Raison présente*, n°. 119, 1996, p. 87-106参照)。確かにこの指摘によって、ベルクソンの議論は弱められるが、否定されるわけではない。アルノー・フランソワが増補版の『創造的進化』の注釈で論じるように (Cf. *L'évolution créatrice*, 2007, note 162, p.421-422)、類似の

程度が下がるだけで、似ていることに変わりはないからである。

〔5〕系統発生は、生物の種が進化してきた過程、個体発生は、受精卵から成体になるまでの過程を指す。

〔6〕フランス語 sympathie のラテン語語源 sympathia は「同じ感情が持つこと」、ギリシャ語語源 sumpatheia は「他人の痛みを共有すること」を意味する（Cf. *Le Grand Robert*, sympathie)。

〔7〕ここでは人間の行動能力が発揮される程度が問題になっている。「一度のまばたきに収めることができる出来事の数が多くなればなるほど」、人間の行動能力は発揮されるわけである。この知覚と行動の議論は『物質と記憶』第四章で展開された。この印象的な「行動の人」という言葉をベルクソンは他でも用いているが、用法が異なることに注意しなければならない。『物質と記憶』で用いられるときには、行動が遂行される状況を照らし出す有用な記憶を思い出す速さと思いだされる記憶の有用性が問題になる。そのとき「行動の人」が行きつくのは、刺激に対して瞬間的に反応する「衝動の人」であり、逆の限界点にあるのが、効果的な行動を遂行することをまったく考慮にいれず、記憶を思い出すことに喜びを見出す「夢見る人」である（Cf. *Matière et mémoire*, p. 170. ちくま学芸文庫版『物質と記憶』では二一九〜二二〇ページ）。講演「意識と生命」で「行動の人」が言及されるときも、問題となっているのは人間の行動能力が発揮される程度であるが、現在の状況を明らかにする記憶が思い出されれば思い出されるほど、人間の行動能力は発揮される、と論じられる（Cf. *L'énergie spirituelle*, p.15.『精神のエネルギー』)。

〔8〕ベルクソンが「カントの直接の後継者たち」と言うとき、誰を念頭に置いているのだろうか。この段落では「『理念』の実現」という言葉でヘーゲルを、「『意志』の客体化」という言葉でショーペンハウアーをほのめかしている。『思想と動くもの』の緒論第二部では、この二人に加えてフィヒテ、シェリングの名前を挙げる（Cf. *La pensée et le mouvant*, p. 25-27, 48-50)。

〔9〕エドワード・ドリンカー・コープ（一八四〇－一八九七）は、生命現象には無機物が従うような物理化

学的過程の他に、生命固有の過程があると考える。前者が下向発生catagenesis、後者が上向発生anagenesisと呼ばれるものである。コープによれば、この二つの過程には異なるエネルギーが働いている。下向発生のエネルギーは物理化学的なもので、過程の進行とともに散逸し、生命現象から「離れていく」。逆に上向発生のエネルギーは生命現象へと「向かう」もので、下向発生のエネルギーを吸収し、自分と同じ種類のエネルギーにまで高める。コープが上向発生として挙げているのは、同化、成長、生殖で、その他の生命現象、例えば分泌や筋肉の収縮、は下向発生と見なしている。

# 原書目次

# 解説

松井　久

本書『創造的進化』は、一八八九年の『意識に直接与えられたものについての試論』、一八九六年の『物質と記憶』に続いて、一九〇七年に刊行されたアンリ・ベルクソン（一八五九－一九四一）の三冊目の主著である。

ある思想家の書物を理解しようとするにはいくつかの方法がある。それがどのような歴史的・社会的状況の中で書かれたかを明らかにすることは、そのような方法の一つだと言えるだろう。この仕方で本書を研究するものにとって、スレズによって始められ、彼の急死後ヴォルムスが完成させた伝記*Bergson*や、アズヴィの*La gloire de Bergson*は貴重な参考資料となる。

また、その書物が著者の思想の展開の中でどのような意味を持つのかを考えるという方法もある。このような研究方法をとる多くの研究者、注釈者たちが明らかにするように、本書にベルクソンの前後の仕事との連続性を見ることは可能である。『意識に直接与えられたものについての試論』の中で、われわれの意識に見出された持続と呼ばれる時間性が、「生地」としてあらゆる実在に見出される。『物質と記憶』では、物質はわれわれの意識とは異なるリズムを持つものとして捉えられていたが、本書はその発生を把握しようとする。一九〇三年に発表された論文「形而上学入門」で定式化された、直観とよばれる哲学的認識の方法の具体的な適用を本書に見る者もいるだろう。これに対して有用性と相対性が強調されてきた科学的認識が、物質に限れば絶対的なものに触れることが示される。また、これまで空間はわれわれが認識を行う際の図式で、いわば実在の認識をゆがめる元凶とされてきたが、本書では実在自身の運動が向かう終着点にあるとされる。一九三二年に発表された四冊目の、そして最後の主著『道徳と宗教の二源泉』を読んだ者なら、知性や本能の理論や、本書ではただ一度与えられる神の定義に注目するだろう。

しかし一方でベルクソンは、「新しい問題には全く新しい努力が精神に要求される」と述べ、それぞれの仕事の独立性を強調する（Cf. *La pensée et le mouvant*, p. 97.『思想と動くもの』）。どの著作の結論も、以前展開された議論の論理的帰結ではなく、「新しい問題」に「全く新しい努力」を払って取り組んだ結果なのである。では、本書『創造的進化』でベルクソンは何の問題にどのように取り組んだのだろうか？

### ベルクソンの問題

本書の内容を振り返ると、生命の進化の検討が大部分を占める。第1章では、あたかも前もって書かれた設計図を実現するかのように生命の進化が起こると考える目的論の説明も、いわば変化の足し算によって進化が起こると考える機械論の説明も十分ではないことが示される。第2章では、生命の進化の歴史の解釈が与えられる。生命とはある弾みのようなもので、単細胞生物から人間へと直線的に進化したのではなく、様々な方向に分岐しながら進化する、われわれの意識に似た何かなのである。第3章は、生命の原理に一致し、それによって生命の意義を捉えようとする試みである。

こうして検討される生命の進化は一九世紀に徐々に受け入れられた学説である。一八〇九年にラマルクが『動物哲学』を発表してちょうど半世紀経過した一八五九年に刊行された『種の起源』で、ダーウィンは多くのページをいわゆる創造説の反駁に費やしている。つまりダーウィンは、われわれが現在観察している生物種が、一度に創造されそれ以降変化しないものではなく、時間の経過とともに変化しながら形成されていったことを示さなければならなかったのである。これに対してベルクソンが本書の思想を育んだ一九世紀後半は、議論の焦点が、生命が進化するのかしないのかから、進化はいかに行われるかに移行する。ベルクソンが本書の中で批判を加える生物学者たちは、この論争の主人公たちである。例えばアイマーは、獲得形質の遺伝可能性を否定したヴァイスマンをラディカルな選択論者とみなし、進化の方向を自然選択以外のものに求めようとした。ド・フリースは栽培した植物の観察に基づいて、種は微細な変異の蓄積によってではなく、突然変異によって形成されるという仮説を立てた。またコープは、使用・不使用によって変異は生じ、獲得された形質は遺伝するというラマルクの二つ原則を保持しながら、ある種の意識の努力によって個体発生が加速することで系統発生が生じると考えた。

では、何のために、ベルクソンは生命の進化を研究したのだろうか？　この問いに答えようとすると、直ちに困難にぶつかる。本書の序では、述べられるべき研究目的が明らかにされず、ただ、生命の進化が研究されること、そのためには知性以外の認識能力に訴える必要があることがうかがえるだけである。また、研究成果を示さなければならない結論が本書にはない。こうして、われわれは注意深く本論の議論の展開を追わなければならないことになる。すると、こんな段落で本書は幕を開ける。

「われわれが最も確信していて最もよく知っている存在は、異論の余地なく自分自身の存在である。…この特権的な場合に、『存在する《エクジステ》』という語は正確に何を意味しているのだろうか」（本書一五ページ）。

この問いに答えるために、ベルクソンはみずからの意識に目を向け、普段は目立った心理状態しか意識に上らないが、注意してみると、互いに区別される心理状態などなく、絶えず変化する連続しかないことに気づく。そして、各瞬間をつなぎ、過去全体を現在に結びつける記憶力、あるいは持続と呼ばれる時間こそがわれわれの実在そのものであると考える。この記憶力、持続が毎瞬間訪れる現在を過去に取り込み、絶えず人格全体を変化させる。こうして、われわれの意識にとって、「存在するとは変化することであり、変化するとは成熟することであり、成熟するとは無際限に自分を創造することである」という結論に至る。そして次のように問う。

「存在《エクジスタンス》一般についても同じことが言えるだろうか」(本書二一五ページ)。

こうしてベルクソンは「存在一般」を無機物と生物に分ける。われわれの意識とは異なり、物質的対象は変化しない。見かけの変化も、それ自体は変化することのない構成要素が配置を変えただけである。また、物質的対象を研究する科学は、自分が扱うシステム――例えば、天文学が扱う太陽系――に対して時間は何の影響も及ぼさないと考えている。科学にとって時間はなくてもいいものなのである。しかし、時間を科学のように抽象的に「考えられた」ものとして検討するのではなく、われわれが水に砂糖が溶けるのを待つ場面のように、具体的に「生きられた」ものとして検討すると、時間はどこかにある。変化をもたらすはずの時間、いや変化そのものである時間が何の影響も及ぼしていないように見えるのは、物質的対象や科学のシステムが知性や知覚によって人為的に切り取られたものだからだ、という仮説をベルクソンは立てる。

個体性が、以上のように物質的対象にとっては見かけのものでしかないのに対して、生物にとっては本質的な特徴の一つである。個体性が完全であるのは、生物のある部分が切り離されると生きていけない場合だとすると、確かに個体性が完全になることはない。例えば、ヒドラを分割すると、それぞれが新しい完全なヒドラになる。また、生物は生殖を行うが、生殖とはいわば親から切り離された部分を使って新しい有機体を生み出すことである。しかし、生物の世界に、個体が自然に形成される傾向があることは否めない。

このように無機物から区別される生物は、意識と同じく、成熟し老化する。ベルクソンはこの絶えまない形態の変化の原因を、過去を現在に保存する記憶力、持続に見る。つまり彼は、意識と同じく生物にとっても、存在するという言葉が意味するのは、変化することであり、みずからを創造することであると考えているのである。そして次のような問題を立て、生命の進化の研究へと向かう。

「生命とは、意識的行動と同じく発明であり、絶えまない創造である、と言えるだろうか」（本書四四ページ）

ベルクソンは、このあと第1章で同時代の科学が生命の進化を説明できないことを示し、第2章で生命の歴史の解釈を与えた後、第3章では生命の原理と生命が進む方向を把握しようとする。しかし、今見た問いの立て方からわかるように、ベルクソンが生命の進化について語るときも常に念頭にあったのは、「存在するとはどういうことなのか」という伝統的な哲学の問題なのである。『創造的進化』の議論を展開した一九一一年の講演「意識と生命」(『精神のエネルギー』所収)の中で、この問題を一八九七年に発表されたポール・ゴーギャンの絵のタイトルを使って定式化している。「『われわれはどこから来たのか? われわれは何者か? われわれはどこへ行くのか?』。以上が、われわれが諸体系を通らずに哲学するならすぐに目の前にするであろう、生きていく上できわめて重要な問題です」(*L'énergie spirituelle*, p.2)。

## アナロジー

ではベルクソンは「存在」の問題にどのように取り組んでいるのだろうか? 『創造的進化』に対する批判に答えたある手紙の中で次のように言う。「私が考える哲学の方法は厳密に経験(ここでいう経験とは内的なものと外的なものを合わせた経験です)から写し取られたもので、この方法が基礎を置く経験的考察を超えるような結論を述べることは、それがどのようなものであれ、この方法が認めません。…私は自分の仕事の中で、個人的な意見や、この特殊な方法によって客観的なものとなることができない、確信でしかないようなものに場所をさいたことは一度もありません」(Lettre de Bergson à J. De Tonquédec du 20 jévrier

1912, *Mélange*, p. 964)。つまり、ベルクソンは経験的に問題を解決すると言っているのである。実際、これまで確認してきた議論の中で、ベルクソンは存在するとはどういうことかという哲学的な問題に、少なくとも経験しうる範囲で答えようとしていた。意識については、みずからの意識状態に注意を向け、日常的な経験をいわば拡張しようとしていた。無機物については、「生きられた」時間の経験に基づいて知覚と経験的な科学の所与を説明しようとしていた。生物を検討するときは、個体性と老化についての科学的所与から出発して推論を展開していた。

さて、生命の進化についても、ベルクソンは生理学、古生物学、比較解剖学、胚生学など、経験的な生物学の所与に訴える。

それぞれの種を生み出す進化が検討される第1章では、生物学の所与に基づいて目的論と機械論が反駁される。生命の進化を、調和のとれた世界の実現の過程と考える目的論に対しては、不調和を示す科学的所与が提示される。また、当時の解剖学はヒトとホタテガイの眼の構造の類似を明らかにしていたが、機械論の説明はこの類似した眼の構造に至る進化を説明しえないことが証明される。

機械論と目的論に対して、ベルクソンは意識と生命のアナロジーが示唆する仮説を立てる。諸科学の所与が示すように生命の歴史とは、われわれの意識と同じく、進化、つまり絶えまない変化の連続である。また、進化の説明に失敗する目的論と機械論が考える時間からは、意識が現実に生きているような時間、つまり変化そのものである持続が排除されている。こうしてベルクソンは、「それぞれの進化は、手を意識的に動かす運動のように単純な、言いかえれば一続きの行為なのである」という仮説に至る。

生命の進化全体が検討される第2章は、「生命の歴史は、人の性格と同じく、最初は相互に浸透し合っていた傾向が増大し分岐していったのではないか」という仮説から出発する。人間の場合、数えきれない傾向のうち、成長とともにその人の性格となるのは一つだけであるのに対して、生命の進化の場合は、様々な傾向が現実のものとなるとベルクソンは考えるのである。実際、生物の機能と構造を検討すると、生命が植物と動物に、そして動物が、本能の発達する膜翅類と、知性の発達する人間に分岐するのが見てとれる。

このように分岐しながら進化する生命全体の歴史に意識とのアナロジーを見て、ベルクソンは「生命の進化全体とは、ある意識が必然性に縛られている物質を有機化して、より自由に行動するための手段にしようとする歴史である」という結論に至る。つまり、生命が、光合成によってエネルギーを蓄積する植物と、摂取したエネルギーを行動のために消費する動物に分岐していったのは、ある意識がより多くのエネルギーをより自由に消費して行動するためであり、動物から分岐した知性と本能のうち、いくつかの選択肢から実際に行う行動を選ぶ知性の営みにおいてのみ、この意識はみずからを解放して姿を現したのである。

ここまでのベルクソンの議論を以上のように振り返ってみると、経験的な科学の所与は二つの役割を担っていることがわかる。第一に、生物学の所与を検討することによって、ベルクソンは意識と生命のアナロジーを発見する。第1章で生命が意識と同じく絶えまなく変化しているのを見るとき、第2章で生命の歴史全体があたかも意識のように分岐しながら進化するのを見るとき、ベルクソンは常に生物学の所与に依拠していた。第二に、生物学の所与は、問題を正確に立てることを可能にする。それぞれの種でどのように進化が行われるのか、という一般的な問題が、異なる種で類似した眼の構造がどのように形成されるのか、という正確な仕方で立てられていた。

また「進化は単純なものである」という第1章での結論も、「進化全体はある意識の歴史である」という第2章の結論も、意識と生命のアナロジーが示唆したものであることも見た。しかし、アナロジーによる推論から妥当な結論が必然的に導かれることはなく、ベルクソンが得た結論はいくら経験的な事実を積み上げても証明されることはない。なぜベルクソンはこのようなアナロジーによる推論を行ったのだろうか?

この疑問に答えてくれるのが、一九〇一年にフランス哲学会で行われた発表と本書で素描され、先に取り上げた「意識と生命」で展開された「増大する蓋然性 probabilité croissante」という考え方である（Cf. 本書四四〜四六ページ；*L'énergie spirituelle*, p.1-4；*Mélange*, p.479-480）。

まずベルクソンが蓋然性をどのような意味で用いていたかを正確にしよう。彼は蓋然性を、論理的に無矛盾であることを示す可能性 possibilité と区別して、「ここで講演を行っている自分が機械であるという仮説は、不可能ではないが蓋然的ではない」という例をあげる（Cf. *L'énergie spirituelle*, p.6）。つまり蓋然性は、ラロンドの哲学用語辞典の定義を借りれば、「期待するのが一番もっともであるような出来事の性質」、つまり確率を示す数学的な意味ではなく、心理学的な意味で用いられている。これに対して確実性 certitude も、「主張が真であることを明証的に認め、この主張に同意する精神の状態」という心理的な意味で使われている（Lalande, *Vocabulaire technique et critique de la philosophie*,《PROBABLITE》et《CERTITUDE》, 1926）。

さて、ベルクソンはアナロジーによる推論が蓋然的な結論を与えるのを認めて（Cf. *L'énergie spirituelle*, p.7）、このような推論も、より多様な経験の領域の、より多くの事実から導かれて一つの結論に収束すると、その蓋然性は蓄積され増大すると考える。ただし、いくら蓋然性が蓄積されても収束した結論が確実な知識になることはない。確実性は増大する蓋然性が無際限に近づく限界点として存在するのである。またこの考え方によれば、新しく発見された事実によって、収束した結論に修正を加えることもできる。こうして、ベルクソンがアナロジーによる推論を用いるときに考えている研究方法とは、より多くの研究者によって、修正されながらも確実な知識へと向かう漸進的な共同作業なのである。

**直観**

生命の進化の起源をとらえようとする第3章では、経験的ではあるがそれまでと異なった方法が用いられる。この方法は、意識と生命全体の歴史のアナロジーと、知性と本能の研究が着想を与えたものである。ベルクソンにとって、知性が元々無機的な道具を製作する能力であるのに対して、本能は有機的な道具を作り出す能力である。このため知性の認識は元々物質に向けられていて、本能の認識は生命に係る。他方、すでに見たように知性も本能も、起源においては互いに浸透し合っていた傾向が、増大しながら分岐していったものである。そしてベルクソンはこれらの傾向を、過去全体を潜在的に含む意識になぞらえ、ある進化の系列にぼんやりとではあるが残っている別の系列の傾向を、記憶になぞらえる。確かにわれわれ人間は、本来物質についての認識を与える知性を用いても、生命の進化をとらえることができない。しかし、生命の進化全体が意識に似た何かであるなら、また、知性を生み出した起源がわれわれの過去全体と同様、われわれの意識に何らかの仕方で現前しているなら、この起源を思い出すことは少なくとも可能だろう。この意識に直接与えられた生命の進化の起源への回帰の努力こそが、直観の努力と呼ばれるものである。

実際、過去を現在へと押し込もうとすればするほど、意識状態は互いに浸透し、意志が緊張するのが感じられ、行動は自由になる。逆にこの過去を現在に押し込む努力を中断するやいなや、意志は弛緩し、意識の諸状態は相互浸透をやめて徐々に知性の空間の表象や無機物の表象のように、完全な外在性へと向かう。このような努力を推し進めた先に、われわれの意識と純粋な意志に似た何かが示唆される。それは、ある生物の意識であるわれわれの意識とは違って、空間には縛られていないだろう。われわれの意志とは違って、個体性を持たないだろう。また、この何かは、みずからを弛緩させるだけで、物質性、知性性を生み出すだろう。以上が直観の努力によってベルクソンが導かれた、生命の原理の観念である。

この原理との一致の経験を方法とする哲学が、本書の最後にベルクソンが「真の進化論主義」と呼ぶものである。彼は言う。「哲学は、精神が自分自身に帰ることであり、人間の意識が自分の由来である生きた原理と一致することであり、創造の努力と接触することである。しかしそれだけにとどまらない。哲学とは、生成一般の掘り下げ、真の進化論主義である（本書四六六ページ）。

ここで、いくつか指摘すべき点がある。第一に、「真の進化論主義」は、すでに実現された哲学ではなく、哲学が向かう限界点を示している。生命と物質性の原理との一致のためには、暴力的と形容されるほどの努力が必要とされる。実際ベルクソンがこの一致が維持されるのを見るのは、最後の主著『道徳と宗教の二源泉』で詳細に検討される神秘家の証言の中だけである。確かにベルクソンは哲学の諸体系にもこの一致を認めるが、一致は不完全でわずかな時間しか続かず、哲学者は体系の構築のためにすぐさまこの直観を捨て去る。またベルクソンにとっての神秘家は、哲学することなく行動に邁進する。こうしてベルクソンは、哲学が多くの学者が協力して行う漸進的な試みであることを強調する。本書で得られる諸々の結論は暫定的、蓋然的なもので、決定的なものでない。哲学者は絶えず直観の努力を行いながら、その経験によって示唆される印象を互いに重ね合わせ、訂正しなければならないのである。

第二に、ジャンケレヴィッチも指摘するように、直観という哲学的方法は探究の中で形成されている（Cf. Jankélévitch, *Henri Bergson*, p. 5）。ベルクソンは、確実な知識をもたらす方法をあらかじめ確立してから研究に向かうような態度を拒否して次のように言う、「どこまで行けるのか知る手段を一つしか知らない。道に出て歩いてみるのだ」（*L'énergie spirituelle*, p. 2）。実際すでに見たように、進化の起源に到達する方法の着想は、意識と進化のアナロジーと知性と本能の研究によって与えられていた。つまり生命の進化の研究が、知性の本来の働きと認識能力を明らかにし、生命と物質性の原理の把握という哲学的探求のための手段を示唆する。また今度は、哲学的探求が知性性の発生を明らかにする。こうして認識論と形而上学は、生命の進化の経験的研究を中心とする「円環」をなすのである（本書二二六〜二二七ページ参照）。

第三に、直観の努力がそれまでの考察を補足する。この努力が与える経験に基づく推論によって、進化の起源にあるとされていた弾みが創造の要求であり、生命とはこの弾みに突き動かされた「みずからを作る」生成であるとされる。物質も、ベルクソンがあえて「物質性」と語るように、すでにできあがったものではなく、「みずからを解体する」もう一つの生成としてとらえられる。また、第1章で生物を特徴づけていた個体性への傾向も、第2章で明らかにされた、蓄積したエネルギーをより自由な行動を遂行するためにより効果的に使用する、という生命の歴史全体を貫く主題も、生命の進化の本質に帰せられる。そして、意識が姿を現す人間は進化の「終着点」であり「目的」であるとされる。こうして、科学的所与に基づいたアナロジーによる推論と、直観の努力といういずれも経験的な二つの研究方法は、互いに補いながら結論の蓋然性を高めていくのである。

**知性批判**

このように存在の問題を経験的に検討しようとするベルクソンの思考の歩みを考えると、第4章でそれまで行っていた形而上学的考察から再び認識論的批判に戻らなければならなかった理由が明らかになる。存在の問題を論理的あるいは弁証的に解決しようとする立場を批判しなければならなかったのである。ベルクソンは、プラトンやアリストテレスといった古代ギリシャの哲学者、スピノザやライプニッツ、そしてフィヒテ、シェリング、ヘーゲルやショーペンハウアーといったカント以降の哲学者にこの立場を見る（Cf. *La pensée et le mouvant*, p. 25-27, 48-50,『思想と動くもの』)。彼らは、あらゆる実在、あらゆる知識が完成した形で含まれる無時間的な概念や原理を想定して、そこからすべての存在を演繹することによって存在の問題に答えようとする。このような思考の進め方をやめさせるために、彼らが陥っている二つの錯覚を解消することが第4章の課題となる。

第一の錯覚は、存在を考える際、絶対的な無が存在に先立つことが少なくとも可能だったと考えてしまう錯覚である。たとえば「全くの無からなぜ、どうやってわれわれの世界は存在するに至ったのだろう」という問いに答えるためには、われわれが目にしている変化する世界は見かけのもので、真の存在は変化することのない永遠のもの、つまり無時間的なものである、と考えざるをえない。しかし、何かがないという観念は目の前にしているものが求めているものとはちがうことを表していて、他の何かが存在することがこの観念を持つ条件となっている。これに対して絶対的な無の観念は、あれがない、これがない、という具合に対象を一つ一つ思惟によって消去していった結果到達する観念と考えられる。したがって絶対的な無の観念は、その観念を形成する条件を破壊する、疑似観念あるいは内容のない単なる言葉である。

この錯覚は知性の実践的な性格を見逃すことから生じる。生命の歴史の研究が明らかにしたように、知性は元々道具を製作するために進化の過程で生み出された能力で、行動するときと同じ手順で思考を進める。あらゆる行動はわれわれが手にして「ない」と感じるものを獲得することをめざす。この意味で、行動は「ない」から「ある」へと進む。行動するとき「ない」ものをまず考えることは有用なことで必要でさえある。しかし、「何かがない」ということが何を意味しているかを検討せずに、この考え方を存在の問題に取り組むときにも適用してしまうのである。

この錯覚から解放されて、無を介さずに存在を考えようとしても、もう一つの錯覚が待ち構えている。運動、変化、生成、つまり動性を、位置や状態といった不動性によって考えてしまう錯覚である。ベルクソンの解釈によれば、ギリシャ哲学は、飛んでいる矢は不動であるというゼウスの運動のパラドックスを解決するために、運動や変化より不動で不変なものの方が実在的であると考える。こうして変化を特徴づけるある瞬間の状態、したがってそれ自体不変な状態を実在に仕立て上げる。これがイデアである。概念的な存在であるイデアは、時間も空間も持たず、互いに結び付いてシステムを構成する。このイデアのシステムにあらゆる実在、あらゆる知識が含まれ、われわれが経験する運動、変化はイデアが「堕落」したものとなる。しかし、イデアの哲学は変化のある瞬間における状態が、その変化の構成要素となっていると考える。ゼウスが矢の通過した点の集合を矢の運動と同一視したのと同じく、変化の諸状態の集合を変化と同一視しているのである。これは錯覚である。なぜなら、いかに取り上げる瞬間を増やそうと、不動なものは不動なものであり、いくら不動なものを並べても運動になることはないし、不変なものを並べても変化になることはないからである。この錯覚も知性の実践的な性格を見逃すことから生じる。例えば、鹿を捕まえるためにその運動を考える場面を想像してみよう。このとき、鹿が動いていること、いつ、どこを通るかがわかれば十分で、鹿の運動そのものについて知る必要がない。しかし、知性が運動そのものの知識を与える思弁的な能力であると思い込んで、運動をそれが各瞬間に通過した点の集合と考えてしまうのである。

一方で、スピノザやライプニッツ以降の哲学者は、ガリレイ以降の近代科学が完成したと想定して、この科学が与えるすべての法則が凝縮したものを原理とし、すべての存在をここから演繹しようとする。しかし、近代科学は、所与の瞬間のそれぞれの質点の位置を知った場合、任意の瞬間について位置を計算できると考えるもので、運動のうち位置の知識しか与えない。したがって完成した近代科学の知識の全体を原理にすえる哲学者たちも、動性を取り逃がしているのである。

不動性に実在を認めることから始めると、動性を説明することはできない。この錯覚を消し去るためには、動性こそが存在するものであることを認めなければならない。そうすれば、位置や状態などの不動性は、動性に対する精神の眺めであることがわかる。さて、第4章に入るまでの考察が、「みずからを作る」ものであれ、「みずからを解体する」ものであれ、あらゆる実在が生成であるという結論に収束するのをわれわれは見た。つまり、それまでの形而上学的研究がここでの認識批判を可能にしているのである。

## 開かれた哲学

ベルクソンは、一方で経験的な科学の所与や学説に基づいて、他方で直観の努力によって拡張された経験に基づいて、「存在」の問題を検討している。それぞれの考察は補足し合いながら、生命にとって「存在する」という言葉が絶えまない創造を意味するという結論に収束する。この結論は暫定的なものでしかなく、その蓋然性を高めるためにさらなる努力が要求される。この努力は、それまで得られた結論に修正を施すことすら厭わない。また、知性批判を行って、弁証的に存在の問題を考える体系的な哲学者が陥っている錯覚を暴き、経験的な研究を促す。こうしてベルクソンは、決して完結することなく絶えまない努力を要求する経験的な哲学、より多くの研究者の協力を要請する哲学、言わば、開かれた哲学を実践し、われわれ読者に突きつけているのである。

このため、読者がそれぞれの経験に立ち帰って議論を検討するための工夫が、本書のいたるところで施されている。比喩を多く用いることはその一つである。雪だるま、鉄くずの中を動く手、弾み、花火、波、圧力のかかった容器などベルクソンが比喩に用いるイメージは多様だ。二〇〇七年に刊行された増補版の『創造的進化』の附録で、フランソワが七ページにも及ぶイメージの索引を作成しているほどである。しかし、これは無味乾燥な哲学の論文に彩りを与えるための表現技法ではない。『思想と動くもの』に収められている「形而上学入門」で、ベルクソンは言う。「イメージには少なくともわれわれを具体的なものにとどめておくという長所がある。…きわめて異なった種類のものから借りてきた多様なイメージは、それらの作用が収束することによって、とらえるべきある直観が存在する正確な点へ意識を導くことができるだろう」（*La pensée et le mouvant*, p. 185）。つまりベルクソンは自分の経験を、それが示唆するイメージによって、読者にも経験させようとしているのである。

　また、ベルクソンはできるだけ哲学の専門用語を避け、日常的な言葉を用いている。そこで訳出にあたり、哲学に触れたことのない人たちを思い浮かべて、文脈にあわせてなるべく日常生活で用いられている言葉を訳語として選んだ。このために、一般的にベルクソン思想のキーワードとしてみなされている言葉が見分けにくくなっているし、哲学思想の歩みの中で蓄積されてきた含意が読み取りにくいといった弊害も生じているかもしれない。しかし、そうした原書における言葉の選択も、読者が具体的なイメージを持ちやすくするための、ベルクソンの工夫と言えるのである。

　以上のような工夫は、美しい響きを持つ簡潔な文体に結実する。もし、フランス語を知らない人がベルクソンの一節の朗読を聞けば、恋人の愛のささやきに聞こえるだろう。この翻訳がベルクソンの含蓄ある美しいフランス語に触れるきっかけになれば幸いである。

# 訳者あとがき

本書は、Henri Bergson : *L'évolution créatrice*, 1907 の全訳である。翻訳の底本としては、ベルクソン生誕百年を記念してフランス大学出版局から出版された一巻本の全集ならびに、畏友アルノー・フランソワ（Arnaud François）を校訂者としたフランス大学出版局「衝撃ベルクソン」（Le choc Bergson）シリーズの二〇〇七年版を用いた。『意識に直接与えられたものについての試論』、『物質と記憶』の場合と同様、今回も、翻訳にあたっては、新進気鋭のベルクソン研究者の協力を得ることができた。現在パリ第十大学にて『創造的進化』についての博士号請求論文を執筆中の松井久君である。

訳者（合田）は今から三〇年ほど前にベルクソンの『創造的進化』の邦訳を初めてひもといたと記憶しているが、今回、訳者という名の読者として幾度も本書の原文を辿りながら、膨大な情報を摂取しつつそこから高密度の思考の道を拓き、それを精緻な文章で表現していくベルクソンの名人芸に改めて驚嘆せざるをえなかった。表出行為としての考えることの凄さ、と言い換えてもよい。

「存在（生存、実存）」は何らかの意味を有しているのか——この問いが完璧な仕方で、その深遠さをいささかも減じることなく聞き届けられて理解されるためだけにも数世紀が必要である」(『華やぐ智慧』三五七節)、とニーチェは一八八二年に記し、「われわれはまだ〔思考するべきものを〕思考していない」(『思考とは何の謂か』)とハイデガーは一九五二年に言った。まさにその中間地点にあって、ベルクソンはというと、意識、身体、記憶、物質、生命、進化、道徳、宗教など様々な対象を相異なる方法で探究しつつも、また、それぞれの探究の独自性を強調しながらも、終始一貫して、われわれ自身——自己を「私」でありかつ「人間」であるものとみなす者たち——が「存在する」(exister)とはどういうことか、「実在性」(réalité)とは、「実在」(réel)とは何か、更には「存在」(Être)とは何かを問い続けた。

この探究は、カントを強く意識した新しい「超越論的探究」であったと訳者は想定している。「超越論的なもの」とは、例えば私が眼を開いて何かを見るという経験をするとき、そのつどすでにその前提——条件ないし制約——となっているものの謂である。そのように、自分を超えているかに見えるもの、自分の力では如何ともしがたいと映るもの——超越的なもの——と係りうるし、また係らざるをえないということ、それが「超越論的」であるということだ。「人間」はその「条件」——ハイデガーなら「存在することの意味」と呼ぶであろうもの——を不断に問う点で「超越論的な」存在者に他ならない。『試論』では「社会性」を一旦括弧に入れることで、『物質と記憶』では、「経験」が「人間的経験」と化す曲がり角を逆に辿り直すことで、本書では「全体へともう一度みずからを溶かし込む努力」(二四二頁）をなすことで、「超越論的探究」が展開されていると言ってよいが、重要なのは、ベルクソンがここで、「経験的なもの」を拘束し狭隘化するものとしてではなく、むしろ逆に、「経験的なもの」を予見不能ならしめる次元として、「超越論的なもの」を捉えていることだろう。

訳者自身が推し進めている仕事からすると、何よりも本書での「個体性」と「システム」、「無」と「無秩序」、「充足理由律」をめぐる考察が興味深いものに映る。また、宇宙全体・物質と生命・個体という三つ組みが本書の枠組みとなっているという点では、スピノザとライプニッツについての考察を含んだ本書全体が、スピノザへの応答であったとさえ言えるかもしれない。もうひとつ付言しておくと、訳者は、エマソンの二人の弟子、パースとニーチェの「記号論」（Semiotik）との関連でベルクソンの思想を捉えるべきと考えているが、その点では本書の言語論、記号論、象徴論はきわめて示唆的である。

脳科学が著しい発展を遂げた後でも、『物質と記憶』の叙述は、少なくとも訳者には、色あせることなくアクチュアリティを保っているのだが、本書の叙述は、生命科学、進化論の最先端の研究者から見てどのような価値を有しているのだろうか。

実は、本書の現代的意義と価値が内外の数多の研究者たちによって討議される稀有な機会が最近訳者に与えられた。安孫子信氏（法政大学）、藤田尚志氏（九州産業大学）を中心に、『創造的進化』刊行百年を記念する国際シンポジウムが、二〇〇七年、二〇〇八年、二〇〇九年の三年にわたって開催され、そこに参加することができたのである。いずれの会にも、現在、世界のベルクソン研究をリードしているフレデリック・ヴォルムス氏をはじめとして、フランスのみならずイギリス、イタリア、アメリカ合衆国、韓国からも数多くの研究者が来日し、きわめて密度の濃い刺激的な発表と論議が展開された。いずれその記録が出版される予定であるが、訳者自身も、「廃墟のポイエティーク——ベルクソン、レヴィナス、ベンヤミン」（二〇〇七年）、「明かされざる〈無〉のカバラ——H・ベルクソンとS・ヴェイユのあいだ／を超えて」（二〇〇八年）、「スピノザ変化（メタモルフォーゼ）——ベルクソン／サルトルの場合」（二〇〇九年）という拙い発表をそこで行なった。

最後に翻訳についてひとこと。翻訳に際しては、アルノー・フランソワが本書の新版に付した膨大な解説と訳注をどうするかが問題となったが、松井も合田も、フランソワの作業の意義を高く評価しつつも、一般の読者がむしろ訳註に注意を奪われることなく読み進めうるような訳文を作ることを第一の課題と考えるべきとの結論に達した。翻訳の作業は、まず松井が全体を訳出し、それを合田が検討、修正するという手順で進められた。訳文についての最終的責任は合田にあるけれども、こうして新たに訳出できたのは何よりも松井の努力によるる。ただ、細心の注意を払ったつもりだが、思わぬ見落とし、誤読もあるかもしれない。忌憚のないご意見、ご批判をお寄せいただければ幸いである。

末筆となったが、今回も最初から最後まで筑摩書房の天野裕子さんにお世話になった。記して深謝申し上げたい。

二〇一〇年七月二〇日　合田正人（訳者を代表して）

# 人名索引

E・B・ウィルソン（Wilson, 1929- アメリカの生物学者） 58
アイマー（Thedor Eimer,1843-1898. ドイツの動物学者） 82, 102, 104, 117
アリストテレス（Aristote, BC384-BC322） 223, 290, 399, 407, 408, 411, 413, 414, 417, 418, 421, 438, 440, 441, 444, 445, 449, 466
アルキメデス（Archimède, BC287-BC212） 421
ガリレイ（Galilée,1564-1642） 290, 291, 418, 422, 423, 450, 466
クラウジウス（Rudolf Julius Emmanuel Crasius, 1822-1888. ドイツの物理学者） 309
ケプラー（Köpler,1571-1630） 291, 421～423
コープ（Edward Drinker Cope, 1840-1897. アメリカの古生物学者、比較解剖学者） 107
シャラン（A.Charrin） 112
スピノザ（Bruch de Spinoza, 1632-1677） 351, 438, 442, 444, 446～449, 456
ダーウィン（Charles Robert Darwin, 1809-1882） 83, 92, 93, 96, 102, 145
デュ・ボア＝レイモン（Emil Du Bois-Reymond, 1816-1896. ドイツの生理学者） 61
ド・フリース（Hugo Marie de Vries, 1848-1935. オランダの植物学者、遺伝学者） 92, 117
ドラマール（G. Delamare） 112
ニューコメン（Thomas Newcomen, 1664-1724. イギリスの発明家、企業家） 234
ハクスリー（Thomas Hery Huxley, 1825-1895. イギリスの生物学者） 61
フィヒテ（Johann Gottlieb Fichte, 1762-1814） 241, 242, 450
ブーシェ・ド・ペルト（Jacques Boucher de Perthe, 1788-1868. フランスの考古学者、地理学者） 177
プラトン（Platon, BC427-BC347） 74, 200, 243, 399, 400, 402, 406, 407, 409, 413, 417, 422, 438, 440
プロティノス（Plotin, 204/205-270） 399, 409, 440, 444, 446
ベイトソン（William Bateson, 1861-1926. イギリスの遺伝学者） 92
ベートーベン（Ludwig Beethoven, 1770-1827） 286
ペロン（A. Péron） 112
ボルツマン（Ludwig Boltzmann, 1844-1906. オーストリア出身の物理学者） 312
ムーシュ（G. Moussu） 112
モリエール（J.-B. Molière, 1622-1673） 282
ラプラス（Pierre-Simon de Laplace, 1749-1827. フランスの数学者、物理学者、天体学者） 61
ラマルク（Jean-Baptiste Lamarck, 1744-1829. フランスの博物学者） 107
ロマネス（Geroge John Romanes, 1848-1894. イギリスの進化生物学者） 179

目的論　finalisme　14, 62, 63, 68, 69, 71, 76, 78, 87, 89, 121, 124, 128, 129, 131, 138, 165
モザイク mosaïque　122, 123, 460
モナド monade　443, 445

ヤ行

有用〔性〕utilité　101, 194, 197, 199, 378
予見不可能 imprévisible, imprévu　23, 24, 52, 72, 211, 286, 316
欲望 désir　359, 373, 378
寄せ集め assemblage　123, 124, 126, 127

ラ行

リズム rythme　437, 451
良識　bon sens　206, 271, 439
類 genre　288〜291
歴史 histoire　26, 28, 50, 118, 168, 209
連続 continu, continuité　19, 48, 49, 52, 53, 134, 198, 207, 208, 242, 328, 389, 393, 431, 462
老化 vieillissement　36, 38, 39
論理学 logique, logicien　8, 206, 270

調和 harmonie　77, 153
直　観 intuition　71, 224, 226, 227, 231, 235, 272, 304, 339, 340, 342, 345, 352, 408, 451, 453〜455
抵抗 résistence　33, 128, 133, 344
適　応 adaptation　77, 82, 83, 85, 86, 88, 97, 100, 137, 196, 388
哲　学 philosophie　13〜15, 52, 116, 222, 226, 243, 247〜252, 254, 281, 340, 341, 391, 400, 440, 466
道具 outil　178, 180, 186, 193, 233
同時性　simultanéité　27
突然変異mutation　92, 94, 97, 98, 117
努力 effort　108, 109, 118, 128, 129, 151, 165, 218, 226, 270, 416, 466

ナ行

認　識 connaissance　13, 190〜192, 224, 243, 248, 253, 254, 264, 289, 293, 347, 348, 387, 388, 432〜435, 451
認識論 épitémologie　227, 252, 264, 280, 295
ネオ・ダーウィン主義　117, 216, 218
ネオ・ラマルク主義　115, 118, 218
脳 cerveau　22, 106, 147, 162, 229, 230, 233, 235, 321, 333, 334, 341, 343, 447, 461

ハ行

弾み élan　76, 80, 81, 111, 119, 120, 130, 137, 139, 151, 156, 304, 327, 329
　生の弾み élan vital　320, 323, 332
判断 jugement　365〜368, 376
反　復 répétition　23, 51, 52, 70, 86, 256, 272
非決定性 indéterminisme　164, 320
必　然　性 nécessité　277, 300, 302, 320, 335, 343, 439
否定 négation　365〜367, 369, 370, 372, 374, 375, 376
表象 représentation　185, 186, 198, 200, 204, 208, 231, 361, 362, 363, 377, 380
不可逆的 irréversible　37, 52
複　雑 complication,　84, 85, 89, 90, 95, 120, 122, 123, 130, 131, 134, 267, 268, 317, 319, 320, 333
複雑性　complexité　276, 301
物　質 matière　7, 31, 197, 206, 231, 233, 240, 241, 256, 258, 260, 261, 264, 265, 272, 276, 277, 279, 306, 313, 318, 465
物　理　学 physique　266, 271, 278, 291, 399, 418, 432, 438, 446
付帯現象説 épiphénoménisme　448
不連続性 discontinuité　19, 198
変　異　transformation　92, 93, 104, 106, 116, 157
弁証法 dialectique　304
法　則 loi　96, 201, 248, 288〜293, 297, 308, 310, 312, 404, 421, 422, 424, 440, 444, 449
本能 instinct　37, 51, 174〜176, 179, 183, 184, 186, 187, 189, 191, 192, 194, 203, 212, 213, 215, 216, 218, 220〜226, 235, 237, 240, 285, 341, 461
翻訳 traduction　440〜442, 453

マ行

未来 avenir　28, 43, 50, 60, 77, 79, 437
無 néant　350〜352, 354, 355, 357, 359, 364, 375〜378
無　意　識 inconscience, inconscient　22, 37, 184, 186, 224, 248, 250, 252, 258
無秩序 désordre　139, 280, 282, 283, 295〜299, 347, 348

種 espèce 47, 49, 51, 92, 111, 117〜119, 130, 133, 135, 137, 139, 168, 170, 171, 210, 214, 335, 337
習慣 habitude 52, 68, 79, 109〜111, 114, 166, 178, 205, 216, 217, 221, 233, 244, 288, 307, 335, 336, 377, 396, 397
瞬間 instant, instantané 41, 42, 210, 346, 398, 417〜420, 432, 439, 456
状態 état 381, 386
常識 sens commun 28, 196
象徴 symbole 10, 11, 21, 206, 271, 310, 369, 465
衝動 impulsion 257, 305, 313, 315, 327, 329, 331, 344
進化 évolution, évolutif 7〜9, 12, 13, 40, 44, 49, 51, 73, 75, 76, 78, 80, 83, 98, 132, 135〜138, 144, 154, 155, 165, 208, 218, 235, 286, 287, 319, 324, 338, 346, 383, 395, 398, 456, 460, 464
創造的進化 évolution créatrice 207, 285
人格 personne, personalité 23, 25, 134, 155, 257, 328, 341
神経 nerf, nerveux 146, 147, 151, 157〜162, 164, 220, 224, 320〜332
身体 corps 35, 38, 158, 159, 211, 272, 327, 336, 342, 343
心理学 psychologie 77, 109, 238, 247, 258, 271, 328
真理 vérité 254
生気論 vitalisme 66
製作 fabrication 126, 177, 179〜181, 193, 200, 202, 204, 233
生成 devenir 208, 209, 211, 287, 306, 346, 385, 386, 388, 389, 395, 397, 398, 400, 402, 403, 440, 456, 462, 466
生存競争 82, 84
生物学 biologie 54, 223
生命 vie 32, 44, 50, 51, 53, 54, 73〜75, 78, 80, 86, 130, 132, 134, 136〜140, 142, 152, 165〜168, 191, 383
潜在性 virtualité 31, 186, 256, 232, 329, 342, 375
全体 tout, totalité 28, 30, 53, 54, 60, 65, 66, 75, 81, 123, 268, 309, 356, 364, 375, 376, 378, 384, 414, 444, 460
相関 corrélation 96〜98
相互浸透 207, 208, 227, 328, 431
創造 création 25, 44, 51, 62, 69, 78, 80, 118, 151, 209, 268, 270, 284, 305, 313, 316, 320, 332, 343, 392, 429, 437, 466
想像〔力〕imagination 10, 274, 353, 360, 382
存在 être 254, 350, 361, 367, 374, 378, 401, 403, 410, 449

## タ行

魂 âme 211, 341, 343, 441, 442
知覚 perception, percevoir 31, 215, 222, 262, 264, 290, 352, 381, 382, 383, 412
知性 intelligence, intelligent 7, 8, 10〜12, 14, 23, 27, 41, 51, 61, 68〜70, 72〜75, 77〜79, 123, 140, 174, 176, 179〜181, 183, 186〜189, 191〜201, 203〜205, 207〜211, 215, 217, 221, 223〜227, 232, 235, 237〜246, 249, 255, 261, 263, 264, 267, 270, 276, 278, 292, 299, 339, 340, 343, 345, 346, 366, 370, 379, 380, 389, 406, 408, 412, 433, 447, 451〜453, 455, 457, 462
秩序 ordre 129, 268, 276, 277, 280, 282, 284, 286, 288, 293〜297, 299〜301, 306, 312, 319, 348, 406

328, 344, 360, 403, 404, 406, 409, 410, 422, 439, 445, 455
偶然 hasard　81, 83, 84, 90, 91, 94, 95, 97～99, 106, 113, 116, 138, 140, 217, 218, 222, 295, 297, 298, 300, 324, 332, 339, 406
経　験 expérience　8, 9, 13, 46, 62, 110, 191, 221, 243, 252, 261, 262, 292, 293, 370, 373, 381, 398, 446, 453, 457
傾向 tendance　155, 156, 174, 231
形態〔形相〕forme　86, 88, 118, 136, 165, 167, 383
形而上学 métaphysique　41, 62, 228, 236, 238, 247～249, 252, 254, 258, 266, 350, 412, 435, 437, 441, 449
芸術 art, artiste　69, 285
決定論 déterminisme　336, 440
言語 langage, langue　189, 202, 203, 205, 234, 282, 328, 336, 370, 385, 388, 397, 412, 413, 416～418, 441
現　在 présent　28, 43, 77, 79, 255, 256, 374, 437
行　動 acte, action, agir　68, 69, 72, 185, 192, 193, 196, 198～200, 202, 206, 207, 212, 228, 245, 270, 303, 313, 315, 321, 333, 343, 377～380, 389
後悔　regret　359, 378
構　造 structure　82, 89, 91, 93, 99, 101, 120, 123, 131, 180, 202, 234, 286, 333
合目的性、目的論 finalité, finalisme　62, 64, 65, 67, 70, 78, 80, 82, 89, 90, 98, 210, 227, 235, 285
悟性 entendement　13, 14, 28, 254, 292, 299, 315, 317, 328, 360, 405, 452
個体、個人 individu, individualité　8, 32～34, 36, 45, 48, 50, 66, 67, 80, 109, 110, 114, 116, 118, 120, 132, 202, 216, 218, 240, 288, 290, 318, 329, 331, 333, 336, 342
固体 solide　7, 8, 21, 197, 206, 460

### サ行

錯　覚 illusion　196, 345～348, 359, 398, 431
産業 industrie　208, 210
死 mort　344
思考 pensée　8, 11, 47, 60, 195, 199, 205, 246, 357, 359, 363, 378, 397, 412, 413, 442, 448, 449
時　間 temps　30, 37, 42, 43, 61, 62, 70, 208, 275, 294, 318, 344, 360, 403, 404, 406, 409, 410, 422, 432, 439, 445, 455
自我 moi　20, 21
システム、系、体系 système　27～30, 35, 40, 42, 43, 50, 53, 55, 60, 153, 201, 260, 266, 273, 275, 279, 290, 293, 303, 304, 308, 372, 383, 429, 432, 437～439, 453
自　然 nature　32, 59, 61, 64, 100, 121, 128, 135, 180, 183, 186, 197, 239, 243, 251, 254, 278, 279, 288, 289, 303, 308, 324, 339, 450, 462, 463
自然選択 séléction naturelle　84, 90, 92, 93, 98, 99, 129, 216, 222
持　続 durée　18, 21, 28, 30, 37, 42～44, 60, 62, 70, 257, 272, 273, 278, 345, 346, 350, 378, 379, 401, 403, 404, 427, 428, 433～435, 455, 458, 465
自発性　spontanéité　145, 370
自由 liberté　277, 302, 305, 343
実証科学 science positive　126, 207, 247～250, 425
社　会 société　178, 202, 330, 336, 370, 375, 376

# 事項索引

## ア行

新しさnouveauté　30, 72, 209, 211, 233, 255, 256, 270, 305, 317, 357

意志 volonté, vouloir　72, 118, 147, 255, 256, 285, 294, 297, 298, 303, 305, 321, 436, 457, 461

意　識 conscience,　7, 11, 12, 22, 23, 25, 44, 49, 73, 146, 147, 156, 175, 184〜186, 228〜232, 235, 239〜241, 265, 272, 302, 328, 332, 333, 335, 338, 339, 341〜343, 346, 353, 358, 447, 448

イデア　Idée　47, 74, 398〜402, 404〜408, 413, 415, 417, 440

遺伝 hérédité　109, 111〜114, 119, 216, 217, 221

イメージ image　204, 206, 315, 319, 328, 352, 354, 360, 363, 387, 429, 459

因果性 causalité　8, 68, 70, 227

宇宙 univers　29, 30, 35, 53, 61

運　動 mouvement　124, 156, 166, 175, 198, 199, 233, 290, 315, 332, 334, 343, 382, 384, 387, 392〜394, 397, 400, 403, 404, 407, 410, 411, 413, 465

映　画 cinéma, cinématographique　387, 388, 390, 396, 402, 412, 417, 425, 428, 435, 437

エネルギー energie　49, 76, 150〜153, 157, 158, 160, 308, 310〜312, 314, 320, 322, 325, 326, 465

演繹 déduction　269, 271, 272, 276, 456

エントロピー entropie　310

## カ行

概　念 concept　205, 246, 270, 304, 369, 403, 413, 421, 440, 444, 449

科 学 science　27, 29, 32, 40, 43, 51, 54, 87, 116, 141, 215, 222, 226, 247, 248, 251〜254, 264, 279, 292, 342, 382, 416〜418, 421, 422, 424, 425, 427, 433, 434, 438〜440, 449, 453, 466

　実証科学 science positive　126, 207, 247, 248, 249, 250, 425

過　去 passé　22, 23, 27, 28, 41〜43, 50, 60, 256, 373, 374

可能的なもの possible　362

神 dieu　407, 409, 410, 436, 440, 444, 449, 450

関係 rapport, relatition　193〜195, 206, 292, 293, 444, 449

感情 affection, affectif, sentiment　222, 357

記憶 mémoire　22, 23, 230, 256, 265, 270

機械 machine　166

機 械 論 mécanisme　14, 37, 60, 62, 63, 66, 68, 69, 71, 76, 80, 82〜84, 89, 90, 98, 105, 120, 121, 123, 124, 127, 129, 131, 136, 137, 436, 439, 444, 446, 457

幾何学 géométrie　8, 206, 242, 249, 261, 269〜271, 276, 284, 287, 301, 302, 422, 455, 465

記号 signe　21, 202, 203, 416, 418

帰納 induction　269, 272, 275

共感 sympathie　222, 224, 227

空　間 espace, spatial　49, 201, 205, 208, 241, 258〜263, 265, 269, 275, 294, 318,

本書は「ちくま学芸文庫」のために新たに訳出したものである。

**明かしえぬ共同体**
M・ブランショ
西谷修 訳

G・バタイユが孤独な内的体験のうちに失うという形で見出した〈共同体〉。そして、M・デュラスが描いた奇妙な男女の不可能な愛の〈共同体〉。

**フーコー・コレクション**
（全6巻＋ガイドブック）
ミシェル・フーコー
小林康夫／石田英敬／松浦寿輝編

20世紀最大の思想家フーコーの活動を網羅した『ミシェル・フーコー思考集成』。その多岐にわたる思考のエッセンスをテーマ別に集約する。

**フーコー・コレクション1**
狂気・理性
ミシェル・フーコー
小林康夫／石田英敬／松浦寿輝編

第1巻は、西欧の理性がいかに狂気を切りわけてきたかという最初期の問題系をテーマとする諸論考。〝心理学者〟としての顔に迫る。（小林康夫）

**フーコー・コレクション2**
文学・侵犯
ミシェル・フーコー
小林康夫／石田英敬／松浦寿輝編

狂気と表裏をなす「不在」の経験として、文学がフーコーによって読み解かれる。人間の境界＝極限を、その言語活動に探る文学論。（小林康夫）

**フーコー・コレクション3**
言説・表象
ミシェル・フーコー
小林康夫／石田英敬／松浦寿輝編

ディスクール分析を通しフーコー思想の重要概念も精緻化されていく。『言葉と物』から『知の考古学』へ研ぎ澄まされる方法論。（松浦寿輝）

**フーコー・コレクション4**
権力・監禁
ミシェル・フーコー
小林康夫／石田英敬／松浦寿輝編

政治への参加とともに、フーコーの主題として「権力」の問題が急浮上する。規律社会に張り巡らされた巧妙なるメカニズムを解明する。（松浦寿輝）

**フーコー・コレクション5**
性・真理
ミシェル・フーコー
小林康夫／石田英敬／松浦寿輝編

どのようにして、人間の真理が〈性〉にあるとされてきたのか。欲望的主体の系譜を遡り、「自己の技法」の主題へと繋がる論考群。（石田英敬）

**フーコー・コレクション6**
生政治・統治
ミシェル・フーコー
小林康夫／石田英敬／松浦寿輝編

西洋近代の政治機構を、領土・人口・治安など、権力論から再定義する。近年明らかにされてきたフーコー最晩年の問題群を読む。（石田英敬）

**フーコー・コレクション**
**フーコー・ガイドブック**
ミシェル・フーコー
小林康夫／石田英敬／松浦寿輝編

20世紀の知の巨人フーコーは何を考えたのか。主要著作の内容紹介・本人による講義要旨・詳細な年譜で、その思考の全貌を一冊に完全集約！

マネの絵画
ミシェル・フーコー
阿部崇 訳
19世紀美術史にマネがもたらした絵画表象のテクニックとモードの変革を、13枚の絵で読解。フーコーの伝説的講演録に没後のシンポジウムを併録。

間主観性の現象学 その方法
エトムント・フッサール
浜渦辰二／山口一郎監訳
主観や客観、観念論や唯物論を超えて「現象」そのものを解明したフッサール現象学の中心課題。現代哲学の大きな潮流「他者」論の成立を促す。本邦初訳。

間主観性の現象学Ⅱ その展開
エトムント・フッサール
浜渦辰二／山口一郎監訳
フッサール現象学のメインテーマ第Ⅱ巻。自他の身体の構成から人格的生の精神共同体までを分析し、真の関係性を喪失した孤立する実存の限界を克服。

間主観性の現象学Ⅲ その行方
エトムント・フッサール
浜渦辰二／山口一郎監訳
間主観性をめぐる方法、展開をへて、その究極の目的（行方）が、真の人間性の実現に向けた普遍的目的論として呈示される。壮大な構想の完結篇。

内的時間意識の現象学
エトムント・フッサール
谷徹 訳
時間は意識のなかでどのように構成されるのか。哲学・思想・科学に大きな影響を及ぼしている名著の新訳。詳密な訳注を付し、初学者の理解を助ける。

風土の日本
オギュスタン・ベルク
篠田勝英 訳
自然を神の高みに置く一方、無謀な自然破壊をする日本人の風土とは何か？ フランス日本学の第一人者による画期的な文化・自然論。（坂部恵）

ベンヤミン・コレクション1
ヴァルター・ベンヤミン
浅井健二郎編訳
久保哲司 訳
ゲーテ『親和力』論、アレゴリー論からボードレール論を経て複製芸術論まで、ベンヤミンにおける近代の意味を問い直す、新訳のアンソロジー。

ベンヤミン・コレクション2
ヴァルター・ベンヤミン
浅井健二郎編
三宅晶子ほか訳
中断と飛躍を恐れぬ思考のリズム、巧みに布置された理念やイメージ。手仕事的細部に感応するエッセイの思想の新編・新訳アンソロジー、第二集。

ベンヤミン・コレクション3
ヴァルター・ベンヤミン
浅井健二郎編訳
久保哲司 訳
過去／現在を思いだすこと——独自の歴史意識に貫かれた《想起》実践の各篇「一方通行路」「ドイツの人びと」「ベルリンの幼年時代」などを収録。

ベンヤミン・コレクション4
ヴァルター・ベンヤミン
浅井健二郎編訳
土合文夫ほか訳
〈批評の瞬間〉における直観の内容をきわめて構成的に叙述したベンヤミンの諸論考――初期の哲学的思索から同時代批評まで――を新訳で集成。

ベンヤミン・コレクション5
ヴァルター・ベンヤミン
浅井健二郎編訳
土合文夫ほか訳
文学、絵画、宗教、映画――主著と響き合い、新たな光を投げかけるベンヤミン〈思考〉の断片を立体的に集成。新編・新訳アンソロジー、待望の第五弾。

ベンヤミン・コレクション6
ヴァルター・ベンヤミン
浅井健二郎編訳
久保哲司ほか訳
ソネット、未完の幻想小説風短編など、ベンヤミンの知られざる創作世界を収録。『パサージュ論』成立の背後を明かすメモ群が注目の待望の第六弾。

ベンヤミン・コレクション7
ヴァルター・ベンヤミン
浅井健二郎編訳
文人たちとの対話を記録した日記、若き日の履歴書、死を覚悟して友人たちに送った手紙――20世紀を代表する評論家の個人史から激動の時代精神を読む。

ドイツ悲劇の根源（上）
ヴァルター・ベンヤミン
浅井健二郎訳
〈根源〉へのまなざしが、〈ドイツ・バロック悲劇〉という天窓を通して見る、存在と歴史の〈星座〉（状況布置）。ベンヤミンの主著の新訳決定版。

ドイツ悲劇の根源（下）
ヴァルター・ベンヤミン
浅井健二郎訳
上巻「認識批判的序章」「バロック悲劇とギリシア悲劇」に続けて、下巻は「アレゴリーとバロック悲劇」に、関連の参考論文を付して、新編でおくる。

パリ論／ボードレール論集成
ヴァルター・ベンヤミン
浅井健二郎編訳
久保哲司／土合文夫訳
『パサージュ論』を構想する中で書きとめられた膨大な覚書を中心に、パリをめぐる考察を一冊に凝縮。ベンヤミンの思考の核を明かす貴重な論考集。

意識に直接与えられたものについての試論
アンリ・ベルクソン
合田正人／平井靖史訳
強度が孕む〈質的差異〉、自我の内なる〈多様性〉からこそ、自由な行為は発露する。後に『時間と自由』の名で知られるベルクソンの第一主著。新訳。

物質と記憶
アンリ・ベルクソン
合田正人／松本力訳
観念論と実在論の狭間でイマージュへと焦点があてられる。心脳問題への関心の中で、今日さらに重要性が高まる、フランス現象学の先駆的著書。

創造的進化
アンリ・ベルクソン
合田正人／松井久訳
生命そして宇宙は「エラン・ヴィタル」を起爆力に、自由な変形を重ねて進化してきた――。生命概念を刷新したベルクソン思想の集大成的主著。

道徳と宗教の二つの源泉
アンリ・ベルクソン
合田正人／小野浩太郎訳
閉じた道徳／開かれた道徳、静的宗教／動的宗教への洞察から、個人のエネルギーが人類全体の倫理的行為へ向かう可能性を問う。最後の哲学的主著新訳。

笑い
アンリ・ベルクソン
合田正人／平賀裕貴訳
「おかしみ」の根底には何があるのか。主要四著作に続き、多くの読者に読みつがれてきた本著作の最新訳。主要著作との関連も俯瞰した充実の解説付。

精神現象学（上）
G・W・F・ヘーゲル
熊野純彦訳
人間精神が、感覚的経験という低次の段階から「絶対知」へと至るまでの壮大な遍歴を描いた不朽の名著。平明かつ流麗な文体による決定版新訳。

精神現象学（下）
G・W・F・ヘーゲル
熊野純彦訳
人類知の全貌を綴った哲学史上の一大傑作。四つの原典との頁対応を付し、著名な格言を採録した索引を巻末に収録。従来の解釈の遥か先へ読者を導く。

象徴交換と死
J・ボードリヤール
今村仁司／塚原史訳
すべてがシミュレーションと化した高度資本主義像を鮮やかに提示し、〈死の象徴交換〉による、その内部からの〈反乱〉を説く、ポストモダンの代表作。

永遠の歴史
J・L・ボルヘス
土岐恒二訳
巨人ボルヘスの時間論を中心とした哲学的エッセイ集。宇宙を支配する円環的時間を古今の厖大な書物に分け入って論じ、その思想の根源を示す。

経済の文明史
カール・ポランニー
玉野井芳郎ほか訳
市場経済社会は人類史上極めて特殊な制度的所産である――非市場社会の考察を通じて経済人類学に大転換をもたらした古典的名著。（佐藤光）

経済と文明
カール・ポランニー
栗本慎一郎／端信行訳
文明にとって経済とは何か。18世紀西アフリカ・ダホメを舞台に、非市場社会の制度的運営とその原理を明らかにした人類学の記念碑的名著。

暗黙知の次元
マイケル・ポランニー
高橋勇夫訳

非言語的で包括的なもうひとつの知。創造的な科学活動にとって重要な〈暗黙知〉の構造を明らかにしつつ、人間と科学の本質に迫る。新訳。

現代という時代の気質
エリック・ホッファー
柄谷行人訳

群れず、熱狂に翻弄されることなく、しかし自分自身の内にこもることなしに、人々と歩み、権力と向きあっていく姿勢を、省察の人・ホッファーに学ぶ。

知恵の樹
H・マトゥラーナ／F・バレーラ
管啓次郎訳

生命を制御対象ではなく自律主体とし、自己創出を良き環と捉え直した新しい生物学。現代思想に影響を与えたオートポイエーシス理論の入門書。

社会学的想像力
C・ライト・ミルズ
伊奈正人／中村好孝訳

なぜ社会学を学ぶのか。抽象的な理論や微細な調査に明け暮れる現状を批判し、個人と社会を架橋する学という原点から問い直す重要古典、待望の新訳。

メルロ＝ポンティ・コレクション
M・メルロ＝ポンティ
中山元編訳

意識の本性を探究し、生活世界の現象学的記述を実存主義的に企てたメルロ＝ポンティ。その思想の粋を厳選して編んだ入門のためのアンソロジー。

知覚の哲学
モーリス・メルロ＝ポンティ
菅野盾樹訳

時代の動きと同時に、哲学自体も大きく転身した。それまでの存在論の転回を促したメルロ＝ポンティ哲学と現代哲学の核心を自ら語る。

悪魔と裏切者
山崎正一
串田孫一

ルソーとヒュームのどうしようもないケンカの記録。いったいこの人たちはなぜ……。二人の大思想家の常軌を逸した言動を読む。（重田園江）

われわれの戦争責任について
カール・ヤスパース
橋本文夫訳

時の政権に抗いながらも「侵略国の国民」となってしまった人間は、いったいにどう戦争の罪と向き合えばよいのか。戦争責任論不朽の名著。（加藤典洋）

哲学入門
バートランド・ラッセル
髙村夏輝訳

誰にも疑えない確かな知識など、この世にあるのだろうか。近代哲学が問い続けてきた諸問題を、これ以上なく明確に説く哲学入門書の最高傑作。

仮面の道
C・レヴィ＝ストロース
山口昌男／渡辺守章／渡辺公三訳
北太平洋西岸の原住民が伝承する仮面。そこに反映された神話世界を、構造人類学のラディカルな理論で切りひらいて見せる。増補版を元にした完全版。

黙示録論
D・H・ロレンス
福田恆存訳
抑圧が生んだ歪んだ自尊と復讐の書「黙示録」を読みとき、現代人が他者を愛することの困難とその克服を切実に問うた20世紀の名著。（高橋英夫）

考える力をつける哲学問題集
スティーブン・ロー
中山元訳
宇宙はどうなっているのか？ 心とは何か？ 遺伝子操作は許されるのか？ 多彩な問いを通し、「哲学する」技術と魅力を堪能できる対話集。

プラグマティズムの帰結
リチャード・ローティ
室井尚ほか訳
真理への到達という認識論的欲求と、その呪縛からの脱却を模索したプラグマティズムの系譜。その戦いを経て、哲学に何ができるのか？ 鋭く迫る！

知性の正しい導き方
ジョン・ロック
下川潔訳
自分の頭で考えることはなぜ難しく、どうすればその困難を克服できるのか。近代を代表する思想家が、誰にでも実践可能な道筋を具体的に伝授する。

ニーチェを知る事典
渡邊二郎
西尾幹二編
50人以上の錚々たる執筆者による「読むニーチェ事典」。彼の思想の深淵と多面的世界を様々な角度から描き出す。巻末に読書案内（清水真木）を増補。

概念と歴史がわかる
西洋哲学小事典
生松敬三／木田元／伊東俊太郎／岩田靖夫編
各分野を代表する大物が解説する、ホンモノかつコンパクトな哲学事典。教養を身につけたい人、議論したい人、レポート執筆時に必携の便利な一冊！

命題コレクション　哲学
坂部恵
加藤尚武編
ソクラテスからデリダまで古今の哲学者52名の思想について、日本の研究者がひとつの言葉（命題）を引用しながら丁寧に解説する。

命題コレクション　社会学
作田啓一
井上俊編
社会学の生命がかよう具体的な内容を、各分野の第一人者が簡潔かつ読んで面白い48の命題の形で提示した、定評ある社会学辞典。（近森高明）

柳宗悦　阿満利麿

私財をなげうってまで美しいものの蒐集に奔走した柳宗悦。それほどに柳を駆り立てたのは、美が宗教的救済をもたらすという確信だった。（鈴木照雄）

論証のレトリック　浅野楢英

議論に説得力を持たせる術は古代ギリシアの賢人に学べ！　アリストテレスらのレトリック理論をもとに、論証の基本的な型を紹介する。（納富信留）

貨幣論　岩井克人

貨幣とは何か？　おびただしい解答があるこの命題に、『資本論』を批判的に解読することにより最終解答を与えようとするスリリングな論考。

二十一世紀の資本主義論　岩井克人

市場経済にとっての真の危機、それは「ハイパー・インフレーション」である。21世紀の資本主義のゆくえ、市民社会のありかたを問う先鋭的論考。

増補 ソクラテス　岩田靖夫

ソクラテス哲学の核心には「無知の自覚」と倫理的信念に基づく「反駁的対話」がある。その意味と構造を読み解き、西洋哲学の起源に迫る最良の入門書。

英米哲学史講義　一ノ瀬正樹

ロックやヒュームらの経験論は、いかにして功利主義、プラグマティズム、そして現代の正義論や分析哲学へと連なるのか。その歴史的展開を一望する。

規則と意味のパラドックス　飯田隆

言葉が意味をもつとはどういうことか？　言語哲学の難題に第一人者が挑み、切れ味抜群の議論で哲学的に思考することの楽しみへと誘う。

スピノザ『神学政治論』を読む　上野修

聖書の信仰と理性の自由は果たして両立できるか。スピノザはこの難問を、大いなる逆説をもって考え抜いた。『神学政治論』の謎をあざやかに読み解く。

倫理学入門　宇都宮芳明

倫理学こそ哲学の中核をなす学問だ。カント研究の大家が、古代ギリシアから始まるその歩みを三つの潮流に大別し、簡明に解説する。（三重野清顕）

ちくま学芸文庫


創造的進化《そうぞうてきしんか》

二〇一〇年九月十日　第一刷発行
二〇二五年四月十五日　第七刷発行

著者　アンリ・ベルクソン
訳者　合田正人（ごうだ・まさと）
　　　松井 久（まつい・ひさし）
発行者　増田健史
発行所　株式会社 筑摩書房
　　　東京都台東区蔵前二―五―三　〒一一一―八七五五
　　　電話番号　〇三―五六八七―二六〇一（代表）
装幀者　安野光雅
印刷所　中央精版印刷株式会社
製本所　中央精版印刷株式会社





ISBN978-4-480-09307-3 C0110